中華譯學館

莫言題

中華譯學館立意傳字與

以中華為根 譯學并重

弘揚優秀文化 促進中外交流

拓展精神疆域 驅動思想創新

丁酉年冬月許鈞撰 羅衛東書

中华译学馆·中华翻译家代表性译文库

许 钧　郭国良／总主编

冯承钧 卷

黎难秋／编

ZHEJIANG UNIVERSITY PRESS

浙江大学出版社

·杭州·

总　序

考察中华文化发展与演变的历史,我们会清楚地看到翻译所起到的特殊作用。梁启超在谈及佛经翻译时曾有过一段很深刻的论述:"凡一民族之文化,其容纳性愈富者,其增展力愈强,此定理也。我民族对于外来文化之容纳性,惟佛学输入时代最能发挥。故不惟思想界生莫大之变化,即文学界亦然。"①

今年是五四运动一百周年,以梁启超的这一观点去审视五四运动前后的翻译,我们会有更多的发现。五四运动前后,通过翻译这条开放之路,中国的有识之士得以了解域外的新思潮、新观念,使走出封闭的自我有了可能。在中国,无论是在五四运动这一思想运动中,还是自1978年改革开放以来,翻译活动都显示出了独特的活力。其最重要的意义之一,就在于通过敞开自身,以他者为明镜,进一步解放自己,认识自己,改造自己,丰富自己,恰如周桂笙所言,经由翻译,取人之长,补己之短,收"相互发明之效"②。如果打开视野,以历史发展的眼光,

---

① 梁启超. 翻译文学与佛典//罗新璋. 翻译论集. 北京:商务印书馆,1984:63.
② 陈福康. 中国译学理论史稿. 上海:上海外语教育出版社,1992:162.

从精神深处去探寻五四运动前后的翻译,我们会看到,翻译不是盲目的,而是在自觉地、不断地拓展思想的疆界。根据目前所掌握的资料,我们发现,在20世纪初,中国对社会主义思潮有着持续不断的译介,而这种译介活动,对社会主义学说、马克思主义思想在中国的传播及其与中国实践的结合具有重要的意义。在我看来,从社会主义思想的翻译,到马克思主义的译介,再到结合中国的社会和革命实践之后中国共产党的诞生,这是一条思想疆域的拓展之路,更是一条马克思主义与中国革命相结合的创造之路。

开放的精神与创造的力量,构成了我们认识翻译、理解翻译的两个基点。在这个意义上,我们可以说,中国的翻译史,就是一部中外文化交流、互学互鉴的历史,也是一部中外思想不断拓展、不断创新、不断丰富的历史。而在这一历史进程中,一位位伟大的翻译家,不仅仅以他们精心阐释、用心传译的文本为国人打开异域的世界,引入新思想、新观念,更以他们的开放性与先锋性,在中外思想、文化、文学交流史上立下了一个个具有引领价值的精神坐标。

对于翻译之功,我们都知道季羡林先生有过精辟的论述。确实如他所言,中华文化之所以能永葆青春,"翻译之为用大矣哉"。中国历史上的每一次翻译高潮,都会生发社会、文化、思想之变。佛经翻译,深刻影响了国人的精神生活,丰富了中国的语言,也拓宽了中国的文学创作之路,在这方面,鸠摩罗什、玄奘功不可没。西学东渐,开辟了新的思想之路;五四运动前后的翻译,更是在思想、语言、文学、文化各个层面产生了革命性的影响。严复的翻译之于思想、林纾的翻译之于文学的作用无须赘言,而鲁迅作为新文化运动的旗手,其翻译动机、翻译立场、翻译选择和翻译方法,与其文学主张、文化革新思想别无二致,其翻译起着先锋性的作用,引导着广大民众掌握新语言、接受新思想、表达自己的精神诉求。这条道路,是通向民主的道路,也是人民大众借助掌握的新语言创造新文化、新思想的道路。

回望中国的翻译历史,陈望道的《共产党宣言》的翻译,傅雷的文学翻译,朱生豪的莎士比亚戏剧翻译……一位位伟大的翻译家创造了经典,更创造了永恒的精神价值。基于这样的认识,浙江大学中华译学馆为弘扬翻译精神,促进中外文明互学互鉴,郑重推出"中华译学馆·中华翻译家代表性译文库"。以我之见,向伟大的翻译家致敬的最好方式莫过于(重)读他们的经典译文,而弘扬翻译家精神的最好方式也莫过于对其进行研究,通过他们的代表性译文进入其精神世界。鉴于此,"中华译学馆·中华翻译家代表性译文库"有着明确的追求:展现中华翻译家的经典译文,塑造中华翻译家的精神形象,深化翻译之本质的认识。该文库为开放性文库,入选对象系为中外文化交流做出了杰出贡献的翻译家,每位翻译家独立成卷。每卷的内容主要分三大部分:一为学术性导言,梳理翻译家的翻译历程,聚焦其翻译思想、译事特点与翻译贡献,并扼要说明译文遴选的原则;二为代表性译文选编,篇幅较长的摘选其中的部分译文;三为翻译家的译事年表。

需要说明的是,为了更加真实地再现翻译家的翻译历程和语言的发展轨迹,我们选编代表性译文时会尽可能保持其历史风貌,原本译文中有些字词的书写、词语的搭配、语句的表达,也许与今日的要求不尽相同,但保留原貌更有助于读者了解彼时的文化,对于历史文献的存留也有特殊的意义。相信读者朋友能理解我们的用心,乐于读到兼具历史价值与新时代意义的翻译珍本。

许　钧

2019 年夏于浙江大学紫金港校区

目 录

导　言

一、生平简介

冯承钧,字子衡,祖籍安徽,1887 年出生于湖北夏口(现汉口)。1902 年 15 岁时,考取湖北官费留学生。先在比利时修读中学,后入法国巴黎大学主攻法律,获法学学士学位,再入法兰西学院读研究生,获法学硕士学位。

冯承钧在法学习法律,却喜爱历史。曾师从欧洲鸿儒伯希和(Paul Pelliot,1878—1945),又结识著名法国汉学家沙畹(Emmanuel-Edouard Chavannes,1865—1918)、沙海昂(Antoine Henry Joseph Charignon,1872—1930)等人。同时,他又常去巴黎的图书馆博览群书,收益颇丰。因此,他在法国时,已在语言、法律、历史、中外关系等学科领域打下了良好的基础。

冯承钧回国后,曾任湖北军政府外交股参事、黎元洪副总统府法文秘书。1913 年,任众议院一等秘书;1914 年,任教育部秘书、佥事等职;1920 年,在北京大学历史系、北京师范大学历史系任教职,并任立法编纂委员、中华教育文化基金会编辑等职。

任职之余,冯承钧潜心译述工作。30 年间在中外史、地、交通等领域,撰写、翻译、校注了大量作品。由于长年积劳,加上晚年患风瘫病,他后期译撰只能口述,依靠长子先恕笔记。

　　1937 年抗日战争全面爆发后,他因病无法离开北平。翌年中华教育文化基金会稿费中断,仅靠长子先恕教书维持全家生活。其长子后因参加华北地下工作而遭敌伪拷打,终因忧国致疾,于 1943 年病逝。北平沦陷,长子早逝,致使冯承钧余年生活潦倒,精神痛苦。抗日战争胜利翌年,他终因病不治,终年 59 岁。

　　朱南撰《传译盛业　流美联晖——记冯承钧先生》一文,称"冯承钧因病猝然去世后,陆续有好友同行写了回忆文章,其中有关他生平的记载不甚准确。本文尝试从所得资料,特别是冯承钧与其他学者的交集中,对其生平作一些补充"①。

　　他认为,一些资料称冯承钧 1911 年获得学位后,续入法兰西学院师从著名汉学家伯希和的说法,值得商榷。在文章中,朱南称伯希和完成敦煌探险后于 1909 年 10 月底回到巴黎,"1911 年 5 月法兰西学院才聘请伯希和主讲中亚历史考古学;按时间推算,冯承钧应该是 1910 年而不是 1911 年获得了学位,后面一年多在法兰西学院的具体学习经历还有待考证,但从他回国后前期发表的都是法律、政治方面的论文,似乎留学期间一直延续了法学方面的研究,并且冯承钧在 1911 年就回到了中国从政,从时间及专业方向上讲,所谓师从伯希和似乎没有什么根据"②。

　　朱南在文章中又称,曾师从伯希和的王静如著文《冯承钧教授传》中也未提及冯承钧曾师从伯希和。传达作文《悼冯承钧先生》(刊于昆明《文沈月刊》1946 年新 4 期),其中明确提到冯承钧、伯希和二人生前未见过面,那么冯自然不可能师从过伯希和。

　　邹振环著文《冯承钧及其在中国翻译史上的贡献》,对冯承钧的履历有不少补充。他在文中首先谈道:"早在留学期间,他就为中国沦为半殖民地的悲惨状况深感痛惜,为了给国内提供各种不同的信息,他从外报上

①　朱南. 传译盛业　流美联晖——记冯承钧先生. 文汇报,2019-12-20(11).
②　朱南. 传译盛业　流美联晖——记冯承钧先生. 文汇报,2019-12-20(11).

翻译了许多资料,交由《商务官报》《东方杂志》等发表。"①

1911年,因国内辛亥革命如火如荼的斗争形势,他毅然回国,担任了黎元洪副总统府秘书,按照《中华民国政府条会》第五条,他似乎是黎元洪都督直接任用的。皮麻休主编的《湖北历史人物辞典》也称,冯承钧任副总统黎元洪的秘书,似与黎元洪有一定的个人关系,但目前尚无资料可证实。当时政局十分动荡,武昌改革后已三易都督,风潮迭起,无月无之。冯承钧对此感到非常失望。1913年,他赴京担任新国会众议院一等秘书,国会解散后,1914年5月转任教育部秘书。1915年,任专门教育司第三科佥事。②

在教育部任职期间,他与当时任教育部通俗教育研究会小说股主任的鲁迅有过一些交往。他与通俗教育研究会的另两个会员朱迈、王家驹共同起草了《小说股办事细则》,确定工作分为调查、审核、编译三部分。他还专门提出"禁须宽,奖须从严"的原则,受到同事的赞誉。任职期间曾讨论过《快活之旅行》《冰天渔乐记》《鲁滨逊漂流记》等书的奖励问题。③

1914—1926年,在教育部任职的冯承钧也在北大任教职。1928—1929年,他又在北师大兼课。1929年,他因突然中风无法教书。1932—1938年,他被中华教育文化基金董事会编译委员会聘为长期编译。冯所译中外交流史、蒙古史的汉学著作,多得该基金董事会的资助。

二、学术生涯

冯承钧是通晓多国语言的人才;同时精通中国史籍,在历史学、历史地理学、历史语言学和考古学等方面都有深厚的造诣,因此在史地研究、考证方面卓然成家。

---

① 邹振环. 冯承钧及其在中国翻译史上的贡献. 学术月刊,1996(4):49.
② 邹振环. 冯承钧及其在中国翻译史上的贡献. 学术月刊,1996(4):49.
③ 参见:《通俗教育研究会第一次报告书》(1915年)、《通俗教育研究会第三次报告书》(1917年)、《股员会议事录》。

他在法国学习期间结识了伯希和、沙畹等著名的汉学家,不仅接受了严格的西方学术考证方法的训练,还清楚地看到了异国文化成果对本国文化研究的补充和推进作用。这段研究经历确定了他日后翻译的兴趣和方向,也奠定了他特有的翻译理念和翻译方法。

他留学回国后,由于学习的是法律,先在黎元洪副总统府与北平中央政府等单位工作。初始数年,他在《东方杂志》《宪政新闻》《中华杂志》等刊物上发表许多文章,介绍英、法、奥、匈、瑞、西、意、俄及日本等国的宪法、议院、政治制度、外交、选举等有关情况。

冯承钧早年对中国法制史曾下功夫进行研究,因资料搜集越来越多,研究范围得以拓展。他在《中国之旅行家译序》中自述:"余从事于中国法制沿革之研究,久焉于兹。所用之方法不专事掇拾书本之记载,故于材料之搜集,颇注意前人所不经意之事物。顾用此种方法,研究之范围既广,而考索之材料亦多。"①

在他的翻译生涯中,所译多为价值很高而又繁难艰涩的中西文化交流典籍,需要进行大量考证校订工作,因此其翻译成就令人叹为观止。冯译一出,国内某项研究空白往往立刻得以填补,即或存在其他译本,也都相形见绌。他在去世之前几乎垄断了中西文化交流领域的翻译工作,在许多学术领域都做出了杰出的贡献。

冯承钧的研究重点之一是中外交通史。为探明中国与南洋的交通史,他先后翻译了《郑和下西洋考》《交广印度两道考》《昆仑及南海古代航行考》《中国史乘中未详诸国考证》等论著,又对《瀛涯胜览》《星槎胜览》《海录》《西洋朝贡典录》等相关中国著作进行了认真的笺注。在这个领域,他自己又写出了《中国南洋交通史》《景教碑考》《历代求法翻经录》等书。

冯承钧学术研究的另一重点是中国边疆的历史地理,他翻译了《中国西部考古记》《西域考古举要》《西突厥史料》等书,结合翻译与研究,他自

---

① 朱杰勤. 中外关系史论文集. 郑州:河南人民出版社,1984:585.

己写出了《辽金北边部族考》。

元史和蒙古史是他又一个研究领域。他翻译了《蒙古史》《蒙古史略》《马可波罗行纪》等。宗教也是他的一个重要研究领域,他翻译了《佛学研究》《法住记及所记阿罗汉考》《大庄严经探源》《摩尼教流行中国考》等书,自己也撰写了《历代求法翻经录》与《景教碑考》等著作。

冯承钧是一位著译等身的高产学问家,是公认的近代第一流翻译家,他在历史学、历史地理学、历史考古学领域均造诣深厚,也是民国时期一位重要的中外交通史家。

三、主要译著简介

冯承钧的著作与译著十分丰富,在中外文化交流中产生了巨大影响。江帆曾撰文称,中国国家图书馆藏有冯承钧的作品 237 种,其中译著 157 种,著作 80 种。上海市图书馆藏有其作品 90 种,其中译著 57 种。北京大学图书馆藏有其作品 90 种,其中译著 60 种。复旦大学图书馆藏有其作品 88 种,其中译著 67 种。[①] 冯承钧的许多译著有反复重印的版本,可见其译著之丰,影响之大。

按国家图书馆所藏,冯承钧的译著应不少于 157 种。笔者根据手头资料,统计出冯承钧已知出版年份的译著 81 种,未知出版年份的 32 种,共计 113 种。在冯承钧一百多部译书中,本书介绍其中一部译书的节选以及三部译书的全文,以飨读者。

笔者首先选取的是冯承钧译《马可波罗行纪》(*The Travels of Marco Polo*)。这是中世纪中外文化交流史上记载最为详尽全面的行纪,也是人类文化史上的一部奇书。这本书是意大利旅行家马可·波罗(Marco Polo)13 世纪中后期在中国 24 年的旅行纪实。该书在 1949 年前共有五

---

① 江帆. 让马可波罗重回中国——论冯承钧及其所译中外文化交流典籍. 中国翻译,2006,27(2):35.

种译本,而经过多年的岁月淘洗,至今坊间通行的译本只有冯承钧所译的《马可波罗行纪》。冯译由商务印书馆出版后,1949 年前就重印三次,1954年中华书局又重印,2000 年上海书店出版社重印,2004 年中华书局再度重印。今天,无论是在学术界还是在普通读者当中,出版于 1936 年的冯承钧译本依然享有最高评价。

《东蒙古辽代旧城探考记》与《帖木儿帝国》也是冯承钧重要的代表作。

他在《东蒙古辽代旧城探考记》译序中提出,研究中国历史不能仅靠中国史书,史书中一些史事难免不准。他见闵宣化通过东蒙古实地旅行考察,记录东蒙古辽代二十余座旧城,说仅就考察上京旧城地址一事,该书就值得翻译。

帖木儿帝国系 1370 年由突厥化的蒙古贵族帖木儿开创,传六代十余主。1507 年亡于突厥化的乌兹别克部落。其鼎盛时期疆域包括今格鲁吉亚到印度的中亚、西亚与南亚等广大地区,首都为撒马尔汗,后迁都至现阿富汗的赫拉特。《帖木尔帝国》分两篇对帖木尔及其后裔的活动进行了梳理,对中原艺术输入西域的活动也有所记述。在《帖木儿帝国》译序中,他又称:"前译多桑书毕,就想译一部帖木儿帝国史以续其后。西书固不乏回教著作的旧译文,可是很少综合东西载籍的新研究。比较只有布哇之书为新(1927 年本)。此书取材固广,可惜脱稿以后疏于校对,年代、事实、人名,甚至文字标点,不少舛误。第若除开这些缺点,观其世次厘然,叙述简明,既附带言及中国艺术输入西域之事,皆可补《明史》之阙。爰为正其讹误,转为华言,以供学者参考之用。"①

从冯承钧译此二书的序言,可以充分看到冯氏翻译的一些特点,即选择所译原著认真,翻译时充分利用自己的史地知识,对一人的不同译名统一取其中的一个译名。故编者选此二本译书作为冯承钧译书的代表。

此外,冯承钧所译《中国西部考古记》(法国色伽兰原著)一书,曾先后

---

① 布哇. 帖木儿帝国. 冯承钧,译. 上海:商务印书馆,1935:序 1.

被收入下列三书：

(1)《中国西部考古记与吐尔罗语考合订本》，收入《世界汉学论丛·外国汉学名著中译本》，中华书局，2004 年。

(2)《中国西部考古记与西域考古举要(法国郭鲁柏著)合装本》，中州古籍出版社，2017 年 10 月。

(3)《冯承钧西北史地著译集·王玄策使印度记》合装本，中国国际广播出版社，2013 年 5 月。

可见《中国西部考古记》一书颇为各出版机构看重，故在译著部分也向大家介绍此书。

四、翻译特点与评价

(一)翻译特点

1. 慎选原著

冯承钧不少译作的原著有不同版本，他首先认真比较这些版本，然后选择最佳版本进行翻译。例如，国外的《马可·波罗游记》版本就多达百余种，国内的魏易译本已于 1909 年在《京报》连载；张星烺 1926 年译出的《马哥·孛罗游记》已由燕大图书馆出版。因此，冯氏译此书首先对外国各种版本进行了慎重的挑选，最终选择了沙海昂注释的《马可·波罗游记》法文本。

冯承钧在该译书序言中称："本书注者沙海昂既将颇节本(笔者注：指颇节的《马可·波罗游记》译本)转写为新文体，而出版时间又在民国十三年至十七年间，可以说是一部比较新的版本。……他参考的重要版本为数不少。这是我翻译此本的重要理由。"[①]

---

① 马可·波罗. 马可波罗行纪. 冯承钧，译. 上海：上海书店出版社，2000：1-3.

2. 翻译与考订相结合

冯承钧在翻译时,极注意利用中西史料比对、考订史实以达到融会贯通。例如译《多桑蒙古史》时,知"火朱勒"对应音为"Qosqol",则以外史弥补中国史书之缺失,将《亲征录》中此名改译为"火失火勒"。同时,他又以中国史料订正《多桑蒙古史》中之错,该书记载,1198年王罕率军进攻蔑尔乞部,杀脱脱之子名帖昆别(Tekoum Bey)者,冯氏发现《元秘史》中为"脱古思别吉",因此判定多桑书中应为"Togouz-Beki"。①

又如冯承钧译《西突厥史料》,在其译序中说:"欲将此书转为汉文,非于抄译校补诸方面着手不可。""此书所采中国文史,以新旧唐书册府元龟三书为最多,兹所据校对者,新旧唐书据殿本,元龟册府据鲍氏刊本。""此书新旧考订分歧之处,今皆于可能限度之中整理一致,仅有数条尚存原书面目,未为改正。"②可知冯承钧译此书时,利用中国的三本史书对此书中绝大部分有问题的内容进行了认真考订,未考订者仅数处。

冯承钧在译《马可波罗行纪》时,除文字校勘及词句释义外,还做了许多详细的史地考证:删除了沙海昂注释中不少的杂芜牵强的内容;对其错误的注释,尽可能地加以改正;同时,又做了不少补注。③ 冯译本的重要贡献之一就是考证了"马哥·孛罗"与马可·波罗非一人。而此前的一些中译本均以《马哥·孛罗游记》为名。

冯承钧对译名的考订工作主要可归纳为以下四项。

(1)提出地名人名译法

冯承钧译《多桑蒙古史》花了两三年时间,因此对考证元史中的地名、人名深有体会。他认为既需了解法语原作,又需了解元人读音及唐宋古人的读音。他进而提出,"元人名地名皆以《元史》《元秘史》二书为主,两

① 许荣胜.冯承钧对蒙元史研究的贡献.历史教学问题,1998(2):40-44.
② 沙畹.西突厥史料.北京:中华书局,1958.
③ 邬国义.前言//马可·波罗.马可波罗行纪.冯承钧,译.上海:上海书店出版社,2000:前言2.

书所有的,选用一名;两书所无的,地名一项,尽先采用唐宋明人的译名"。"人名……亦用旧译,元代载籍中无可比附的,则务求合乎元人的译法,不敢以今人的读音,认作元人的译音。"①总之,在考证《多桑蒙古史》中的地名和人名时,他优先用元代史料中的译名,元史中没有的则用唐、宋、明古人史料中的译名,元史与唐、宋、明古人史料中均无的译名,最后必须用元人古时的读音来翻译。

(2)多国译名反复考证

冯承钧在为《郑和下西洋考》译本所写的序中说:"我前见纪录汇编本(笔者注:此为马欢《瀛涯胜览》的一个版本)纪行诗中的'太宛米息通行商'一语,颇疑'太宛'是'大宛'之误,'米息'是'安息'之误,及见《西洋记》的纪行诗,作'大宛米息通行商',乃知太宛确是大宛,而米息不是安息,确是米息,就是《明史》卷三三二米昔尔,亦名密思儿之省称。"《西洋记》中的"密乞儿"、《元史本纪》中的"米西儿"、《郭侃传》中的"密昔儿",都是"Misir"的对应音译。由上述可知,为考证"米息"这一译名,冯承钧用多本史料对考,最终得出米息并非安息的结论,且追源原名"Misir"的六个异译名。

朱杰勤在《纪念冯承钧先生》一文中,也举出了冯氏考订译名自言甘苦的例子。比如,冯氏在考订《明史》中"麒麟一名时,根据多本史料,联系多种语言对音,举出了中文、英文、德文、法文、索马里文、日文与大食文等七种译名"②。

(3)撰著《西域地名》

冯承钧在大量翻译考证的基础上,撰著《西域地名》辞典。该书原为冯承钧于1930年编的一部小型历史地名辞典。中华书局请人予以整理增订并于1955年出版。辞典原收录710条有关西域的地名,含中国新疆

---

① 参见《多桑蒙古史(下)》序言。转引自:邹振环. 疏通知译史. 上海:上海人民出版社,2012:628-641.
② 朱杰勤. 中外关系史论文集. 郑州:河南人民出版社,1984:590.

和从中亚向西至地中海,向南到印度洋广大地区的地名。该辞典为后人研究中外交通史带来了很大的便利。

(4)提出修史译名三条件

冯承钧在翻译大量著作的过程中,通过反复利用不同史料考证对比,较好地解决了古代地名、人名的翻译问题。至1934年《成吉思汗传》出版时,他在该书叙言中,已总结出了修史和翻译古代地名、人名的三项条件:"(一)了解北方西方若干语言;(二)明了汉字古读,尤应知元人读法;(三)名从主人。此三条件缺一不可。"①所谓"名从主人",即在译古代地名、人名时,应选用最早史料中已用之译名或译音。这三项条件对于今人治史与翻译地名、人名应该仍然是通用的。

3. 重视文化交流与渗透

冯承钧曾指出:"研究一国之文化,应旁考与其国历史有关的其他民族的事迹,缘历史种族皆不免有文化之互相灌输也。因文化之相互灌输,所以一国的历史,可以补他国的不足。"②这是我国较早的针对各国文化相互交流和渗透的历史现象的精辟论述。冯承钧从史地研究的角度出发,发现最为珍贵的文化史料往往是各国文化相互灌输的产物,如跨国游记、跨国史地记载等。对于被描述的国家而言,这类文化灌输产物的意义十分重大,极有必要将其译为本国语言,以补充自身对本国历史文化的认识。

4. 使用古代文言风格

冯译典籍所采用的特定文言风格,传承了典型的《水经注》或《大唐西域记》的风格,也即古代中国经典游记和史地记载的风格。在《多桑蒙古史》译序中,他说:"我原想用白话翻译,不用'史书文体',可是不知不觉地

---

① 朱杰勤. 纪念冯承钧先生. 南洋学报,1946,4(1):65.

② 冯承钧. 序//莱维. 法住记及所记阿罗汉考. 冯承钧,译. 上海:商务印书馆,1933:2.

受了史书文体的支配。"①从表面上看,他认为译文采用的文言风格是他自然的选择,未多加考虑,但这其实有内在的必然性。既然专名术语已经和中国史地典籍吻合,那么语言风格当然也要务求一致,所译典籍才能和中文相关典籍形成体系,起到文化补充作用。

此外,冯承钧译著有一最大特点,就是精彩的"钧案"。"钧案"是冯承钧对译文做出的补充注解,往往考察中外诸多相关文本而有所得。一段"钧案"就是一篇脍炙人口的小文,风格和译文相同,也是朴素密实的文言,寥寥数语,旁征博引而结论精准,是译文的自然延伸,往往穷尽了相关问题的记载,体现了译者非比一般的比较文化功底,更增加了译本的可读性和吸引力。②

(二)专家评价

冯承钧一生翻译考订了大量作品,内容遍涉西域史地、中外交通、蒙元史与宗教传华等诸多领域,对于地名、人名的译考所论也极丰,无疑是我国民国时期一位杰出的翻译家。但对于自己的翻译,他谦称"只望读者谅我胆量之大,不敢望读者誉我译笔之工"③。

冯承钧译作无论是内容还是译笔,都曾获得过诸多专家的推崇与好评。

朱杰勤是与冯承钧同时代的史学家,他著文称受冯先生译书的益处无法统计。又说"读他译著的书,总觉得畅然满意",并强调"并不是我个人的私言,同时学友有异口同声的推重"。④ 2004年,畅销小说《狼图腾》还曾引其《多桑蒙古史》中的译文作为题记,即:"成吉思汗在其教令中嘱诸子练习围猎,以为猎足以习战。蒙古人不与人战时,应与动物战。故冬

---

① 冯承钧.序//多桑.多桑蒙古史.冯承钧,译.上海:商务印书馆,1933:2.
② 江帆.让马可波罗重回中国——论冯承钧及其所译中外文化交流典籍.中国翻译,2006,27(2):35.
③ 朱杰勤.纪念冯承钧先生.南洋学报,1946,4(1):67.
④ 朱杰勤.纪念冯承钧先生.南洋学报,1946,4(1):60-67.

初为大猎之时，蒙古人之围猎有类出兵……汗光偕其妻妾从者入围，射取不可以数计之种种禽兽为乐……如是数日，及禽兽已少，诸老人遂至汗前，为所余之猎物请命，乃纵之，俾其繁殖，以供下次围猎之用。"[①]可见，冯承钧译著影响之久远，其作为译家的声誉也远远超出了单纯学术翻译的范畴，甚至网站论坛上也时时见到普通读者对冯承钧翻译的推崇。

《马可波罗行纪》，在中国前后有 5 种译本，其他版本的译者张星烺、李季、魏易等也都是学界与译界的名人，但许多专家公认冯氏译本最佳。江帆曾著文评论冯承钧所译《马可波罗行纪》，称冯承钧在翻译时重视对"马可·波罗"一名的考据，其首要成果就是确定"马可·波罗"这一名字，推翻了前人李季、张星烺等的译名"马哥孛罗"。前人均认为马哥孛罗即为《元史》中的元世祖忽必烈的枢密副使孛罗。冯承钧在《马可波罗行纪》的译序中，清楚地考证认定马可·波罗与孛罗绝非同一人。江帆就此评论称："一名之立，精确至此，'马可·波罗'一名最终确立的经过，最可作为冯承钧翻译中外交流典籍特有方法体系的例证……历史证明了冯承钧费尽苦心确立译名的重大价值。今天，基于错误考证而产生的译名'马哥孛罗'以及相应的几种题为《马哥孛罗游记》的译本都已销声匿迹，唯有冯译《马可波罗行纪》不断重印……若非冯承钧一人，今天的中国就不会有'马可·波罗'这一家喻户晓的名字。"[②]

张跃铭评冯承钧译《马可波罗行纪》称，冯承钧译文对沙海昂武断改动的原书地名，皆复其旧，大致不误者，则用旧译，稍涉疑义者，写其对音，所以有该州、哈强府、阿木州、秃落蛮、哈寒府、强格路、强格里、中定府、新州码头、临州、西州、塔皮州等无从比附的译名。对于同一地名，著录写法不一者，译文两录（如 154 章注甲之崇迦，155 章又作楚迦）。译者力求不失原文朴质风味，原文编次虽欠条理，且多复词叠句，亦未改窜，宁失之干

---

① 姜戎. 狼图腾. 武汉：长江文艺出版社，2004：1.
② 江帆. 让马可波罗重回中国——论冯承钧及其所译中外文化交流典籍. 中国翻译，2006，27（2）：36.

燥，不愿钩章棘句而失其真。①

李孝迁在《民国时期中西交通史译著述评》一文中称："冯承钧译《中国西部考古记》（V. Segalen，商务，1932）及《东蒙古辽代旧城探考记》（J. Mullie，商务，1930）'为中亚和中国的历史研究增加了不少的资料，并且影响了中国近代学者研究古代历史的态度'。"②

关于《西突厥史料》，与陈垣、方豪等史学家齐名的向达评论说："沙畹的《西突厥史料》是一部不朽之作……但是，原书写成颇历时日，又以随时采取新的考证，遂致前后往往失去联络，仍然有不少的错误和遗漏。先生（笔者注：冯承钧）翻译沙畹此书，尽可能将原作的错误和遗漏，予以补正，新旧考订，分歧之处，亦尽量整理一致，这并不是一件容易的事。"③

许荣胜评冯承钧译《多桑蒙古史》时称他"译书既不迷信西书，也不专信中文史料，而取二者比对，考订史实，做到融会贯通。一方面他通过域外史料的翻译和引进来校补中国史书的缺失。如《亲征录》有木华黎率王孤、火朱勒、忙兀儿、弘吉剌、亦乞剌五部及契丹、女真之兵南征中国一事，其中火朱勒部，久不知对音为何，通过《多桑蒙古史》的翻译，知其音为Qosqol，则《亲征录》原译应为火失火勒，再重对'列别津'本《史集》，此名屡见，意指每十人对中挑选出二人组成的军队，冯氏还考证此字根 qos 在突厥语中有'双'之意"④。

冯承钧"又以中国史籍来校改多桑书的错误，以'钧案'的形式，在附注中说明。如多桑书载：1198 年，王罕率军进攻蔑尔乞部，杀脱脱之子名帖坤别（Tekoun Bey）者，冯氏检《元秘史》作脱克思别乞，《亲征录》作土居思别吉，而判定多桑书是 Togouz-Beki 之误。《多桑蒙古史》还引用了一部分中国史籍，从而有比较坚实的史料基础。但多桑所本的仅仅是宋君荣（Caubil）、冯秉正（Mailla）、夏真特（Hyacinthe）等译的《续宏简录》《续

① 张跃铭.《马可波罗游记》在中国的翻译与研究. 江淮论坛，1981(3)：53.
② 李孝迁. 民国时期中西交通史译著述评. 中国图书馆评论，2012(2)：88.
③ 佟佳江. 蒙元史翻译家冯承钧先生. 内蒙古社会科学（文史哲版），1994(5)：70.
④ 许荣胜. 冯承钧对蒙元史研究的贡献. 历史教学问题，1998(2)：40.

通鉴纲目》《元史类编》等书,本身有不少错误。冯氏译书时均取中文原书与多桑书相雠校,订正了不少错误。"①

(三)翻译贡献

关于冯承钧翻译的贡献,早在 20 世纪 40 年代,史学家顾颉刚就在《当代中国史学》一书中多次提及。在该书的"元史蒙古史中外交通史的研究"一章中,顾颉刚称冯氏的贡献是译有《多桑蒙古史》与《蒙古史略》,还提及冯承钧在中外交通史上的翻译贡献,更列举了他这方面的许多译书,如《西域南海史地考证译丛》(第一编至第四编)、《史地丛考》等。②

著名学者季羡林的研究领域与冯承钧有交集,他对冯氏的翻译贡献评价很高,谓:"五六十年以前,冯承钧翻译了大量的法国学者关于敦煌吐鲁番研究以及中外交通史的论著。用力至勤,成就最大,大大地扩大了我们的眼界。至今学者恭受其益……像冯承钧先生那种锲而不舍终身耕耘的劲头,而今真已成广陵散了。"③"恭受其益"的一个"恭"字,道出了一位大师对另一位大师译作及其贡献的无尽敬重。

从向达处听闻冯承钧病逝的消息后,史学家朱杰勤立即写了《纪念冯承钧先生》一文,他在该文中多处反复高度评价冯氏翻译的贡献。文章分为三节,其主要一节即取名为"传译盛业,流美联辉"。这一节首先称冯氏"所译之书,以关于西域南海为多,且为法国汉学家名著"。随即详细列出他的 32 种译书与 10 种论著,这不仅是最早的也是最全面的介绍冯承钧翻译事业的文章。

朱文称:"就翻译成绩而论,冯先生是近代第一流翻译家。清末翻译界中严复(几道)与林纾(琴南)并称,但因时代关系,他们的翻译技术尚未达到完美地步,持较冯先生,则他们好像椎轮,而冯先生好像大辂丁。"以

---

① 许荣胜. 冯承钧对蒙元史研究的贡献. 历史教学问题,1998(2):40-41.
② 顾颉刚. 当代中国史学. 上海:上海古籍出版社,2002:111-113.
③ 转引自:李孝迁. 民国时期中西交通史译著评述. 中国图书馆评论,2012(2): 89.

这种方式描述冯氏的翻译成绩与技术，无疑为评价极高之举。

在谈到冯氏翻译特点时，朱杰勤写道："冯先生是第一流翻译家，其所翻译，文质相兼，无违原本。间遇罕见之名词，义为之厘定汉名，斟酌至善。则翻译之中，又须考证。其困难不下于创作。"朱文依次表述冯氏译文的行文是文质相兼，内容则忠实于原文，在翻译时又常为疑难地名、人名进行考证，其翻译不下于创作，因此他是一流翻译家。

在这一节中，朱杰勤还引用冯氏译《成吉思汗传》所写的叙言，介绍了冯氏提出的修元史的三个条件："盖修元史必须（一）了解北方西方若干语言；（二）明了汉字古读，尤应知元人读法；（三）名从主人。此三条件缺一不可。"此为冯氏总结的修元史三个条件，实质上也可视为翻译相关著作译人的三个条件。①

朱杰勤在《南洋史地的研究》一文中又赞道："近人冯承钧在汉学译业中具有独一无二的地位，而且对西北、南洋史地尤有造诣，却甘愿为人做嫁衣裳，且以病困之驱，数十年志于译事，厥功甚伟，百年来无有第二人。冯氏的可贵正衬托出中国汉学的不景气，民国史坛不乏外语、专业俱佳之才，然国人更愿意追逐名山事业，鲜有人将译事作为终生事业。"②

著名史学家严耕望在《治史三年》中认为冯承钧可与陈寅恪相媲美，认为他在学问上固然逊于陈寅恪，但对史学界的贡献绝不在陈寅恪之下。

江帆认为："冯承钧在多年的翻译实践中针对文化交流典籍形成了一套翻译体系和方法，几乎无人可以取代。首先，他筛选考证原文版本的能力极强。……精选最严谨的注本作为原本，并广泛参照其他注本和相关中国典籍补其不足。其次在涉及寺名方面，他从不轻易将原文中出现的寺名随便音译……因此翻译之外的考证就要格外精心，一般要在穷尽所有材料仍不能觅得确切所指的时候才能自己新创一个译名。而且，在中

① 朱杰勤. 纪念冯承钧先生. 南洋学报，1946，4（1）：60-67.
② 转引自：李孝迁. 民国时期中西交通史译著述评. 中国图书馆评论，2012（2）：90.

文典籍中即使找到对应译名，不同时代的中文典籍也可能彼此不一致，比如唐代和明清时代的史籍对同样的少数民族寺名的说法就可能不一样，冯承钧的方法是择其一而对其余加以说明，一般选取较早的说法，如'Mohammed'就采用唐译'摩柯末'。"江帆对冯承钧的翻译工作也有很高的评价，"他在去世之前几乎垄断了这个领域的翻译工作，翻译成就和影响被认为超过马君武、伍光建，而与严复、林纾相当"。①

五、编选说明

本书的编选有几点需要说明：一是本书收录了冯承钧的四部代表性译著，除《马可波罗行纪》因体量较大采用节选以外，其他译著均为全录，读者可以领略到比较完整的冯译。二是在收录译著的同时，收录了冯承钧撰写的序言等辅文，方便读者了解冯承钧翻译的目的、作品的背景及意义等。三是为展现冯承钧在翻译中善用注释、细致考证的特点，在收录译文时保留了冯承钧自己撰写的注释，将其用小号字附在正文后，供读者参考。

本书编选主要依据的是上海古籍出版社 2014 年 3 月出版的"冯承钧译著集"、中州古籍出版社 2017 年出版的《中国西部考古记》、商务印书馆 1999 年出版的《西域南海史地考证译丛》。在这里向原出版社及点校者表示衷心感谢。

在编选、编辑过程中，我们以尽量不改动原文为原则，对"做"与"作""唯"与"惟"之类的混用，亦从原稿，仅对其文字进行了繁简转化，并对个别句读、文字及内容差错进行了调整和修改。为了尊重原作者及译者，对冯承钧所做的年份考订以及注文、原作者的注文均按照原本如实记录，未作改动，仅做了一些格式上的调整。特此说明。

---

① 江帆. 让马可波罗重回中国——论冯承钧及其所译中外文化交流典籍. 中国翻译，2006，27(2)：32-38.

第一编　翻译专著

马可波罗行纪^①（节录）

序

马可波罗书的中文译本，我所见的有两本。初译本是马儿斯登（Marsden）本，审其译文，可以说是一种翻译家的事业，而不是一种考据家的成绩。后译本是玉耳戈尔迭（H. Yule-H. Cordier）本，译文虽然小有舛误，译人补注亦颇多附会牵合，然而比较旧译，可以说是后来居上。惟原书凡四卷，此本仅译第一卷之强半，迄今尚未绩成全帙。

马可波罗书各种文字的版本，无虑数十种，戈尔迭在他的《马可波罗纪念书》中业已详细胪列，大致可以分为三类：一类原写本，如颇节本之类是；一类改订本，如剌木学（Ramusio）本之类是；一类合订本，如玉耳本之类是。版本既多，各有短长，很难于中加以取舍。不过我以为能将各种重要版本的写法衰辑校勘，详加注释，其余似可不成问题。

我近来很想缩小研究范围，专在元史一方面收集材料，所以大胆地译了一部多桑书。马可波罗书也是参证元史的一部重要载籍，旧译本中既无完本善本，我也想将其转为华言。相传此书是初用法文写成。而现存

---

① 选文录自：冯承钧译《马可波罗行纪（上）》，商务印书馆，1947年。

之诸法文本所用的文体,几尽是旧文体,很难畅读。本书注者沙海昂既将颇节(Pauthier)本为新文体,而出版时又在民国十三年至十七年间,可以说是一部比较新的版本。除开别奈代脱(Benedetto)本晚出(亦在民国十七年出版)沙氏未能参考外,他参考的重要版本为数不少。这是我翻译此本的重要理由。

沙海昂原法国籍,清末国籍法颁布,首先归化中国,入民国任交通部技正有年,是一铁道专家,于公余之暇从事考据。这部注释可以说是一种好事者(amateur)的成绩,也不是一种纯粹考据家的作品,所以也免不了若干舛误,而于材料亦昧于鉴别。可是现在的汉学名家,是决不肯牺牲许多年的光阴,来做这种吃力不讨好的事业的。本书叙言开始引证烈缪萨(A. Rémusat)的一段话,就是使人望而却步的一个大原因。既然不能求各方面的专门家通力合作,一个人学识无论如何渊博,终归要出漏洞的。伯希和对于此书虽然颇多指摘(参看《西域南海史地考证译丛》),然而要知道蜀中无大将,廖化作先锋,况且沙氏的成绩不能说毫无优点。他将颇节本革新,使人能通其读,又将各方面的注释采撷甚繁,虽然不免有珠玉沙砾杂陈之病,可能辑诸注释家众说之长,使后来研究的人检寻便利,这是他本所未有的。

此书既然有些缺点,所以我的译本取其所长,弃其所短。好的注释一概转录,牵合附会之文则不惜删削。删削的大致以第五十九章以后为多。我原来计算第一卷的译文有十二万字,后经我删削者有六分之一,但仅限于不得不删的文字。此外只须其微有裨于考证,虽所引的是《辞源》之文,仍予采录。此外我仍用前译多桑书的译法,凡地名人名有旧译者,尽先采用,考订未审者则录其对音。

沙氏沿袭颇节的错误,仍以马可波罗是元代枢密副使孛罗,致使华文译本有以孛罗为本书标题者。伯希和对此辩之甚详。我以为不用多说,仅据《元史》本纪之文,已足明此种考订之伪。考《元史》至元七年以御史中丞孛罗兼大司农卿;至元十二年以大司农御史中丞孛罗为御史大夫;至元十四年以大司农史大夫宣慰使兼领侍义司事孛罗为枢密副使,记载此孛罗拜官始末甚详，则不得为至元九年初至上都之波罗，彰彰明矣。又考程钜夫《雪楼集》《拂林忠献王神道碑》及《剌失德丁书》，至元二十一年偕爱学奉使至宗王阿鲁浑所，后留波斯不归中国者，应亦为同一孛罗，亦与此波罗毫不相涉。所以我名其人曰马可波罗，而不名之曰马哥孛罗。

现在《马可波罗书》的权威，当首数伯希和戈尔迭从前撰玉耳本补注时，曾大得伯希和之助。沙氏注此本时，可惜有若干篇伯希和的考订文字未曾见着。读此书者必须取伯希和诸文参看。第一卷校勘既毕，特志数语于端。民国二十四年二月二十日冯承钧命儿子先恕笔受讫。

叙　言

"校勘一部《马可波罗（Marco Polo）书》，不是一件容易的事业。要做这种事业，必须确知中世纪的地理，东方的历史，此时代旅行家的行记，当时同现在鞑靼人（Tartares）印度人同其他亚细亚民族使用的语言，以及他们的风俗，同世人不太认识的出产。既确知矣，尚须加以适当的批评，细密的鉴别。这些事无论一个人学识如何博洽，用力如何勤挚，很难兼而有之。"——见烈缪萨（Abel Rémusat）撰《亚洲杂纂新编》第一册三八二页。

这些话绝对不错。我们作此事时，业已有这种感想，必须一个博学的人，才能够注释《马可波罗书》。这是我们所欠缺的。从前有几个朋友劝我们将这部"世界奇异书"刊行一种新版本，我们颇受这种事业的诱惑。可是我们所认识的《马可波罗书》，同众人所认识的一样。我们曾经读过，赞赏过，并承认过，颇节（G. Pauthier）、玉耳（H. Yule）、戈尔迭（H. Cordier）同其他学者对于他们所研究的不少问题所刊布的那些博识的注解，我们老实以为关于这个旅行家的研究，业已详尽无余。我们所以要必须尝试，是因为这个物搦齐亚（Vénitie）人的行记，在意大利文、英文、德文书中,不难用贱价买得一本;乃在法文书中,要觅取一部可读的《马可波罗书》,除开沙尔通(E. Charton)的译文(《古今旅行家》第二册)外,必须觅求贵价而难得的版本,像伯尔日隆(Bergeron)版本之类[十二世纪、十三世纪、十四世纪、十五世纪中的亚洲行记,一七三五年海牙(La Haye)本],或是像几乎不能见的一五五六年的译本之类(东印度有名州城的地志,同其居民的风俗法律志,……物搦齐亚贵人马可波罗撰)。所可惜者,法文书中并无一部适应大众的读本,像一九零七年蓝克(Hans Lemke)博士采玉耳同颇节的注释所刊的德文本之类;所以只能见着伯尔日隆译文的那些重刊本,而这种刊本不附注释,同旧法文的原译本一样难读。如此看来,外国人在他们的译本中不难读《马可波罗书》,而我们既难读旧法文本,只能见着一些引文,而且是些脱漏不完全的引文。

这皆是驱使我们执笔的理由。我们意思仅在翻译一部业已注释而易读的本子,将其文体略为更新,可是仍将他的朴直而意味深长的文格保存。当然我们选择的是一八六七年注释丰赡的颇节本,同时并利用玉耳同戈尔迭最近的注释。版本之选择,并无其他理由,因为纵在今日,如果要指定《马可波罗书》的一部善本,虽然我们偏向剌木学(Ramusio)本,仍不免承认一八二四年的巴黎地理学会本,具有最初笔录的风味,较之马可波罗本人改订的那些本子,易于了解。复次,剌木学本虽然详备(因为世人拟此本是马可波罗的最后补订本),似乎有些后来窜入之文。可是各本皆有他的好处,必须互相参校。我们并不想规仿玉耳的尝试,将诸本合并为一本,因为各本对于一事时常叙述各异。比方第七十三章,有些本子说阔里吉思(Geoege)国王是天德(Tendue)君主约翰长老(Prêtre-Jean)以后的第六个君主,有些本子仅说他是约翰长老的曾孙,其说皆有理由,未便取舍也。

幸而现代的中国学者研究到中世纪的情形,注意到中亚细亚的历史,同蒙古人之侵略,他们曾将《马可波罗书》译释。这是些新的贡献,可惜我们不能知道利用。但是我们常在可能限度中引证其考证之文。其中有一人,是张君星烺,曾研究过波罗在中国所执的政治任务,其研究成绩已刊布于《地学杂志》中，他正在预备一部《马可波罗书》的刊本，可是不知在何日出版。

波罗此种政治任务，此时未便说明，后在结论中述之，因为有不少点，学者尚未发表意见，远东法国学校校长鄂卢梭（L. Aurousseau）君将别有一种研究也。比方读刺失德丁（Rachideddin）的序文，足以使人惊异者，据说刺失德丁修史时，曾得一名 Polo（钧案：此误。以后所言波罗的政治任务并误。伯希和对此已有纠正，可参观《西域南海史地考证译丛初编》中《马可波罗行纪沙海昂译注正误》一文。沙海昂后来在本书第三册后亦自纠其误，并悔误采中国学者无根附会之说）者之助，此人来自契丹（Cathay），在本国曾为大元帅及丞相，"他认识突厥诸部的历史及起源，尤其是蒙古族的历史及起源，非他人所能及"。

马可波罗回西方时，曾止于波斯宫廷，必曾见过刺失德丁。只取其所记东方鞑靼历史诸章审之，其细节同刺失德丁本人的记载很符，此点毫无疑义。核对年代，好像可以参证波罗曾为刺失德丁合撰人之说，因为《刺失德丁书》成于一三〇七年，乃奉合赞汗（Khan Ghazan）（合赞汗在位始一二九四终一三〇三，又据别一说，始一二九五终一三〇四年）之命而撰，其撰人初为医师也。总之，刺失德丁所志此波罗丞相之大元帅的官号，恰与《元史》本纪所载枢密副使的官号相符。元朝只有皇太子能作枢密使，若是再考此人参与阿合马案件的情形，颇节所考马可波罗即是《元史》枢密副使孛罗一说，竟可确定。

又若马可波罗所记忽必烈（Koubilai）讨伐蒙古诸叛王，同诸叛王互相争战的事迹，表示他完全知悉他们的争端，他们的兵额。如果他在军职中未占一个重要位置，他如何能知这些消息？若是说他在预备远征日本一役里面未曾画策，日本人决不能将他视作忽必烈征伐日本计画的主谋。现在只说事实，忽必烈远征失败预备报复之际，正是马可波罗被任为扬州总管继续在职三年之时。这个地位本身已很重要，尤其重要者，其住所就是预备远征日本的主要根据地，所以一二七七年从扬州行省于杭州之时，原在扬州设置的一切机关，仍旧构成一种特别行政机关，直隶中央政府。

　　在这种境况中,以如是重要的地位委任马可波罗,足证他颇受大汗的宠任。又如他所记远征日本舰队的情形,以及他所闻此国的资力,又足证明他注意此国颇为深切。

　　这些波罗的政治任务,虽然在马可笔下泄露若干暗示,可是很保存秘密,如果有日检寻中国载籍,更有发现,尤足加增我们对于这个先到中国而将此国完全表示吾人的前辈之敬服。我们所应承认者,所有住在此国的外国人,或者无有一人能在少数篇页之中,将我们所亲见的事实、此国的历史、其地理、其外交、内地及四裔的一切种族、其政府、其资力、其居民之宗教风俗等等,记载如是详悉。马可波罗在建设近代地理方面,已经是他的母国物搦齐亚自豪的人,并是西方的光荣。顾因其曾在中国占有重要位置,牺牲大好年华,故此人殆渐为中国所夺去。等待数百年后,他的名字将与荷马儿(Homère)、赫罗多忒(Hérodote)、孔子诸大有恩于人类之人并垂不朽。

　　我们很想在一种科学训练的精神之中,对于中国名称之罗马字的译写,采用远东法国学校所用维西叶尔(A. Vissière)的译写方法。然而我们尚未见根据这种方法所编纂的字典。而且《马可波罗行纪》中所著录的地名极多,泰半皆见夏之时(Riehard)神甫的《中国地质著录》,所以我们对于一切地名,尽先采用此书的写法。不见于此书的地名,则用德拜思(Debesse)神甫《汉法字汇简编》的写法。这两个著作家虽然同道,写法亦有不一致的地方。既然无有一种完善的罗马字写法,与其各人用各人的写法,何不采用一种呢? 所以我们颇惜未能遵循远东法国学校的前例,对于其用罗马字译写的汉字,有不足的不得不加以补充。

　　尤使这件问题愈趋复杂者:这些地名,不久多为不使用的地名。自从中华民国建设以来,不仅改府为道,改州为县,而且常将行政区域的名称变更,如同从前朝代更易之例。然则应将欧洲一切载籍中所用的地名完全抛弃,改用新名欤? 此事我们不能为之,宁可遵守马可波罗的先例,保存旧名,况且有些旧名尚在流行。

　　此书关涉问题甚夥,编撰尚未完全告成,我们不宜在一篇叙言中觇缕。我们对于奖励我们的人,皆表感谢,尤其对于我们东方语言学校的旧师长维西叶尔同戈尔迭二人表示感谢。我们的注释成绩不甚劣者,并出二师之赐。此国尊师,重于他国,成语有云:"请业者均受陶镕",吾人之言,亦若是也。

第一卷

马可波罗自地中海岸赴大汗忽必烈驻夏之上都沿途所经之地及传闻之地

～～ 引 言 ～～

欲知世界各地之真相,可取此书读之;君等将在其中得见所志大阿美尼亚(Grande Arménie)、波斯(Perse)、鞑靼(Tartarie)、印度(Inde)及其他不少州区之伟大奇迹;且其叙述秩次井然,明瞭易解:凡此诸事,皆是物搦齐亚贤而贵的市民马可波罗君所目睹者,间有非彼目睹者,则闻之于确实可信之人。所以吾人之所以征引,所见者著明所见,所闻者著明所闻,庶使本书确实,毫无虚伪。有聆是书或读是书者,应信其真。盖书中所记皆实,源自上帝创造吾人始祖阿那(Adam)以来,历代之人探知世界各地及其伟大奇迹者,无有如马可波罗君所知之广也。故彼以为,若不将其实在见闻之事笔之于书,使他人未尝闻见者获知之,其事诚为不幸。余更有言者,凡此诸事,皆彼居留各国垂二十六年之见闻。迨其禁锢于吉那哇(Gênes)狱中之时,乃求其同狱者皮撒(Pise)城人鲁思梯谦(Rusticien)诠次之,时在基督降生后之一二九八年云。(注一)

(注一)马可波罗书最初编纂之时代及处所,由是可以确定。惟其书所用之语言,在此文中尚悬而未决。第今业已证明其所用之语言,即是当时欧洲流行最广之法兰西语。

此小引,即吾人后此所谓马可波罗本人的"改订原文",与最初小引不同。最初小引前有一冒头,历称阅览此书之诸皇帝国王公爵侯爵伯爵骑尉男爵。此冒头在其他诸本中多载有之。

第一章　波罗弟兄二人自孔士坦丁堡往游世界

　　马可君之父尼古剌(Nicolas),同尼古剌之弟玛窦(Matteo)自物搦齐亚城负贩商货,而至孔士坦丁堡。兹二人乃华胄,谨慎而贤明。基督降生后之一二六○年(注一),实在博丹(Baudoin)(注二)为孔士坦丁堡皇帝之时,此兄弟二人商议后,决定赴黑海(注三)营商,于是购买珍宝,自孔士坦丁堡出发,遵海而抵速达克(Seudak)(注四)。

　　(注一) 据后此第九章云,此两弟兄在一二六九年归物搦齐亚,见幼年的马可已有十五岁。由是可知马可出生于一二五四年。如再据剌木学本,马可之出生,在此弟兄二人自物搦齐亚出发以后。则可位置其出发时间,在一二五三至一二五四年之间。又考后章注三,他们行抵孚勒伽(Volga)河畔之时,应在一二六一年,则若干写本说他们在一二六○年从孔士坦丁堡出发,其说或者不误。一二五四年至一二六○年之间,他们必在孔士坦丁堡无疑——玉耳书第一册三页。

　　(注二) 博丹二世君临孔士坦丁堡之富浪(Franc)帝国,始一二二八,迄一二六一年。后为帕烈干罗格(Michel Paléologue)所废。此帕烈干罗格朝,后在一四五三年为突厥朝之摩诃末二世(Mahomet Ⅱ)所灭。

　　(注三) 法文名此海曰 Mar-maiour,曰 Mar-maor,曰 Mar-mors。拉丁文本名此海曰 Mare magnum,或曰 Mare majus。此言并作"大海",皆为古代 Pont-Ruxin 之后称。然昔亦名之曰 Mare Maurum,vz. Nigrum,此言"黑海"。惟此名或适用于今之黑海,或适用于今之波罗的海(Baltique),非专有所指也。阿剌壁(Arabe)史家阿不非答(Aboulféda)说此名在当时很普通。

　　(注四) 其名亦作速达黑(Soudagh),城名也,在克里米亚(Crimée)半岛之南端,今尚存在。蒙古人侵略半岛以前,是为黑海中希腊商业之一要港。马可波罗同时人卢布鲁克(Rubruquis)曾有记云:"凡由土耳其(Turquie)运往北方诸地之商货,皆集于此,而由斡罗思(Russie)运往土耳其之商货,亦然。"

　　蒙古人攻取此地以后,曾在克里木(Krim)城广为贸易。克里木,即东方人名克里米亚半岛之称。盖其或以城名名全地,或以全地之名名一城也。——颇节书六页注二。

　　此城迄于一二○四年孔士坦丁堡富浪人之侵略时,臣属希腊帝国。惟至一二二三年同一二三九年蒙古人两次侵略以后,终脱离富浪帝国藩属。约在十三世纪中叶时,物搦齐亚人设一商馆于此。一二八七年改商馆为领事馆。一三二三年教皇若望二十二世(Jean XXII)曾因基督教徒被逐于速达克城外,改基督教堂为回教礼拜寺等事,命人诉之于撒莱(Sarai)城月即伯汗(Khan Uzbek)所。十四世纪上半叶时,阿剌壁旅行家伊本拔秃塔(Ibn-Batouta)之行纪,其隐言其事,并说速达克为世界四大港之一。一三六五年时,吉那哇人夺去速达克,建设壁垒,其遗迹今尚可见。有若干阿剌壁人所撰之地志,名阿卓夫(Azof)海曰速达克海。马可波罗之伯父亦名马可波罗,于一二八〇年之遗嘱中,曾以速达克城中之房屋一所,赠给方济各会(Franciscain)教士;惟限以其收益付其尚居此屋之子女。一二六〇年波罗弟兄二人经过此城时,此屋或者业已属之。——玉耳书第一册四页;颇节书六页注二;Elis. Reelus《俄属亚细亚》八四二页。

～ 第二章　波罗弟兄二人之离速达克 ～

他们到了克里米亚以后,商量不如仍往前进,于是从速达克首途。骑行多日,遂抵一个鞑靼君主驻所。此鞑靼君主名称别儿哥汗(Barka-khan),其主要汗牙有二,一名撒莱(注一),一名不里阿耳(Bolghar)(注二)。别儿哥颇喜他们弟兄二人之来,待遇优渥。他们以所赍珍宝悉献于别儿哥,别儿哥乐受之,颇爱其物,乃赏以两倍以上之价。

他们居留汗牙一年后,别儿哥同东鞑靼君主旭烈兀(Houlagou)(注三)之大战发生。彼此战斗很烈,末了西鞑靼君主败衄。

双方死亡之人不少。因有此次战事,凡经行道路之人,皆有被俘之虞。波罗弟兄恶人所遵之来途,危险尤大。若往前进,倒可安然无事。他们既不能后退,于是前行。

他们从不里阿耳首途,行抵一城,名称兀迦克(Oukak)(注四)是为别儿哥所领国土之尽境。他们渡孚勒伽大河(注五),经行沙漠十有七日,沿途不见城市村庄,仅见鞑靼人的畜皮帐幕,同牧于田野之牲畜(注六)。

(注一)撒莱在孚勒伽河之下流,处阿思塔剌罕(Astrakhan)之西北。此河东支名阿黑图巴(Aktouba),与现在的 Enotayevsk 同纬度,现在仅存废址,名 Selitrennoyé Gorodok,距离阿思塔剌罕之上流一百一十公里,此城乃别儿哥(Boreké)所建。别儿哥者,成吉思汗(Gengis-khan)之孙,而拔都(Batou)之弟也。城在盐质平原之上,无城墙,同钦察(Kiptchak,斡罗思南部)汗之其他宫殿具有墙壁楼橹者不同。城大,内有浴场。撒莱(Sarai),蒙古语犹言宫廷。——戈尔迭《马可波罗书补注》,第一册五页注二。

此处所言之别儿哥汗,在一二五七至一二六五年间君临钦察,是为其族皈依回教者之第一人,十四世纪时,伊本拔秃塔曾言撒莱城城市壮丽,人口繁庶。城甚大,骑行过城,需时半日。城中有蒙古人(Mongols)、阿兰人(Alains)、乞儿吉思人(Kirgbiz)、薛儿客速人(Circassiens)、斡罗思人(Russes)、希腊人(Grecs),尚有回回商人居在他们有墙壁的坊区之内……撒莱后为一个拉丁总主教同一个希腊总主教之驻所。方济各会(Franciscain)之修道院在城中者不止一处。一三二二年时,教皇若望二十二世设置一主教区于迦发(Kaffa,在克里米亚),指定所辖之地,东尽撒莱,西抵瓦儿纳(Varna)。此城在一三九五至一三九六年间,帖木儿(Tamerlan)二次侵入钦察时被毁。百年后又为干罗思人所削平。——玉耳书第一册五页。

(注二) 不里阿耳"在今迦赞(Kazan)之南一百三十三公里,孚勒伽河在岸,距河六公里。其遗迹尚存,曾经俄国学者数人研究,今迦赞省 Spask 区之 Uspenskoye 村一名 Bolgarskoye (Bolgare)村所在之遗迹是已"。——布莱慈奈德(Bretschneider)撰《中世纪寻究》第二册八二页。

此大不里阿耳之古都,昔为欧亚商业之中心。阿剌壁著作家视其几在北方有人居之地之尽境,曾述其地气候之寒,夏夜之短,及附近之有古生物牙。其输出品,除上述之牙外,尚有皮、蜡、蜜、榛宝、革等物,亚洲全部尚名斡罗思之革为不里阿耳。伊本拔秃塔在其旅行中曾至其地,谓其地距"黑暗地域"有四十日程。马可波罗在其书卷末已曾言及此黑暗地域。盖彼之前,九二一年时,报答(Bagdad)宫廷遣使至不里阿耳,有一阿剌壁著作家随行,曾言见有北极曙光也。——玉耳书第一册六至七页。

一二二五年蒙古人取此城,一三九五年帖木儿尽毁之。今尚见有城墙、城壕、壁垒、回教礼拜寺塔、宫殿基础之遗迹,并为阿剌壁式。考其建筑之时,在十世纪至十四世纪之间,尤以十二及十三世纪营建者谓最夥。距今百五十年前,Pallas 所见者不止百数,今日仅存十分之一。农民常在其地拾有陶器货币首饰等物。不里阿耳繁盛之时,位在孚勒咖河畔。今河流则在其西六公里。盖因河流之变迁,徙于不里阿耳之西。今迦赞河流之变迁亦同,根据传说,其支流迦马(Kama)河亦曾西徙。则不里阿耳城昔在两河交流之处,亦有其可能。——Elis. Reclus《俄属亚细亚》七六一页。

最初居留大不里阿耳之人种,似为芬种(Finnois)、斯拉夫种(Slaves)、突厥种(Turcs)之混合种。希腊著作家 Nicéphore Gregoras 云,其名盖出于诸种所处之大河孚勒伽,缘 Volga 者,即是希腊语 Boulga 之正确读法也。

撒莱、不里阿耳两城是西鞑靼(即钦察)诸汗之驻所,同中国、波斯等地诸汗有一南方驻冬之所及一北方驻夏之所,情形相类。

(注三) 马可波罗在其书末重言此次别儿哥同旭烈兀之战。此二人皆是成吉思汗之孙。多桑(d'Oh-sson)(《蒙古史》第三册三八〇页)位置此战于一二六二年之十一月。波罗弟兄二人之留居别儿哥所既有一年。则其到达之年,应在一二六一年中。如此看来,其自孔士坦丁堡出发之时,应位于一二六〇年时。东鞑靼乃指波斯,西鞑靼乃指钦察,或斡罗思南部。《马可波罗书》对于西方,曾用 Ponent 一字,而其所用针位之名,颇与他书不同。

(注四) Oukak 一作 Oukek,别儿哥所属极西之一城也。阿不菲答谓此城在孚勒伽右岸,处撒莱、不里阿耳两城之中间,距此二城各有十五程,在今 Saratov 之南。今有村名曰 Ouvek,即其故址。蒙古估据以前无 Oikek 之称,疑创建于是时。十四世纪时,其地有方济各派修道院一所。帖木儿侵略时,此城毁于兵燹。十六世纪末年,尚见有石堡城市古墓之遗迹,今则久已消灭矣。——玉耳书第一册九页。

(注五)《马可波罗书》拉丁文本及意大利文本,名此河曰 Tigeri,亦作 Tigry,亦作 Tigris。注释家因此发生误会,久于兹矣。马儿斯登(Marsden)等疑是注入咸海(Aral)之锡尔河(Sir daria)。质言之古之药杀水(Iaxartes),后经颇节证明此名 Tigre 之河,即是流经撒莱城之河,只能为孚勒伽河也。其所以使马儿斯登发生误会者,乃因剌木学本及若干拉丁文本,以为 Tigris 河是世上四天堂之一。此语皆不见于法文本,应是窜人之文。至若以 Tigre 之名适用于孚勒伽河者,殆因有若干传说以为孚勒伽河潜行地下,至美素波塔米亚(Mésopotamie)流出地面为达曷水(Tigre)。玉耳引一教会史家 Nicéphore Callistus 之说,谓达曷水自天堂来,流行里海之下而出为达曷水。此说与后此(第一百三十七章末注)关于黄河之说相类,其说亦谓黄河发源于葱岭(Pamirs)为塔里木(Tarim)河,至蒲昌海(Lob-nor)潜行地下,至甘肃边境出为黄河。

(注六) 自孚勒伽抵不花剌(Boukhara),需六十日。此经行沙漠之十七日,仅代表一部份之行程。伊本拔秃塔则云,自撒莱抵不花剌经行五十八日,而在末段经行沙漠之时,则有十八日云。

～～ 第三章 波罗弟兄二人经过沙漠而抵不花剌城 ～～

他们经过此沙漠以后,抵一城,名不花剌(Boukhara)。城大而富庶,在一亦名不花剌(Boukharie)之州中。其王名八剌(Borak)。此城是波斯全境最要之城。他们抵此城时,既不能进,又不能退,遂留居此不花剌城三年。(注一)

他们居留此城时,有东鞑靼君主烈旭兀前往朝见世界一切鞑靼共主的大汗(注二)之使臣过此。使臣看见此物搦齐亚城的弟兄二人,颇以为异。因为他们在此国中,从未见过拉丁人。遂语此二人曰:"君等若信我言,将必享大名而跻高位。"他们答云,愿从其言。使臣复曰:"大汗从未见过拉丁人,极愿见之。君等如偕我辈往谒大汗,富贵可致。且随我辈行,沿途亦安宁也。"

（注一）不花剌，名城也。在今阿母河（Amou daria）昔乌浒河（Oxus）之北不远，是为不花剌州之都会。有时人称此州曰俄属突厥斯单，或"突厥蛮（Tureomans）之地"。

海屯（Haython）亦谓不花剌，为一富庶大城，属波斯，然自有其语言。（《东方史》第七章）。范别利（Vambéry）云，迄于成吉思汗侵略之时，昔人曾视不花剌、撒麻耳干（Samarkand）、巴里黑（Balk）等城属于波斯。

八剌是察合台（Djagatai）之曾孙，忽必烈命其袭位为君主。其国境自巴达哈伤（Badakchan）抵撒麻耳干及不花剌。君临时，始一二六四迄一二七〇年。波罗弟兄二人既在一二六二年终离乎勒伽河，留居不花剌城既止于一二六五年，则必亲见八剌之即位。

不花剌一名"贵城"，一名"回教之罗马"，一名"寺院城"。当时在东方诸城中为文化之中心。不花剌传说有云："大地之上，他处光明自上而下，然在不花剌，则自下而上，摩诃末（Mahomet）升天时，曾亲见之。"虽屡经成吉思汗之残破，不久即见回复。在十四世纪时，尚为文化之中心，与极西回教国 Séville、Grenade、Cordoue 三城之境况同。然在今日则衰微矣。一方因教育之守积习，学校仅授成语，学术衰败。一方因回教信仰仅存外表，处宗教信仰之下，盛行虚伪淫靡之风。——范别利撰《一矫装教士之中亚行纪》，一五七至一八三页；Elis. Reclus《俄属亚细亚》五〇六至五一四页。

（注二）此大汗即是创设君临中国八十年的元朝之忽必烈，他是拖雷（Tolei）之子，而成吉思汗之孙。一二五九年，其兄蒙哥（Mangou）死于合州城下。他袭位为大汗，并为契丹（Cathay）或中国北方的君主。

玉耳曾云，聆使者之言，使臣似为大汗使臣之还自旭烈兀所者。据《剌失德丁书》，旭烈兀殁年，忽必烈之使臣撒里答（Sartak）自波斯还。则波罗弟兄所见之使臣，疑即其人。因为他们自不花剌首途时，即在一二六五年也。脱此说不误，后来取宋之伯颜（Bayan）亦与他们同行，盖伯颜亦在撒里答随从之列也。——玉耳书第一册十页。

马儿斯登曾言波罗常作富浪人（Francs），而不作拉丁人（Latins）。但在彼时，欧罗巴人之亚细亚洲，实以佛郎机（Frangi）之名而显。

～～ 第四章　波罗弟兄二人从使臣言往朝大汗 ～～

波罗弟兄二人遂预备行装，随从使臣首途。先向北行，继向东北行，骑行足一年，始抵大汗所。他们在道见过不少奇异事物，兹略。盖马可亦曾亲见此种事物，后在本书中别有详细之叙述也。

∽⌒ 第五章　波罗弟兄二人抵大汗所 ⌒∽

他弟兄二人抵大汗所以后,颇受优礼。大汗颇喜其至,垂询之事甚夥。先询诸皇帝如何治理国土,如何断决狱讼,如何从事战争,如何处理庶务。复次询及诸国王、宗王及其他男爵(注一)。

(注一)波罗弟兄离去孔士坦丁堡已有六年,于东罗马帝国之事变必未获知之。时物搦齐亚人所拥戴的富浪皇帝博丹,已被吉那哇人所拥戴的希腊皇帝帕烈斡罗格所代。当时君临法国者是圣路易(Saint Louis),君临英国者是亨利三世(Henri Ⅲ),罗马教皇是格肋孟多四世(Clément Ⅳ)。

《马可波罗书》中所称男爵(baron),盖指中世纪时之封建诸侯,虽隶诸皇帝国王,然在其自有领地中,尚有一种主权。——颇节书十一页注。

∽⌒ 第六章　大汗询及基督教徒及罗马教皇 ⌒∽

已而大汗详询关于教皇、教会及罗马诸事,并及拉丁人之一切风俗。此弟兄二人贤智而博学,皆率直依次对答。盖彼等熟知鞑靼语言也(注一)。

(注一)旧译鞑靼作 Tartare,非是,应作 Tatare。颇节诸写本及与马可波罗同事的东方著作中,皆作如是写法。因为蒙古人之初次侵入欧洲。时人畏之甚,致使此 Tartare 写法流传,今在法国诸州尚以此名指恶人也。

∽⌒ 第七章　大汗命波罗弟兄二人使教皇所 ⌒∽

全世界同不少国土的鞑靼皇帝忽必烈汗,聆悉波罗弟兄二人所言拉丁人一切事情以后,甚喜。自想命他们为使臣,遣往教皇所(Apostolle)(注一)。于是力请他们同其男爵一人为使臣,同奉使往。他们答言,愿奉大汗之命,如奉本主之命无异。由是大汗命人召其男爵一人名豁哈塔勒(Cogatal)一人来前。命他预备行装,偕此弟兄二人往使教皇所。豁哈塔勒答言,必竭全力而行主命。

已而大汗命人用鞑靼语作书,交此弟兄二人及此男爵,命他们赍呈教皇,并命他们面致其应达之词。此类书信之内容,大致命教皇遣送熟知我辈基督教律,通晓七种艺术(注二)者百人来。此等人须知辩论,并用推论,对于偶像教徒及其他共语之人,明白证明基督教为最优之教,他教皆为伪教。如能证明此事,他(指大汗)同其所属臣民,将为基督教徒,并为教会之臣仆。此外并命他们将耶路撒冷(Jérusalem)救世主墓上之灯油携还(注三)。

大汗命他三个使臣,鞑靼男爵,尼古剌波罗,玛窦波罗三人,赍呈教皇书的内容如此。

(注一)法文之 Apostolle,拉丁语作 Apostolicus,乃中世纪时法国著作家常称教皇之称。

(注二)七艺者,即中世纪时的博士习知之文法、伦理学、修辞学、算数、几何学、音乐、天文学等七种学术。并非指中国之七艺。况且中国只有六艺,曰礼乐射御书数。——颇节书十三页注三。

(注三)此书信极其重要,因为召来之博士百人如能证明罗马教为最优宗教,而其他一切宗教为伪教,忽必烈将偕其人民皈依也。马可波罗所言忽必烈至教皇的这封书信,久不为人所识。最近闻由伯希和(Pelliot)在教廷档案中发现。

法国档库中亦保存有波斯、蒙古汗致法国国王菲力帛(Phihppe le Bel)之二书。一封是阿鲁浑(Argoun)在一二八九年命 Buscare 赍呈者。一封是阿鲁浑子完者都(Oldjaitou)之致书,所题年月是一三〇五年五月。二书皆是用畏吾儿(Ouigour)文写蒙古语,烈缪萨(《考古研究院纪录》第七及第八册)曾模写其文。颇节后在其《马可波罗书》附录第五篇及第六篇中,已有所订正,烈缪萨所译之第一书,见后文第十七章注一。

一九二二年十月二十五日研究院五院开大会时,伯希和曾报告其发现有十三世纪时之蒙古文件数通,其重要与致菲力帛之二书相等。其中有大汗贵由(Gouyouk)命卜兰迦儿宝(Jean du Plan Carpin)赍呈教皇意诺增爵四世(Innocent Ⅳ)之波斯文答书,又有旭烈兀子波斯汗阿八哈(Abaga)一二六八年至罗马书。马可波罗后在本书第十八章中,言其赍有忽必烈致教皇、法兰西国王、英吉利国王、西班牙国王及其他基督教界诸国王书。此种珍贵史料,迄今尚未发现,汉学家卫里(Wylie)曾在英国档库检寻,毫无所得。

可是吾人不应忘者,成吉思汗系诸君主,对于宗教,悉皆表示一种宽容,或一种冷淡态度。虽有皈依回教者,鲜用虐待异教方法。其未皈依回教者,得谓无一人不蒙有皈依基督教之谣传。西方曾视成吉思汗为一信奉基督教的侵略家。此外对于察合台、旭烈兀、阿八哈、河鲁浑、伯都(Baidou)、合赞、撒里答(Sartak)、贵由、蒙哥、忽必烈及其嗣君一二人,皆有皈依基督教之传说。

其中仅有一二人或者稍涉嫌疑，其余皆无根据也。——玉耳书第一册十四页注三。

〜〜〜 第八章　大汗以金牌赐波罗弟兄二人 〜〜〜

大汗界以使命以后，又赐彼等以金牌(注一)。其上有文曰，使臣三人所过之地，必须供应其所需之物，如马匹及供保护的人之类。使臣三人预备一切行装既毕，遂辞大汗首途。

彼等骑行不知有若干日，靯靼男爵得病不能前进，留止于一城中，病愈甚。波罗弟兄二人乃将他留在此城养病，别之西行。所过之地皆受人敬礼。凡有所需，悉见供应，皆金牌之力也。(注二)

如是骑行多日，抵于阿美尼亚之剌牙思(Layas)(注三)，计在途有三年矣(注四)。因为气候不时，或遇风雪，或遇暴雨，兼因沿途河水漫溢，所以耽搁如是之久。

(注一) 金牌发源于宋。蒙古皇帝时代，凡使臣皆持有一种相类牌符，上勒发给牌符的君主之名称、使命之目的等事，命人服从，违者死罪。惟牌符之种类，以金牌为最高。

(注二) 当时亚洲全境几尽属成吉思汗诸孙统治，而奉忽必烈为共主。所以其使臣在在受人敬重。——颇节书十五页注二。

(注三) 剌牙思或阿牙思(Ayas)，为 Alexandrette 湾西利亚(Syrie)海滨之一海港，今日只存荒村而已。

(注四) 前在第五章注一中，曾言波罗弟兄于一二六六年抵大汗所，其归途既须三年，则其抵剌牙思同阿迦(Saint Jean d'Acre)两城之时，应在一二六九年矣。——并参照后章注二。

大汗接见波罗弟兄之地，应在上都，其遗址现在多伦(Dolon nor)西北。(参照第十三章注一。)

〜〜〜 第九章　波罗弟兄二人之抵河迦城 〜〜〜

他们从剌牙思首途，抵于阿迦(Acre)(注一)，时在一二六九年之四月。及至，闻教皇已死(注二)，他们遂往见驻在埃及(Egypte)全国之教廷大使梯博(Thibaud de Plaisance)。既见，告以奉使来此之意。大使闻之，既惊且喜,以此事为基督教界之大福大荣。

于是大使答波罗弟兄曰,君辈既知教皇已死,则应等待后任教皇之即位,然后履行君辈之使命。

他们见大使所言属实,遂语之曰,此后迄于教皇即位以前,我们拟还物搦齐亚,省视家庭。乃自阿迦首途,抵奈格勒朋(Negrepont)(注三)。复由奈格勒朋登舟,而抵物搦齐亚。既抵物搦齐亚,尼古剌君闻其妻死,遗一子,名马可(Marco),年十五岁(注四)。此人即是本书所言之马可波罗。弟兄留居物搦齐亚二年,等待教皇之即位。

(注一)阿迦即古之 Ptolémaïs,十字军在亚细亚沿岸最后仅存之堡垒也。终于一二九一年失陷。

(注二)格肋孟多四世,以一二六八年十一月二十九日卒于 Vicence。按照波罗兄弟二人初至阿迦及与梯博(一作 Tedalado Visconti,即后来当选为教皇之格烈果儿十世 Grégoire X)会晤之年,迪博诸钞本中有一本作一二六九年,是亦诸校人采用之年。较之鲁思梯谦所言之年(一二六〇),同迪博其余八本所记之年(一二五〇同一二六〇)为可取。然亦不能保其确实不误。Plaisance 城之长老 M. G. Tononi 曾言诸编年史位置梯博赴圣地之时,在圣路易赴 Tunis(一二七〇年七月二日)之后,又据别一文件,一二六九年十二月二十八日,梯博尚在巴黎。如此看来,波罗等两次至阿迦之时,应俱在一二七一年中,疑在是年五月九日梯博抵圣地,同是年十一月二十八日新教皇西行之时之间。——Langlois《法国文学史》卷首三十五页"马可波罗"条。

(注三)奈格勒朋是希腊 Eubée 岛西岸之一城名,其与陆地相隔,仅有一桥之远。

(注四)地理学会法文本作十二岁,曾经颇节考订其为印刷之误,因原写本及其他一切旧本皆作十五岁也。剌木学本作十九岁,殆因此本第一章谓波罗弟兄自孔士坦丁堡出发之年是一二五〇年,剌木学遂改作十九岁欤。兹暂以十五岁一说为是,则马可波罗应出生于一二五四年。然则应将第一章所志孔士坦丁堡出发之一二五〇年,改作一二六〇年矣。——颇节书十七页注五;玉耳以为一二六〇年一说较为近真。

诸法文旧本并未言马可波罗之出生在其父行后。地理学会本仅作"见其妻死,遗一子,名马可,年十五岁"。但剌木学本则言此子在其父出外时诞生,其他诸本出于 Pépin de Bologne 本者,所言并同。

第十章　波罗弟兄二人携带尼古剌子马可往朝大汗

他们弟兄二人等候许久,教皇尚未选出。于是互相商量,以为回去复命大汗时,未免太迟。于是他们携带马可,从物搦齐亚出发,径赴阿迦,见着那个大使,告以这种情形。并请他允许他们往耶路撒冷去取圣墓灯油,俾能复命于大汗所。(注一)

　　大使许之,他们遂自阿迦赴耶路撒冷,取了圣墓灯油,重还阿迦。复见大使,语之曰:"教皇既未选出,我们想回到大汗所,因为我们耽搁时间业已过久了。"大使答曰:"君等既想归去,我亦乐从。"于是命人作书致大汗,证明此弟兄二人业已奉命来此。惟无教皇,故使命未达。

　　(注一)戈尔迭引斡罗思著作家 Daniel(一一〇六至一一〇七)之《斡罗思人东方行程》云,救世主坟墓中有大灯五盏,日夜常明。——戈尔迭《马可波罗书补注》第一册二十页注。

东蒙古辽代旧城探考记①

[法]闵宣化　撰

序

　　中国历史应用科学方法整理,今日略具科学常识者,莫不知之。书本不可尽信也,兹举一例以明之。司马迁,西汉时人也,著所谓《五帝本纪》。五帝时无书,则《五帝本纪》之史材,必未取材于五帝时之书,只能取材于其最近数百年间留存之简策以及古代传说而已。严格言之,五帝是否有其人,尚属疑问也。予常见今人所绘之关羽像,手执唐以后所装之《春秋》本,后人之述古史,得无类是。今日欲知古代之史事,非取古人直接留示吾人之遗物研究不可。实地探考,科学发掘,盖为今日史学家不可少之方法。此埃及之所以能有八千年之历史也。

　　吾国史书少所整理。研究史学者,囿于所谓正史,故亦少所发明。近二十年始稍稍有人整理,然亦仅九牛之一毛耳。予曾以科学方法研究中

---

①　选文录自:"冯承钧译著集"中的《东蒙古辽代旧城探考记　帖木儿帝国》,上海古籍出版社,2014 年。

国历史,数年前先从古史着手。研究愈久,困难愈多。盖既不愿追踪马骕之剪裁事业,亦未能实地探考,与史书对证。虽读遍史书,又有何益。乃改而翻译外人已经整理之著作。此《中国之旅行家》及《中国史乘中未详诸国考证》二书翻译之缘起也。近又于 1922 年《通报》中,获见《东蒙古辽代旧城探考记》(*Les Anciennes Villes de l'empire des grands Leao au royaume Mongol de Barin*)一文,系闵宣化(J. Mullie,旧译牟里)神甫实地探考之成绩,将千年来无从寻觅之上京位置一旦发见,亦整理中国史有价值之著作。爰为译出,以示今之治史学者,俾知不必远至敦煌,遍地皆有历史宝藏也。

1927 年 7 月冯承钧识

前　言

闵宣化君以此稿寄予,并嘱校订。顾此稿关系甚巨,除将错误显明之处,如误以薛映为富弼一点校正外,其他一仍原稿之旧。鄙意则附注于括弧之中。至其地理考证,是否正确,俟将来比较俄、日学者之著作,再事诠考云。

伯希和附注

广袤之蒙古,常为战场。历代民族更迭扰乱中国北部,侵略其城市,屠杀其人民,而为中国皇帝之忧者,已有数世纪于兹矣。

东蒙古一地,自亦不乏此类骁勇之人,契丹其一种也。

当纪元 5 世纪时,中国史书纪述契丹之来源云:"相传有神人乘白马,自马盂山浮土河而东,有天女驾青牛车,由平地松林泛潢河而下。至木叶山,二水合流,相遇为配偶,生八子。其后族属渐盛,分为八部。"(《辽史》卷三十七)

前记之潢河，即蒙古人今日文言所称之西喇木伦（Sira-muren，今译西拉木伦），俗称之洒喇木伦（Sara-muren）；土河即今中国人所称之老河，蒙古人所称之老哈河（Loxa-muren）是已。马盂山在今塔保洛洼大平原之西，平地松林在潢河源附近围场以北。此高地平原，应为今日赤峰县西之大高原，即土人所称之漫垫子是也。

契丹最初即居东蒙古西喇木伦及老哈河汇流之处，其先世为东胡之余众，保鲜卑山，因号鲜卑，至太祖阿保机统一八部时始强，太宗德光于公元 938 年建大辽帝国。

辽国之历史，人已知之。中国史书中之《辽史》《契丹国志》等书，久已为汉学家所引用，其地理方位，亦非人所不详之秘。《辽史》卷三十七至卷四十一所载京府州县，已甚详晰矣。在长城以内之城镇，史书记载明了，不难知为今之何地。顾长城以北各地，频经战争，如女真之侵入，元代之统治，以及明初皇帝之攻掠，昔日行政中区，已毁灭净尽。今日土人因蒙古人之传说，只能记忆二三故城之名。至若久据东蒙古之契丹民族，则忘之久矣。虽然，城镇虽毁，废址犹存，此种古迹，尚散布于蒙古各地，详细研究史地著作，终不难发见此种废址之旧名也。

契丹发源地，即在今之东蒙古巴林旗中。予之探考，仅限斯地。辽之上京，中、日、欧洲学者意见不同，迄今尚难确定为何地，此予一再旅行巴林左右二旗之动因也。予留大营子传道会二年，右旗地理知之甚稔。至左旗则已经过二次，第一次在 1912 年 9 月，第二次在 1920 年五六月间。

夫欲探考上京之地理方位，应遵 12 世纪时中国之一旅行家所经行之途程，辅以其他著述，收效较易也。此旅行家即《辽史》所志之薛映。

～～ 薛映之行程 ～～

沙畹（Chavannes）君于《亚洲学报》（*Journal Asiatique*）中（1897 年 5、6 月刊，377—442 页；1898 年 5、6 月刊，361—439 页），已将旅行契丹、女真之中国旅行家游记译载。其间有名薛映者，即今日吾人之向导也。

其留存之行记虽略,然不乏地理知识。其与胡峤之《陷虏记》异者,自中京至上京,明载路程,且径向北行,较之迂曲绕行之迹为易寻也。

据《辽史》卷三十七《地理志》所引,"宋大中祥符九年(公元1016年),薛映《记》曰:'上京者,中京正北八十里至松山馆,七十里至崇信馆,九十里至广宁馆,五十里至姚家寨馆,五十里至咸宁馆,三十里渡潢水石桥,旁有饶州,唐于契丹尝置饶乐,今渤海人居之。五十里保和馆,渡黑水河,七十里宣化馆,五十里长泰馆。馆西二十里有佛舍、民居,即祖州。又四十里至临潢府。自过崇信馆乃契丹旧境,其南奚地也。入西门,门曰金德,内有临潢馆。子城东门曰顺阳。北行至景福门,又至承天门,内有昭德、宣政二殿与毡庐,皆东向。临潢西北二百余里号凉淀,(淀)在馒头山南,避暑之处。多丰草,掘地丈余,即有坚冰'"。

薛映行记疏证

吾人首应注重者,确定上京之方位也。《辽史》所引宋王曾《上契丹事》,予将有志译刊。兹将中京大定府位置于老河左岸之证据,暂不申述,仅说明该处有大明城废址(大明或为大宁之转。考辽金之大定,即元之大宁,盖北方之京语,n声逐渐变为m声,东蒙古亦两声混而不分,如棉花读如Niao-houa之类是也),此城在老河左岸,昆都河及霍尔霍河之间。兹举一事以证大明即为中京大定。据王曾所述,中京大定府城,城内西南隅有小冈,东蒙古各故城中具有此地势者,惟有斯城。除不信赖王曾之说外,实无法反证今之大明废城,非辽之中京也。况王曾之说外,尚有证实王曾所述之材料欤?

薛映自中京至上京之行程中,有一最重要之点,足以指示吾人者,潢水石桥是也。石桥以南各站,吾人现在固无法探考,盖薛映《行记》只记载所宿馆舍之名,及其间之距离而已。第昔日东蒙古有居民之处甚多,欲知此种馆舍之所在甚难。薛映并未识及山岳城村之名,即其所述之水道,亦未完全留示后人也。

虽然,其行程则明言自南而北,自中京至上京也。由此推之,其所经之路程,大致首途于今日之大明,经西桥、楼子店、糖房营子,而抵今日之赤峰县(Olan-Xata)。此道山岳甚多,不容另觅他道。此外更有一道,循老河行,经二十家子、高粮杆子店、没里河、大拉明安,而抵赤峰,然又与"正北"之记载不合,薛映必未经行此途也。

薛映并未经过高州及松江州,否则必于《行记》志及。其行程在二州之间,可无疑也。薛映至赤峰附近渡英金河,其渡英金河必不在上游。如在上游,须渡锡伯河、半拉箭川、英金河三水,绕道甚远也。稍明此地路途者,必以为欲赴巴林桥,必经大木头沟,至此始有歧道,再经四道沟梁、乌丹城,而抵石桥。

由大木头沟向西北行,另有一道过沙子梁、杜家地,登高原,过三叉口,下高原,过广德宫、黑水梁、七棵树,而至石桥。

自大明至石桥,并不循水道流域行。盖此处流水方向为西东,而薛映行程为南北也。是其行程所经,必越山渡河。顾此处山岳,非到处可越者,须经队商可越之峡道。此种峡道,予以为大致今昔多同也。旧道固有变更者,如黑水梁峡道,昔日在山峡之中,今山峡已凹落,峡道改在西面山腹之上矣。

薛映经过乌丹城,亦非不可能之事,盖此途较黑水梁一道远近相距不多也。自赤峰至乌丹一百八十里,自乌丹至石桥一百二十里,都三百里。黑水梁一道则有二百八九十里。难者曰,薛映如经乌丹,必志及今日尚可见乌丹城之废址。殊未知此城辽时尚未建筑,元时始有之。斯又不足证明薛映未经此道也。

《辽史》所志薛映之行程不一。卷三十七所引薛映《记》曰"八十里至松山馆",而卷末又增改为"八十里至临都,四十里至官窑,七十里至松山馆"。

据此二说,自中京至石桥,由前一说为三百七十里,由后一说为四百八十里。予曾计算路程,自大明经沙子梁、黑水梁至石桥,约五百里。如经乌丹城,当不止此数。由是观之,《辽史》前记有缺文,后记乃根据富弼之行程改正也。

关于松山馆，吾人应为说明者。《辽史》卷三十九列有松江州，统县一，松江县。州城废址在盔甲山半拉箭川流域之中，兔儿都(Txolatho)地方附近。兔儿都之西有村名城子，城子附近，可见松江州旧城。《承德府志》卷二十一误以此城为在小乌珠穆沁，盖是处亦隐有一旧城废址也。据《志》载，是城应在遮盖山西北二十里。《热河志》引《一统志》，亦云松州（即辽之松江州）东南二十里，有遮盖山。此山即今之大碾子洞，1143年金代碑文尚存。

金时于辽之松江州旧治设松山县，元时为松州。辽时此城在昔日松漠边界，包括今之围场及克什克腾旗。松江县境内有松山，薛映《行记》之松山馆，疑在此山之间，或山谷之内。此外馆舍，后别有说。

前此予以为12世纪之石桥，即今之巴林桥，兹于下节证明之。

～～ 潢河石桥 ～～

昔日潢河石桥，今应尚在旧处。理由有二：一因此处可以建桥。蒙古河桥类多临时建筑物，冬建春毁，不能久存，只有此处有建永远河桥之可能性。二因与薛映所志五十里至黑水河之距离相符也。

潢河之河床为沙质，流水不断冲运黄沙。平时固可徒涉，然领导之人亦有时陷于河床中动沙或沙井之内。潢河两岸为沙洲，河身广隘不齐，河岸间有奇形岩石，而且河身甚宽，用寻常方法建石桥于此种不坚固地盘之上，绝不可能。惟有二处河岸岩石相距不远，有此天然桥基，建桥自易。此二处一名桥头，一为今日巴林桥址。桥头地方在巴林桥西，距离甚远，大约在百五十里以上。昔日已建一桥，今尚能见其桥基，现闻有重建之议。且闻数华人言，已经动工。薛映赴上京所过之桥，决非此桥。盖其所经之桥至黑水河只五十里，而桥头至黑河最近亦不止百五十里，且须向西绕道，况近处有桥可涉乎。

辽时已有此桥，绝无可疑。薛映所涉，盖即今之巴林桥。予前已说明在潢河两岸沙洲之上，不易建桥。欲觅昔日石桥，须注意下列两点。

一、应有一种天然易于建桥之处；

二、此处应距黑水河五十里。

只有巴林桥具有此两条件也。

假道此桥赴巴林，在河以南须经十里沙地，始至河岸。平时河床干涸，河岸有一岩石，距此第一岩石两三丈，又有第二岩石，岩面尚宽，北岸又有一第三岩石，建桥者只以桥联此三岩石，桥即成矣。第一岩石至第二岩石有一桥，渡桥有石路，栏以石栏。第二岩石至第三岩石有二桥孔，第一孔之桥基，大水时尚露水面；第二孔之桥基，一经大水，即没于水内。平时水于桥下分为二流，水涨时合而为一。大水及解冻时，水不能全流桥下，更向桥南流出。故蒙古人于冬季建一临时渡桥，春日即拆去。

自巴林桥北七十里至大板"蒙古人名大瓦房（Ixe-basen）"。大板为一大村，约有汉人、蒙人三百家，巴林王府所在处也。巴林王府原在洒波尔台（Sabortha），1913 年东三省军队攻蒙古时，毁于兵燹，乃改以 1912 年所建之大板王府为驻所。然巴林右旗之蒙王常在北京。

大板之南有一河流，今名察罕木伦，华言白水也，是即古之黑水河，后此别有说明。欲赴上京，似不应经过大板，盖其地在薛映渡河处之上游。薛映所止之保和馆，应在黑水河之南，与石桥相距五十里之说方符。此为赴上京之惟一道路。关于此节，后别有说。

由是观之，辽之石桥，与今日之巴林桥，在同一处所，敢断言也。

饶州故城

薛映《记》曰："桥旁有饶州，唐于契丹尝置饶乐，今渤海人居之。"

马端临《文献通考》卷三四六所引亦同，然作"饶乐州"，而《蒙古游牧记》则更正其误，作"饶乐府"，且《唐书》亦作"饶乐府"也（伯希和注：《契丹国志》著于《通考》五十年前，亦作"饶乐州"，《通鉴长编》卷八十八亦作"饶乐州"。吾人应知者，唐代所置为都督府，非散府也）。

薛映未说明饶乐在河北,抑在河南,仅言"旁有"。然此"旁有"二字,不能据以为寻求之根据也。河之南沙丘遍布,不宜建城。河北沙地较平,固有建城之地,然桥之两岸皆无建城之迹也。

薛映所记之路程,自石桥至上京,都二百一十里。然据《读史方舆纪要》,饶乐距临潢(上京)二百三十里。然则饶乐旧城应求之于桥南二十里欤。此种里数,洵能认为正确欤。要之薛映所记在《读史方舆纪要》数百年前,数目之价值,亦不可过于根究也。

古代城址,或为河南之活动沙丘所埋没,亦意中所必有之事。河之西南二十里,胡迭都地方,居民中有赵姓者,其儿童所玩之小件物品,皆发见于沙中者,此予所亲见者也。斯地之基督教徒告予云,胡迭都沙中不乏古物。此地前此已有居民,绝无可疑。沙中之物,或为古东胡所遗,此民族或结幕于斯地也。饶乐旧城如在河南,恐不易探求其故址,盖流沙移动,旧迹已不存也。旅行家经行此沙地者,忽见道路为流沙所没,可以类想及之。

是否应认饶乐为一游牧之城,为一种幕帐聚落,致无踪迹可寻欤。此种城聚,昔已有之。考《旧唐书》卷三九云安东都护府领羁縻州十四,并无城池,是高丽降户散此诸军镇,以其酋渠为都督刺史羁縻之。其例之著者也。

顾辽之府州无城者为例外。所有潢河南北之京府州县,皆有城池,惟西喇木伦及老河汇流处之永州,或为例外耳。宋使宋绶(伯希和注:《通考》作宋缓,乃宋绶之误,兹为改正)由中京至木叶山(木叶山在永州境内),《行记》有云:"离中京皆无馆舍,但宿穹帐,至木叶三十里许,始有居人瓦屋。"

顾《辽史·地理志》卷三十七所志之饶州,为有城池之州。盖既云太祖完葺故垒,则前此必有建筑也。

兹录其全文,俾详知此州之真相。

"饶州,匡义军,中,节度。本唐饶乐府地,贞观中置松漠府。太祖完葺故垒。有潢河、长水泺、没打河、青山、大福山、松山。隶延庆宫。统县三:"

"长乐县。本辽城县名,太祖伐渤海,迁其民,建县居之。户四千,内一千户纳铁。"

"临河县。本丰永县人,太宗分兵伐渤海,迁于潢水之曲。户一千。"

"安民县。太宗以渤海诸邑所俘杂置。户一千。"

考《新唐书》卷二一九《北狄列传》,629 年(贞观三年),奚始来朝。后其长名可度者内附,帝为置饶乐都督府。

考《旧唐书》卷九《玄宗本纪》,又有奚饶乐都护之号。

据《承德府志》卷六云:"唐代,奚酋内附者,皆授饶乐都督。契丹内附者,皆授松漠都督。"

又考《新唐书》卷二一九《契丹传》,载开元二年(714)诏,复置松漠府,以李失活为都督,封松漠郡王。天宝四载(745)契丹大酋李归秀降,拜松漠都督,封崇顺王。此皆契丹酋授松漠都督之证也。《新唐书·契丹传》又云:"帝(太宗)伐高丽,悉发酋长与奚首领从军。帝还,过营州,尽召其长窟哥及老人,差赐缯采,以窟哥为左武卫将军。大酋辱纥主曲据又率众归,即其部为玄州,拜曲据刺史,隶营州都督府。未几,窟哥举部内属,乃置松漠都督府,以窟哥为使持节十州诸军事、松漠都督,封无极男,赐氏李。"以八部置八州,"俱隶松漠府,即以辱纥主为之刺史"。

前所引各书,皆证明松漠、饶乐为契丹、奚之治地。松漠在今之潢河发源之地,包括今之克什克腾、巴林、翁牛特各旗。饶乐则据《承德府志》,在流经赤峰县之英金河流域。原为奚种居地,后渐为契丹所役属。契丹之势,遂渐南侵。

《承德府志》引《北蕃地理志》,以高州距石桥一百五十里,饶州在石桥西北六十里。巴林桥西北六十里固有一旧城废址,顾高州距桥百五十里错误显明,此城是否为昔之饶州,尚待考也。此城在雷霹山之西二十里,潢河沿岸。前此《辽史·地理志》,饶州有临河县,潢水之曲。此城或为昔之临河欤?

至若安民县,疑即今日南至大金沟北抵老胡史沟小山谷口之废城。由好来井子至雷霹山,顺林西县至潢河之道路行,即可见此废城。

《辽史》所志之青山，或即中国人今日所称之大青山。山在潢河之北，在巴林桥即可远瞩也。

长泺县之名，得自长水泺，距桥似不甚远。由小坝头至巴林桥不远之处，道右有一沮洳之地，或即昔之长水泺欤？

～～ 保和馆及黑水河 ～～

薛映《记》曰："渡潢水石桥。五十里至保和馆，渡黑水河。"

此道尽沙丘，须多方绕道，始抵毛胡卢沟山谷。半拉山旧道已为流沙所闭塞。路左有村，名骆驼井子。东方有山，华人名曰巴林山，亦名大青山。一蒙古人告予云："这是我们巴林旗的风水山。"蒙古人名此山为汗山（Xan-ola），又名巴颜汗山（Bayan-xan-ola），又名巴尔登哈尔山（Barthenn-xar-ola）。《蒙古游牧记》卷三以此山在巴林右旗之南六十里，即今之王爷府之南六十里，而名此山曰巴尔达木哈喇山，但蒙古人则名巴尔登或巴尔当也。《蒙古游牧记》亦志有巴尔当山，然为别一山，在王爷府南三十里，并认为《辽史》之勃突山。

考《辽史》卷三十七《地理志》庆州条下云："辽国五代祖勃突，貌异常，有武略，力敌百人，众推为王。生于勃突山，因以名。没，葬山下。在州二百里。"

又考《清一统志》，此山在庆州之东南。顾庆州为今日华人所称之白塔子，蒙古人所称之察罕苏布尔罕（Tsxaga-Soborga），设其距离及方向不误，勃突之墓应在大板附近大青山中探寻之。今日蒙古人知此处有古墓，然不能明指其处。至勃突山名，彼等从未闻之也。

巴尔达木哈喇山与巴尔当山是否为一山，予尚未能解决此问题。顾蒙古人既以汗山名大青山，并附以种种灵奇，山中又有古墓，详细探考之，或能发见勃突之墓于此山也。

毛胡卢沟之尽处，为沙墩行列。越过沙墩之后，抵赛洛木沟（Sarm）流域。沿此水行，径达察罕木伦，即华人所称之白水是已。

此白水即薛映所记之黑水河欤。若以石桥之距离言,此水应为黑水河,盖吾人见有一水,且为巴林旗此处最巨之水。

《辽史》志有黑河,吾人既未见另一黑水河,此二水当然为一水无疑。

有学问之蒙古人,且记得百年前,白水原名喀喇木伦,即华言黑水也。所以易名者,因旧名不祥。蒙古人因迷信,变更山水名称之例甚多,不仅此处为然。

由是观之,今之白水,即昔之黑河或黑水河。矧黑河与潢河时常联称,应求黑河于潢河附近,可无疑矣。

保和馆之位置,应在黑河之南,昔日必有一大聚落,详细探考之,自不难发见其旧址。

保和、宣化、长泰三馆之名,与临潢府所属三县之名相同,知县之所在,似不难知馆之所在。

予今未能解决此问题,特将《辽史》所志之资料列举于后,以供将来探考家之参考。

《辽史》卷三十七《地理志》所志三县之文如下。

"保和县。本渤海国富利县民。太祖破龙州,尽徙富利县人散居京南。统和八年(990)以诸宫提辖司人户置。隶彰愍宫。户四千。"

"宣化县。本辽东神化县民。太祖破鸭渌府,尽徙其民居京之南。统和八年,以诸宫提辖司人户置。隶彰愍宫。户四千。"

"长泰县。本渤海国长平县民。太祖伐大諲譔,先得是邑,迁其人于京西北,与汉民杂居。户四千。"

如前所述,保和、宣化二县应求之于上京之南,惟长泰县在上京之西北耳。

《辽史》卷三十七云:"临潢府所统十县,九县在府城之中。"(译者按:《辽史》无此文,不知著作者何所据而云然。)临潢府城之中,宫殿庙观衙署固多,然决不能容一万九千五百户之居民。此种户口,应散居各处。查斯地当日可以建城之处,为类有三。一为历史区域,辽帝建城以为记念之地,此种城聚,只有纯粹契丹人建筑之。二为皇陵所在,守卫所居之地。

三为移民垦植之地,是为县城,吾人欲寻求此种城聚,应于土地饶沃之处探考之。

巴林旗中之旧城,多于《辽史》所列之州,而金、元两代并未建筑多城,可知当日县治必在府州城之外。顾史书所志之地理方位不明,而蒙古人又多疑,不愿指示吾人。是欲知其方位,应详知各地山岳流域,始能发见昔日城迹。予所见之废城,别列于后,以待后来者之探考。

至若前述之保和、宣化、长泰三县,尚待探考,予今无暇寻求也。

研究至此,道路及意见之纷歧见焉。若以今之白塔子为辽之上京,如沙畹(Chavannes)及其他学者之考证,则行程应溯白水而上。若以今之波罗城(Boro-xotxo)为辽之上京,则应由白水北岸沿廓尔戈台河(Guorgoltha-gol)流域北行。吾人兹就此二途寻究之。

保和馆至宣化馆七十里,宣化馆至长泰馆五十里,共一百二十里,再四十里至上京。设以波罗城为上京,则长泰馆之方位应在其南四十里今之乌兰二格(Olan-erxe)蒙古村之南。由长泰馆南行,路经分廓尔戈台河及巴颜河(Bayan-gol)二水之山冈。过冈,沿廓尔戈台河行,在廓尔戈台庙附近,又越数冈,抵洒洛木河。宣化馆应在廓尔戈台庙之北,济门庙(Tsimen-sum)之南求之。

据前述之路程,薛映所记之距离甚确也。又据其所记长泰馆西二十里即祖州,当日彼在途中,可见山腹所建之祖州城及其中著名之西楼也。即在今日,吾人尚能远望城之废址及其中之"石屋"。

只此一事,已足证明波罗城之为上京。设以白塔子为上京,距白塔子四十里之地,并无废城,惟在浩珀都流域有一废城,然距白塔子有五十至五十五里。观此城之形状,与《辽史》所志之祖州无一相符,而城西五里诸山亦无辽代建筑物之痕迹。

尚有一事可以证明白塔子为上京一说之误者。薛映《记》中惟言一次渡黑水河,如白塔子实为上京,则薛映或不渡黑水河,或"两渡"黑水河,其渡河之处,不应在距石桥五十里之保和馆,而远在宣化馆及长泰馆之间也。

赴白塔子之道途,由洒洛木河偏左行,沿白水右岸,经五十家子、关地,至榆树林子。其左岸无大道,薛映不能于大板地方渡河,循左岸行也。左岸之山,有延至河岸者,如沿左岸行,须攀越险峻之山道。至右岸之道路平坦,只数处有沮洳而已。行至榆树林子,为取近途,须渡河,再于乌牛台(Unitha-gol)复渡回右岸,经头道湾子、五十家子、十二家子而抵白塔子。此城在白水之右岸,故欲莅其地,或不渡河,或两次渡河也。

辽之上京有涞流河、曲江二水,而白塔子只有一水。此水辽时即名黑河,而辽之上京并无黑河流绕。足证昔之上京,必非今日之白塔子。

祖州旧城

溯廓尔戈台流域而上,抵黄城子或洒喇图拉(Sara-txala),逾山至巴颜河(Bayan-gol)流域。河之北为满济克山(Mantsik-ola),山后即古之祖州。

经过黄城子,行近乌兰二格(Olan-erxe)之蒙古包时,即见西方山腹之上,有一方城废址,中有一屋,不类此地之建筑。此城望之似近,然须在榛莽中骑行一小时始达。此处即昔之祖州欤?

欲解决此问题,须搜集种种史料,兹先录《辽史》卷三十七《地理志》原文于下。

"祖州。天成军,上,节度。本辽右八部世没里地。太祖秋猎多于此,始置西楼。后因建城,号祖州。以高祖昭烈皇帝、曾祖庄敬皇帝、祖考简献皇帝、皇考宣简皇帝所生之地,故名。城高二丈,无敌棚,幅员九里。门,东曰望京,南曰大夏,西曰液山,北曰兴国。西北隅有内城。殿曰两明,奉安祖考御容。曰二仪,以白金铸太祖像。曰黑龙,曰清秘,各有太祖微时兵仗器物及服御皮毳之类,存之以示后嗣,使勿忘本。内南门曰兴圣,凡三门,上有楼阁,东西有角楼。东为州廨及诸官廨舍,绫锦院,班院祗候蕃、汉、渤海三百人,供给内府取索。东南横街,四隅有楼对峙,下连市肆。东长霸县,西咸宁县。有祖山,山有太祖天皇帝庙,御靴尚存。又有龙门、黎谷、液山、液泉、白马、独石、天梯之山。水则南沙河、西液泉。太祖陵凿山为殿,曰明殿。殿南岭有膳堂,以备时祭。门曰黑龙。东偏有圣踪殿,立碑述太祖游猎之事。殿东有楼,立碑以纪太祖创业之功。皆在州西五里。天显中太宗建,隶弘义宫。统县二、城一。"

"长霸县。本龙州长平县民,迁于此。户二千。"

"咸宁县。本长宁县,破辽阳迁其民置。户一千。"

"越王城。太祖伯父于越王述鲁西伐党项、吐浑,俘其民,放牧于此。因建城。在州东南二十里。户一千。"

《读史方舆纪要》卷十八所志亦同,其文较简。据云:"长霸、咸宁二县县治,在州城之内。"

"县治在州城之内"云者,盖言县署在州城之内。居民大多数似散居县城之外,州城之中不能容三千户也。

至若越王城,据蒙古向导言,自大板至波罗城之途中,距旧城二十里,有蒙古人居留旧址,在绰庙(**Dzo-sum**)西南十里。绰庙在祖州东三十里,是处尚有古墓,就地详细考之,不难发见昔之越王城及述鲁家族之坟墓。

胡峤《记》曰:"上京西楼有邑屋,市肆交易无钱而用布,有绫绵诸工作。宦者、翰林、技术、教坊、角抵、儒、僧、尼、道士,中国人并、汾、幽、蓟为多。"(伯希和注:前人误以上京为西楼,盖沿胡峤《记》及《三朝北盟会编》所引《金虏节要》之误,据云:"昔金人初破上京,尽屠其城。后以有罪者徙其中,彼人视之以为罪地,如中国琼崖之类。地居燕山东北一千七百里,乃《五代史》所载契丹阿保机之西楼者是也。"其实西楼在祖州,不在上京。)

昔人所志如前,兹述今之所见于下:

城在狭谷之中,雨水山泉流注巴颜河。有一大河床在城之东南,现正干涸。

城墙非完全方形,东西两面均长一百八十弓。城门皆在城墙中间。北城宽三百九十弓。内城在一百七十弓与外城相连。北门在内外城相连处与东北城角之中。南城分三段,长短不齐。东一段北接东墙,南接南墙。南墙大致与北墙等。第三段东接南墙,西连西墙。其形如下:

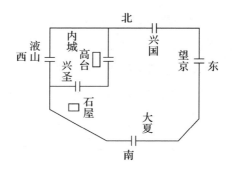

全城位置山坡之上,内城及西南角为全城最高之处。

城之西北角与一山沟相对,下有干涸河床。此河在近城之处分为二流,其一沿北墙流入前述之大河,其一沿西墙流入大河。

内城之东门,昔为一大建筑,今尚留有痕迹。门内有一高台,似为昔日宫殿旧址。此处昔为皇城,决无可疑,地上尚留存昔日之黄绿色瓦,及大柱基石。观砖瓦焚毁之迹,此壮丽之古城,似毁于火也。

祖州亦名西楼。此外尚有北楼,《五代史》卷七十二云:"在上京之北三百里。"有东楼,《五代史》云:"在上京东千里。"然《辽史》以其地在上京东二百里之龙化州,然则须于阿噜科尔沁旗求之。有南楼,应于潢河及老河汇流之处求之。

兹四楼昔作何用,史未详志其建筑,吾人亦无从揣度也。祖州有一奇异建筑,蒙古人名曰石屋(Tsxolonger),南西北三面以整花岗石为壁,东面左右各一石,其中为门。兹将屋外所量之容积开列于下:

厚,30 厘米。

高,3 米 10 厘米。

南北长,5 米 25 厘米。

东西宽,6 米 10 厘米。

东西二石各宽,2 米 40 厘米。

门宽,1 米 30 厘米。

屋顶亦以整石覆之,厚与壁等,檐与壁齐,四隅有角。建屋时顶壁皆联以铁钩,今尚能见其痕迹。

今日屋中空无所有。据蒙古人言,屋隅昔有一白石神像,已为人碎作磨刀石。此外尚见有破碎大绿瓦。

此屋昔作何用,吾人无以知之。惟此种建筑,据吾人所知,盖为蒙古绝无仅有者也。此石屋在内城之南,内城南墙与外城南墙之间。

此屋是否即昔日之西楼,吾人无从知之。但根据下述之论据,可以断言此地为辽之祖州。

一、此废城即在薛映《记》中祖州所在之地,距长泰馆二十里,距上京四十里。

二、有内外城,内城即在西北隅,亦与薛映所记相符。

三、辽太祖所建之城,废基尚存。

四、外城西门,今尚可见。内城亦有三门,亦与《辽史》所载相符。惟内城之西门亦即外城之西门,盖一门也。

五、附近有祖山,亦足资证明也。

其惟一不符之点,则祖州幅员九里,而此废城只三里有奇。此种不符之点,不惟祖州为然,上京之幅员亦大过今地。或者《辽史》所记之幅员,系包括附郭而言,或者所载有误也。

祖　山

《辽史》:"(祖)山有太祖天皇帝庙,御靴尚存。又有龙门、黎谷、液山、液泉、白马、独石、天梯之山。水则南沙河、西液泉。太祖陵凿山为殿,曰明殿。殿南岭有膳堂,以备时祭。门曰黑龙.东偏有圣踪殿,立碑述太祖游猎之事。殿东有楼,立碑以纪太祖创业之功。皆在州西五里。"

祖州之西门既名液山门,其对西门之山当然为液山,西门外之泉水,当然为液泉,沙河应为注入巴颜河之大河。

祖山在城之西,其形如盆。惟一入山之口,距祖州不远。史云,州西五里,盖指自州城至山中之三建筑物之距离而言也。

此山口为两岩所夹持,岩石甚高,东一峰上矗云霄。山口昔有建筑物,今尚于荆棘中见砖瓦,更有残物堆积,似为昔日山口建门之废迹。此应为昔之龙门,其中山谷应为黎谷也。

山口有小溪,疑即液泉,蒙古人名之曰大泉。

入山口后,谷中泰半荆棘,有时发现屋基,正对山口山腹之上,尚有残砖断瓦,将荒原中古代之遗迹,留示后人。

蒙古人熟知此处山谷,有时放牲畜于谷中,守其谷口,无一失者。西北山脊似有小道可通山内,然已筑墙隔断,此据蒙古向导言也。

山后山谷草中尚卧有若干翁仲,然辽代之碑已无存矣。但据郭比耳(Gaubil)神甫所记,此碑康熙时尚存。

沙畹误以为上京在白塔子地方,又误以俄人波质勒夫所拓之碑文,即郭比耳神甫所言纪阿保机创业之功之碑,乃研究之结果,颇为失望。此碑今日尚存与否不可知,惟不可在白塔子地方寻求也。

数年前乌兰二格地方之蒙古人,偶见地有一洞,试以套马杆子探之。出其杆,杆头有红缎,以手拂之,即为灰尘。旋为巴林旗王所闻,封塞其洞。此盖契丹古墓。契丹人殡葬不用棺椁,惟掘土室,设木床置尸其上,设有空洞,以杆探之,不难钩取其衣服也。

～～ 绰　庙 ～～

祖州有僧尼道士佛舍,胡峤及薛映《记》中已言之矣。该处今尚存有东蒙古各旗所同奉之佛教圣地。

长泰馆道,在祖州东二十里。巴颜河流,在乌兰二格之东。距此十余里,有喇嘛庙,蒙人曰绰庙(Dzo-sum),华人则名曰小五台山,其地风景甚佳。

蒙古人告予云:"庙后洞中有辽王像。"是时予尚未知祖州所在,以为辽太祖阿保机之墓或在斯地。孰知大谬,即山后洞中所供者,亦为寻常佛像,无所谓辽王也。然喇嘛庙则颇值一游,不特其风景甚佳,且亦不乏古迹。庙之后,有断碑,全文不可考,惟于一石之上,见有"陀波利仪凤元年从西国来至此土,到五台山"残文,可以证明纪元 676 年时,绰庙山洞已有庙寺游人也。中国人名斯地为小五台山者,或本于此。佛教当时传布于契丹,又可借此碑知之。(伯希和注:碑文盖《佛顶尊胜陀罗尼经》志静序中之语。陀波利盖为佛陀波利〔Búddhapala〕之残文。序谓:佛陀波利 676 年至五台,然不久即回天竺求《陀罗尼经》,于 683 年重来中国。此碑文所刊,盖为《陀罗尼经》及其序文。此种碑文,各地方多有之,不特此处为然也。)

吾人所至之绰庙,为后庙,尚有前庙在山之前,风景亦甚佳。

∽∽∽ 上 京 ∽∽∽

溯巴颜河上行,即于薛映所记之距离,抵上京废址。兹先录《辽史》所志上京之地理于下,以备参考:

"上京临潢府,本汉辽东郡西安平之地,新莽曰北安平。太祖取天梯、蒙国、别鲁等三山之势于苇甸,射金龊箭以识之,谓之龙眉宫。神册三年城之,名曰皇都。天显十三年,更名上京,府曰临潢。涞流河自西北南流,绕京三面,东入于曲江,其北东流为按出河。又有御河、沙河、黑河、潢河、鸭子河、他鲁河、狼河、苍耳河、辋子河、胪朐河、阴凉河、潴河、鸳鸯湖、兴国惠民湖、广济湖、盐泺、百狗泺、大神淀、马盂山、兔儿山、野鹊山、盐山、凿山、松山、平地松林、大斧山、列山、屈劣山、勒得山——唐所封大贺氏勒得王有墓存焉。户三万六千五百。辖军府州城二十五,统县十。"

"临潢县。太祖天赞初南攻燕、蓟,以所俘人户散居潢水之北,县临潢水,故以名。地宜种植。户三千五百。"

"长泰县。本渤海国长平县民。太祖伐大諲譔,先得是邑,迁其人于京西北,与汉民杂居。户四千。"

"定霸县。本扶余府强师县民。太祖下扶余,迁其人于京西,与汉人杂处,分地耕种。统和八年,以诸宫提辖司人户置。隶长宁宫。户二千。"

"保和县。本渤海国富利县民。太祖破龙州,尽徙富利县人散居京南。统和八年,以诸宫提辖司人户置。隶彰愍宫。户四千。"

"潞县。本幽州潞县民。天赞元年,太祖破蓟州,掠潞县民布于京东,与渤海人杂处。隶崇德宫。户三千。"

"易俗县。本辽东渤海之民。太平九年,大延琳结构辽东夷叛,围守经年,乃降,尽迁于京北,置县居之。是年又徙渤海叛人家属置焉。户一千。"

"迁辽县。本辽东诸县渤海人,大延琳叛,择其谋勇者置之左右。后以城降,戮之,徙其家属于京东北,故名。户一千。"

"渤海县。本东京人,因叛徙置。"

"兴仁县。开泰二年置。"

"宣化县。本辽东神化县民。太祖破鸭渌府,尽徙其民,居京之南。统和八年,以诸宫提辖司人户置。隶彰愍宫。户四千。"

"上京,太祖创业之地。负山抱海,天险足以为固。地沃宜耕植,水草便畜牧。金龊一箭,二百年之基,壮矣。天显元年,平渤海归,乃展郭郛,建宫室,名以天赞。起三大殿,曰开皇、安德、五銮,中有历代帝王御容,每月朔望、节辰、忌日,在京文武百官并赴致祭。又于内城东南隅建天雄寺,奉安烈考宣简皇帝遗像。是岁太祖崩,应天皇后于义节寺断腕,置太祖陵,即寺建断腕楼,树碑焉。太宗援立晋,遣宰相冯道、刘煦等持节,具卤簿、法服至此,册上太宗及应天皇后尊号。太宗诏蕃部并依汉制,御开皇殿,辟承天门受礼,因改皇都为上京。城高二丈,不设敌楼,幅员二十七里。门,东曰迎春,曰雁儿;南曰顺阳,曰南福;西曰金凤,曰西雁儿。其北谓之皇城,高三丈,有楼橹。门,东曰安东,南曰大顺,西曰乾德,北曰拱辰。中有大内。内南门曰承天,有楼阁。东门曰东华,西曰西华。此通内出入之所。正南街东,留守司衙,次盐铁司,次南门,龙寺街。南曰临潢府,其侧临潢县。县西南崇孝寺,承天皇后建。寺西长泰县,又西天长观。西南国子监,监北孔子庙,庙东节义寺。又西北安国寺,太宗所建。寺东齐天皇后故宅,宅东有元妃宅,即法天皇后所建也。其南贝圣尼寺,绫锦院、内省司、曲院,赡国、省司二仓,皆在大内西南。八作司与天雄寺对。

南城谓之汉城,南当横街,各有楼对峙,下列井肆。东门之北潞县,又东南兴仁县。南门之东回鹘营,回鹘商贩留居上京,置营居之。西南同文驿,诸国信使居之。驿西南临潢驿,以待夏国使。驿西福先寺。寺西宣化县,西南定霸县,县西保和县。西门之北易俗县,县东迁辽县。"

据前引《辽史》所志,吾人应注意下列数点:

一、辽太祖建都之地,原名苇甸,后为龙眉宫。918年城之。926年乃展郛郭,建宫室。938年更名上京府曰临潢。

二、地距祖州四十里,在涞流河、曲江汇流之处。

三、有二城。一为北城,谓之皇城。一为南城,谓之汉城。

四、两城各别。南城高二丈,不设敌楼。北城高三丈,有楼橹。

五、北城中有大内,为皇帝之所居。

六、涞流河绕京三面。

七、汉城有六门,皇城四门,大内三门。以《辽史》所志,与薛映《记》对照,薛谓西门曰金德,而《辽史》谓西门曰金凤,曰乾德,或者薛映混二名为一欤?薛《记》谓东门曰顺阳,与《辽史》"南曰顺阳"之记载亦不合。薛《记》又有景福门为他记所无,至承天门两记皆同也。

八、上京之面积较他城为大,《辽史》谓幅员二十七里。

就此八点与现今之波罗城对证,能相符欤?

在巴颜河(一作布雅乃河,又作布雅鼐河)与二赤木伦(Uldzi-muren)汇流之处,今有一大城之废址。此处二城相接,其一在北,其一在南。南城现有巴颜河横贯其间。巴颜河自西南来,流向东北入此南城之西,出此南城之东。数百年间,此河穿过西城数处,今已难寻昔日金凤、西雁儿、南福三门之故址。河之南有二洞,疑为前之河道。今复于第三门穿一河道。南城墙较北城墙为低,与东蒙古一带辽之故州城高低相类,且无已毁敌楼之迹。各种建筑材料,如石条石座之类,散弃于荆棘之中。城南为山足。当时薛映不入南门而入西门之理,吾人今始知之,盖由大板至上京,若入南门,须登山下山也。

在此城之北,又有一城,较此城为高壮。《辽史》谓南城较北城垣低一丈,观今日南城不及北城之厚,其不及北城之高,更可知矣。其间更有一不同之点,北城每七十弓必有一土垛突出城外,必为昔日敌楼之故迹。

此城既非正方形,亦非长方形。南、东、北三方为直线,西城分为三段。中段与东城平列,长七百四十弓,南段长二百八十五弓,其线为自西北至东南之斜线,北段长三百弓,其线为自西南至东北之斜线。中段有一山角,城墙斜跨此山,山之北西门废址在焉。

北城宽一千弓,北门偏在西北角。

东城长有一千二百二十弓,其城门距北端较近。南城宽一千弓,为巴颜河所冲毁者二处,南门亦因之无从寻觅矣。

此城与《辽史》所志上京之北城相符,城墙高于南城,有四门及楼橹。

在北城之内最能引起注意者为山角,阶级层列。登此山角,全城在望,其上亦有古代壮丽建筑之痕迹。石基甚多,且有赑屃二具,足证昔有二碑,今已不存。若不读《辽史》,必寻求辽之宫殿于此山。《辽史》明言大内东、西、北有三门,若辽宫在此山,只能有东、南、北三门,西面必无门。盖西面外城此处无门,可以推想及之。第此山之遗迹为何种宫殿寺观,尚难言也。

大内似应在北城之北求之。大内之城今虽不存,然城北不乏高丘,似为昔日宫殿所在,今尚留有石基残砖断瓦。有一处在丘之西,虽不甚高,观其所遗之绿瓦石基,足证昔日必亦为宫殿旧址。

皇城南门北面之小丘,应为大内之承天门遗址,今尚存有一对残缺不完雕刻甚劣之石狮。

至若当时之宫殿寺观衙署,今暂未能寻求,惟见残石废器散布各处而已。城之东南隅,有一石像,高五米,面手现已不存,是岂当日天雄寺中宣简皇帝之遗像欤?

《辽史》云:"涞流河绕城三面。"现在巴颜河惟流经南城,东行与二赤木伦会。昔日巴颜河或曾绕城三面,观河道屡更之迹,及东北角之凹处,似为当日绕流之故辙。其所以流经三面而不环绕全城者,因西方有山角阻隔也。

《蒙古游牧记》卷三云:"波罗城址周二十里,内有三塔久毁。"三塔之一,疑即应天皇后之断腕楼。其二塔在城外:一在城西,一在城南,其式与东蒙古一带辽代故城所建之塔相类。

准是以观,波罗城即为古之上京。盖一因其地有南北二城;二北城高于南城,北有敌楼,南无敌楼,与史志相符;三在二水汇流之处,又距祖州四十里也。

可以证实吾说者,不惟此也。尚有下述各事,可以参证。

波罗城昔有宫殿,有绿瓦可以证明,大内所在亦容易寻求。

城门所在与史志所记相合,其数亦符。

薛映入西门之原因,予已解说于前。

巴林旗中废城之广袤重要者,莫若此城,其位置之优先,可以想见。《蒙古游牧记》以波罗城与和戈图绰农(即前之廓尔戈台河)东岸之古城,皆得为昔之上京,疑不能决。此另一古城,在巴林与阿噜科尔沁接界处,汉名为白墙子(Tsxagan-xeren),处波罗城之东北,距巴林桥太远。予虽未莅其地,惟据蒙古人说,此城不及波罗城宏大。

其可以反证吾说者,惟《辽史》之"涞流河自西北南流,绕京三面,东入曲江"一节,盖西有山角,河水不能南流也。予以为史志之"西北南流"疑为"西南北流"之误。总之,波罗城之为上京,绝无可疑。东蒙古河流固不乏二水汇流之处,但欲于其间求一废城,洵罕见之事也。

兹将就其水道山岳考证之:

巴颜水既为古之涞流河,曲江应为今之二赤木伦。二赤木伦之名,中国地理书中未见,《清一统志》与《蒙古游牧记》二书,惟有乌尔图绰农河。若以蒙古语表其音,应为 Ortxo-tax-onon-gol,华言长狼河也。发源于巴颜乌蓝峰(Bayan-olan-tawa),向东南流,北有支流名水头河(Osin-txuru)者来会,至波罗城,巴颜河来会,东南流入阿噜科尔沁境之达布苏图池(Tafsatho-nor)。此池应为《辽史》所志临潢府之盐泺。

据蒙古人说,二赤木伦之名,非古名也。二赤为佛教一种符号,其形弯曲,二赤云者,盖表示水道之曲也。则二赤木伦或者系译自契丹曲江原名。金代此水名金粟河,盖《金史》只记临潢一水,此水应指主要之二赤木伦也。

史之按出河,疑为今之水头河。

史之阴凉河,疑为白水支流之古腾河,华言凉水也。此水在庆州,而亦列入上京水道之内者,盖包括临潢一府之河道而言,与潢河、黑河并列之理由同也。

兔儿山,《蒙古游牧记》指为今日札噜特右翼札萨克驻地北方之图尔山,《清一统志》则名兔尔山。

马盂山,《蒙古游牧记》指为今之阿尔坦额墨尔,译为蒙文,应为Aitan-emel,华言金鞍也。山在札噜特右翼西北二百二十里。《蒙古游牧记》所记阿噜科尔沁旗东北二百六十五里,亦有马盂山,蒙古亦名阿尔坦额墨尔,予以此二山为一山,一名互见也。

野鹊山,《蒙古游牧记》云:"札噜特左翼百二十里有野鹊山,蒙古名巴颜喀喇山。"《辽史》云:"上京有野鹊山。"此山是否古之野鹊山,尚待考也。

《蒙古游牧记》云:"札噜特左翼北八十里有凿山,蒙古名阿尔坦噶达苏。"华言金钉也。

大斧山,《蒙古游牧记》指为今之伊克托灰山。此山汉名大釜山,在札噜特西七十里。按阿噜科尔沁界有伊克托灰(Ixe-txogo)山,华言大釜也。

列山,今在札噜特左翼北百八十里,实名霞列山,蒙古名吉尔巴尔,亦据《蒙古游牧》记之考证也。

札噜特左翼东北九十里有屈劣山,蒙古名布屯华陀罗海(Butungui-txologa)(《蒙古游牧记》),华言头暗也。

平地松林,若以《辽史》卷三《太宗本纪》所记,"四月甲申地震,幸平地松林,观潢水源"一节,不难寻求也。

其地应在今之克什克腾旗。"平地"应含有高原平地之义。《契丹国志序》以潢水发源于饶州之西,高原平地松林之中。顾饶州应在今日巴林桥附近,前已说明,则《蒙古游牧记》所言"札噜特左翼东南六十里有平地松林,蒙古名阿它尼喀喇莫多,密林丛翳二十余里"之平地松林,别为一地，非昔之平地松林也。

予前所引《蒙古游牧记》之指证，当然由原著者负其责。

怀 州

《读史方舆纪要》云："怀州本唐时归诚州地（693年）。松漠都督李尽忠与归诚州刺史举兵反，陷营州，州旋废。"又祖州一条下云："祖州西五十里有西山，辽太宗葬此，曰怀陵，置州以奉焉。"

《辽史》卷三十七云："怀州。奉陵军，上，节度。本唐归诚州。太宗行帐放牧于此。天赞中，从太祖破扶余城，下龙泉府，俘其人，筑寨居之。会同中，掠燕、蓟所俘亦置此。太宗崩，葬西山，曰怀陵。大同元年，世宗置州以奉焉。是年，有骑十余，猎于祖州西五十里大山中，见太宗乘白马，独追白狐，射之，一发而毙；忽不见，但获狐与矢。是日，太宗崩于栾城。后于其地建庙，又于州之凤凰门绘太宗驰骑贯狐之像。穆宗被害，葬怀陵侧，建凤凰殿以奉焉。有清凉殿，为行幸避暑之所。皆在州西二十里。隶永兴宫。统县二：

"扶余县。本龙泉府。太祖迁渤海扶余县降户于此，世宗置县。户一千五百。"

"显理县。本显理府人，太祖伐渤海俘其王大諲撰，迁民于此，世宗置县。户一千。"

契丹灭渤海，《辽史·太祖本纪》纪其事云："天显元年（926）七月辛未，卫送大諲撰于皇都西，筑城以居之，赐諲撰名曰乌鲁古，妻曰阿里只。"

据《辽史》所记，怀州，唐为归诚州地，后以渤海俘置此，始有城。继又以所掠中国俘实其地。太宗崩后，州愈发展。

《读史方舆纪要》云："扶余县为怀州之附郭。"至显理县予尚未详其位置何处。

上京之位置既指证于前，怀州之所在，不难寻求得之。据《辽史》所志，上京、祖州、怀州、庆州，相距不远，兹举一例以证之。《辽史·道宗本纪》："清宁元年十一月甲子,葬兴宗皇帝于庆陵,壬申次怀州,甲戌谒祖陵。"则怀州距祖州不远也。

《读史方舆纪要》云："怀州在上京西南百里。"从上京向西南行,经济穆尔沁山(Tximurthin-tawa)、图林包拉村(Txalin-bolak)、喀英山(Xayin-tawa),而抵廓尔戈台河。是处有喀僧阿马村(Xasen-ama),村在河边。河之下游为巴林左翼贝子府。河之上游有一废城,其地正距上京百里。

此废城处两急流汇合之处。城西北之流域,有道可通北方,似为城墙堵塞,是以由北方川心庙(Dzurgin-sum)下注之急流,在城西北角与对面岩石之间始获下流。就此点观之,此城之特质,不难知之,其作用即在防卫此流域。顾辽之怀州之目的,即在防卫怀陵。吾人欲寻怀陵,当溯河流上行。

吾人现认为怀州之废城,宽长各二百弓,南北西三面有门,东城在山,无门。

怀 陵

《辽史·太宗本纪》云："天显十年正月戊申,(穆宗之母靖安)皇后崩于行在。五月甲午朔,始制服行后丧。丙午葬于奉陵,上自制文,谥曰彰德皇后。"

《太宗本纪》云："天显十二年七月癸丑,幸怀州,谒奉陵。"则奉陵应亦在怀州。《辽史·地理志》云,"怀州军名奉陵军",则吾人欲寻靖安皇后之墓,须寻之于怀州。

《太宗本纪》云："大同元年四月丁丑,(太宗)崩于栾城,年四十六。是岁九月壬子朔,葬于凤山,陵曰怀陵。"

胡峤曾随辽世宗赴上京,复由上京至太宗所葬处。其《陷虏记》未指明为何地,观其"东行"二字,似怀陵在上京之东。但胡峤记述此事在归国之后,记载或有误也。是以沙畹君云："胡峤之行程,颇难以地图对照,盖峤随赴战军队行,夫军行有进退。胡峤之行程,非径由中国赴契丹也。"
(《亚洲学报》1897 年 5、6 月刊,391 页。)

吾人知世宗乘太宗之死,即皇帝位于中京,与其祖母述律相拒于石桥,述律所将兵多亡归世宗。盖太祖之死于扶余城,述律曾屠杀诸酋长,兹太宗死于中国,恐又遭屠戮,故归世宗。

据胡峤《记》云:"会(诸)部(大)人葬德光(太宗)。自此西南行日六十里,行七日,至大山门,两高山相去一里,有长松丰草,珍禽野卉,有屋宇碑石,曰陵所也。兀欲(世宗)入祭,诸部大人惟执祭器者得入,入而门阖;明日开门,曰'抛盏'礼毕,问其礼,皆秘不肯言。"

当时世宗所祭之陵,决非显陵、乾陵。盖显陵在满洲之广宁县,为世宗之陵名,而世宗未死,乾陵为景宗之陵名,而景宗未帝。且广宁在上京之东南,不在上京西南也。

木叶山亦在上京之东南,不在上京或怀陵之西北。

予以为世宗所祭者为祖州太祖之陵。胡峤所记之大山门,即祖山之龙门也。

《辽史》所志辽帝谒陵之事甚多,未记有世宗祭祖陵或怀陵一事。《辽史拾遗》及《辽史拾遗补》,亦未引关于此事之遗文。

《辽史·穆宗本纪》云:"(应历十九年三月)己巳,如怀州,猎获熊,欢饮方醉,驰还行宫。是夜,近侍小哥、盥人花哥、庖人辛古等六人反,帝遇弑。"(参阅《契丹国志》卷五)

《辽史》卷二十七云:"穆宗被害,葬怀陵侧。"卷七云:"附葬怀陵。"则穆宗之墓,在太宗墓之侧也。

《景宗本纪》只记有"保宁八年九月己巳谒怀陵"一事。

在喀僧阿马北方之废城,若为怀州,怀陵应在附近。《辽史》云:"殿在州西二十里。"探考所至,此废城之西二十里,实有古代建筑之迹,而此处之建筑亦非寻常建筑也。

就此城之位置言,吾人应寻求怀陵于城之北。城北十里有川心庙,喇嘛庙也,在廓尔戈台河两河源汇流之处。

溯西北之河源上行，不久即见破碎砖瓦，转角处，即见一坂，坂上留存古建筑之迹。地上之瓦，有宽二十四公分半者，其砖亦大于他处所用之砖，可见此处之建筑物，非寻常建筑物也。

此大建筑基址之西，又有一小建筑基址，疑即太宗、穆宗二代之陵殿。

《契丹国志》以穆宗所游之赤山、黑山、太保山，在上京之东北，但据《辽史·地理志》，则明示在上京之西北，并证明怀陵在其间也。依吾人所探考之结果，敢证明《新五代史》及《契丹国志》太宗葬于木叶山之记载有误。

喀僧阿马北方之废城，地处上京及庆陵之间，而陵之附近，合于记载之距离地方，实有宫殿之遗迹。而其地在祖州西五十里，上京西南百里。怀州及怀陵，应在此处，必无疑也。

至若两墓之所在，非发掘不能知之，特先指证于此，以俟后来者之发明。

庆 州

《辽史·地理志》曰："庆州，玄宁军，上，节度。本太保山黑河之地，岩谷险峻。穆宗建城，号黑河州，每岁来幸，射虎障鹰，军国之事多委大臣，后遇弑于此。以地苦寒，统和八年，州废。圣宗秋畋，爱其奇秀，建号庆州。辽国五代祖勃突，貌异常，有武略，力敌百人，众推为王。生于勃突山，因以名，没，葬山下。在州二百里。庆云山，本黑岭也。圣宗驻跸，爱羡曰：'吾万岁后，当葬此。'兴宗遵遗命，建永庆陵。有望仙殿、御容殿。置蕃、汉守陵三千户，并隶大内都总管司。在州西二十里。有黑山、赤山、太保山、老翁岭、馒头山、兴国湖、辖失泺、黑河。景福元年复置，更隶兴圣宫，统县三："

"玄德县，本黑山黑河之地，景福元年，括落帐人户，从便居之。户六千。

"孝安县。

"富义县。本义州,太宗迁渤海义州民于此。重熙元年降为义丰县,后更名。隶弘义官。"

《金史》卷二十四《地理志》曰:"庆州,下,玄宁军刺史。境内有祖州。天会八年改为奉州,皇统三年废。境内有辽怀州,辽太祖祖陵在焉(此处有误)。旧置奉陵军,天会八年更为奉德军,皇统三年废,辽太宗、穆宗怀陵[在焉]。北山有辽圣宗、兴宗、道宗庆陵。城中有辽行官,比他州为富庶,辽时刺此郡者,非耶律、萧氏不与,辽国宝货,多聚藏于此。北至界二十里,南至卢川二百二十,西至桓州九百,东至临潢一百六十。户二千七。县一:(旧有孝安县,天会八年改为庆民县,皇统三年废。)朔平。(有榷场务。)"

《清一统志》卷四〇七曰:"庆州古城在巴林右翼西北一百三十里。(本书又云:"上京在巴林旗东北,一百四十里。")城在喀喇木伦旁,蒙古名插汉城(即前述之察罕),周围五里。喀喇木伦即黑河。黑山在城东北三十里。"

据前引各书,可摘举其要点于下:

一、黑河源附近有一古城,应为庆州,其旧名为黑河州,明言州在黑河也。(黑河今名白水。)

二、其地岩谷险峻。

三、其地苦寒,因此废置已久,土地不沃。

四、城内有辽行官。

五、比他州为富庶。

六、金国界在州北二十里,临潢在州东一百六十里。

以上各点,皆今之白塔子(察罕城)所具有者也。

辽之黑河,即今之白水,业经吾人证明于前。设于白水上流,山高气寒之处,发见古城废址,必为辽之庆州。

自怀陵至白塔子四十里,须绕山行。山在白水之东,为廓尔戈台河、毕噜台河(Pilutha-gol)及白水之分水岭,辽时名曰黑山。白塔子之北有三河源,合流为白水。其一源来自赛音阿拉山(Saxn-ola),中一源来自天和梁,西一源来自洼林漫额山(Warin-Manga)。合流处之下三里,有一废城,即今之白塔子城是也。城方形,已崩毁,宽长各七百五十弓,约二华里弱。城外间有土堆,盖为昔之敌楼废址,仅北城一面已有六处,北门左右各三。

城中西北角有一八角高塔,上有佛教符记偶像,然不能详其年月也。门左右有二大天王像。据云,塔高约三十丈,有梯可登围塔之台。塔中有佛殿、佛像,1911 年时,尚为蒙古人所崇奉。然于 1913 年毁于兵燹,塔门已焚毁,殿已毁掠殆尽。幸前此修塔之时,庙中之喇嘛将升至塔巅之梯撤去,塔上之门以砖堵塞,否则上塔必亦毁于兵燹。

塔前之庙塔,业已全毁,无一喇嘛住持其中。即附近之蒙古人,亦逃避净尽。

城中之东北角有一内墙,其中有土丘数处,满地破碎黄瓦,似为昔日宫殿之遗基。地上有白石碎碑,其上"圣祖"二字尚可辨识,此碑盖康熙时所立者也。另有一蒙文红石碑志,为人改作磨石,其旁尚有西藏文字,然已不易辨认矣。

辽帝猎于庆州,《辽史》志之屡矣。城东北隅之建筑物,疑即其行宫。

观其地之贵重瓷器碎块,各种器物,以及无数古钱,足证《金史》所志富庶之语不虚。中国人亦知其地之富庶,故藏金发见之故事,亦甚多也。

城外亦见有昔日居屋之迹,然无外城。据下之数点,白塔子与上京绝不相类。

一、城中无两水汇流。

二、设将水引至城外,可以绕城四面,不仅三面。

三、无两种城聚,或两种城垣。

四、白塔子之面积,不能容上京之居民。

五、白塔子周围大致七里。至波罗城之北城已有四千五百四十五弓或十二里二百二十五弓,若合计南北城,则据《蒙古游牧记》,周有二十里。

《辽史》言其地苦寒,亦实事也。庆州在高原之下,冬季颇长,气候甚寒,多沙地,不适于耕种。

薛映所言馒头山之气候,虽言过其实,然亦可见其地之寒。1920 年 5 月 16 日,白塔子周围山上之冰,尚未融解,怀陵河流,有数处河冰尚厚一尺。白水流域与二赤木伦流域,气候之悬殊,中、蒙人皆知之。在阴凉河(Xuten-gol)流域,今日见野杏之花甫开,明日逾山至二赤流域,其地杏实已大如榛子。至高原之上,气候更寒。

当吾人溯白水上行之时,远望有大山,蒙古名赛音阿拉,华言美山也。此即《辽史》之黑山。《辽史》卷三十二云:"黑山在庆州北十三里,上有池,池中有金莲(Tropæolum majus L.)。"现在有无金莲不可知,惟距白塔子十余里之赛音阿拉山巅,实有二池。此事予未见《辽史》前,已早闻之矣。

兹将《辽史拾遗》卷十三所引关于黑山之文,转录于下,以供参考。

《使辽录》曰:"虏中黑山,如中国之岱宗,云虏人死魄皆归此山。每岁五京进人马纸各万余事,祭山而焚之,其礼甚严,非祭不敢进山。"

《燕北杂记》曰:"冬至日杀白羊、白马、白雁,出生血和酒,望黑山奠神,言契丹死魂为黑山神管系。"

《梦溪笔谈》曰:"昔人文章用北狄事,多言黑山。黑山在大幕之北,今谓之姚家族。有城在其西南,谓之庆州。予奉使尝帐宿其下。山长数十里,土石皆紫黑,似今之磁石,有水出其下,所谓黑水也。胡人言黑水原下委高,水曾逆流。予临视之,无此理,亦常流耳。山在水之东。大抵北方水多黑色,故有卢龙郡,北人谓水为龙,卢龙即黑水也。黑水之西有连山,谓之夜来山,极高峻。契丹坟墓皆在山之东南麓。近西有辽祖射龙庙,在山之上。有龙舌藏于庙中,其形如剑。山西别是一族,尤为劲悍,惟啖生肉血,不火食,胡人谓之山西族。北与黑水胡,南与鞑靼接境。"

蒙古人今尚视此山如神山,禁止樵采。《梦溪笔谈》所志各事,如西南有庆州,山长数十里,山在水之东,水多黑色,庆陵所在之山为种族分界之山等记载,非亲历者不得知之。皆足以证明昔之庆州,即为今之白塔子。

赤山在黑山附近,观《辽史·穆宗本纪》"应历十二年秋,如黑山、赤山射鹿"之记载,可以知之。

《契丹国志》将黑山、赤山、大保山位置于上京之东北,显系错误。三山固在一处,然不在上京之东北。《清一统志》以为巴林右翼东北二百五十里二赤木伦发源之巴颜五蓝哈达,即为古之赤山。

《后汉书》及《魏志》所志,昔日居东蒙之乌桓,风俗习惯颇与后之契丹相类。据云,俗贵兵。死哭之哀。至葬则歌舞相送。肥养一犬以采绳缨牵,并取死者所乘马衣物,皆烧而送之。言以属累犬,使护死者神灵归赤山。赤山在辽东西北数千里,如中国人死者魂归岱山也。

乌桓之赤山,或即契丹之赤山,今日尚称为巴颜五蓝哈达(Bayan-olan-xata)(《蒙古游牧记》名巴颜乌兰岭),华言赤山。蒙古人亦称为五蓝塔洼(Olan-tawa),亦赤山之义也。

薛映《记》曰:"临潢西北二百余里,号凉淀,在馒头山南避暑之处。"《辽史》卷三十二云:"吐儿山在黑山东北三百里,近馒头山。此二山即为一山,在科尔沁左翼北二百五十里。"(参考《清一统志》卷四〇五)

太保山据《蒙古游牧记》卷三,在巴林右翼西九十里,今名满札尔;此说恐有误,盖庆州东界不能远至此地,其东尚有怀州、祖州及临潢十县也。

《辽史》所志庆州一条中,有一误兹应更正者。据云:"庆云山本黑岭也。"是混庆云山、黑山为一山。圣宗之墓,实在庆云山,黑山并无殿墓遗迹,后别有说明也。

∽∽ 庆　陵 ∽∽

《辽史》位圣宗之陵于庆州西二十里。但庆陵中不仅有圣宗之墓,其二后以及后之兴宗、道宗及其皇后,亦皆葬庆陵也。

"圣宗驻跸庆云山,爱羡曰:'吾万岁后,当葬此。'"语见《辽史·地理志》。至《本纪》中未见此语,惟记"圣宗四五月常驻跸此山"。其发此愿之年,或在太平三年,盖是年七月丁亥,赐缅山名曰永安也。《辽史·本纪》并未说明赐名之原因,或与其发愿葬于庆云,不无关系也。

考圣宗崩于太平十一年六月己卯,年六十一岁。

兹将《辽史》卷十八《本纪》所志关系庆陵之事,摘录于下:

景福元年六月"乙未,奉大行皇帝(圣宗)梓宫,殡于永安山太平殿。"

"七月丙午朔,皇太后率皇族大临于太平殿。高丽遣使吊慰。"

"癸丑,诏写大行皇帝御容。"

甲寅,"建庆州于庆陵之南,徙民实之,充奉陵邑"。

"丁巳,上谒大行皇帝御容,哀恸久之。"

"丁卯,谒太平殿,焚先帝所御弓矢。"

"八月壬午,迁大行皇帝梓宫于蓛涂殿。"

"九月戊申,躬视庆陵。"

"戊午,焚弧矢、鞍勒于蓛涂殿。"

"庚申,夏国遣使来慰。"

"庚午,以宋使吊祭,丧服临蓛涂殿。"

"十一月壬辰,上率百僚奠于蓛涂殿。出大行皇帝服御玩好焚之。纵五坊鹰鹘。"

"甲午,葬文武大孝宣皇帝于庆陵。"

"丙申,谒庆陵,以遗物赐群臣,名其山曰庆云,殿曰望仙。"

圣宗之葬仪,再参考《辽史》卷五十《礼乐志》,可以见其详矣。由前引之文,吾人知山名数易,初名缅山,圣宗赐名永安,兴宗又名庆云。由此可以证《辽史·地理志》"庆云即黑岭"之误。山名虽易,然永安之名常见《本纪》。兴宗以后,如其子道宗,常于夏日驻跸此山。

太平殿及望仙殿,或者为一殿。

庆州城中有大安殿。《辽史》卷十八《兴宗本纪》云:"重熙三年皇太后(圣宗之后)还政于上躬,守庆陵。"

《辽史》卷二十一《道宗本纪》云:"清宁三年十二月己巳太皇太后崩。四年五月庚午,上大行太皇太后尊谥,曰钦哀皇后。癸酉葬庆陵。"

《辽史》卷二十《兴宗本纪》云:"重熙二十四年,七月壬午,如秋山。八月己丑,帝崩于行宫。"此山应在怀州及黑山附近。

《辽史》卷二十一《道宗本纪》云:"清宁元年,十一月甲子,葬兴宗皇帝于庆陵,名其山曰永兴。"

《辽史》卷二十三《道宗本纪》云："太康二年三月辛酉,皇太后(兴宗之后)崩。六月乙酉,上尊谥曰仁懿皇后。甲午葬于庆陵。"

《辽史》卷二十六《道宗本纪》云："寿隆七年正月癸亥,如混同江。甲戌,上崩于行宫。"

《辽史》卷二十七《天祚皇帝本纪》云："乾统元年六月辛亥,葬仁圣大孝文皇帝(道宗)、宣懿皇后于庆陵。"

据前引之文,庆陵所葬之帝后如下:

一、圣宗及仁德皇后、钦哀皇后。

二、兴宗及仁懿皇后。

三、道宗及懿德皇后。

由是观之,庆陵应有三种皇陵,及三种殿宇。

白塔子之北,山势蜿蜒,为其西北之保障。此城得避西北大风者,赖此山也。赴庆陵之道,向此山行,西距白塔子二十里有凹地,蒙古人名曰洼林漫额(Warin-manga)者,即庆陵之所在也。1913年后,此地已无居民。蒙人不敢于中国军队附近支帐幕,欲莅其地,非有向导不可。其地为一沙谷,两面为高山,西面诸山连延向北,此即昔之连山也。南面之山为辽陵所在,即圣宗所名之永安山,兴宗所名之庆云山也。

陵地有三,在山坂之上,为山涧所分。

三陵以中一陵为广大,其地有白石柱础,黄绿色大瓦,同色屋顶之鸱尾,皆足以证实其地即为辽时之陵殿。坂下有土丘及残毁材料,明示昔日此地建有三门。自此门至陵殿,有一直道。殿建于高阶之上,掘地二三米,阶石尚存。此石为人工所置,其迹显然。

阶殿废址之东西,亦有废殿之迹。阶殿之后有墓,三十年前,闻已为蒙古人发掘。当时掘者百余人,曾掘开两室,见有明器及一旅行所用之车。车有银钉,蒙人焚其车取其钉。予不信有二室,观其遗址,只有一室。此室为盛水之所,外方而内圆,蒙古人毁其屋顶。顶厚八尺,有砖三层。予曾往探,其下似井,井以砖为之,是时水尚深九尺,掷以石,即可闻沉底之声。井之轮郭,以柏木炼灰筑之,中国人曾下探之。屋之内有道可通山内。蒙古人是否入此隧道,发见宝物或古物,予未能知之。

所掘之墓,不在殿后之正中,地稍偏东。此墓为圣宗与其二后之墓欤?此三墓为合葬抑分葬欤?今皆不可考。如系分葬,被掘之墓或为二后之一墓也。

《契丹国志》卷十一及第十九,记天庆九年,"金人攻陷上京路,祖州则太祖之天膳堂,怀州则太宗之崇元殿,庆州则望仙、望圣、神仪三殿,并先破乾、显等州,如凝神殿、安元圣母殿,木叶山之世祖殿诸陵,并皇妃子弟影堂,焚烧略尽,发掘金银珠玉。所司即以闻,萧奉先皆抑而不奏。后天祚虽知,问及陵寝事,奉先对以初虽侵犯元宫,劫掠诸物,尚惧列圣威灵,不敢毁坏灵柩,已经指挥有司,修葺巡护"云云。

则似辽陵已尽毁掘矣。

《契丹国志》所志,不无可疑也。盖金人如毁诸陵,则其后无保护之必要,然则何以解于后之三事。

《金史·太宗本纪》:"天会二年二月,诏:'有盗发辽诸陵者,罪死。'"

又"天会七年二月,诏:'禁医巫闾山辽代山陵樵采。'"

又卷七十一《幹鲁古列传》:"乾州后为闾阳县,辽诸陵多在此,禁无所犯。"

按乾州、显州只有辽代二帝之陵,其他诸陵皆在今之巴林旗内。

墓陵应皆有碑,惜皆已毁失。惟在中一陵见一白石柱倒卧,柱身半埋土中。柱长二米四十四厘米,为六角形,外露一面,隐有文字,然已漫漶不能辨别。其没于土中各面文字,或能保存,而吾人力又不能立其柱。惟稍见其一部分文字,尚能辨识,盖华文《陀罗尼经》也。

柱之狭面宽二十四厘米,字五行。柱之宽面,三十八厘米半,字七行。其上文字似梵文而异。

予在白塔子及庆陵二处所拾古钱甚多,列志于下:

年号	公元	朝代
开元	自 713—742 年	唐
淳化	自 990—995 年	宋
咸平	自 998—1000 年	宋
景德	自 1004—1008 年	宋
祥符	自 1008—1017 年	宋
景祐	自 1034—1038 年	宋
熙宁	自 1068—1078 年	宋
元丰	自 1078—1086 年	宋
绍圣	自 1094—1098 年	宋
熙元	原著者注"未详"。按,即安南陈氏时,伪熙元王所铸之钱。	

以上系在白塔子所见者。

年号	公元	朝代
至道	自 995—998 年	宋
祥符	自 1008—1017 年	宋
太平	自 1021—1031 年	辽
天圣	自 1023—1032 年	宋
嘉祐	自 1056—1064 年	宋
熙宁	自 1068—1078 年	宋
元祐	自 1086—1094 年	宋

以上系在庆陵所见者。

前志之古钱,除开元钱外,类皆辽时之钱。由前述考证之结果,可以指证白塔子即为辽之庆州,洼林漫额即为辽之庆陵。读者必能与吾人作相同之结论也。

～～ 边　墙 ～～

试取东蒙之地图检阅之，今日林西县之水道，大致皆自西东流，其源皆在西部高山之内。在乌牛台、浩珀都及白塔子之北，逾山即抵乌珠穆沁旗之高原。在此种流域之内，有一土墙，在巴林旗中，自南至北，横断流域为高低二部。墙有敌楼西向，有营居在墙之东。由此墙建筑上观之，必为御当时西方之敌所筑无疑。浩珀都及乌牛台二处入高原之处，敌楼尤多。浩珀都一地，每十丈至十五丈即有一楼。

此逾水越山之土墙，似非辽时所筑。盖庆陵即在土墙之西，当时决不能以皇陵置之于不能防守之地。矧昔日辽之境界，北抵胪朐河，西迄克什克腾境内捕鱼儿海以西之金山，与此土墙之位置不符欤。昔日上京之西北有边城三，三千里有镇州，千七百里有河董城，千五百里有静边城，上京北千五百里有皮被河城，与土墙之位置亦不符也。土墙之方向为自东北至西南，据日本刊行之地图，此墙有数段不相连。齐齐哈尔一图，墙一段在绰儿河及洮儿河间。一段在科尔沁中旗右翼、左翼、札噜特左翼、及阿噜科尔沁之北。一段在巴林旗之西北，自白塔子之北至乌牛台。一段在克什克腾之西，在蒙古中部喇嘛庙（多伦）之西南，闪电河之东。又有一段，七苏木传教会之北一段，约长二百里。

据《金史》卷二十四所志此边墙之原来云："大定二十一年三月，世宗以东北路招讨司十九堡在泰州之境，及临潢路旧设二十四堡障参差不齐，遣大理司直蒲察张家奴等往视其处置。于是东北自达里带石堡子至鹤五河地分，临潢路自鹤五河堡子至撒里乃，皆取直列置堡戍。评事移剌敏言：'东北及临潢所置，土塉樵绝，当令所徙之民姑逐水草以居，分遣丁壮营毕，开壕堑以备边。'上令无水草地官为建屋，及临潢路诸堡皆以放良人戍守。省议：'临潢路二十四堡，堡置户三十，共为七百二十，若营建毕，官给一岁之食。'上以年饥权寝，姑令开壕为备。四月，遣吏部郎中奚胡失海经画壕堑，旋为沙雪堙塞，不足以御。乃言：'可筑二百五十堡，堡日用工三百,计一月可毕;粮亦足备,可为边防久计。泰州九堡、临潢五堡之地斥卤,官可为屋外,自撒里乃以西十九堡,旧戍军舍少,可令大盐泺官木三万余,与直东堡近岭求木,每家官为构室一椽以处之。'"

按撒里乃地名,《辽史》亦见有之,考《辽史·道宗本纪》:"寿隆二年六月辛酉,驻跸撒里乃。七月丙午,猎赤山。"

《读史方舆纪要》以其地在上京之西北。按今日巴林西北高原之上有地名坝后,疑即其地也。辽帝夏日常驻此(见《辽史拾遗补》卷一)。《契丹国志》名其地曰冷陉,今日蒙古人亦常避暑于此。

撒里乃西之十九堡,应于此高原之下各流域中寻求之。

1181年时,增临潢府边堡为三十六,他处亦有增加。

当此时之前,临潢十九堡已早建筑。既云旧设,必非新筑也。其非辽代之堡,已说明其理由于前,疑为金建国时为防御突厥所筑。但中蒙古所筑之土墙,又为何时所筑耶?

观《金史·地理志》,今日之边墙,盖为昔日金之边界,兹举证于下:

《金史》卷二十四《地理志》曰:"金之壤地封疆……北自蒲与路之北三千余里,火鲁火疃谋克地为边,右旋入泰州婆卢火所浚界壕而西,经临潢、金山,跨庆、桓、抚、昌、净州之北。"

《金史》卷七十一《列传》曰:"婆卢火,安帝五代孙……天辅五年,摘取诸路猛安中万余家,屯田于泰州,婆卢火为都统……婆卢火旧居按出虎水,自是徙居泰州。"

按金之泰州为辽之长春县,据《辽史·地理志》所志,应在洮儿河及松花江附近。《满洲源流考》卷十一以其地在白都那之南。至《吉林通志》及《盛京通志》,未指明所在何处,尚待考也。

《金史·地理志》云:"泰州北至边四百里。"北者西北之谓也。今日本刊行之地图,边墙在绰儿河及洮儿河之间。

《金史》卷二十四《地理志》云:"庆州北至界二十里。"

桓州应在泺河发源之地。此河之上流名闪电河及上都河,北至界一里半。据日本刊地图,多伦西南边墙附近,及平地脑色传教会之西北,有废城,或即其地也。

抚州旧为桓州支郡,自亦为边墙所必经。昌州旧隶桓州,旋隶抚州,其地应在桓、抚二州之间。

《金史》卷二十四《地理志》云:"净州北至界八十里。"按金之西京在今之大同,全路应皆在边墙以内也。

将来地理学者必能将各段之边墙连合为一,使金之国界完全明了也。

次要之城

临潢府各县县治在府城之中,前已言之。但各县居民,势不能不散居各地。予在该处所见之山坂,颇多垦田之旧迹,巴林旗之蒙古人,鲜有务农者,必非彼等所垦可知。即为彼等所垦,所需之田,亦无如此之多。

然则此种山田,必为辽代之俘虏所垦治矣,是亦当时生计所必需也。今日巴林旗之居民,据调查内蒙古及沿边各旗统计报告,共有三万零四百人。至辽代当时此处之户口,据《辽史》所载,临潢一府及祖、怀、庆三州,共有三万六千户。益以户口不详之四县,都不下四万户。每户以四人计算,共有十六万人,驻兵尚不计焉。

巴林旗中可以垦治之地甚少,类多沙丘沮洳。如欲垦种,应于流域之间,择肥沃之地。县治虽在府城,但各处既有居民,应有城郭以备防御。予所见之旧城不少,皆属当时遗迹。兹虽未能指明为何县之城,姑先志之,以待考证。

毕卢台河流域之废城

上京西北约八十里之乌兰巴济(Olan-batsi)地方,闻有废城。欲至其地,须溯二赤木伦上行,至水头河流入之处。其西另有毕卢台河(Pilutha-gol)流入水头河。顺此河北岸西行,不久即抵乌兰巴济。

是地有一废城,城中残破砖瓦甚少,然城内外瓮罐及家用器具之碎片颇多。城东西宽二百三十弓,南北长一百五十弓。东城墙迹不甚显,南城墙非直线,可以见也。城内有建屋之石基无数,磨石一具,柱之基础一具。

此处土地肥沃,山坂之间,已有耕种遗迹。毕卢台河在黑山之东,应即《辽史》之黑山、东川,应历十六年(966)冬,穆宗曾驻跸此间。

上京西北昔有易俗、迁辽二县,北有长泰县。此城属何县,尚待考也。

古腾河之废城

白塔子东北约四十里,古腾河(Xeten-gol)流域之间,又有一废城,宽长各二百四十弓,南北各有敌楼二,东西各有敌楼三。城内西北隅有一内堡,方一百二十七弓,东面有大敌楼一。堡之中昔有一行面南之建筑。此城似毁于烈火,观火焚之砖瓦,可以知之。建筑材料残遗甚少。此城昔日似为堡寨,盖城在狭谷之中,不能多有居民,只能为一军寨也。

城中发见古钱二枚,其一年号为崇宁,其一文为皇宋。

庆陵南之废城

自白塔子至洼林漫额,未过边墙之前,即见左方有一山谷,四围有山环绕,其中有一废城。城每面有二百五十五弓,边墙近在城北,庆陵亦在其北,此处可以见之。城中发见古钱二枚,年号为淳化及景德。

浩珀都之废城

边墙东南数里,浩珀都流域之南,有一废城,其地居民名曰大城。南垣长二百六十弓,北垣长二百八十弓,东西垣各长二百三十二弓。南北有门。城无敌楼,亦无内城。地尚肥沃。是处为林西县界,亦农业之中国与游牧之蒙古分界之处也。

《金史》卷二十四《地理志》云:"庆州,旧有孝安县。天会八年改为庆民县,皇统三年废。"

上京道之祖、怀、庆三州,即杂处临潢府内。欲寻求其属县,应在州之附近求之。设当时孝安县不在州城,必在今日之浩珀都。《辽史·地理志》于孝安县下,未注明设置之年及户口,吾人今亦无从考求矣。

川心河之废城

川心庙之西(此喇嘛庙现毁),在十八里台河及营上河之合流处,有一废城,中国移民名之曰四方城。城方一里,城垣较浩珀都之城为高,边墙在城之西。

四废城

在赛波洛沟流域左近,及四方城之北,有废城四:

一、名头道城子,在赛波洛沟。

二、名二道城子,在文德坑。

三、名三道城子,在毕勒台沟门。此城附近有山,山有一墓,墓顶已毁,七八翁仲尚存,应为当时一要人之墓,疑即辽太祖之母宣简皇后之德陵。宣简皇后崩于天显十一年(936),葬祔德陵。

四、名四道城子,在十八里台河谷口。

予未至此地,亦不详其地位,姑志所闻于此,以待考证。

卢川县城

卢川县为金代设置之县,因其与巴林旗辽代各城颇有关系,不能不附带言之。

中文卢字之义为黑,如卢龙之名,即本于青龙河。此处之卢川,犹言黑水也。

考《金史》卷二十四《地理志》，临潢府蜀县有卢川，"承安二年以黑河铺升隶全州，后复来属，有潢河"。

黑河铺应在黑河附近。黑河即今之察罕木伦，华言白水也。其境有潢河，则此城应在二水汇流之处。

前既以浩珀都之城为孝民县，而今以黑河与潢河之汇流处为卢川县，前此所志古腾河之城、庆陵南之城、川心河之城，又为昔之何城耶？

考《辽史·营卫志》所志各部族，有迭剌迭达部，戍黑山北；品达鲁虢部，戍黑山北。此古腾河城或为其营帐之所。在庆陵南之城，或为守陵蕃、汉之所居，而川心河城，或为庆州属之富义县也。

∽∽ 契丹之墓 ∽∽

契丹初建国时，其殡葬之法，与中国不同。《图书集成》卷一二九《边裔典》云："以车载尸入山，以尸置于山树之上。"

此种风俗不特契丹为然，中国西南之黑苗、天苗，堪察加之流鬼国，风俗亦同。

契丹后染中国之风，酋长亦有坟墓，如《辽史·地理志》所志庆州之勃突墓，临潢府勒德山之勒德王墓，其例之著者也。

巴林旗之多数古墓，不知葬于何年。然因建筑材料之类似，故暂断定为辽墓。

∽∽ 乌牛台诸墓 ∽∽

乌牛台河为白水之支流，流域颇狭，然愈上行愈宽。上有三小溪，合注于此河。此三溪自1910年来已有居民。北一溪名察罕索伦，华言白峰也。中一溪名绍集。南一溪名喀喇索伦，华言黑峰也。

边墙即在其旁，居民即利用之，掘一洞于城垣之中，以草泥涂其壁，以砖筑小墙于前，开一门一窗，以草作扉牖，屋即成矣。

流域之中,虽无城郭,然边墙之东,昔日居民之迹颇多,墙西且有一处附近筑有三堡。当 1910 年时,白峰地方尚存许多磨石,其式大于中国人所用者,与在波罗城所见者相类。

白峰地方有石佛一尊,高四尺,无头。更东有一刻龙之碑头,碑已不存,地上尚存绿瓦。此处或建有庙殿,此庙殿与乌牛台之古墓不无关系也。

黑峰地方民居附近有一已掘之墓,形如方室,以石筑之。

边墙之西,山坡之上,有四墓,早为蒙古人发掘。最大之墓为一砖筑之室,堂前有小隧道,左右各有一小方室,隧道已为泥石所塞。

关于此种坟墓,无一材料可供研究。惟据《辽史》卷三十三《营卫志》云,迭剌迭达部,本鲜质可汗所俘奚七百户,太祖以戍黑山北,部民居庆州南云云,然亦不足为考证之根据也。

头道湾子诸墓

乌牛台河口以北,居有一基督教徒,广有产业,在其地发见古墓二十。只有二三墓尚未开掘,其余皆为附近中国兵营之兵所发掘。

诸墓之中较大者为一方室,以砖筑之,四壁尚有中文南北东西文字。室之内有一木台,置尸之床也,常置男女二尸,且有置一男尸二女尸者。其丝制之服,触手成灰。

中国人目击者云,靴甚大,靴为皮制,底已无存。

台前陈列祭品,如枣梨等物,尚可辨识。有瓶,其式与今制不同。有鞍勒,有钏环,有种种器具。常有一铜镜,悬于室顶。

关于葬具,据《辽史·兴宗本纪》曰:"重熙十一年十二月禁丧葬杀牛马及藏珍宝。"又"重熙十二年六月,诏世选宰相节度使旗属,及身为节度使之家,许葬用银器,仍禁杀牲以祭"。

东蒙古建平县深井他方之西七十里孩子沟发见一墓,墓室之中,有马骸一具。

在大营子附近亦有相类之墓,然发掘已久矣。此种古墓,东蒙古一地常有发见也。

~~~ 补 注 ~~~

地图予所用之地图,为日本大正四年刊之《东亚舆地图》。今日东蒙古地图,此图较佳,惟错误亦在所不免。如发源于毛金坝,流经科尔沁右翼,至赤峰注入英金河之河流,实为锡伯河,而此图作西路嘎河。至锡伯河则误位置于此河之西。此西面之河,上流名半拉箭川,下流名鸭子河。至锡伯河之下流,因流经大碾子川,故即以大碾子川为名。

林西县南之河,非察罕木伦,实察罕木伦右岸之一支流,因其流经嘎寺台之喇嘛庙(Galdestha-sum),故名嘎寺台河。至察罕木伦之源,在白塔子之北。(参阅《蒙古游牧记》卷三)

齐齐哈尔一图,边墙名曰金源边堡。金源或指按楚河之上流而言。此处今在吉林省,名阿什河。按楚一转而为爱新,华言金也,女真皇朝即以此为名。因其发源于此,故又名金源。

巴林之边墙,日本图则名曰高丽城。考其立名之义,盖此地土人以满、蒙一带之古迹,如坟墓城塔,皆为高丽古物。昔高丽人曾居留满洲,以满洲之古物属高丽,尚有说也,然与东蒙无与焉。吾人惟一解释,则因蒙古占领东蒙之时,以女真为高丽之后裔,故有此传说。

予颇希望嗣后绘图者注意古代废城,明定其位置,则史学家将获益匪浅也。

中国书坊所刊之《直隶省全图》甚劣。绘者之意,未始不求完善,然东蒙古一部分实为一种漫画,未便以地图目之。

林西县此县为热河领县之一,林西之名,盖因地在巴林之西。县南界潢河,东界白水(察罕木伦),浩珀都流域为其极北,西界乌珠穆沁、克什克腾二旗。

于越王按《辽史·百官志》:"大于越府无职掌,班百僚之上,非有大功德者不授。辽国尊官,犹南面之有三公。"

秋山据史载,此山应在怀州辽代诸陵附近。《辽史》卷八《景宗本纪》云:"保宁三年(971)八月甲戌,如秋山。辛卯,祭皇兄吼墓,追册为皇太子,谥庄圣。"据《辽史》卷六十四《皇子表》,其墓号太子院。

后围乌珠穆沁之松林,中国移民名曰后围,别于南部之围场或前围而言也。胡峤《记》以其地在上京之东,故云:"西望平地松林,郁然数十里。"胡氏行程,自西往东,如松林在上京之西,彼应已经过。只云:"自上京东去西望平地松林",则此林应在上京西北之乌珠穆沁高原。

图尔山 《辽史拾遗补》引毛奇龄之说,以为此山在黑山之东北,辽帝避暑之处。又据《辽史》,圣宗、德妃之墓在此山之西。

又据《辽史·营卫志》,黑山在庆州北十三里,吐儿山(即图尔山)在黑山东北三百里。然则《蒙古游牧记》之考据,不为无稽也。

勒得山 据《辽史·地理志》,宁州本大贺氏勒得山横帐,管宁王放牧地,在豫州东八十里,西南至上京东北三百五十里。豫州南至上京三百里。

大斧山 《契丹国志》卷七云:"圣宗崩于大斧河附近行帐,河在上京东北三百里。"予以为大斧山似在此河之附近,乃《蒙古游牧记》则以大斧山即大釜山。

诸湖 《辽史·地理志》所志临潢、庆州诸湖,似在今之乌珠穆沁旗内,可参证《蒙古游牧记》。

白马山 兀欲幽其祖母述律于扑马山,《辽史》及《契丹国志》皆云迁于祖州,则祖州之白马山或即扑马山也。

木叶山 《契丹国志》以为太祖葬于木叶山,置祖州。太宗亦葬于木叶山,又于附近置怀州。顾木叶山在潢河及老河汇流之处,吾人知此处只有永州。《辽史·景宗本纪》:"乾亨三年(981)三月乙卯,皇子韩八卒。辛酉葬潢、土二河之间,置永州。"按辽代每陵设一州以卫之,木叶山一处决无设祖、怀、永三州之理,《契丹国志》恐有误也。

《契丹国志》又云:"西楼在上京,南楼在木叶山。"其实西楼在上京西南四十里之祖州,则西楼在祖州不在永州明矣。总之,西楼应在上京之西或西南。然则设州于距陵地数百里之外,有是理钦?二陵之不在木叶山,不待辨而自明矣。

《辽史》亦不免有此种错误,据《营卫志》:"太祖陵寝在祖州东南二十里。"(然则在越王城也。)"太宗陵寝在怀州南三十里。""穆宗陵寝在(上)京南。""景宗陵寝在祖州南。"与《地理志》所志完全不合。盖当时修史时所用之材料不同,所以一书之中,记载各异。在将来考订《辽史》所根据史料价值之前,应以《地理志》为较有据之史料。

临河县 雷霹山西二十里樱桃沟流域,中有古城,其形势为巴林旗中所仅见者也。观其废迹,有两城并建,其主要之城东西宽三百二十丈,南北长二百一十丈。城有四门。

其西有一副城,南北与主城同长,东西惟宽一百〇二丈,只有一门在城南主城之旁。

此城不似寻常县治,其城垣较他县之城为高。予以为西城疑即唐之松漠府,东城疑为辽时所建之临河县,兹将其形图列于下,以供后来者之参考。

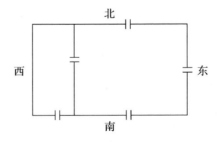

三

帖木儿帝国[①]

序

前译多桑书毕,就想译一部帖木儿帝国史以续其后。西书固不乏回教著作的旧译文,可是很少综合东西载籍的新研究。比较只有布哇(L. Bouvat)之书为新(1927年本)。此书取材固广,可惜脱稿以后疏于校对,年代、事实、人名,甚至文字标点,不少舛误。第若除开这些缺点,观其世次里然,叙述简明,暨附带言及中国艺术输入西域之事,皆可补《明史》之阙。爰为正其讹误,转为华言,以供学者参考之用。帖木儿建国西域,所拓疆土,虽不及成吉思汗帝国之大、传世之久,然已奄有中亚、西亚之地,传六代十余主。帖木儿朝诸王名见《明史》者,仅有哈里勒、沙哈鲁、兀鲁伯、卜撒因、阿黑麻五王。此外1461年入贡之八答黑商(巴达哈伤)王马哈麻(见《明史》卷三三二《八答黑商传》),疑是巴八儿子沙马合木。1456年入贡之把丹沙(即八答黑商之讹译)锁鲁檀马黑麻(见《明史》同卷《黑娄传》),疑是卜撒因子莎勒坛麻合木。至若奥都刺迪甫、奥都刺米儿咱、巴

---

① 选文录自:"冯承钧译著集"中的《东蒙古辽代旧城探考记 帖木儿帝国》,上海古籍出版社,2014年。

八儿米儿咱、莎勒坛麻速忽、拜宋豁儿米儿咱诸王，皆不见于《明史》纪传，具见《明史》缺佚尚多。考明代出使西域之人，名见《明史·西域传》者。有傅安、郭骥、陈德文、陈诚、把太、李达、白阿儿忻台、鲁安、李遑、金哈蓝伯、郭敬、李贵、海荣、马全、马云、詹升诸人。似仅陈诚撰有行记。陈诚屡次奉使西域，皆在帖木儿、沙哈鲁两代不见纪传之五王，殆以事在陈诚之后，且未遣使朝贡，故佚其名欤。

严格言之，帖木儿帝国仅在帖木儿末年同沙哈鲁在位时有之。沙哈鲁之后，仅有割据的宗王，不复有能统治全国的君主，所以帝国的都城有时在撒马儿罕，有时在哈烈，甚至有时在此两城之外。兀鲁伯以下的君主不过虚拥名号，并无实权。《明史》将帖木儿帝国境内诸城分别立传，不能说它没有理由。《撒马儿罕传》言"诸国称王者至一百五十余人"，《俺的干传》说"多至七八十部"，可见其群雄割据之状况。但是这些割据的人，几尽是帖木儿的后裔，虽不复见有盛世之帝国，然尚不失为帖木儿朝也。若就广义说，这帖木儿朝尚在印度延存至于 19 世纪。

我译此书仍用前译多桑书之例，画一译名，有旧译的不用新翻。凡《元史》《明史》有名可考者，取其一名。如元代之也里，《明史》作哈烈，亦作黑鲁，又作黑娄（修史者不明其为同名异译，竟将哈烈黑娄析为两传），在本书中皆作哈烈。其两城同名者，亦用一名。如《元史》之泄剌失或昔剌思，在《明史》中作失剌思，当时有两城同有是名，一在波斯，一在撒马儿罕附近，在本书中皆作泄剌失。

人名中一人而有数译名者，亦取一名。若《明史·撒马儿罕传》之卜撒因，在同传中又作母撒，别在《黑娄传》中作母塞亦，又在《别失八里传》中作卜赛因，一人凡有四译名，本书概作卜撒因。西域人同名者甚众，常于人名前后加位号、里贯、世系以别之。如"莎勒坛""米儿咱""哈奴木""别昆""洒黑"，皆位号而非人名。又若"撒马儿罕的""失剌思"皆里贯亦非人名。所以一人名称有时甚长，史家固有时著录全名，然常简单举其本名，由是不免与其他同名之人相混。本书译例，年代较远，或世系有别者，不妨同用一名，否则微变译字。如本书中有二沙哈鲁，一为帖木儿子，一为卜撒因子，不难辨别为二人。然有名八八儿者三人，年代较近，则用巴八儿、八八儿、巴别儿三译名以别之。余若阿合马亦作阿黑麻，马合木亦作麻合木，皆同一变例也。

本书中之纪年，以回历为主，下著西历。然原著者失于勘对，不少讹误。其中西历有误者，皆据陈氏中西回历表改正。惟其中有相差一日者仍之（恐是闰日之误算），其西历回历并误者，则注明其误于下，以俟续考。

本书所志察合台汗国之事，语焉不明，兹为补志其沿革于此。按察合台汗国在1318年顷分为二国，东国统治东、西突厥斯单之地，西国统治河中。帖木儿兵起，并有河中之地。至卜撒因即位之初，东察合台汗国分为二国。东为西书所谓之畏吾儿斯单，亦即《明史》之别失八里，也先不花二世（本书误作爱薛不花）治之西方热海附近之地，自达失干迄于伊犁，要奴思汗治之，西书谓此国曰蒙古勒斯单。此蒙古勒斯单亦在1502—1503年顷与帖木儿系并为昔班系所灭。至若别失八里之国，则亡于17世纪云。

1934年5月25日冯承钧识

导　言

亚洲的侵略家帖木儿（Timour），对于他在14世纪末年所建的广大帝国之前途，所料的并不错。这个大国果然不久就瓦解了，终在1502年消灭了。帖木儿朝末后势须逃到印度（Inde），建一新国。这个新国反能发扬光大延存到17世纪末年，此后一直到1857年，虽无实权，尚拥虚名。帖木儿同他的那些嗣君之立国，虽然不能持久，可是他们的影响则反是。我们可以说亚洲同欧洲的命运，有一部分是帖木儿的事业所造成。而帖木儿系的灿烂文化之影响回教文化，只有哈里发（Khalifat）盛世的文化可与之相提并论。

昔班系（Cheïbânides）在中亚所建之国，重要虽不及帖木儿帝国，可是他的寿命较长。昔班帝国瓦解以后，昔班系尚为变此花剌子模（Khârezm）为乞瓦（Khiva）汗国之独立君主者垂数百年。晚至 1873 年始沦为斡罗思（Russe）之保护国，他的最后君主君临其国尚能延长到 1920 年云。

第一篇　帖木儿

绪　说

由帖木儿可以令人想到成吉思汗（Djenguiz Khan），可是这两个侵略家有些根本不同之点，伯劳温（Browne）君曾在一篇透彻的研究里面，将他分析出来。[①] 成吉思汗是一个偶像教徒，可以代表花剌子模朝。帖木儿是一个回教徒，曾为数百年来受压迫而被分解的波斯预备统一和报复，此其不同之点一。帖木儿之残忍固不弱于成吉思汗，可是他为切己的利益而虔奉宗教，拿宗教来辩解他的行为。他很喜欢讨论神学，乐与诸律士（ulémas）等共处，尊重奉教场所，自己并修建了宗教场所甚众，此其不同之点二。他既将一切附隶于其野心之下，他有他的最大优点，也有他的最大缺点。在战争方面是个勇将，在政治方面是个随机应变的政治家，是一个善于治理之人。有时表示宽厚，所以有人引证他的仁慈行为。可是他为人暴虐，也有不少残忍之例。这也是诸大侵略家所共有的，不仅帖木儿一人为然。还有一种不同之点，成吉思汗帝国是可能持久的，帖木儿帝国

---

① 见所撰《鞑靼统治下之波斯文学史》，180—183 页。

则不然,他自己也知道,所以他在生前已将帝国分给他的子孙。

任何蒙古君主使欧洲人感触之深者,莫过于帖木儿,虽成吉思汗亦有所不及。[1] 考究它的缘故,就是近迫欧洲人之甚者,无一人能够及他。而且这个不可思议的战士,驰骋于中亚、波斯(Pérse)、印度、高加索(Caucase)、美索波塔米亚(Mésopotamie,今译美索不达米亚)、小亚细亚(Asie mineure)、西利亚(Syrie,今译叙利亚)等地之中,他临死以前,还想侵入中国。他的帝国消灭很快,可是他的影响尚能久存。赖他而统一的,不止波斯一国,当时的斡罗思,分裂得同波斯一样,且受普鲁士(Prusse)同立陶宛(Lithuanie)两部侵略之胁迫,也赖有帖木儿助其统一。他并为欧洲人开辟经过波斯而赴中国同印度的陆道,将帖必力思(Tauris,今译陶里斯,即克里米亚)的市场代替报达(Bagdad,今译巴格达)的国际市场,他将旧世界的经济状况完全变更了。[2]

第一章 史　料

帖木儿本人曾裒辑了许多史料,他的波斯书记或蒙古书记记录他逐日的言行,又有专任修撰他的传记的文人,取这种记录去修撰。[3] 现在所识的这种传记有两种:一种是用突厥(Turcs)诗纂修的,一种是用波斯散文纂修的。其中题曰《武功记》(Zafer-Nâmè)者,是一个居留报达的西利亚人名尼咱木丁(Nizâm ed-Dîn Châmî)者所纂。此人降附时最早,帖木儿取报达时就归顺了,他在诸战役中皆从军行。(回历,下同)804 年(1401—1402),帖木儿曾命他纂修他的传记。这部《武功记》止于 806 年(1404),好像是尚未完成之书,从未刊行,现在仅知英国博物院(British Museum,A dd.23980)藏有一部。此书文体简朴,与舍利甫丁(Cheref ed-

---

① 见 Sykes《波斯史》第二册 197 页。

② 参照 Grousset《亚细亚史》第三册 137 页。

③ 见 Blochet 书 83 页。这种史录名曰《汗史》(Tarîkh-iKhanî),据说是用畏吾儿(Ouïgours)字写的。

Dîn Alî Yezdî)所纂的《武功记》形式完全不同。舍里甫丁之书曾完全采录尼咱木丁书,甚至连引证之词也采录了,可是曾用其他史料去补充,于是内容扩张。舍里甫丁书曾于1887—1888年间在 Calcutta(今译加尔各答)之《印度丛刊》(*Bibliotheca Indica*)中刊行,1722年时曾用 Pétis de la Croix 译为法文,次年复由 J. Darby(达秘)从法文转为英文。这些译本很风行,十八九世纪中欧洲人所述帖木儿的事迹,几尽采之。[①] 还有两部书:一部是《记录》(*Malfoûzât*),一部是《律例》(*Tuzukât*),并是17世纪波斯文本,曾经 Darry 与 Stewart 译为英文,Langlès 译为法文,好像皆是伪书。因为一切官撰史料,悉经尼咱木丁过目,而尼咱木丁对于这两部书并无一言,足证皆是伪本。此外帖木儿时代的撰述,尚有《感兴录》(*Djoûch Δè-Khorouch*),这部书与其说是编年史,不如说是波斯语叙事诗,马合木赞吉(Cheikh Mahmoud Zenguî Adjem Kermanî)原撰,后经其子忽都不丁(cheikh Kotbed-Dîn)续修。还有一部突厥语编年史,撒非丁(Mevlanâ Safî ed-Dîn Khouttalânî)撰。又有一部《印度远征记》,加速丁阿里(Ghiyas ed-Dîn Alî)撰。后一书仅有抄本一部,现存突厥斯单(Turkestan,今译突厥斯单,即今土耳其)公共图书馆。[②]

帖木儿死后较古之撰述,则有《最确之编年史》(*Asakhot-Tevârîkh*),摩诃末本法则罗刺(Mohammed ibn Fazlollâh Mousevi)撰于814—816年(1412—1414)之世界史也。还有一部相类史书,佚撰人名,常被人将此书与前书混而为一。[③] 嗣后有哈非思阿不鲁(Hâfiz Abroû)氏,伯劳温君曾说过。此人的名气比较他的撰述更为人所熟知。[④]

他曾随着帖木儿围攻阿勒波(Alep,今译阿勒颇)及大马司(Damas,

---

① 见 Blochet 书 85—86 页。伯劳温书 362—365 页。

② 编号 17b。关于最后诸书者,可参考《回教世界杂志》1914 年刊,第二十八卷 244—245 页 L. Zimine 撰文。

③ 今识之惟一钞本,现藏英国博物院(Or. 1566)。L. Zimine 在其所撰《帖木儿死亡之细情》一文中(见《突厥斯单考古学会纪录报告》第十八年刊),曾证明此二书非出一手。

④ 见伯劳温书 424—426 页。并参照 Blochet 书 73—74 页。

今译大马士革），后来曾事帖木儿的后人。他所撰的《编年史之精髓》（*Zobdetot-Tevârîkh*），是一部很大的纂辑，于 836 年（1423—1424）①奉帖木儿系拜宋豁儿（Baysonkor）之命而撰，不幸其中关于波斯诸回教王朝的一部分业已遗失。

以上所说的，是颂扬的官书，现在请说私人的讽刺。有一个大马司城的阿剌壁（Arabie，今译阿拉伯）人名称本阿剌卜沙（Ibn Arabchâh）者，是个大游历家，曾在撒马儿罕（Samarkand）研究过，做过阿合马一世（Sultan Ahmed I）的书记，后在 854 年（1450）殁于开罗（Caire）。他用阿剌壁语所撰的一部书，题曰《命数之奇，帖木儿之侥幸》（*Adjâïb al-Makdoûr fi Nawâïb Timour*）者，充满愤恨之词。可是其中所志撒马儿罕同其文化生活，很可宝贵，而在结论中对于帖木儿也说了些公道话。② 别有一个阿剌壁史家，曾将他同帖木儿的谈话记下来了，其书名曰《景色之园》（*Raudat al-Manâdhir*），颇有些很有关系的要点，曾经木阿剌卜沙采录者不少。

帖木儿以后最出名的史家，要数殁于 903 年（1498）的迷儿晃的（Mirkhond）。其人实名摩诃末本哈汪沙（Mohammed ibn Khavendchâh），撰有一部世界史，题曰《纯洁之园》（*Roouzatos-Safâ*），其第六篇言帖木儿事迹，可是世人对于此书未免过誉。反之，他的孙儿晃迭迷儿（Khondémir，Khwandémir）所撰的《传记之友》（*Habibos-Siyer*），倒是一部很好的参考书。又如殁于 887 年（1482）的撒马儿罕人奥都剌匝克（Abdor-Razzâk Samarkandi）所撰的《两幸福之会合》（*Matla'os-Sa'deîn*），也是一部佳作，其中所言帖木儿朝第一主沙哈鲁（Châhroukh）的一章，是很可参考的。

至若以帖木儿为主角的小说诗篇，我们没有多话可说，这些诗篇多半业已佚而不传。前说的《武功记》，有两部散文，可也有两部诗篇。一部冗长而劣，是可疾云人韩都剌（Hamdollâh Mostooufi，Kazvînî）所撰。一部

---

① 钧按：此处回历、西历必有一误。

② 见《回教大全》（*Encyclopédie de I'lslam*）第二册 385 页 Pedersen 所撰文。

较佳,是哈梯非(Hâtif)所撰。①

幹秃蛮(Ottoman,今译奥斯曼帝国)古史家 Achik Pacha-zadè,Sa'd ed-Dîn,Alî,Solakzâdè 等的撰述,关于帖木儿与巴牙即的(Bayézîd,今译拜占庭)的战记,是应该参考的。东罗马(Byzance)史家 Ducas,Constantin Porphyrogénète, Chalcondylas 等的撰述,也可取来参证补充。

韩迈儿(De Hammer)所撰的《幹思蛮帝国史》(Geschichte des Osmanischen Reiches)第七、八两篇,曾将上面两种史书节录其概。费里敦拜(Férîdoûn Bey)在 982 年(1474—1575)所辑的《国书公牍》(Mouncha'ât)后于 1274 年(1858)在孔士坦丁堡(Constantinople,今译君士坦丁堡)刊行,其中搜集有帖木儿与当时诸回教君主之往来函牍。这种集子颇为重要②,欧洲各国的档库也保存有帖木儿致诸基督教君主函牍若干。

中国载籍对于帖木儿与其上邦明朝朝贡的记载,颇为丰富。伯罗洒(Blochet,今译伯劳舍)在他的《蒙古史导言》中曾作一种特别研究,将中国的记事同阿美尼亚(Arménie,今译亚美尼亚)史家的记述比较、参证,还有 Félix Nève 所撰的《帖木儿沙哈鲁之中亚战绩》(Bruxelles,1860 年刊本),是取材于 Thomas de Mezdoph 者。

有几个欧洲旅行家,对于帖木儿的历史,也曾留下些有益的记录。首先有迦思迪刺(Castille,今译卡斯提)国入觐帖木儿的专使克刺维卓(Ruy Gonzales Clavijo)的行记,他在 1404 年到撒马儿罕,曾留下一篇颇有兴趣的叙述,曾经刊布翻译多次。巴牙痕(Bavarois,今译巴伐利亚)人失勒惕别儿格儿(Schilt berger)曾事帖木儿及其诸嗣君,他的回忆录同法国人布西戈(Boucicault)的回忆录,皆是可以参考的。

西方史家对于帖木儿的撰述,在此处虽用简单之说明,亦难概举,兹

---

① 参考 Blochet(今译伯劳舍)书 107—110 页。
② 见伯劳温书 203—206 页。

仅举其最要者而已。德儿贝洛(D'Herbelot)的《东方丛刊》(*Bibliothéque Orientale*），包含有一部很好的略传，其取材多本晃迭迷儿书，辅以本阿剌卜沙、本失合纳(Ibn Chihna)诸氏之书。德景(De Duignes)在他的《匈奴史》第二十编中，曾纪述帖木儿及帖木儿系的史事。Price 撰有一部很好的书目。[①] 韩迈儿书前已著录。Malcolm 之《波斯史》(London，1815 年本，二册)，W. Heyd 之《东方贸易史》(Stuttgart，1879 年本)，曾经 Furey Raynaud 同原作者修正，转为法文(Lèipzig，1885—1886 年本，二册)，此书在研究经济问题一方面很重要，而对于中世纪的史事，尤其必须要参考它。思克邻(Skrine)同德尼孙鲁思(Denison Ross)合撰有《亚洲中心古代俄属突厥斯单及中亚汗国史》(London，1899 年本)。最后几年的撰述应该参考的，是前此已经著录之伯罗洒书(Leide & London，1910 年本)，西克思(P. M. Sykes)中校的《波斯史》(London，1915 年本，二册)，伯劳温的佳作《鞑靼统治下之波斯文学史(纪元 1265 至 1502 年)》(Cambridge，1920 年本)，察普里迦(A. Czaplicka)的《中亚之突厥》(Oxford，1918 年本)，此书附有一篇很重要的书目。最后是格鲁赛(René Grousset)的《亚细亚史》(Paris，1922 年本，三册)，此书是一部尽心而有用的撰述。

第二章　帖木儿—其先世—其性格

帖木儿出生的地方，在河中（Transoxiane）一个名称哈思罕(Kazghan)的君主之辖境内，渴石(Kach)城附近。出生之时在回历 736 年鼠儿年 8 月 25 日(1336 年 4 月 8 日)。相传其先世与成吉思汗同族。有哈剌察儿那颜(Karatchar noyan)者，据说是成吉思汗之从兄弟，也就是帖木儿的祖先。帖木儿的碑铭列举他的世系，说秃蔑乃(Touménay)，生

---

① 在所撰《编年考》(London，1814—1821 年本，四册)第三册第一编 297—468 页，并参照伯劳温书 196 页。

子哈出来（Katchoulay），哈出来生子亦儿占赤巴鲁刺（Irzamtchi
Baroula），亦儿占赤巴鲁刺生子速忽赤臣（Soughoutchitchin），速忽赤臣
生子哈刺察儿那颜，哈刺察儿生子亦连吉儿（Ilenguir），亦连吉儿生子不
儿赫勒（Burkel），不儿赫勒生子塔刺海（Taraghay），塔刺海生子帖木儿。
帖木儿的直接继承人沙哈鲁，曾经广事考证，证明此世系之真。①

　　突厥语同蒙古语中的帖木儿名称，在斡秃蛮语中写作迭迷儿
（Démir），时常训作"铁"。② 他曾受过伤，所以又有跛子（Leng）的绰号，欧
洲人将他的本名、绰号连称，由是变成为 Tamerlan。帖木儿自发迹以来，
曾用种种名号，首先自称曰古烈干（Kourékan）。古烈干者，犹言君主之戚
属，或君主之女婿，本阿剌卜沙以为这个名称可以证明帖木儿出身寒微。③
后又历号曰异密（Emîr），曰大异密（El-Emîr El-Kebîr），曰"星宿幸会之
主"（Sâheb Kiran），末后则自称曰沙勒坛（Sultân），他在 771 年（1369—
1370）开始采用这个名号，终在 790 年（1388）决用这个名号。他的标语是
Râstî Rostî，波斯语犹言"真实安泰"。他的徽章上绘三圈，代表他所君临
的世界三个部分。

　　帖木儿素性严肃沉郁，不喜表示欢乐，深厌矫饰之人，曾命他的左右
语言务实，纵然使其不快，亦所愿也。他虽然不学无识，可是喜欢接见学
者、文人，鼓励他们的研究。他的记忆力很优。④ 有不少波斯印度画家所
绘帖木儿的肖像，皆不类其人。他们所绘的，大致是一个伊兰人（Iranien，
今译伊朗人）的模型，白面，一部浓而长的胡须，中材身体。若据帖木儿同
时的人所描写的形貌，帖木儿其实身躯高大，头极大，面有色，少年白发。

---

① 参照伯罗洒书 57、60—62、64 页；舍里甫丁书第一册 8—21 页，对于帖木儿之出
　　生，叙述甚长，参杂有不少诗词引证；并参照本阿剌卜沙书第一册 12 页以后。
② Timour 一字与希腊语之 Tomuris 颇相类，曾经伯罗洒 210 页指出。
③ 据他说帖木儿的先世是些牧羊的人，兼作强盗，帖木儿本人开始的时候，也是承过
　　父业的。
④ 参照舍里甫丁书第一册 1—4 页。

因为当时蒙古、伊兰二族尚未混杂,帖木儿的形貌不能类似伊兰人也。[①]
他的跛子绰号,是在昔思田(Séistan,今译锡斯坦)受伤而得的。本阿剌卜
沙对于帖木儿处处加以贬词,曾说他因为窃羊而负伤。还有人说他另外
受有一伤,几使他一手残废。帖木儿服波斯衣冠,身衣丝袍,头带高尖毡
帽,可是仍旧保守若干蒙古风习,所以他两耳垂大珠环。帖木儿也爱奢
华,克剌维卓曾记述撒马儿罕宫廷之华丽,男女皆服丝绸绒衣,饰以金钢
石,红绿宝石,珍珠无数,兵刃所饰亦同。不仅用金银装饰宫殿,且用以制
造杯盘什器。

第三章　帖木儿时代之亚洲及东欧

波　斯

　　帖木儿将来聚全力侵略的波斯,而后其地在亚洲占有一种优势者,当
14 世纪时,则分崩离析,沦入混乱状态。有四个主要王朝,同很多的地方
君主,在其中争雄称霸。这四个王朝就是札剌亦儿朝(Djelaïrides)、木傻
非儿朝(Mozafférides)、胡耳朝(Kourt)、撒儿别答儿朝(Serbédârân)。这
些国家数目之多少,同领土之广狭,不断变更。帖木儿出生数月前,736 年
4 月 13 日(1335 年 12 月 30 日),莎勒坛(Sultan)不赛因(Aboû Sa'id)死,
由是蒙古统治之时代告终,而一种新时代开始。

　　木傻非儿朝虽然是阿剌壁(Arabie)人建设的,然在诸朝中最为重要,
他代表伊兰精神,也较其他诸朝为最优。从 713 年(1313)到 795 年
(1393)帖木儿侵略之时,适当木八里速丁(Mobâriz ed-Dîn)、沙叔札
(Châh Choudjâ)、宰那勒阿比丁(Zeïnol-Abidin)三王在位之年,国内的
要事无非是些内乱同内讧而已。可是三王皆嗜文学,尤以沙叔札为甚,曾

---

① 　见范别利(Vambéry)撰《不花剌(Bochara)史》(Stuttgart 1872 年本,二册)第一册
　　212—213 页。本阿剌卜沙书末章曾叙述帖木儿之性情形貌。

经鼓励一种文艺复兴,哈非思(Hâfiz)就是木傻非儿朝所奖励的文学家。
当时木傻非儿朝的领地包括法儿思(Fârs)、伊剌黑阿只迷(Irak Adjemî)、
起儿漫(Kermân)等地,以耶思德(Yezd)为都城。①

札剌亦儿朝是一个蒙古部落所建设的,他的起源同旭烈兀
(Houlagou)有关系,曾在737年(1337)代其敌部出班(Tchoban)而兴。
他的代表就是大哈散(Hassan Bozorg),大哈散曾经战胜出班系的小哈散
(Hassan Koutchek),后来小哈散在744年(1343)为人所谋杀。大哈散的
主要继承人是洒黑兀外思(Cheïkh Ouveïs)同莎勒坛阿合马(Sultan
Ahmed),此朝据有报达、帖必力思两地,灭亡于后一世纪中。②

波斯西北同附近诸地,就是胡耳朝建国的地方,以哈烈(Hérat)为都
城。13世纪初年建国的人,名称塔只丁斡思蛮蔑儿杰尼(Tâdj ed-Dîn
Osman Marghnî),国内也是常起内讧,一直到732年(1331)木亦速丁
(Mo'izz ed-Dîn)之即位,时蒙古之统治波斯已近末日了。③

撒儿别答儿朝与胡耳朝同时,后来亦随之而亡。737年(1337)时,此
朝因一种宗教叛变而兴。其存在亦大经变故,合计五十年间,在位有十二
君,不得善终者九人。君临撒卜匝瓦儿(Sebzévâr)一带,笃信十叶教
(Chiites,今译什叶教)。④

印　度

突厥种信奉回教的塔忽剌(Taghlak)朝,已于1321年在底里(Delhi)
城代阿富汗(Afghan)种之乞里只(Ghildji)朝而兴。帖木儿出生之时,适
当摩诃末塔忽剌(Mohammed Taghlak)在位之年。此王好文艺,可是笃
信宗教,他想将他的臣民尽变为回教徒。于是虐待婆罗门教徒
(Brahmanistes),全国乱起,他的帝国亦因之瓦解。他的重要异密,皆利用

---

① 见伯劳温书161—170页。
② 见伯劳温书170—173页。
③ 见伯劳温书173—178页。
④ 见伯劳温书178—179页。

这个机会独立自主,等到 14 世纪末年,帖木儿强使此国称藩之时,国境已经有限了。后在 15 世纪末年,仅保朵阿卜(Dôàb)之地,对于在他的故地建立的五个回教国家,毫无权力可以干涉,此五国就是朋加剌(Bengale)、沼纳朴儿(Djaounpour)、麻啰华(Malwa)、胡荼辣(Goudjerate)、迭康(Dékan)五国。[①]

中国及其附近诸国

14 世纪下半叶中,中国业已完全脱离蒙古统治而独立了。自 1352 年兵起,一直到明朝的洪武帝即位,蒙古的势力渐渐消灭。到了 1370 年,中国的土地遂完全为本国的皇朝恢复。可是战事并未停止,明兵追逐敌人于塞外,在 1370—1390 年间,并入了若干蒙古属地。帖木儿也不得不称臣纳贡,所以帖木儿终身的梦想,就是在解除这个藩属关系,他正要率领一个极大军队去侵略中国,不意在此时就病故了。

当时土番(Tibet)、日本(Japon)两国是独立国,高丽(Corée)也独立了。越南半岛(Indochine)则分为五国:曰安南(Tonkin),曰占城(Cochinchine),曰暹(Siam),曰柬埔寨(Cambodge),曰缅(Mian)。

突厥及蒙古

624 年(1227)成吉思汗病故之时,曾将一国分给次子察合台(Tchaghatay),此国后来即名察合台国。其地包括河中全部、可失合儿(Kachghar)一部、巴达哈伤(Badakhchan)、巴里黑(Balkh)、哥疾宁(Ghazna)等地,立国约有 150 年。自从察合台同蒙古帝国的大汗窝阔台(Okday)死后(639,即 1241 年),内乱时起,君主之数甚多,一说有 26 人,一说有 31 人。后来因为争竞,遂在 721 年(1321)分为二国,一为河中汗国,一为者台(Djetè)汗国,质言之蒙古汗国。者台诸汗君临现在的准噶尔(Dzoungarie),同东西突厥斯单的一大部分,他们的争斗亦不弱于从前诸

---

① 见格鲁赛《亚细亚史》第三册 205 页。

汗。自从分国一直到 771 年(1370)被帖木儿所灭的时候,计有汗十五人,多半不是察合台的后裔。①

君临中国的旧主回到蒙古北部,建设若干自主国家。唐兀(Tangout)则建有两个蒙古国,后来不久此二国为中国所灭。畏吾儿亦成一国,以哈密(Khami)或哈密力(Khamil)为都城。明朝虽兴,突厥斯单尚完全为察合台的领地,到了 15 世纪时,有一个侵略的王朝即兴于此,这就是昔班朝或月即别(Uzbek,Euzbek)朝。此朝后来灭帖木儿朝,统治中亚,一直到 16 世纪末年。现在请言此朝之起源。

先是成吉思汗将钦察(Kiptchak)地方、里海东北的平原、现在西伯利亚(Sibérie)的一部分、里海的北边同窝勒伽(Volga,今译伏尔加河)下流的几个地方,分给他的长子术赤(Tchoutchi)。1225 年朮赤死,这个大国又为朮赤诸子所分有。长子斡儿答(Orda)分得白帐汗国(在东方);侵略斡罗思的拔都(Batou)分得金帐汗国(在西方),建都于窝勒伽河下流之撒莱(Saraï);第三子昔班(Cheïban)或昔别乞(Cheïbek)则别建一国,与白帐汗国为邻,此人虽不是昔班朝的建设人,可是昔班朝的祖先。②

范别利③曾说过,突厥的君主或因他的侵略,或因他的制设,常以其名为部族名。所以创设斡思蛮(Osmanlis)或斡秃蛮(Ottomans)部族的,便是莎勒坛斡思蛮(Osmân)。我们现在所说的王朝,因此也有两个名称。一个是最先的君主昔班,一个是第九个君主月即别。④ 钦察的四大侵略家,月即别次居第三,他在真正创设昔班帝国的阿不海儿(Aboûl-Khaïr)之前 150 年,此部人民之信奉回教,盖由昔班之传布。在我们所言的时代,金帐汗国又分为四国,这正是宜万瓦西里维赤(Ivan Vasilievitch)脱离鞑靼羁束,解放斡罗思的一个很好的机会。

---

① 见思克邻书 160—164 页。

② 见思克邻书 182—183 页。Howorth 的《蒙古史》第二册 688—875 页所述月即伯朝的历史甚详。

③ 第二册 35—36 页。

④ 别(Bek)犹言首领。月即 euz,犹言独立之。

月即别部族是由突厥人同信奉回教的蒙古人参杂构成的,世人对此已有种种证据。比方此族三十二个部落名称,其中有几个名称,现在在戈壁沙漠中尚见使用,就是一个证据。

阿哲儿拜展(Azerbaïdjân)及美索波塔米亚之突厥蛮(Turkmène)

札剌亦儿朝亦名亦勒汗朝(Ilkhaniens, Ilékaniens)[①],其所以得名者,因为这个部落的首领名称札剌亦儿(Djelaïr),又因其称首领曰亦勒汗(ilkhan, ilékan)。736 年(1335—1336)时,此部的一个后裔大哈散,在报达建设一个新朝,统辖报达、阿哲儿拜展两地。大哈散在位止于 757 年(1356),他的儿子洒黑兀外思继立。到了 776 年(1374—1375),兀外思的长子忽辛(Hoseïn)袭位。忽辛的兄弟莎勒坛阿合马,先为弼斯啰(Basra)长官者,后在 782 年(1380—1381)举兵叛,攻拔帖必力思,擒杀其兄忽辛,嗣后又同别的兄弟争战两年,才能正位。可是不久又被帖木儿攻击,历失帖必力思、报达等城,穷蹙逃依埃及莎勒坛巴儿忽(Barkouk)。巴儿忽劝他复还报达,他赖有突厥蛮、哈剌余速甫(Kara Yoûsouf)之助,能够在八年之中,一方面抵抗帖木儿,一方面平服国内的叛民。到了 803 年(1400—1401),又弃报达出走。已而帖木儿与巴牙即的战,他又乘势复还报达,可是哈剌余速甫在此时离贰,他又逃往西利亚,为帖木儿孙阿不别克儿(Abou Bekr)所擒,同哈剌余速甫共为俘虏。等到 807 年(1405)帖木儿死后,才得释还,好容易将他的国境完全恢复,可是又被阿不别克儿驱逐于阿哲儿拜展境外。后与哈剌余速甫战,不胜,兵败之次日,即 813 年 3 月 28 日(1410 年 8 月 30 日),为人所刺杀。莎勒坛阿合马为人暴虐,贪吝狡诈,可是作战勇,而嗜文学。他曾延揽许多诗人同艺术家,自己并撰了若干波斯文、阿剌壁文的诗篇,同几部关于音乐的著作。[②]

---

① 其事迹见 Howorth 书第二册 654 页。
② 见《回教大全》第一册 200 页 Barthold 选文。倒剌沙(Dooulêtchâh)撰 *Tezkèrè*,伯劳温本 306 页。

同札剌亦儿朝联合,而继承札剌亦儿朝者,是黑羊朝(Kara-Kouyounlou)。这个黑羊朝同他的敌人白羊朝(Ak-Kouyounlou)之所以得名者,因为他们的旗帜上用黑羊、白羊作标志。黑羊朝起源于完(Van)湖一带,先在其地据有一个小小的领地,嗣后发展,遂据有世人所称之黑羊州(Kara-Kouyounlou Ili),这就是古之 Colchide、Trébizonde 等地。他的祖先是一个军将,名称哈剌摩诃末(Kara Mohammed),事报达莎勒坛兀外思有功,兀外思于是命他统领军中一切突厥蛮部的将卒。他死后,他的儿子哈剌余速甫继其位。这个哈剌余速甫,就是建设黑羊王朝的人,也就是有名的高赫儿沙的(Gauher Chad)之兄。其为人背逆无义,他受了兀外思的恩惠,反将报达城夺据了。帖木儿曾遣其孙阿不别克儿讨此叛将,夺回报达,以畀莎勒坛阿合马。

白羊朝在位始 780 年(1378),终 914 年(1508—1509)。君临之地就是小阿美尼亚或白羊州(Ak-Kouyounlou Ili)。有异密名伯颜答里(Bayenderi)者,帖木儿曾以阿美尼亚同美索波塔米亚的采地分封给他,以底牙儿别克儿(Diyâr-Bekir)为都城。此朝的君主,相传之数不一,一说谓有十三人,一说谓仅有九人。迷儿晃的说伯颜答里朝(Bayenderiyé)开始的君主是兀孙哈散(Ouzoun Hasan),其他诸史家则说是据有毛夕里(Mossol)、阿迷的(Amid)两地的突厥蛮人秃儿阿里别(Tour Alî Beg),他的儿子忽都鲁别(Koutloubeg)扩展疆域,据有美索波塔米亚的一大部分,后死于 809 年(1406),寿九十余岁。

忽都鲁别之子哈剌斡思蛮(Kara Osmân),曾经臣事西瓦思(Sîvâs)王哈的不儿罕丁(Kâd Burhân ed-Dîn),乃杀其王而夺其地。斡秃蛮部一军来讨,遂逃依帖木儿,随着帖木儿进击小亚细亚之斡秃蛮汗巴牙即的,帖木儿赏其功,乃将西瓦思、额儿赞章(Erzindjân)、额歹思(Edesse)、马儿丁(Mardîn)等地分给他,后来保有其地三十余年。

西利亚、阿剌壁、埃及

此三地在 14 世纪时,于名义上或事实上,并属埃及马木鲁克

(Mamloûks)朝诸莎勒坛。在 784 年(1382)前属马木鲁克部之巴合里朝(Bahrites),以后则属马木鲁克部之孛儿只朝(Bordjites)。处巴合里朝时,尚存有朝代君主的观念,而埃及之回教化,虽有时用暴力,可是仍旧在进行。处孛儿只朝时,少数军阀统治制度,不仅成为一种主义而且实在实行了。一种军式封建之构成,遂抵于一种完全的军国化。[1]

马木鲁克既据有西利亚之地,遂实行离间政策,将从前爱育伯朝(Eyyoubites)旧属之六国,改为六州,利用诸州长官之敌对,而保持其统驭之权。后来的经验果然证明这种办法不错。诸长官中较良者是腾吉思(Tinkiz),他治理大马司州,始 1312 迄 1340 年,曾努力谋地方之安宁,同其经济之发展。可是在 14 世纪时,西利亚的状况大致很坏,除开旧有的基督教徒同回教徒之冲突不算外,复益以外患频起。波斯的蒙古人,辅以阿美尼亚人同谷儿只(Géorgie)人,常来攻。失普力(Chypre,今译西普)岛的富浪人(Francs,今译法兰克人),几几乎同他们联合。圣堂派(Templiers)人、吉那哇(Génois)人曾在赛答(Saïda,今译赛达)登岸,进攻贝鲁特(Beyrouth)两次。[2] 阿剌壁一地,马木鲁克部的势力较微,可是自从 656 年(1258)报达的黑衣大食(Abbasides)哈里发灭亡以后,马木鲁克部的势力不但影响红海沿岸,而且影响默伽(Mecque,今译麦加)。[3]

斡秃蛮及东罗马

东罗马帝国已完全衰微,所属小亚细亚诸州,渐渐被继承塞勒尤克朝(Seldjoukides)的斡秃蛮部所蚕食。帖木儿出生时,适当斡秃蛮汗斡儿罕(Orkhan)在位之年,斡秃蛮人又夺取卜鲁思(Brousse)、尼薛(Nicée)、尼可蔑的(Nicomédie)等地,且并人哈剌昔(Karasi,今译卡拉西)国。斡儿罕是斡秃蛮朝首先采用莎勒坛尊号者,他建都于卜鲁思,扩张他的国境至

① 见《回教大全》第二册 10 页 Cn. Becker 撰文。
② 见 Lammens 撰《西利亚》第二册 4—5 页,又 17—20 页。
③ 见《回教大全》第二册 386 页 Moritz 撰文。

于马儿马剌(Marmara,今译马尔马拉)海,渡达儿丹奈勒(Dardanelles,今译达达尼尔)峡,据有海峡之地。[①] 到了后一世纪,他的后人麻合木二世(Mehmed Ⅱ)进据孔士坦丁堡,于是成为欧亚的一个强国。但在此时以前,斡秃蛮部曾与帖木儿突冲,经过了若干严重的危难。

地中海东部之诸基督教国

失普力岛中法兰西人所建之国,在14世纪时是一个最富的国家。他的法马古思忒(Famagouste)城成为欧洲与东方通贸易的一个大海港,一切国家的船舶皆载远方的土产至此。其君主在东方势力很强,曾经战胜突厥人同埃及马木鲁克朝的诸莎勒坛。并使阿美尼亚人承认他为上国。国势既然繁盛,于是乎启了义大利人的妒心,1373年时,吉那哇人夺据法马古思忒港,垄断其商业,强使失普力国最后诸王受其保护。到了1464年,王朝消灭,其国又被维尼思(Venise,今译威尼斯)人所据,止于斡秃蛮侵略之时。

阿美尼亚国也衰微了,同他联合的蒙古人,已被埃及的马木鲁克所攻却。当时的埃及颇不满意剌札卓(Lajazzo)港同埃及作商业上的竞争,曾屡以兵来侵,到了1375年,阿美尼亚仅保昔思(Sis)一个要塞。国王烈雍六世(Léon Ⅵ de Lusignon)虽然力抗,终不免出降,被逐出国外,后来死在巴黎(Paris)。

谷儿只国先在1248年并入成吉思汗的帝国,后在14世纪最后十五年间,数经帖木儿之侵略残破,到了15世纪因为一种不幸的分割,遂不免于亡。

欧洲之末勒答维亚(Moldavie,摩尔多瓦)同瓦剌失亚(Valachie,瓦拉几亚)二国建立较晚,国势不定,时存时亡。孛勒合儿(Bulgarie,今译保加利亚)国则在1396年亡于斡秃蛮人。

---

① 见格鲁赛《亚细亚史》第一册274—275页。

克里米亚(Criméi)

这个东罗马业经丧失,而维尼思人未能培植势力的地方,则为吉那哇人同鞑靼人所分据。此二民族颇难相安,1342 年,因为一个鞑靼人被一个吉那哇人所杀,战争遂启。鞑靼人以兵围攻迦法(Caffa,今译卡法)城,可是未能继续封锁他的交通,不得不承认维尼思国的和解。根据和解条件,鞑靼人承认吉那哇侨民有一种法定的存在,鞑靼人得在迦法设置一个官吏,治理鞑靼人。看后来之冲突屡起,足证这种和解并不彻底。

斡罗思

斡罗思分为无数互相敌视的小国,一方面又受普鲁士人同立陶宛人的威胁,遂不得不称藩于蒙古人。莫斯科(Moscou)诸王之即位,须听命于蒙古汗,而受其册封(Yarligb)。蒙古人由是使斡罗思人有一种中央权力的观念,而为之预备统一自主,阻止欧洲的侵略,这是蒙古人所意想不到的结果。①

蒙古人及欧洲

蒙古帝国同欧洲之关系早已成立,后面所述的商业关系,始终延续,未曾中断。欧洲见此国中基督教徒不少,颇希望其全国人归向基督教,所以在 13 世纪时,业已派遣传道师前往蒙古。这些传道师的行记,现在尚见保存。再者双方皆以为政治同盟于彼此皆有利,曾经提议过数次。教皇同法兰西、英吉利、迦思梯剌诸国的国王曾与蒙古君主互通国书,有时还互遣使臣。帖木儿曾在撒马儿罕接见西班牙的使臣克剌维卓,并曾致书于法兰西国王沙儿勒六世(Charles Ⅵ,今译查理六世),请扩充贸易。

---

① 见伯罗酒书 191—200 页。

1403 年,沙儿勒六世曾作一种很恳切的答书,而称帖木儿曰"无敌者"。①

～ 第四章　最初事迹—建国—侵略波斯 ～

帖木儿幼年时,已经因他聪明勇敢而得名,二十四岁即有"星宿幸会主"(Sâhib-kirân)之号,先事者台汗,不久便弃之而去。

阿不哈即(Aboû'l-Ghazî)曾记述者台汗国秃忽鲁帖木儿汗(Toughlouk Timout khan)的遗事,据说此汗生于 730 年(1329—1330),其父也里火者(Ⅱ Khodja),即以也先不花(Isèn Bogha)之名而显于世者,是成吉思汗子察合台的后裔,君临不花剌(Boukhara),所属诸异密拓地抵于可失合儿、鸭儿看(Yarkend)、阿剌塔黑(Ala Tagh)、蒙古等地。其妻撒忒迷失可敦(Satilmich Khatoun)无所出,其蒙古妾明里(Mingli)生秃忽鲁帖木儿汗,撒忒迷失可敦出其母子于外,也先不花死,诸异密将他迎归。他即位之时,年 18 岁,后至 24 岁时,有一个不花剌的传道师,名札马剌丁(Djemal ed-Dîn)者,相传世代能前知。秃忽鲁帖木儿汗见其人后,遂归向回教,并传布回教于人民。②

762 年(1361),秃忽鲁帖木儿汗乘河中之乱,引兵略取其地。帖木儿同他的姻兄弟异密忽辛(Hoseïn)在此时避难到尼古答里(Nîkoûderîs)、赫匝来(Hezârè)两个部落。秃忽鲁帖木儿汗取了撒马儿罕以后,就命他的儿子也里牙思火者(Ilyâs Khodja)镇守其地,并命帖木儿为他的参谋。其后不久,帖木儿为也里牙思火者左右所侮,就弃职他往,与异密忽辛结合,同谋恢复河中。无何,秃忽鲁帖木儿汗死,他二人遂起兵(765,即 1364年)。也里牙思火者与战不胜,遂重渡乌浒(Oxus,今译奥克苏斯,即阿姆

---

① 国档库存有蒙古君主的国书若干,曾经 Abel-Remusat 翻译刊布,见所撰《诸基督教国王及法国国王与蒙古诸帝之国交志》。参考伯劳温书 10—11 页。并参考 Silvestre de Sacy 于 1822 年 7 月 3 日在研究院所宣读之《帖木儿与法国国王沙儿勒六世之通信》。

② 见阿不哈即撰《蒙古史》Desma sons 本,原文 115—162 页,译文 164—170 页。

河)河,退走不花剌,有个怨家异密哈马儿丁(Kamar ed-Dîn),乘势杀也里牙思火者,尽屠其家族。也里牙思火者诸子中,只有乞思儿火者(Khizr Khodja)一人得脱走,后来他的后裔君临可失合儿、鸭儿看两地。于是者台汗国为哈马儿丁所据有,后来帖木儿用兵五次,才将他驱走,其人不知所终。①

帖木儿御极之时,实在始于者台、花剌子模两地之侵略,诸役始 771 年(1369—1370),至 782 年(1380)才告终。这些战役是他最困难的战役,舍利甫丁记载很详,计花剌子模四役,者台五役。帖木儿以兵攻其从前同盟的忽辛,围攻巴里黑,拔其城,忽辛遂降。帖木儿伪许之,命其往朝圣地,遣人杀之中道。于是帖木儿在撒马儿罕宣布他是成吉思汗系的继承人,察合台汗国的君主②,率领一种狂从的军队,携带他乐于接见的学者、诗人、乐人、教师,进向花剌子模。

当时钦察乱起,776 年(1375),白帐汗国的兀鲁思(Ourous)汗同克里米亚汗国的脱脱迷失(Toktamich)汗分有其地,互相攻伐。脱脱迷失败走,投奔帖木儿,帖木儿以军助之。次年,脱脱迷失赖之复取钦察之地。③四年后,帖木儿遂与斯拉夫(Slaves)人相接触。大帐汗国的马买(Mamay)汗,讨伐叛臣的米忒里董思阔亦(Dmitri Donskoï),为所败,帖木儿乘势命脱脱迷失攻入其国。杀马买汗,强使的米忒里称臣。的米忒里不从,于是鞑靼侵入斡罗思境,残破兀剌的迷儿(Wladimir)、抹札亦黑(Mojaïk)同速思答里(Sousdalie)诸城,计取莫斯科城纵火焚之,进败立陶宛兵于坡勒塔哇(Poltawa)附近。这些事变之结果,反助成斯拉夫族之统一,因为斡罗思无数小国分立,一方受条顿骑士(Chevaliers Teutoniques)之压迫,一方受立陶宛侵略之威胁,若不是坡勒塔哇之败,恐怕立陶宛兵不久便入莫斯科了。④

---

① 阿不哈即书原文 162 页,译文 170 页。舍利甫丁书第一册 43 页,最后战役见 274—275 页。
② 舍利甫丁书第一册 207—214 页,并参照本阿剌卜沙书第一册 146 页以后。
③ 见舍利甫丁书第一册 207—214 页。参照 Howorth 书第二册 199—200 页。
④ 见伯罗洒书 199—200 页注。

帖木儿经略波斯,亦在此 782 年(1380—1381)的中间。① 他在此时有 45 岁,率军渡乌浒河,入呼罗珊(Khorassan),进攻胡耳国都城哈烈,其王加速丁阿里(Ghiyâs ed-Dîn Alî)请降。进至俺都淮(Endekhoûd),谒教师八八桑忽(Baba Sangoû)。此教师以肉一脔掷帖木儿首,他视此举为得胜的预兆。撒剌哈夕(Sarakhs,今译萨拉赫斯)降后,帖木儿至塔格巴的(Tâgâbad),礼圣者宰奴丁阿不别克儿(Zeïn ed-Dîn Aboû Bekr)。② 旋至脱儿失思(Torchîz),其子米兰沙(Mrînchâh)来会,木傻非儿朝国王沙叔札遣使来见。是年,帖木儿驻冬于撒马儿罕,其妻的勒沙阿合(Dilchad Aga)同其长姊忽都鲁答剌罕阿合(Koutlouk Tarkhan Aga)并殁于此城。

784 年(1382—1383)之役,开始讨伐信奉偶像教之蒙古人,然后侵入波斯北方诸州,历降古儿干(Gourgân)、祃栅答而(Mâzendérâu)、昔思田等地。用兵之时虽然不久,可是也遭遇些顽强抵抗,疾里(Zirih)城守兵五百人几尽拒战而死,帖木儿曾在此城同别数城中聚髑髅为京观。撒卜匝瓦儿之撒儿别答儿朝君主阿里摩诃末(Alî Mohammed)、祃栅答而君主瓦里(Valî),同几个地方君主皆降,呼罗珊君主加速丁阿里见抗拒无益,亦降。帖木儿皆宽待之,仍命此种不战而降之君主各主其国,已而略定建答哈儿(Kandahâr)、谢岨斯单(Zaboulistan)两地,而还撒马儿罕。

哈烈长官死,忽儿(Ghoûrides)部众叛,杀突厥、蒙古若干人。时米兰沙自波斯北方班师还,驻兵于木儿合卜(Mourghâb)河畔,奉命讨叛,执杀诸魁,而毁其城。加速丁阿里先藏其宝物于客只斯单(Kedjestân),至是奔赴其地,米兰沙执杀之,并及其弟。送胡耳朝诸宗王至撒马儿罕,由是胡耳朝亡(785,即 1383—1384 年),计立国逾百年矣。撒儿别答儿朝诸王、昔思田君主沙忽都不丁(Châh Kotb ed-Dîn)等,亦被擒送至撒马儿罕。③

帖木儿怨祃栅答而异密瓦里,率兵往讨。于 786 年(1384—1385)重

---

① 见舍利甫丁书第一册 308 页以后。
② 见本阿剌卜沙书第一册 101—106 页。参照伯劳温书 185 页。
③ 见舍利甫丁书第一册 315 页以后。本阿剌卜沙书 92—101 页。

渡乌浒河，营于阿思忒刺巴的（Asterâbâd）附近。瓦里拒守一月，不敌，逃刺夷（Rey），复走鲁思腾答儿（Roustemdâr），帖木儿分其国于本族诸王。①

先是脱脱迷失赖帖木儿而复国，至是欲背之，诸亲臣谏不从，命别普刺（Bey Poûlâd）率一军自钦察往躏帖必力思、阿哲儿拜展等地。时帖木儿在阿美尼亚之巴耳打阿（Bardha'a），遽遣军渡库刺（Koura）河迎敌，失利，赖米兰沙以援兵至，始转败为胜。帖木儿释所俘将卒，谕以前待脱脱迷失若子，而反忘恩负义等语，尽遣之归。然钦察主视帖木儿为僭位之人，不仅不感恩，且重备战。②

次年，即 788 年（1386—1387），开始大远征。此役延长二年之久，其结果则略定法儿思、伊刺黑、阿哲儿拜展三地。先攻罗耳（Loûristân）王也速丁（Izz ed-Dîn），已而残破孛鲁只儿（Boroudjird）、忽林马巴的（Khourremâhâd），进取帖必力思。莎勒坛阿合马札刺亦儿大败，奔纳乞哲汪（Nakhitchévan）。帖木儿在帖必力思驻冬，括此城之良匠送撒马儿罕。及秋，渡阿刺思（Araxe）河，取迦儿思（Kars，今译卡尔斯）、梯弗利司（Tiflis，今译弟比利斯），残破谷儿只之地，驻冬于哈刺巴儿（Karabagh）。789 年（1387）初数月，复还小亚细亚，历拔巴牙即的（Bayézd）、额儿哲鲁木（Erzeroûm）、额儿赞章、木失（Mouch）、阿黑刺惕（Akhlat）、完（Van）诸城，降撒勒马思（Selmâs）、乌儿米牙（Ourmiâh）。③

木傻非儿朝君主宰那勒阿比丁拒不入朝，乃重税亦思法杭（Ispahan，今译伊斯法罕）城，民不堪，遂暴动，杀征收官吏大半。帖木儿以军入法儿思讨乱，屠亦思法杭城民七万，聚其髑髅为京观。已而自亦思法杭赴泄刺失（Chîrâz），相传其在此城见诗人哈非思，其谈话颇著名，其实无是事。盖记载此事之倒刺沙④所志谈话之时代，反在哈非思死后，而当时之人并未言及此事，足证其为一种故事而已。据此故事，哈非思曾言，宁以撒马

① 见舍利甫丁书第一册 279 页以后。本阿刺卜沙书第一册 148—155 页。
② 见德景撰《匈奴史》第三册 361—363 页。
③ 见舍利甫丁书第一册 401—405 页。
④ 见 Tèzkere 305—306 页，参照伯劳温书 188—189 页。

儿罕、不花剌两城交换泄剌失城突厥人面上之一痣,帖木儿恚甚,严责其
不应轻视此二城,盖彼曾毁坏不少城市以益此二城也。哈非思答曰:"世
界之主处此困苦时代而使我失败者,即因此相类之惠有以致之。"帖木儿
意乃释然,遂厚赐哈非思。

宰那勒阿比丁逃奔其从兄弟叔失忒儿(Chouchter)长官沙满速儿
(Châh Mansoûr)所。沙满速儿负义而投之狱,其宗族诸王及其他诸地方
君主几尽降附帖木儿。①

～ 第五章　花剌子模之用兵及五年战争 ～

790 年(1388),帖木儿在泄剌失听说脱脱迷失侵入河中,乃立时还向
撒马儿罕。在道中接得不好的消息,闻其子乌马儿洒黑(Omar Cheïkh)
在陈格来(Djenglek)之地为脱脱迷失所败,逃往突厥斯单,其将速来蛮沙
(Soleïmân Charibn Dâvoud)、阿拔思巴鲁剌思(Abbâs Berlas)亦败,只能
退守撒马儿罕。帖木儿兼程进,然脱脱迷失不敢与战,引兵退走,帖木儿
调查陈格来一战之功罪,赏罚诸将有差。他既略定波斯之地,遂派遣长官
治理,至是乃正式采用莎勒坛的尊号。他在异密忽辛死后,业已自号为莎
勒坛,可是为尊敬契丹(Khitay)汗锁咬哈的迷失(Souyoughatmich)之子,
曾以莎勒坛之号奉之,自己并未正式采用。新近锁咬哈的迷失汗子死了,
于是他无所顾忌,便正式自号为莎勒坛。

次年(791,即 1388—1389 年),帖木儿遣使赴中国,并在撒马儿罕接
见中国使臣,会徒思(Toûs)长官叛,命其子米兰沙会同哈烈长官讨平之。
脱脱迷失复又侵入河中,被却而去。帖木儿想一劳永逸,自率兵侵入钦察
之地,脱脱迷失仍不与战,退走。帖木儿兵追逐到北方太阳四十日不没之
地,军中诸律士于是会议,决定免除晚间祈祷。士卒追逐既久,未免有怨

---

① 见舍利甫丁书第一册 430—439 页。本阿剌卜沙书第一册 221—237 页所志此役,
历言帖木儿及其军队之残猛。

言,帖木儿乃命其子乌马儿洒黑率二万骑往侦敌兵所在。

乌马儿洒黑追及敌兵,帖木儿以全军畀之使战,脱脱迷失大败,弃国而走谷儿只。帖木儿庆祝胜利,宴乐二十六日,然后还撒马儿罕(793,即1390—1391 年)。[①]

帖木儿命其子米兰沙为呼罗珊长官,命其孙皮儿摩诃末(Pir Mohammed)为哥疾宁、可不里(Kâboul)长官,已而得重病,病愈,于 795 年 9 月 20 日(1392 年 7 月 31 日)开始为世人所谓之五年战争(Yoûrich-é Pendjsâlé)。波斯叛者数起,遣军讨平之。[②]

里海诸州尚有异派教徒,帖木儿以兵灭之。阿模里(Amol)、阿思忒剌巴的两城之残存的亦思马因派(Ismaéliens,今译伊斯玛力派)尽死,古儿干、祃椤答而两地之赛夷(Seyyed,今译赛义德)派亦被歼灭。"俾邪说不流传于其地",若据伯劳温之说,[③]此语盖为忽鲁非(Houroufîs)派而发。此派信仰甚奇,以为字母赋有一种秘密神力,其提倡人法则罗剌(Fazlollâh)是阿思忒剌巴的城人,曾为帖木儿所捕杀。忽鲁非派虽存在至今,然在波斯不甚流行,惟其说在土耳其(Turquie)、小亚细亚、阿勒班尼亚(Albanie,今译阿尔巴尼亚)等地势力很大,现为别塔失派的教士(Derviches bektashis)所袭用。[④]

795 年 4 月(1393 年 2 月),帖木儿进兵法儿思,历经孛鲁只儿、的思福勒(Dizfoul)、叔失忒儿、泄剌失等地,攻拔哈烈牙撒非的(Kal' éyé-Sefîd)堡,出其旧敌宰那勒阿比丁于狱。先是宰那勒阿比丁为沙满速儿所袭执,两眼并为所矐,至是帖木儿释之出,许为复仇。未久沙满速儿殁于阵,木傒非儿朝诸王尽降,然帖木儿因怒屠杀之几尽(795 年 7 月 21 日,即 1393 年 5 月 22 日)。[⑤] 木傒非儿朝遂亡,括法儿思、伊剌黑两地良

---

① 见舍利甫丁书第一册 447—491 页。
② 见舍利甫丁书第一册 561—570 页。
③ 见伯劳温书 190—192 页,关于里海诸役者,可参照舍利甫丁书第一册 570—577 页。
④ 可参考 Clément Huart 所刊布之忽鲁非文,及伯劳温书 365—375 页、479—452 页。
⑤ 钧按此处回历、西历必有一误。

匠送撒马儿罕。①

嗣后帖木儿就注意到美索波塔米亚了,时莎勒坛阿合马札剌亦儿君临此地,托词不能亲入朝,命传道师奴儿丁奥都剌合蛮(Noûr ed-Dîn Abd Er-Rahmân d'Isferaïn)代往,帖木儿优礼使者,然未久进兵报达。阿合马札剌亦儿自报达出亡,帖木儿兵追蹑其后,卤获甚众,俘其妻妾数人,然阿合马札剌亦儿得脱走。帖木儿留居报达不久,命遣送其敌之子阿老倒剌(Ala'od Dooulè)及其后宫,并城中良匠,暨著名乐师奥都哈的儿(Abdolkadir),赴撒马儿罕。② 阿合马札剌亦儿逃到西利亚,被敌兵追及于克儿别剌(Kerbéla)之地,然以计得脱走埃及,埃及莎勒坛灭里咱喜儿巴儿忽(Al-Malik Adh-Dhâhir Barkouk)厚礼之。帖木儿遣使者赴埃及修好,并索阿合马札剌亦儿,据本失合纳之说,巴儿忽曾命西利亚剌合巴(Rahba)堡守将执使者杀之。于是帖木儿进兵西利亚,攻拔额歹思城,纵兵大掠,俘其民为奴婢。巴儿忽率兵守阿勒坡,并以兵付阿合马札剌亦儿,使之往复报达。巴儿忽留四十日,置一新长官于阿勒坡,自还埃及。阿合马札剌亦儿复取报达以后,颇知感恩,曾命在新铸货币上著录埃及莎勒坛之名。

帖木儿继续进兵,历墨儿忽(Kerkouk)、阿儿比勒(Aarbîl)、毛夕里等城,进攻忒克里惕(Tekrit)。力战始下,杀其守将异密忽辛(Hoseïn)及诸将校,聚髑髅为京观。阿迷的、马儿丁两城亦下,堕平阿迷的之城堡,释马儿丁守兵不杀,因为帖木儿在孙丹尼牙(Sultanié)得其孙兀鲁伯(Olough Bey)诞生之讯,故止杀。可是帖木儿的长子乌马儿洒黑在是役后中流矢死,乃命乌马儿洒黑子皮儿摩诃末代为波斯长官,并为大位之继承人。帖木儿复循西瓦思、木失、比忒里思(Bitlis)、阿黑剌惕、爱丁(Aïdin)等地,而至孙丹尼牙,其宗族来会,遣使者赴中国。796 年 9 月(1394 年 7 月杪),进至阿剌思河,取奥尼克(Avnik)堡,俘其守将密昔儿(Misr),并马儿丁守将莎勒坛爱薛(Sultan Isâ)送撒马儿罕。爱薛者,突厥蛮哈剌余速甫之子

① 见舍利甫丁书第一册 586—625 页。
② 报达之役,见舍利甫丁书第一册 629—639 页。

也。已而侵入谷儿只,取梯弗利司,旋驻冬于美索波塔米亚。①

797 年 4 月(1395 年 2 月),脱脱迷失重以兵来攻。输打耳班(Derbend),沿里海掠失儿湾(Chrîvân)之地。② 帖木儿遽引兵入钦察,肆抄掠进至莫斯科,据其城年余。③

帖木儿用兵于外时,波斯数处乱起,那哈完的(Nehâvand)叛首巴鲁勒(Bahloûl)被执火焚死。阿哲儿拜展哈剌余速甫之叛,昔儿章(Sîrdjân)火袄教徒忽歹儿思(Goûderz)之乱,耶思德木偒非儿朝遗臣之起兵,皆经讨平。

次年(798,即 1395—1396 年),帖木儿命米兰沙留镇阿哲儿拜展,遣军分讨波斯沿海诸地叛人,自还撒马儿罕。此后居留此城甚久,大兴土木,用各地之艺者匠人,修治撒马儿罕之城市宫阙。799 年 9 月(1397 年 5 月),任命沙哈鲁为呼罗珊、昔思田、祃梭答而诸地长官,大宴以赆其行。沙哈鲁定哈烈为治所,率军渡乌浒河,营于格只斯单(Ghedjestân),略定附近诸地。其子拜宋豁儿(Baysonkor)即诞生于是时,帖木儿闻讯甚喜。④

至是帖木儿与斡秃蛮莎勒坛巴牙即的一世(Bayézîe Ⅰ)之争始启。先是巴儿思自阿勒坡还埃及,巴牙即的遣使至,请黑衣大食哈里发册封之为小亚细亚或鲁木(Roum,今译鲁姆苏丹国)故地之莎勒坛,并约与埃及同盟,共图帖木儿。其后未久(798,即 1395—1396 年),西瓦思王不儿罕丁死,巴牙即的乘势取哈剌蛮(Caramanie)之地,由是与帖木儿战端遂开。⑤

---

① 见舍利甫丁书第一册 640—734 页。本阿剌卜沙书第一册 255 页以后,言及美索波塔米亚同小亚细亚之役时,曾痛诋帖木儿之背信。
② 见伯劳温书 192—193 页。
③ 见舍利甫丁书第一册 737—763 页。本阿剌卜沙书第一册 349—425 页志有帖木儿与脱脱迷失对敌事。
④ 见舍利甫丁书第一册 783—807 页。
⑤ 参照本阿剌卜沙书第一册 441 页以后。

ᨀᨑ 第六章　印度及西亚之用兵 ᨀᨑ

舍利甫丁谀颂帖木儿的武功威力恩德以后,便说这个君主是一个热心的回教徒,说他因为传布宗教而经略印度。据说印度的那些回教君主,对于他们的臣民过于姑息,帖木儿想强迫他们归向回教。①

军队在 800 年 7 月(1398 年三四月)出发,首先攻击印度边境的异教徒若迦非里斯单(Kâfiristân)的黑衣部(Siyâhpouch)同速来蛮忽(Suleimânkoûh)的阿富汗部。800 年 9 月 12 日(1398 年 5 月 29 日),帖木儿逾印度河(Iudus)。自是以后,遂大肆残杀。他在巴忒尼儿(Batnîr)屠俘虏万人,801 年 4 月 2 日(1398 年 12 月 12 日),又在底里附近屠杀十万人。屠杀后五日,大败底里君主马合木三世(Mahmoûd Ⅲ)之兵,此朝遂一蹶而不复振。马合木三世的阿富汗兵,同刺者普惕(Radjepoutes)兵,皆在帕尼帕惕(Panipat,今译帕尼帕特)地方破灭,底里城陷落。城内的建筑物,尤其是壮丽的大礼拜堂,虽使帖木儿羡赏,可是仍不免于完全毁灭。本地的君主遂在一个长期间中迁都于别的城市,就中若阿格剌(Agra)城,曾为八八儿(Bâber)同胡马云(Houmâyoûn)二王的都会。晚至 962 年(1554—1555),底里才又复成国都。

马合木四世的败兵退过恒河(Gange)对岸。帖木儿遂将所取马合木三世的国土,分给诸将。可是他不再进取就退兵了,因为听说波斯乱起,所以赶急离开印度。此役计费时五月又十七日。②

801 年 8 月 20 日(1399 年 4 月 27 日),帖木儿还至撒马儿罕。听说埃及莎勒坛灭里咱喜儿巴儿忽及其子灭里纳昔儿法剌只(Al-Malik An-Nâsir Faradj),同西亚利亚叛变的长官发生争斗,莎勒坛阿合马札剌亦儿得

---

① 见舍利甫丁书第二册 14—17 页。此役之详情见 41—180 页,并参照本阿剌卜沙书第一册 459—471 页。
② 见伯劳温书 194—195 页。

埃及同哈剌余速甫之助，复入报达，并乘米兰沙之疏失，引兵侵入阿哲儿拜展。巴牙即的一世也乘势夺取西瓦思、马剌梯牙（Malatia）两地。所以帖木儿于撒马儿罕的大礼拜堂（Djâmi）建基以后，就率兵出发，开始他的"七年战争"（Yoûrich-éheftsâlé）。此役始于 802 年 1 月 8 日（1399 年 9 月10 日），终于 807 年 1 月（1404 年 7 月）。①

帖木儿首先应米兰沙之乞援，以兵入阿哲儿拜展。时米兰沙因曾坠马，神智昏乱，仅事游乐，滥用无度，擅自杀人毁物，发掘著名史家丞相剌失德丁（Rachîd ed-Dîn）的坟墓，将他的遗骸迁葬于犹太人（Juif）的坟园。他对于阿合马札剌亦儿的侵入，毫无防备。

帖木儿既至，情形遂变。阿合马札剌亦儿急退报达，杀了几个他所认为党于帖木儿的人。暴动旋起，将他驱出城外，他遂奔投哈剌余速甫。已而哈剌余速甫亦自危，又同阿合马札剌亦儿奔投巴牙即的一世。帖木儿谴责米兰沙，命米兰沙子阿不别克儿代执父权，诛其近幸数人，其中有一人名摩诃末忽希斯塔尼（Mohammed Koûhistâni），因善对而获免。

当时别国也有大事发生。波兰（Pologne）的同盟人维脱夫惕（Vitoft），明言防卫斯拉夫族，暗想夺取莫斯科，曾在 1399 年组织一种反对鞑靼的十字军，然为蒙古兵所击走。当时的莫斯科大王守中立，遂获有此役之利。②

时灭里纳昔儿法剌只已平西利亚之乱。叛首大马司长官帖撤（Tenem）拒不降，兵败被擒，同其党也的迷失（Itmich）伏诛。其他叛首或被杀，或逃亡，只有异密塔格里比儿的（Taghriberdi）因为是莎勒坛的亲属，得免死，谪之远方，重命他人为西利亚之新长官。

西利亚之变虽平，有一更较重大之危难继起。帖木儿有个亲属名阿梯迷失（Atilmich），曾被埃及俘获，于是他要求埃及莎勒坛释还，并复其位。灭里纳昔儿法剌只的左右犹豫久之，终决定一战，拒绝释还阿的迷

① 见舍利甫丁书第一册 181—212 页。
② 见伯罗洒书 199 页附注。

失。而大马司的新长官速敦(Soudoun)且杀帖木儿使者。

帖木儿恢复阿哲儿拜展以后,进兵薛儿客迷(Circassie),讨伐可萨人(Khazars)同谷儿只人之乱,于严冬中侵入哈剌巴黑,残破谷儿只之地,毁其教堂道院,屠杀一部分居民。① 803 年 1 月(1400 年 8 月),帖木儿还军小亚细亚,力攻西瓦思城,拔之。守兵中之奉回教者得免死,惟守兵之奉基督教四千人皆被活埋。其后未久,马剌梯牙亦陷。帖木儿自是进兵西利亚。②

首先围攻阿勒坡,守将力守。然诸将首先失和,继以居民相轧,其长官帖木儿塔失(Timourtach)遂率亲信退守内堡。时阿勒坡之财宝并藏内堡中,已而外城破,内堡被迫亦为无条件之降服。帖木儿召集城中诸律士,以从前哈烈城诸律士不能答复的问题询之曰:"战殁之人而得殉教人之号者,系我兵抑系敌众?"

诸律士多默不作声。其中有一人属于沙非派(Châféites)名舍利甫丁牟栖(Cheref ed-Dîn Moûsâ)者,答复撒马儿罕的奥都札八儿(Abd El-Djebbâr)博士说:"殉教人就是为赞扬遵奉圣语而斗争的人,不问他是附和抑反对帖木儿的。"帖木儿颇善此对,曾说他并不欲战,而负战争责任的皆是他那些敌人。可是他听见舍利甫丁说到十叶教(Chiisme),断言阿里(Alî)、木阿维牙(Mou'âwiya)、牙即的(Yazîd)三人是正统哈里发之时,便愤怒异常,遂背前约,将内堡的居民全屠杀了,将城市毁了。他大宴士卒以后,重又开神学辩论会议,强迫舍利甫丁宣言阿里是一个僭位的人。会议以后,帖木儿复又变成表示好意的人,对于诸律士同他们的亲友,允许赡养,并保障他们的自由同安宁。可是这也是一种口惠。后来取大马司城后,他强迫这些人徙居美索波塔米亚阿里子忽辛(Hoseïn)坟墓所在之地,其数共有二千。蒙古兵掠阿勒坡城亘三日,毁建筑物甚众。③

---

① 见舍利甫丁书第二册 222—250 页。
② 见舍利甫丁书第二册 252—279 页,本阿剌卜沙书第一册 563—577 页。
③ 见舍利甫丁书第二册 286—306 页,本阿剌卜沙第一册 577 页以后,此书自 617 页始系采录本失合纳书之文。

帖木儿兵历取哈马(Hama)、洪木思(Homs,今译霍姆斯)、巴勒别
(Baalbek,今译巴勒别克)等城,进向大马司。时异密塔格里比儿的复得
幸,埃及莎勒坛命他为大马司长官。他于是献计,增加大马司城的堡垒,
莎勒坛率一军屯伽匝(Gaza)以为声援,则敌兵将处必败之地。埃及莎勒
坛的左右不从其言,进兵大马司。帖木儿营距此城不远,遣使议和,埃及
不从。帖木儿退兵,灭里纳昔儿法剌只进击,被却还。会闻埃及国内有阴
谋图己之讯,遽引兵退,他的败卒或逃入大马司,或欲还埃及而被屠杀。

帖木儿之取大马司,并未用何种兵力。[①] 大马司的长官虽严禁居民乞
降,居民仍缒使者下城,商议投降条件。时帖木儿伪若表示善意,同一种
信仰宗教的热忱,手持念珠(tasbîh),责城民之犹豫,并责其不应轻视预言
人一个妻子乌木哈必拔(Oumm Habîba)的坟墓,他说将为之建筑一个庄
严的墓堂。要求城民献战赋一百万底纳儿(dinar),并命开具城中殷富绅
商民册。帖木儿取了外城以后,不久就得了内堡,借口一种误会,命居民
献纳前此所要求之金额十倍,于是尽夺财货,俘居民为奴婢,选巧匠良工
送撒马儿罕。[②] 已而强迫诸律士宣言帖木儿举动合法,并未杀戮回教徒
者,回教徒实自有过。是语盖隐喻长官速敦杀帖木儿使者之事。

西利亚之役既终,帖木儿进取报达。他进取报达的计划早已决定,从
前莎勒坛阿合马札剌亦儿得哈剌余速甫之助复有其国之日,一直到城民
不堪受阿合马札剌亦儿的虐待将他驱逐之时,帖木儿早有这种决心。可
是他"既在侵略印度,嗣又与斡秃蛮莎勒坛巴牙即的发生葛藤,所以就展
期了。可是期愈暂,而他的报复愈可怕"。[③]

阿合马札剌亦儿同哈剌余速甫时在毛夕里,托庇于巴牙即的保护之
下。报达长官、异密法剌只(Faradj)筹备缮守甚力,所以帖木儿亲自率军
围攻,仅将南面封锁,蒙古兵造船桥渡达曷水(Tigre),屯于两岸。803 年

---

① 　见舍利甫丁书第二册 306—330 页,本阿剌卜沙书第二册 134—155 页。
② 　见 Lammens 撰《西利亚》第二册 21—22 页。
③ 　见 Cl. Huart 撰《近代报达史》17 页。

11 月 27 日(1401 年 7 月 10 日),乘天时酷热,守陴兵离开守地之时,攻城拔之。异密法刺只携其家属单舸逃走,闻尽死,不知如何死法。①

帖木儿入报达,因攻城时将校数人有战没者,乃下令屠城,其军二万人,命每人各献一居民首。本阿刺卜沙书是时常张扬事实的,故在此役则谓应献二首。② 黑衣大食时代之一切建筑物及学校礼拜堂皆毁。此次破坏之痕迹,亘数百年尚还存在。帖木儿以报达弼斯罗并沙惕阿刺壁(Chatt al-Arab,今译沙特阿拉伯)诸岛为一州,命其孙阿不别克儿镇守。时哈刺余速甫来攻,为阿不别克儿所却。

帖木儿在此役后赴帖必力思,遣沙哈鲁赴额儿赞章。已而撒马儿罕新军至,遂率以进取谷儿只。是冬驻哈刺巴黑。及春复进兵,取塔儿秃木(Tertoûm)、克马黑(Kenâkh)、哈鲁(Hâroûk)诸堡,旋转向凯撒里牙(Kâisâriyé)、安西儿(Ancyre),攻击他最可怕的敌人。③

第七章　帖木儿及巴牙即的一世

这两个亚洲君主势难两立。④ 巴牙即的听信哈刺余速甫之言,对于曾与帖木儿联盟的那些小亚细亚君主施以压迫。他夺取西瓦思国以后,遂使冲突难免。此次冲突斡秃蛮人受大创,也是巴牙即的太无远见所致。他因为从前的那些胜利颇自负,作战前三日,他还在打猎,归时,士卒渴死或曝死者有五千人。及抵旧营地,则其地已被敌兵所据,敌兵并且断了他的汲道。

安西儿就是安哥刺(Angora,今译安哥拉)。所谓安西儿或安哥刺的一战,实在在此城东北赤不哈巴的(Tchiboukâbâd)地方。根据当时人的

---

① 见 Cl. Huart 撰《近代报达史》17—18 页。
② 见伯劳温书 197 页,舍利甫丁书第二册 354—369 页,本阿刺卜沙书第二册 171—179 页。
③ 见舍利甫丁书 369—422 页,参照本阿刺卜沙书第二册 181—183 页。
④ 见格鲁赛《亚洲史》第三册 121 页。

计算,双方战士合计约有一百万人。斡秃蛮军的右翼是小亚细亚的军队,战时离贰了;左翼是塞儿必(Serbes)部的军队,殊死战,曾引起帖木儿的赞叹同怜悯。蒙古军也括包有小亚细亚的军队不少,并分配印度战象三十二头于阵前。

此战甚烈,战时颇久,从804年11月19日(1402年6月20日)早晨战起,夜半始止。斡秃蛮军战虽勇,可是天时酷热,缺水饮,又因爱丁地方的士卒看见他们的故主在蒙古军中,便同其他不服巴牙即的的小亚细亚部众投降蒙古军,所以败了。巴牙即的仅存部卒万人,已而余卒尽没,他想逃走,忽马蹶,并其一子牙黑失别(Yakhchi Bey)被擒。其他三子摩诃末(Mohammed)、速来蛮(Suleïman)、爱薛(Isâ)得脱走,第五子木思塔发(Moustafà)不知所终。

擒巴牙即的见帖木儿时,帖木儿颇礼待之,许他不受凌辱,命其将哈散巴鲁剌思(Hasan Berlas)率卫卒一队保护他。史家传说有不少关于巴牙即的与帖木儿的遗事,真假固难辨,可是有些不类真相。有一说谓巴牙即的行时,帖木儿将他盛在一个铁笼里面,此事必无。因为当时并无一人目击此事,就是时常诋毁帖木儿的本阿剌卜沙也未言及。这件故事,曾经斡秃蛮史家撒都丁(Saded-Dîn)辨正其误,在事后许久才见发生。考究他发生的原因,或者因为"笼"字在诗词中代表被囚的意思,或因巴牙即的曾在一个有铁格子的舆中旅行,所以有这种误会。还有一说,说是帖木儿曾用他作足台,也是一件假故事。我们只知道巴牙即的有一次想脱逃,因而监视比前加严了。布西戈曾说他殁于大苦痛中,苦痛恐指忧郁,不能因此便说他被囚时曾受虐待。他后来于805年8月14日(1403年3月9日)死在阿黑失喜儿(Ak Chéhir)。有些史家说他死于一种咽喉炎,或中风。帖木儿颇惜其死,曾对左右说,复立小亚细亚那些失位的君主以后,拟将他释放。斡秃蛮莎勒坛子牟栖(Moûsâ)曾得帖木儿的许可,将巴牙即的的遗骸归葬。帖木儿对于牟栖曾表示爱重之意。

帖木儿在此时间中,取了卜鲁思,毁其城,辱其妇女,蒙古兵曾将礼拜堂同学校变为马厩。嗣后就轮到思米儿奈(Smyrne,今译士麦那)城,805

年 5 月 6 日(1402 年 12 月 1 日)开始围攻,谕令守城的基督教骑士改从回教,守者不从,力穷逃避来援之海舶中。基督教民未能逃者尽被屠。额菲思(Ephèse)城的居民亦受同一之祸。

巴牙即的死后之四日,帖木儿所钟爱而命嗣位的孙子摩诃末莎勒坛(Mohammed Sultân)死。帖木儿听说孙儿病重,赶回看他,想用病床将他运往哈剌喜撒儿(Kara Hisâr),在道仅一日死。寄其枢于孙丹尼牙,等待将来运回撒马儿罕,举行盛大丧礼,帖木儿命臣民持服。①

帖木儿在小亚细亚时,埃及莎勒坛慑于他的武功,遣使来觐,承认为藩国,在金曜日之祈祷(khotba)中列帖木儿名,请修好,帖木儿许之。双方互易馈赠之物,埃及赠物中有一个很稀罕的动物,就是额梯斡皮亚(Ethiopie,今译埃塞俄比亚)地方的麒麟(girafe),帖木儿赠物中有象一头。东罗马帝约翰七世(Jean Ⅶ)也遣使往朝,于是帖木儿同欧洲发生交际。迦思迪刺国王曾遣使臣至撒马儿罕,从前一些被废的君主,如爱丁、撒鲁罕(Saroukhan)、迦思塔木尼(Kastamouni)等地的君主,皆奉命仍主其国。②

次年(806,即 1403—1404 年),帖木儿驻冬于哈剌巴黑,复遣军往征谷儿只。自是以后,谷儿只遂称臣入贡。帖木儿的挚友异密巴儿哈的(Barkhad)是在此时死的,帖木儿曾为之大治丧事。

帖木儿复渡阿剌思河,还撒马儿罕。未至前,命乌马儿洒黑子亦思干答儿(Iskender)镇守那哈完的、哈马丹及其附近诸地;米兰沙子米儿咱乌马儿(Mîrzâ Omar)镇守阿哲儿拜展及其所属诸地,不仅兼辖法儿思同两个阿剌黑,并且使他的父兄受他的节制。因为帖木儿经过可疾云时,他们皆来朝见,所以有此任命。可是又命异密只罕沙本札忽巴鲁剌思

---

① 见 De Hammec《斡秃蛮帝国史》第七及第八卷,参照伯劳温书 198—199 页。
② 小亚细亚之役详细情形,见舍利甫丁书第二册 422—504 页,参照本阿剌卜沙书第二册 183—369 页。

(Djihânchânibn Djakou Rerlas)为他孙儿米儿咱乌马儿的参谋。①

第八章　还撒马儿罕—婚事—接见使臣—率兵往侵中国—帖木儿之死

807年(1404)，帖木儿回到撒马儿罕，计画别的侵略。他用兵以前，曾接见埃及、土耳其(Turquie)、美索波塔米亚、迦思迪剌等国君主的使臣，并为他的几个孙儿举行婚礼。因是举行盛会，迦思迪剌国王亨利三世(Henri Ⅲ)的使臣克剌维卓曾将此次盛会记述下来。他这部记述是研究帖木儿时代的一件很可宝贵的材料，兹节录于下。②

克剌维卓同帖木儿的使者摩诃末哈的(Mohammed el-Kâdî)携带两个迦使迪剌人，一个是果迈思(Gomez de Salazar)，一个是教士阿隆佐帕爱思(Alonzo Paez de Santa Maria)。从薛维剌(Séville，今译塞维利亚)启程，经过孔士坦丁堡、特列必宗德(Trébizonde)、忽夷(Khoy，今译霍伊)、帖必力思、帖赫兰(Téhréan)、麦失黑(Mehhed)、剌夷等地，而于1404年8月31日抵撒马儿罕。他们在先曾经参与过安西儿的战事。807年3月2日(1404年9月8日)，觐见帖木儿。帖木儿接待很殷勤，曾问他的"儿子"、诸富浪王中的大王迦思迪剌国王安好，并祝他多福，且说富浪人是一个大民族。

克剌维卓曾参加帖木儿诸孙儿的婚礼，曾列席汗忽勒(Khan Gul)的大会，诸团体、诸教长、诸法官以及宗王妃主大臣等悉皆莅会。大会之第三日，帖木儿宣读几件新布的诏敕法令，并正式宣言已向中国宣战。③已而设大宴，妇女可以自由参加，馔食之丰，前所未见。与宴之人皆放饮，酒醉之风在民间颇流行。克剌维卓颇叹赏撒马儿罕之华美，同宫殿之壮丽。

---

① 谷儿只一役同七年战争之归途，详见舍利甫丁书第二册512—567页，并参照本阿剌卜沙书第二册371—399页。
② 参照伯劳温书199—201页。
③ 见舍利甫丁书606—628页。

他说帖木儿是个很主张正义的君主,同时很严厉,时常执行死刑。法官毫无怜悯,尤以对于无行的商贾为甚。

已而帖木儿得疾,中止朝贺。自 807 年 5 月 29 日(1404 年 12 月 3 日)起,使臣等只能见得着他的书记。后来克剌维卓同土耳其、"巴比伦" (Babylone)的使臣同西还,在道曾为阿美尼亚人所留难,他说阿美尼亚人是些贪吝可憎的人。后在 1406 年 3 月 1 日始抵西班牙,计奉使有三年,而其归国时在撒马儿罕的君主亡故一年之后。

统治全亚细亚,就是帖木儿的梦想;他最急的,是脱离中国的属藩,并想使中国归向回教。撒马儿罕城所招集的诸蒙古首领大会(kouriltay), 曾热烈地主张战争,命只罕沙(Djihânchâh)子、异密奔都黑(Boundouk) 调发军队,聚集步兵二十万,骑兵之数过之,以米兰沙子哈比勒(Khabîl) 同乌马儿洒黑子阿合马(Ahmed)为统帅。异密苦思丁亦巴思(Chems ed-Dîn Ibas)同虎歹达忽辛昵(Khodâydâd Hoseïni)驻冬于乌浒河上之达失干(Tachkent)、沙鹿海牙(Châhroukhiyé)两城,莎勒坛忽辛(Sultân Hoseïn)率一军渡河,异密阿儿浑沙(Arghoun châh)留守撒马儿罕。

帖木儿在 807 年 5 月 23 日(1404 年 11 月 27 日)开始进兵。此年冬季甚寒,军队须涉冰渡乌浒河。军次兀答剌儿(Otrar),钦察汗脱脱迷失遣使请成,帖木儿许之。一日帖木儿所居屋上起火,时人以为不祥之兆。807 年 8 月 10 日,帖木儿复得疾,发热甚重,遂大渐。乃召集诸臣嘱以后事,命孙皮儿摩诃末只罕杰儿(Pir Mohammed Djihânguir)继承大位。遗嘱毕,召圣者希别脱剌(Hibelollah)共处,8 月 18 日(1405 年 2 月 18 日) 死时,只有此人在侧。享年七十一岁,计在位三十六年。用乌木作棺,运至撒马儿罕,遣使赴告诸宗王。①

① 见舍利甫丁书第二册 628—671 页。本阿剌卜沙书第二册 461—513 页,参照 L Zimine 所撰《帖木儿死亡之细情》,见突厥斯单考古学会记录报告第十八册 37— 55 页。

～ 第九章　帖木儿之政制及军队 ～

　　蒙古人虽然归依回教,可是仍旧保存他们曾经编订过数次的法令。这些法令的大纲,成吉思汗即位之日,业已在他的法令(Yasa,Yasak)中宣布了,内容很复杂,同时包含有宪法、民法、刑法、军事法规,同警察规程、行政规程。按照这些法令,仅有一神教徒始有信教启由;为君主者必须是成吉思汗的后裔,并须经帝族承认;敌人未败以前,不许讲和。以十人队、百人队、千人队为组织军队的本位,规定何人能执军器;如何行猎,及食何种食物;惩罚犯罪有肉刑,然可买赎;禁止以蒙古人为奴婢;规定婚姻,允许多妻,然犯奸罪者死;禁止迷信;对于授有答剌罕(tarkhan)之号者,付与特权,位之于法律之上。[①] 帖木儿既以保护回教者自命,所以将从前成吉思汗系不大遵守的回教法律(Chari'a)一并推行。[②]

　　帖木儿分社会阶级为十二级。他既然表示信教的热忱,所以将赛夷族(Seyyed,即预言人之后裔)同传道师(cheikh)、律士(ulémas)等列在第一级。次为有经验的人、贤明的人、信心苦行昭著的人。再次为军将、大臣同君主的朋友。又次为学者、医师、文士、史家、神学家、宗教职员、保存兵器的技术家。又次为旅行诸国的人,帖木儿想通悉世界事情,所以对于旅行的人表示优待。

　　当时蒙古部落共有四十,以十二部落构成精锐,命有军阶的将校统率,其余那些部落,仅以寻常爱马(aymak)的首领为之长。

　　中央政府设一大臣会议(divân beg),以相(vizir)七人组成之,其中一人理诸州事及民事(政事、商务、财政、公安),一人理军事,一人理旅行人同无主产业事,一人理帝室事,余三人掌边境同内地事,会议至少须有四人列席。

---

① 　见 Langles 译《帖木儿律令》396—399 页。
② 　见格鲁赛《亚洲史》第三册 115 页。

外州行政未曾划一。大州曰路（vilâyèt），小州曰万户府（touman），各有长官三人，一人掌民事，一人掌军事，一人掌无主产业。得设军事及民事辅佐人员同知州事，其职守所在，应用一切方法奖励商工农业，保障安宁。探访事务极为发展，各地皆设探访员，有邮递员三千人递送书信。每城中至少有礼拜堂一所，学校一所，修道院一所，养济院一所，病院一所，馆舍一所，法庭一所。城乡设置警察，其名曰火儿赤（kourtchi）。帖木儿想安抚侵略地的人民，仍留土官治理，并为保存其原来的征收赋税制度。赋税在原则上，应缴纳收获物三分之一或四分之一，收税员额有限制，渎职者重惩之，恤金则由诸州付给。

帖木儿曾命人做了些大工程。他所最注意的，是交通方法同宗教场所，曾命人建筑新桥，修理旧桥，在通道上建筑队商馆舍。诸馆舍相距皆不甚远，看守馆舍之人薪给皆由国家支付。此外又建设有礼拜堂、学校、修道院甚多。

曾用严厉方法禁止行乞。每新得一地，则聚集其地之乞丐，每日施食，命带特别标志，设其仍旧乞讨，则或将其谪之远方，或没入为奴婢。

犯罪者若违教律，则付法官及大断事官惩治；若违民律，而须适用法令者，则付有司。刑有死刑，视缢杀为优，断首为耻；有罚金，其额可以极高；有肉刑，专施之于暴行之人；相抵法（talion）亦常适用。至若对于官吏及国家大员，则有黜职、降官，或削其勋号。帖木儿对于无行的商人惩罚很严，然对于贪渎的官吏则很宽。

教会组织并无何种特别之点。有一教长（Cheikh ul-Islâm）总理教务，其下有教律解释员（muftis）、礼拜堂管理员（imams）、宣教师（vâ'ez）、读经员（moukri）、诵经员（hâfiz）、教员（moderres）、小学教师（mektebdâr）、大断事官（单数作 sadr，多数作 soudoûr）、寻常法官（cadis）、宗教财产管理员（motevellî）。纯粹教会职员以外，尚有不少在俗在道持宗教生活之人，若赛夷族，若传道师，若苦行人，若律士等是已，国家对之皆有薪给或恤金。当时以 Kâderiyé、Mevleviyé、Yasaviyé 三派之信徒为最众。

基本军队由四十个蒙古部落构成之，各部落按照其人数调发士卒。然帖木儿亦许用外国人为将卒，就是败军的士卒亦被录用，当时曾见有一个巴牙痕人失勒惕别儿格儿在他的军中服务。他对于所招的新兵，并不限国籍，不限地位，不限体格，分军队为精兵同作战的兵。军中阶级有一总军事的统帅，下有元帅同名称异密的各级将校，再下有千户（ming-bachi）、百户（yuz-bachi）、十户（on-bachi）。按时发给军饷或恤金，由诸州支付。蒙古人为骑兵，除骑兵、步兵外，尚有管理战事机械之技术家、前锋兵、轻兵队、流动宪兵队。帖木儿对于武器、要塞以及军装，皆很注意，其人员军需以及转运辎重之牲畜，皆用征发方法调集。

第十章　帖木儿时代之知识生活

13 世纪是一个很扰乱的时代，可是在文学、科学、艺术方面，是一个很灿烂的时代。伯劳温书①对此叙述很详，他以为这种矛盾情形，归根于不少地方君主招揽奖励文人，尤其是诗人所致。这些君主里面，以木僕非儿朝的君主为最。帖木儿本人虽然学识无多，可是他喜接学者文士，曾将所侵略地中之巧匠良工带回撒马儿罕，而使他的都城增加了不少壮丽建筑物。

当时诗人的写作，大致用波斯语，散文家大致用阿剌壁语。诗人中最有名的是哈非思，曾有人将他同 Dante 共比拟。据东方语言学名家 Sir Gore Ouseley 之说，诗人中，此人诱惑力之大，可谓前无古人。他的写作很明了单简，人情透彻，引证赅博。他恋爱的诗（ghazal）之完善，从来无人及之。他的诗集（divan）类多如此。当时各国的君主对他表示优礼，曾有两个君主延聘他赴印度，因为不能旅行，所以未果往。他出生于泄剌失城，大半世居此城中，后在 791 年（1389）殁于此城。他的坟墓已成为巡礼的标的，迄今还在。此外诗人有起儿漫人亦马都丁法乞（Imâd ed-Dîn

---

① 见 207—365 页。

Fakîh），撰有一部诗集（divan），五篇 mesnévis。他之所以得名者，与其说是他的诗篇，不如说是因为他同哈非思对立。讽刺兼滑稽诗人中有窝拜的匜哈尼（Obeid Zâkânî），他的诗固然奇拔，可是常流于粗野。同他一类的，还有阿不亦沙（Abou Ishâk，一作不沙 Boushâk），同尼咱木丁马合木（Nizâm ed-Dîn Mahammed Kari）二人。神秘派的诗人有忽毡（Khodjend）人乞马勒（Kemal），帖卜利司人马黑烈比（Maghrébi），同本牙明（Ibn Yamin）等。至若起儿漫人华朮（Khwadjou）的诗，雅丽多于豪迈。

帖木儿时代最大的阿剌壁语散文家，是撒都丁塔甫塔匜尼（Sa'd ed-Dîn Taftazani）。其人博学多识，对于文法、文学、哲学、神学以及注释，皆有编撰，然尤精于文法。先在也里王及金帐汗所，后帖木儿命他为撒剌哈夕城的教授，最后曾随从帖木儿至撒马儿罕，于 791 年（1389）殁于此城。又据别一说，他的死年还在此后六年。散文家中还有赛夷舍利甫朱儿章尼（Seyyed ch rif Djourjani），他曾用阿剌壁语撰书三十一部，其中有一部就是名曰《定义》（*Ta'rifat*）的神秘辞典。他与塔甫塔匜尼对立，也是帖木儿保护的文人。还有史家本阿剌卜沙，前此已经著录。又有泄剌失人阿速歹丁亦只（Azob ed-Dîn Idji），是一个兼习哲学、神学、伦理学、法学的学者，哈非思颇重其人。当时的最大阿剌壁语辞学家非鲁匜巴的（Firouzabadi），也是曾在泄剌失治学的人，他常旅行，曾自报达赴开罗，自耶路撒冷（Jérusalem）赴印度，曾为耶门（Yémen，今译也门）大断事官。后在 817 年（1414）殁于匜必的（Zabid，今译扎比德），得年八十余岁。

波斯语的散文家很少，除开前此所著录的西利亚人尼咱木丁，同耶思德人舍利甫丁外，仅有下数人：一个是苫思法忽里（Chems-é Fakhri），曾用波斯语撰有一部佳作，题曰 Miyar-é Djemali，此书后经 Salemann 于 1885 年在迦赞（Kazan，今译喀山）刊行；一个是耶思德人木音丁（Mo'iu ed-Dîn Yezdi），是泄剌失城的教授，沙叔札曾听过他的讲，撰有一部木偰非儿朝史；一个是法忽鲁丁阿不剌巴思（Fakhr ed-Dîn Abou'l-Abbes），撰有一部泄剌失史，其中关于圣迹的记载占有一大部分，此书尚未刊行。

帖木儿同他后人的建筑，大致是庞大而坚实的建物，上作穹隆形，以厚墙长柱承之,柱饰的雕镂,令人想到蒙古帐柱用陶瓷铺壁,色调而式美。帖木儿曾在撒马儿罕、帖必力思两城招聚中国陶工不少,所以受中国艺术之影响很大,不仅在建筑物上所用之上泑砖见之,而且植物球根状的圆顶,也是仿效中国作风的。帖木儿在撒马儿罕之营建最可注意的,是帖木儿妹(或姊)出出黑必克(Tchoutchouk Bikè)的墓堂(其人殁于 1375 年),同帖木儿后必哈奴木(Bibi Khanoum)的墓堂(建于 1389—1405 年间)。至若抄赞歹(Châh Zendè)的墓堂,开始修建于 795 年(1392),后至 838 年(1434)方由兀鲁伯落成。①

绘画也受了中国艺术的影响。中国作风于 1365 年开始发现于波斯,此时有一个细致画像派成立,一直存在到 16 世纪中叶。

帖木儿文书省里的书手,颇有不少能手名家。帖必力思人异密摩诃末别都鲁丁(Mohammed Bedr ed-Dîn),能写七种古体字,同 koufique 书,曾为帖木儿在一张宽三肘长七十肘的纸上,书写致埃及莎勒坛书。还有赛夷奥都哈歹儿(Seyyed Abd El-Kader)同哈宰奥都哈歹儿(Jhadjè abd E-kader Gouyendè),并以善书名。②

第十一章　帖木儿时代之经济生活

自从蒙古侵略将全亚细亚的市场为欧洲开辟以后,13 世纪末年的东方商业状况,因之完全变更。在此时代以前,垄断欧洲商业者,仅有失普力、西利亚、埃及三地,到了此时,这种专利就丧失了。可是不无抵抗,埃及为保护他的商业,常同小阿美尼亚战争,小阿美尼亚因之亡国。

自从蒙古人到了近东以后,一种繁荣时代因之开始,这个时代延续至于 14 世纪末年。当时开辟了些新道,商队往来常有定期,中国同印度的出产,可以转运到西方最远之国。特列必宗德城在任何时代皆是一个交

① 见 Saladin 撰《回教艺术》第一册 353—359 页,又 373 页。
② 见 Ci. Huart 撰《回教东方之书家及细致画像家》93—95 页。

易的商场,而小阿美尼亚尤特别获其利。帖必力思至是代报达而兴,中亚同远东的商货,以及波斯湾的输入品,皆集于此。黑海则为意大利人常通贸易的所在,吉那哇人业已取代维尼思的地位,曾在黑海沿岸殖有侨民。

但至 14 世纪末年,就见衰象。地中海沿岸的诸商业国家业已困乏,蒙古的统一既已破裂,亚洲的通道由是杜塞。从克里米亚经过河中而达中国的大道,由是不通。报达、泄剌失两城既被抄掠,也难浮海而至印度。可是帖木儿侵略的结果,曾为印度同波斯东部开辟了些陆上的新商道。

帖木儿本人曾努力奖励他国中的工商业。他的都城撒马儿罕,成为一个国际的大商场,各国的商人同远道的出产皆辐辏于此。有不少巧匠,若陶匠,若兵器匠,若制玻璃匠,若纺织匠,自中国、波斯、西利亚三地,或自来,或被迫而来,工业因之大为发达。工匠结为帮会,有盛会时,得列席;后来于困难时代,在公共生活中,曾执有一种重大任务。欧、亚对于他们的作品皆很重视,可是欧洲人除斡罗思人外,到撒马儿罕者为时较晚,因为克剌维卓同巴儿巴罗(Josafat Barbaro)的行记皆未著录其事。所以帖木儿致法兰西国王沙儿勒六世书,要求法国遣商人来,书中有云:"世界因为商人才能繁荣。"撒马儿罕固然代替了帖必力思,在帖木儿生时固很繁盛,然在帖木儿死后,就日渐衰微。百年以后,复经海德(Heyd)所谓之"最后之两大灾害",遂将旧世界之生存状况重再扰乱。此二灾害,一件是葡萄牙(Portugal)发现一条通印度的新道,一件是斡秃蛮人侵略埃及。①

---

① 见海德撰《东方商业史》第二册 3—253 页。关于最后两大灾害者,见 508—552 页,参考格鲁赛《亚细亚史》第三册 131—145 页。

第二篇　帖木儿系(1405—1502)

∽∽　绪　说　∽∽

　　807 年(1405)帖木儿死时,留下一个不能维持统一的大国。他本人也预料及此,所以在生前便将国土分给他的子孙,仅将大位付给一人。沙哈鲁在其父死后执有大权,曾制服了不少困难,可是尚能为他的帝国保障四十余年的光荣存在。迨至 850 年(1447)沙哈鲁死后,其国衰颓得很快。在表面上固然繁盛如前,撒马儿罕、哈烈、不花刺等处的宫廷,仍为一种极端灿烂文化的中心。那些君主本人既是些诗人、艺术家、博学家,所以招聚有许多文士、学者、艺术家。可是这些君主权力日削,互为弟兄相杀的争斗;他们的国家分崩离析,陆续易主。帖木儿的后人很少有不觊觎君位者,所以多据地自王,有时据地仅有一州,历时不过数月。由是四处乱起,终使帖木儿的帝国受其敌人的攻击而致灭亡。昔班系在河中建立一个月即伯的帝国,革新伊兰民族精神的撒非派(Séfévis),也使波斯脱离了帖木儿系的统治。907 年(1502)沙亦思马因(Châh Isma'il)在叔鲁儿(Chourour)之战胜,便是帖木儿系的最后致命伤。自是以后,帖木儿系只能君临印度,由八八儿(Bâber)在其地建设一个新朝。加之在昔班系同撒非派制胜之前,早有许多大事发生:一方面中国的统一,又一方面斡罗思的统一,并皆实现;美索波塔米亚的札刺亦儿帝国,同突厥蛮的黑羊朝,皆已灭亡;突厥蛮的白羊朝命运已近末日。16 世纪的亚细亚,同 15 世纪的亚细亚,相类的地方很少。

上篇　始帖木儿之死迄沙哈鲁之死(1405—1447)

～⌒～　第一章　史　料　～⌒～

　　关于帖木儿系之初期,要须参考舍利甫丁书同本阿剌卜沙书。迷儿晃的书实不足当世人的扬誉,从前已经说过,可是他的孙儿晃迭迷儿期所撰的《传记之友》,倒是一部很有价值的著作。撒马儿罕人奥都剌匝克(殁于 887,即 1482 年)所撰的《两幸福之会合》,价值亦同。沙哈鲁特别注意历史的研究,曾命许多佚名的撰人编辑了种种史书,一部是题赠木音(Mo'in,即沙哈鲁之别号)的《纪年节要》(*Montakhabot-Tavârikh Moini*),一部是《纪年汇编补编》(*Zeil Djami'ot-Tavârikh*),一部是重要系谱汇编(*Mo'ezzol-Ansâb*)。[①] 别有一部世界史题曰 *Modjmel* 者,撰人是华甫(Khwaf)人法昔喜(Fasihi),撰年是 845 年(1441—1442),此书是未刊本,我们现在未见全文。[②] 伊思非匝儿(Isfizar)人木音丁(Mo'in ed-Dîn)所撰的《天堂之园》(Roouzatol-Djennat),是一部很有价值的哈烈史,Barbier de Meynard 在 1860—1862 年的《亚洲学报》(*Journal Asiatique*)中,曾为长篇的选译。东突厥语(Turki)的撰述中,有一部重要著作,可以参考帖木儿系统治波斯、中亚末期的史事,同此系统治印度初期的史事,此书就是莎勒坛八八儿的《自记》(*Bâber-Nâmè*)。其记事始899 年(1494),迄 937 年(1530),可是也包含有不少前些年的事迹。1826

---

① 　见伯罗洒书 73 页。
② 　见伯劳温书 428—430 页。

年时，Leyden 同 Erskine 曾由一种波斯文译本转为英文，1857 年，Ilminski 始将原本刊布。A. Beveridge 夫人曾模写一本，收入 E. J. W. Gibb Memorial 丛刊之中，1871 年时，Pavet de Courteille 又根据原本转为法文。1912—1921 年间，Beveridge 夫人又在《王家亚洲学会报》(*Journal of the Royal Asiatic Society*)中刊布英文新译本，别有单行本，附有注释、补录同很丰富的索引。这部译本可算得《八八儿自记》前所未有的一部大成绩。还有一部波斯文纪年，名曰 *Tarikh-é Rachidi* 者，是 16 世纪时米儿咱海德儿(Mirza Haider Doughlat)所撰，可以补充并纠正八八儿的撰述，此二撰人是从兄弟，1898 年德尼孙鲁思曾将此书转为英文。

同时的文学著作，对于历史也有很重要的贡献。波斯文中有倒刺沙所撰的 *Teskerèyé-Cho'ara*，这是一部波斯诗人传记，伯劳温曾刊布一部佳本(London & Leyden 1901 年版)。突厥文中有迷儿阿里失儿(Mir Ali Chir)所撰的 *Medjâlisun-Nefâis*，性质同前书。同一撰者并撰有 *Khamsetul-Mutuhayyirin* 同 *Mahbouboul-Kouloub* 二书，前一书是他对于 Djâmi 的回忆录，后一书犹言《爱心篇》，是描写社会种种阶级的诗篇。突厥文叙事诗中有一部《昔班尼记》(*Cheibâni-Nâm*è)是摩诃末撒里(Mahammed Salin) 表彰月即伯朝最有名的君主摩诃末昔班尼(Mohammed Cheibâni)的诗篇，可以根据参考帖木儿系统治末期的史事，范别利曾将此书转为德文(Wien 1885 年版)，Melioransky 同 Samoilovitch 后来又将此本重再刊行(Pétersbourg 1908 年版)。

土耳其国的刊本，有费里敦拜所辑的《国书公牍》。前此业已著录。还有一部 *Sahâif al-Akhbar*，是 17 世纪末年阿合马德歹(Ahmed Dedè)，别号木捏斟巴失(Munedjdjim Bache)，的撰述，原为阿剌壁文，此为译本。[①]

至若欧洲的撰述很多，最重要的是 D'Herbelot、De Guignes、Gibbon、Price、Malcolm、De Hammer、Quatremère、Vâmbéry、Heyd、Browne Blochet、Sykes 诸人的撰述。15 世纪旅行家的行记也很重要，法

---

① 见伯劳温书 384 页。

兰西人 Boucicault，西班牙人 Clavijo、Pero Tafur，意大利人 Ambrogio Contarini、Nicolc Conti、Hieronymo di San Stefano、Caterino Zeno 等，德意志人 Schiltberger，斡罗思人 Nikitine 等皆有行记。关于艺术同考古学的撰述也很多，要须参考 Saladin 同 Migeon 合撰的《回教艺术概要》(Paris 1907 年版)，Cl. Huart 所撰的《回教东方之书家及细致画家》(Paris 1908 年版)，E. R. Martin 所撰的《波斯印度土耳其之细致画家》(London 1912 年版)，A. Czaplicka 所撰的《中亚之突厥》(Oxford 1918 年版)。撒马儿罕条下，裒辑有关于帖木儿系古都建筑物之书目。外此还有我们同 Rouflard & Y. Rioche 所撰的书目试编(见 1905 年刊 Archives Marocaines 杂志第三册《回教艺术》一文)。

第二章　帖木儿死后之亚洲及东欧

中国及其邻近诸国

帖木儿之死，遂妨其脱离中国之属藩，中国仍为蒙古人的上邦。沙哈鲁、哈里勒(Khalil)对于中国朝廷，始终表示一种友好恭敬的态度，彼此互相遣派使臣。中国史籍曾记载有 1408 及 1409 年两次遣使至撒马儿罕。815 年 1 月(1412 年 4 月)，中国又遣使臣至沙哈鲁所，宣示明朝皇帝的诏敕，用的虽是波斯文，可是内容纯本中国意思，此诏现尚保存，曾由伯罗洒译布。中国皇帝在此诏书中自视为帖木儿系的上邦君主，不惜干涉其内政。沙哈鲁的答书现亦保存，一书用阿剌壁文，一书用波斯文，曾经迦特迈儿(Quatremére)在他所撰奥都剌匝克书札记中译出，其大意是求明朝皇帝仿效元太祖的后人之君临波斯、斡罗思两地者信奉回教。[①]

820 年(1417—1418)，明朝皇帝又遣使至，卫送者有三百骑，赍重币，持修好书，请双方为便利商业交易之筹备。822 年(1419—1420)，中国使

---

① 见伯罗洒书 249 页。

臣又至,所赍诏敕仍旧用波斯文、畏吾儿文、汉文三种文字,以王号援沙哈鲁。如此看来,足证明朝确视为帖木儿系之上邦。同年杪,沙哈鲁同帖木儿系诸要人并遣使臣至北京,越三载始归。

中国史书所著录帖木儿系朝贡北京的使臣,为数甚众。泄剌失(《明史》作失剌思)在 1415 年同 1419 年入贡,亦思法杭(《明史》作亦思弗罕)在 1419 年入贡,不花剌(《明史》作卜花儿)在 1422 年入贡,撒马儿罕在 1415、1426、1427、1428、1429、1430、1433、1437、1445、1446、1449、1456、1476、1478、1480、1483、1488、1490、1499 等年入贡。继承帖木儿系的昔班系,亦在 1503、1504、1508、1509、1510、1515、1523、1529 等年入贡,晚至 1581 年,尚有贡使到中国。昔班系亡后,札尼朝(Djanide)的君主伊马木忽里(Imam Kouli)在 1618 年接着入贡于中国。这些入贡事情,在帖木儿系的官修史书中,毫未留有痕迹,只有奥都剌匝克书直言无所隐讳。这些入贡年代,皆是伯罗洒根据中国史书转录的。[①] 据他说,“帖木儿系的君主,虽不能将这些事迹完全隐讳,可是对于驱逐成吉思汗后人的天朝皇帝朝贡事实,自然不应自矜。而对于天子的诏敕,当然不在哈烈或撒马儿罕公布”。沙哈鲁同他的父亲帖木儿一样,自称系出成吉思汗,曾命人编纂一部《纪年节要》,想以此骗人。据此史书说,明朝开业的皇帝,原是一个蒙古异密,或者是一回教徒,从西域的河中赴中国,谋夺大权,将忽必烈(Koubilay)的末一后人杀害,于是就达其目的。[②] 826 年时,沙哈鲁子拜宋豁儿曾命哈非思阿不鲁编纂一部世界史,后附帖木儿同他的八世祖的传记,以为系出秃蔑乃子哈出来。[③]

邻近诸国的状况略有变更。中亚有一个别失八里(Bèch Balik)的畏吾儿国,别失八里犹言五城。越南半岛分为四国,曰暹,曰柬埔寨,曰占城,曰安南。

---

① 参考所撰《剌夫德蒙古史》绪言 242—269 页。
② 出处同前 268—269 页。
③ 出处同前 57 页以后。

月即伯部

这个民族在 15 世纪时,同文明而柔弱的帖木儿系大异,他们皆是些凶猛战士,尚保存他们的突厥蒙古祖先遗俗,虽被回教徒之名而无其实。等到后来与撒马儿罕的君主接触以后,月即伯部也随之开化,而受伊兰的文学、宗教、神秘各方面的影响了。自是以后,突厥民族的粗暴性,仅存于乞儿吉思(Kirghizes,今译吉尔吉斯)同哈萨克(Kazaks)两部族之中。[①]

印　度

自从 801 年(1398—1399)远征以后,印度遂承认帖木儿的君权。但是这种承认,可以说是表面上的承认,仅在金曜日之祈祷中并在货币上著帖木儿名。对于嗣位的沙哈鲁,迄于 825 年(1421)亦复如是。帖木儿系同印度的交际大致是亲睦的,帖木儿系的臣民并在印度作一种很活动的贸易。

帖木儿在世时,君临底里者是塔忽剌朝的君主。此朝兴于 1320 年,亡于 1413 年。在 1414—1451 年间君临其地的,是赛夷(Sayyids)朝,后为洛狄(Lôdi)朝所代,其在 1526 年灭洛狄朝的,就是帖木儿系的咱喜儿丁八八儿(Zahir ed-Dîn Bâber)。此外朋加剌、克失迷儿(Kachmir)、尼八剌(Népal)皆是些独立国。

西利亚、阿剌壁、埃及

这些国家在 15 世纪时,并受埃及的薛儿克速部的莎勒坛统治,质言之,受马木鲁克部孛儿只朝统治。此朝曾同斡秃蛮联盟,一直到 1463 年。是年因为哈剌蛮地方酋长的冲突,双方遂失和。孛儿只朝的君主常与帖木儿的后人冲突,尤以在沙哈鲁时为甚。[②]

---

① 见范别利书第二册 35—38 页。
② 见 CL. Huart《阿剌壁史》第二册 60 页以后,Lammens《西利亚》第二册 23 页以后。

阿哲儿拜展及美索波塔米亚之突厥蛮

札剌亦儿朝的莎勒坛阿合马,在帖木儿死后被释归国,然而不能抵抗阿不别克儿及哈剌余速甫之攻击。世人大致以为他是札剌亦儿朝的末主,其实不然,Huart 曾比较木捏斟巴失、奥都剌匝克同阿剌壁史家马克里疾(Makrizi)三人的记载,考出阿合马后尚有数主,[①]不过是此朝的领土日见减削,最后仅保有叔失忒儿一城而已。阿合马弟沙瓦勒的(Châh Valed)之诸子,在阿合马死后,曾在报达久抗哈剌余速甫之兵。嗣后继位的是王妃腾都莎勒坛(Tendou Sultâne),此人亦名典的莎勒坛(Dendi Sultane),疑是兀外思(Ouveis)之女,君临胡即斯单(Khouzistan)之地,后死于 818 年(1415—1416),曾经称藩于沙哈鲁。继承她的王位的,是沙瓦勒的别子,亦名兀外思,曾被米儿咱亦不剌金(Mirza Ibrahim)引兵来攻两次,后在 825 年(1421—1422)败没。其弟马合木(Mahmoud)在位仅有二年。札剌亦儿朝的最后君主是忽辛(Hosein),此人是阿剌倒剌之子,同阿合马之孙,后在希烈(Hilla)城中被哈剌余速甫子亦思把罕(Ispahan)[②]围攻七月,于 835 年 2 月 3 日(1431 年 10 月 11 日)城破被擒杀。

帖木儿死后,埃及的莎勒坛也将哈剌余速甫释放。这个黑羊朝的君主,原来是同莎勒坛阿合马共过患难的,所以两人又言归于好。哈剌余速甫并与阿合马约,将来复位后必待之若友,已而背约,对于阿合马,如同对于帖木儿系及白羊朝的突厥蛮,一样成为他们的劲敌。此朝最后的两个君主,一是亦思干答儿(Iskènder),他在 823 年(1420)继承其父哈剌余速甫的王位,后在 841 年 (1437—1438) 为人所谋杀;其弟只罕沙(Djihanchâh)继立,一直到 872 年(1467),此年之后一年,被兀孙哈散所杀,全家皆被屠害。

白羊王朝的代表哈剌斡思蛮,在位时始终在同他的敌人奋斗,就中的

---

① 见 1876 年《亚洲学报》第八册 316—362 页《亦勒汗朝之末年》一文。

② 此名见马克里疾书。

劲敌是黑羊朝的突厥蛮,后被黑羊朝的君主亦思干答儿所擒,死于俘中(838 年,即 1434—1435)。自是以后,这两朝遂结不解之仇。

哈剌斡思蛮弟阿里别(Ali Bey)袭兄位,然不久为忽都鲁别别一个儿子邯匝别(Hamza Bey)所攻走,逃依斡秃蛮莎勒坛木剌的二世(Mourad Ⅱ)。邯匝别君临美索波塔米亚及迦帕朵思(Cappadoce)两地迄于 848 年(1444),其姪只罕杰儿(Djihanguir),是阿里别之子,继承王位。然至 857 年(1453),其弟兀孙哈散夺位自立,几尽夺其地。只罕杰儿后死于 872 年(1467)。

兀孙哈散是特烈必宗德希腊(Grec)帝的女婿,又同维尼思(Venise)的贵人有戚谊,所以回教君主中要算他在欧洲最得人望。他历胜黑羊朝诸王,用一种游击战,苦其敌军,凡被俘者皆被屠杀,黑羊朝的君主亦被他所擒。他曾战胜帖木儿系,拓展他的疆土,又曾败埃及兵,强使谷儿只人入贡。可是在进击帖木儿系同黑羊朝的联军斡秃蛮军时,大受败创,后死于 882 年(1477)。死后诸子争位,国亦随之而亡。兀孙哈散诸子哈里勒(Khalil)、雅琥(Ya'koub)、马昔(Masih)同诸孙拜宋豁儿(Baysonkor)、鲁思谭(Rousten)、阿合马(Ahmed)、阿勒完(Alvend)、木剌的(Mourad)等在位时,无非是些变乱杀戮相继。白羊朝诸王曾讨撒非派,战不胜。沙亦思马因在 914 年(1508—1509)废白羊朝之末主木剌的,白羊朝遂亡。

斡秃蛮

莎勒坛巴牙即的败于安西儿,被擒,逾一年以忧死,时在 805 年 8 月 14 日(1403 年 3 月 9 日)。遗四子,速来蛮君临欧洲的领地,余三子麻合木一世(Mehmed Ⅰ)、牟栖、爱薛则角逐于亚洲,互争大位,后至 816 年(1413),麻合木一世因诸兄弟尽死,始将土地统一。此人是一个大政治家,爱好文字学术,性宽仁,曾将外战内讧所破坏的国家恢复。824 年(1421),其子木剌的(Mourad)继立,此人对于宗教生活的兴趣,较浓于政治生活,所以曾让位二次,但是在位时执行大权也很忠实。至若 855 年(1451)登极的麻合木二世(Mehmed Ⅱ),就是侵略孔士坦丁堡者,世人已熟知之。

巴牙即的虽死于俘中，斡秃蛮同帖木儿系并未因此结下深仇，所以这两朝的国交大致亲善。而且土耳其文化之构成，大半应该归功于往来撒马儿罕、哈烈两地宫廷的那些文人学者。

东罗马帝国

帕烈斡罗格朝（Pa'éologues，今译帕里奥洛加斯王朝）已近末日。帖木儿死时，在位的君主是马讷额勒二世（Manuel Ⅱ，今译曼努埃尔二世）。他以为巴牙即的之败，帝国可以安宁，殊不知斡秃蛮人军势复振，1421 年又进围孔士坦丁堡。马讷额勒二世的继承人约翰八世（Jean Ⅷ）同孔士坦丁十二世（Constantin ⅩⅢ，今译君士坦丁十二世）在位时代，国势日危。孔士坦丁十二世想同罗马教会结合，以救危亡，可是他的人民尚未忘帝国分裂的事情，也不想见有十字军的后人来到国内，所以反对这种计划。1453 年，麻合木二世夺取孔士坦丁堡，东罗马帝国及其末主命运遂终。其后未久，末烈（Morée）同额皮儿（Epire）两地虽然力抗，也不免为斡秃蛮人所征服。

斡罗思

此国的国民统一大为进步，此乃大受帖木儿之赐，前此已经说过。莫斯科遂成一个帝国的都城，宜万三世（Ivan Ⅲ，今译伊万三世）自 1462 年始，君临于此，后在 1485 年自加帝（czar，今译沙皇）号。

克里米亚

钦察帝国既为帖木儿所破灭，遂分为三汗国，曰迦赞（Kazan，今译喀山）汗国，曰阿思忒剌罕（Astrakhan，今译阿斯特拉罕）汗国，曰克里米亚汗国。克里米亚一地，经过一种长期扰乱以后，有一新朝据地自主，这就是格来（Guéray）朝，立国垂三百余年。其开业君主哈只格来（Hadji Guéray），在位始 1440 年，迄 1467 年，曾同吉那哇人作一种有效之斗争。他的儿子明格里格来（Mènguèli Guéray），得斡秃蛮人之助，终将吉那哇人驱出国外,可是克里米亚汗国因此成为孔士坦丁堡诸沙勒坛之藩臣。他又同斡罗思人联合,战胜波兰、钦察。他在位时代止于 1514 年,是克里米亚汗国最长久而最光辉的时代。

东方之诸基督教国及殖民地

斡秃蛮的势权,自 15 世纪初年始,即在东方大事发展。意大利的商人群集孔士坦丁堡,黑海沿岸吉那哇人的殖民地,被鞑靼人同斡秃蛮人的夹攻,后在 16 世纪下半叶皆不免于败亡。特烈必宗德的希腊帝国,也在 1461 年被麻合木二世所夺据,地中海东部群岛亦陷。只有失普力岛的基督教国尚能维持到 1570 年。

谷儿只王亚历山大一世(Alexandre Ⅰ)分国于三子以后,渐为斡秃蛮人及波斯人所蚕食,到了后一世纪,遂丧失其独立。

欧洲境内,孛勒合儿国已不存在,末勒答维亚国在 1432 年并入波兰,瓦剌失亚国则在 1462 年成为斡秃蛮的属国。

〜〜 第三章　帖木儿之子孙及帝国之分配 〜〜

帖木儿早经预料不能使一人单独继承他的帝国,所以在生前将其土地分给他的子孙。分封部分相等,俾免发生争端,可是争端乃不免于发生,不久有两个大国将帖木儿所分之地完全吸收。此二国一在西方,就是米兰沙同其诸子阿不别克儿、摩诃末乌马儿(Mohammed Omar)等的领土(波斯西部、帖必力思、报达);一在东方,就是沙哈鲁的领地,其先仅限于呼罗珊,不久将河中并入,又经数年,他的领土几尽包括帖木儿帝国的旧壤,只有西利亚、阿剌壁斯单(Arabistan,今译阿拉伯斯坦)两地不在其内。米兰沙因为同他那些叛变的儿子,以及札剌亦儿朝、黑羊朝的突厥蛮等争斗,所以他的封国不久便消灭了。[①]

---

① 见范别利书第二册 1—2 页,思克邻书 173 页,格鲁赛《亚细亚史》第二册 124—125 页。

帖木儿诸妻中，有两个中国的公主，一名大皇后（Al-Malikat-Al-Koubra），一名小皇后（Al-Malikat-As-Soughra）。①

又有一后名秃满，是那黑沙不（Nakhchab）长官、异密牟栖（Mousâ）之女；一后名札勒班（Djalbân），极艳丽，因为一种想象的过失曾被赐死。此外尚有妃嫔甚众。帖木儿有四子，其中两子前死：一个是死于779年（1377—1378）的加速丁只罕杰儿（Gniyâs ed-Dîn Djihanguir），一个是在西利亚阵亡的末额速丁乌马儿洒黑（Mo'ezz ed-Dîn Omar Cheikh）。② 余二子，一个是札剌勒丁（Djelal ed-Dîn），别号古儿哈（Gourgha），而常以米兰沙著名者，镇守伊剌黑、阿哲儿拜展、西利亚等地，然仅虚拥镇守之名，帖木儿曾因他行为放逸，将他的实权夺了；③一个是沙哈鲁，虽未奉命嗣位，可是不久执有大权。帖木儿还有一女名莎勒坛巴黑惕（Sultane Bakht），嫁给速来蛮沙（Soleiman Châh），据本阿剌卜沙书，这个公主性格同男子，而颇厌恶男子。

帖木儿的孙儿很多。加速丁只罕杰儿所出者，一名摩诃末莎勒坛，曾立为皇太孙，然在帖木儿死前二年死；一名皮儿摩诃末只罕杰儿，镇守印度、可不里两地，嗣为皇太孙，此王起初是一个英勇战士，后来沉溺于酒色，及至往承大位之时，委政于其相皮儿阿里哈思（Pir Ali Taz），其人后叛。乌马儿洒黑所出者，一名莎勒坛阿里亦思干答儿失剌思（Sultan Ali Iskender Chirazi），于沙哈鲁在位时镇守法儿思，后在827年（1423—1424）被其弟鲁思谭米儿咱（Roustem Mirza）所废杀，迷儿阿里失儿云，此王颇具才能，性仁慈，是一个很好的诗人；④一名鲁思谭米儿咱；一名拜哈剌（Baykara），后来镇守巴里黑，人甚敏慧，惟气质柔弱，当时人对于他的

---

① 本阿剌卜沙书第二册860—861页以为沙朵勒末勒克（Châdol-Molk）恐怕他二人争宠，帖木儿死后，便将他们毒杀。秃满（Touman）皇后曾被谪居昔黑纳克（Sighnak），已而复还撒马儿罕，后来此后曾到默伽巡礼。

② 关于此人者，可参考前引 Zimine 之文，其中曾说到他在可失合儿、拔汗那（Ferghâna）、蒙古等地的战绩。

③ 见《亚洲学报》1861年刊第十七册282—285页别邻（Belin）引迷儿阿里失儿书。

④ 出处同287—288页，并参考晃选迷儿书第三册184、185、189、205页。

记载毁誉参半；①一名米儿咱忽辛（Mirza Hosein）；一名巴的斡思咱蛮（Badi'oz-Zeman）；一名木傻非儿米儿咱（Mozaffer Mirza）。米兰沙所出者，一名乌马儿米儿咱（Omar Mirza），为帖木儿所钟爱，远征西利亚同小亚细亚后，帖木儿曾以一个广大领土包含伊剌黑阿剌壁（Irâk Arabi）、阿哲儿拜展、阿兰（Arran）、末罕（Moghan）、古儿只斯单（Gourdjestan）、失儿湾等地，分给米兰沙同其二子阿不别克儿、乌马儿米儿咱，乌马儿米儿咱虽最幼，然奉命独执大权；一名阿不别克儿，因与其弟乌马儿米儿咱不和，被囚于孙丹尼牙；一名赛夷阿黑麻（Seyyed Ahmed），镇守呼罗珊，此王持己严，施政善，同时是一个有才的诗人，他就是莎勒坛阿黑麻（Sultan Ahmed）的父亲；②一名哈里勒（Khalil），就是同皮儿摩诃末争位者，米兰沙诸子中要算他执有一种重大任务，其人温和仁厚，反之，滥用无度，加以癖爱那个有名的沙朵勒末勒克，就是他失败的原因。

〜〜〜 第四章　沙哈鲁（1404—1447）〜〜〜

沙哈鲁之幼年即位之初

沙哈鲁是帖木儿之第四子，帖木儿死时，适镇呼罗珊之地，此时并未想谋得大位。其为人仁慈和平，毫无野心，作战虽常胜，然而不喜战争，专事恢复他父亲所破坏的事业，同诸邻务求友好。他在位时代，可以说是学者文人的黄金时代。他死后国家就衰微了，不到六十年，帖木儿朝遂被驱出波斯、中亚之外，去到印度建立一个新国。

沙哈鲁据有帖木儿的一切领地，仅有西利亚、阿剌壁斯单两地不在其内。他曾将祸枒答而（在809年，即1406—1407年）、河中（在811年，即

---

① 　出处同294—295页，并参考《回教大全》巴儿脱德（W. Barthold）撰文。见第二册606—607页。

② 　出处同293—294页，晃选迷儿书第三册195页以后有传。

1408—1409 年）、法儿思（在 817 年，即 1414—1415 年）、起儿漫（在 819
年，即 1416—1417 年）、阿哲儿拜展（在 820 年，即 1420 年）等地并入呼罗
珊。① 他的传记业经当时的史家，和认识他的亲信人的人，留传下来。其
中最好的一部佳作，就是撒马儿罕人奥都剌匝克所撰的《起两福及汇两
海》一书。撰者是沙哈鲁的教师，并曾奉使到过中国同印度的迭康。他所
撰的出使行记，曾收录于此书中，并经晃迭迷儿转录于《传记之友》一书之
内。奥都剌匝克书成于 875 年（1470—1471），记载 171 年之事，分为两
篇，上篇言帖木儿，下篇言沙哈鲁同诸后王。现在欧洲所藏钞本虽然不
少，可惜从未将全书刊行，迦特迈儿曾将沙哈鲁在位时代一部分移译，仅
止于 824 年（1421—1422）。②

　　哈非思阿不鲁撰有一部世界史，现在仅存头二卷同第四卷之第二篇，
其中的沙哈鲁传，止于 830 年（1427）。其佚文散见奥都剌匝克书中者不
少。③ 此外迷儿晃的书④同晃迭迷儿书⑤也是必须要参考的。

　　沙哈鲁在 779 年 4 月 14 日（1377 年 8 月 20 日）出生于撒马儿罕。根
据一种传说，他出生时，帖木儿正在下棋，适用骑士（roukh）在擒王
（chah），所以取名曰沙哈鲁（Châhroukh）。⑥ 此外又受有把哈都儿
（Behadour）⑦同米儿咱（Mirza，今译米尔札）之号。奥都剌匝克称他为可

---

① 见伯劳温书 582 页。
② 见《亚洲学报》1836 年刊第二册 193—233 页，又 338—364 页，此文并构成《波斯撰
　述小志》之卷首 68 页，载入《小志及选录》第十四册中（第一篇 1843 年本 509 页）。
　此外采录奥都剌匝克者，可参考 Ellict 撰《印度史》，第四册 89—126 页，又《回
　教大全》第一册 65 页，巴儿脱德撰文，国民图书馆（法文藏书 6084—6087 号）藏有
　Galland 所释奥都剌匝克书全本一部，这部译文尚未刊行。
③ 参考《回教大全》第二册 226 页巴儿脱德撰文。
④ 第六册 180—222 页。
⑤ 第三册 187—214 页。
⑥ 帖木儿曾将他的孙儿摩诃末只罕杰儿在额弗剌特（Euphrate）河畔建筑的一城，也
　取名曰沙哈鲁海牙（Châhroukhiyé）。
⑦ 有几个著作家曾将此名附于其名之后，以便与同名之人有别。比方卜撒因（Abou
　Sa'id）之第四子，同 18 世纪时纳的儿沙（Nâdir Châh）之孙得脱死者，皆名沙哈鲁。

汗赛德(Khakan-é Sa'id)，犹言有福的君主。790年(1387—1388)时娶妻，他在那时只有十一岁。至十三岁，帖木儿往征钦察时，命他为监国，大征波斯时，命他还撒马儿罕。但在795年(1392—1393)，其父曾召他同其余的宗室赴军中，他因得眼疾，到军较晚，疾愈，命之为前锋，进围哈烈牙撒非的时，他将左翼，战其勇，曾手斩敌将沙满速儿，那时他有十七岁。远征毕，赴亦思法杭，曾在此城想请假还国，会忒克里惕城民被围，请他往其地见帖木儿作调人。同年(796，即1393—1394)，沙哈鲁子、后来袭位的兀鲁伯出生，帖木儿乃命他赴诸妃主所，并命他为撒马儿罕一带的长官。其后不久，沙哈鲁次子亦不剌金(Ibrahim)生。

年二十岁时(799，即1396—1397)，沙哈鲁镇守呼罗珊、昔思田、祃楞答而等地。他在职时曾表示些决心勇气，及一种伟大信心，一种主持正义的顾虑。其第三子拜宋豁儿适出生于是时。

征印度时，沙哈鲁仍在镇地，然波斯、西利亚、小亚细亚诸役，皆在军中；统率阿哲儿拜展的部队，同西利亚军的前锋，同巴牙即的战时，他也在身亲行阵。帖木儿命人审判米兰沙断以杖刑时，他就是审判官之一员。他曾为别赫思纳(Behesnâ)的守将求情；围攻阿勒波时，曾将右翼；进攻埃及沙勒坛时，亦在军中；安西儿之战，曾将左翼。希腊学者迦勒空的剌思(Chalcondylas)对于沙哈鲁(Sakhroukhos)颇多赞词。沙哈鲁由安西儿赴古列喜撒儿(Gul-é Hisar)时，其子摩诃末尤乞(Mohammed Djougui)出生，时在804年9月24日(1402年4月27日)。

嗣后帖木儿命沙哈鲁往征岐兰(Guilan)，已而变计，命他回镇哈烈。克剌维卓适于此时经过呼罗珊，沙哈鲁曾欲延之至哈烈，克剌维卓辞而不赴。大会议决进兵中国时，以他有留镇呼罗珊之必要，故未从军行。此时其父又为之娶妇。帖木儿在兀答剌儿病危时，很悔他不在侧未能同他永诀。其后未久，807年9月(1405年三四月间)，沙哈鲁被承认为所镇诸地的君主。他一任其他宗王随意行动，暂时不想扩充领地，所以不加干涉。

皮儿摩诃末与哈里勒之争

帖木儿死后,军中诸异密聚议,以为秘丧不发,不难制胜中国人同喀尔木(Kalmouks)人,遂决定仍遵帖木儿的进兵计划,并决定下列诸事:

(一)全军由米儿咱亦不剌金(Mirza Ibrahim)率赴达失干投哈里勒。

(二)在用兵时奉哈里勒为君。时哈里勒年二十一岁。

(三)组织一个摄政会议。

(四)用兵完了,然后遵守帖木儿的遗命。

顾帖木儿业经指定皮儿摩诃末继承大位,现在诸异密改奉哈里勒为主,由是在此二王间激动一种长期争斗,而其结果则归哈里勒失败。沙哈鲁在表面上似以所得为足,先不参加,一直到争斗危迫时,才出来干涉。盖至此时只有他能左右大势,于是就利用扩张他的疆土。[1]

皮儿摩诃末听见祖父死讯,才脱离了他的麻木不仁的状态,进据泄剌失。其兄弟[2]米儿咱鲁思谭、米儿咱亦思干答儿二人,则据有亦思法杭、哈马丹(Hamadan)。皮儿摩诃末集诸异密,征询意见。有人献议,请求埃及法迪玛朝(Fathimites)哈里发(khalife)之册封,废止蒙古法令;又有人献议,承认摩诃末乌马儿为君,或以王号奉之米兰沙。皮儿摩诃末是一个有手腕的政治家,舍此二策不用,独主张归附沙哈鲁。盖只有他才大而势强,而且帖木儿曾将皮儿摩诃末之母改嫁沙哈鲁,不如从他为有利,遂遣使赴沙哈鲁所。

这种计算果然不错。沙哈鲁闻讯甚喜,厚赐使者,大赞皮儿摩诃末,并说完全信任他。皮儿摩诃末一方面也发奋振作,整理财政,按时发给军饷,对于旧日士卒,也付给充分的恤金。对于出国入国的旅行人之所需,完全由国库供应。[3]

---

① 关于帖木儿死后之事变者,可参考舍利甫丁书第二册 674—749 页,本阿剌卜沙书第二册 513 页以后,迷儿晃的书第六册 176 页以后,晃选迷儿书第三册 174 页以后。

② 钧按证以前文应作从兄弟。

③ 见迦特迈儿《波斯撰述小志》39—40 页。

哈里勒一方面也颇有人反对。异密不伦都(Bouroundouk)者,势力甚强,先曾拥戴哈里勒,至是又反对他,主张遵守帖木儿的遗嘱。哈里勒虽被迫服从,然不因此而绝望。他将军中的马骡完全劫夺,分给他所认为可靠的伊剌黑部诸异密,率之进取撒马儿罕。进军时,右翼首先离贰,渡乌浒河,折断渡河的船桥,然不能阻止哈里勒军次日之渡河。不伦都时统右翼,见大军已渡河,而撒马儿罕留守之倾向未可知,遂赴哈里勒所请罪,许为之效忠,将以前对于帖木儿汗遗嘱之一切主张否认。

时胁迫撒马儿罕城者不止一方。乌马儿洒黑之一子米儿咱忽辛,率千人欲袭此城。达失干城闻知惊恐,急遣调重兵防守国都。兀鲁伯同米儿咱亦不剌金亦进向撒马儿罕,谋与皮儿摩诃末之军合。撒马儿罕的留守阿儿浑沙,将城门关闭,不放外军人。此人虽然明言只知承认帖木儿所指定的嗣君,可是他暗地里已归心于哈里勒了。有几个异密去到阿里阿巴的(Aliabad,今译阿里阿巴德),谋抵抗,可是无济于事。807 年 9 月 16 日(1405 年 3 月 18 日),哈里勒已入撒马儿罕,被此城的绅耆拥戴为君,为帖木儿治丧,夺其财宝以赏士卒。

沙哈鲁闻报,乃命异密米答剌卜(Midrab)、哈散速非(Hasan So'rfi)、塔儿罕(Tarkhan)、火者剌思惕(Khodja Râsti)四人留守呼罗珊,自赴河中。行次脱忽思里拔(Tokouz-Ribât)之地,命统将奥都思撒马(Abdos-Samad)往调集合于巴答吉思(Badghis)之军队,乞思儿火者(Khizr Khodja)、洒黑哈散忽真(Cheikh Hasan Koudjin)赴撒马儿罕侦察虚实。进次歹来赞吉(Dèrè Zengui)接到祸楼答而不稳的信息,于是集诸将议对策,乃命札剌勒丁非鲁思沙(Djelal ed-Cîn Firouzchâh)将从前帖木儿所堕平哈烈的城堡完全恢复,别命赛夷火者(Seyyed Khodja)赴徒思筹谋缮守,并调查有无叛事。

沙哈鲁军渡木儿哈卜(Mourghâb)河,米儿咱忽辛来见,沙哈鲁厚待之。前此遣往撒马儿罕的使者亦还报其奉使的结果。沙哈鲁乃命一个调解修好的使者邯匝哈秃忽(Hamza Katoukou)往见哈里勒,致词曰:"哈里勒所欲之土地军队货财,沙哈鲁将尽畀之,惟须其来共议国事。"

沙哈鲁军在乌浒河上建造船梁以备渡河之时,又有其他使者来见。异密沙末勒克(Châhmolk)来自不花剌,为兀鲁伯、米儿咱亦不剌金二王辨诬,言二王皆忠顺未叛。哈里勒亦遣使还报,谓将以所取之货财交出,并许归命于沙哈鲁,仅求镇呼罗珊一地足矣,沙哈鲁许之。遣沙末勒克赴不花剌,召兀鲁伯、米儿咱亦不剌金二王至。

驻军于安都淮附近时,米儿咱忽辛突离去,同时闻哈里勒率重兵出撒马儿罕进向乌浒河。不花剌诸异密亦弃此城长官,往投兀鲁伯、米儿咱亦不剌金二王,共赴沙哈鲁所。已而洒黑奴儿丁(Cheikh Nour ed-Dîn)同奥都思撒马率巴答吉思之军至。

沙哈鲁进至都该(Doukè),闻皮儿阿里塔思已赴巴里黑,即命数将追踪而往。已而哈里勒遣使苦思丁阿拔思(Chems ed-Dîn Abbas)、阿儿浑沙至沙哈鲁所,沙哈鲁亦遣洒黑奴儿丁往劝哈里勒息兵,且言帖木儿之后人皆应联合,不可争斗。双方遣使之结果,虽经不少困难,然互订有下列数款:

(一)哈里勒遣送皇妃罕尼该别昆(Khanikè Begum)同帖木儿的一部分财宝至巴里黑城皮儿摩诃末所。

(二)遣送兀鲁伯、米儿咱亦不剌金二王之私财及其财宝、臣仆至帝帐。

(三)哈里勒君临河中。

沙哈鲁遣异密数人赴河中办理未竣诸事,欲归哈烈,然因士卒疲乏,暂留未行。其后讨平了几件乱事,晚至807年终(1405年6月),始能还至哈烈。

赛夷火者修复徒思之时,开撒卜匝瓦儿异密莎勒坛阿里(Sultan Ali)叛变,乃会米答剌卜之兵讨之,战于拔剌巴的(Bahrabad)附近,前锋军六百骑,为敌兵二百骑所败。赛夷火者麾军复战于札答林(Djaderem)附近,身受二伤,仍进战,破敌兵,屠杀抄掠亘三日,降其二堡。

已而进围撒卜匝瓦儿,环城筑垒以攻之,会闻祃梭答而王别来克(Perek)侵入朮外因(Djovein)之讯,遽解围,进击别来克。时莎勒坛阿里亦出城援别来克,破敌兵左翼。米答剌卜以军来援,大破别来克军。赛夷火者搜杀败兵二日,大得卤获而还。①

皮儿摩诃末要求哈里勒让位,哈里勒答曰:"帝国若为世袭之国,则大位应属我父米兰沙与我叔沙哈鲁;若以侵略而得国,则汝无物可能要求。帖木儿既已将帝国分配,其命必须遵守。设若天命有归,汝已为主;天命不属,只能忍受。我不能放弃我之侵略也。"

由是此二争位人战争遂开。哈里勒命其从兄弟米儿咱忽辛进兵巴里黑,皮儿摩诃末亦率兵渡乌浒河,迎战于那黑沙不(Nesef)附近,战败,弃营遁走建答哈儿;整军再战,又败,遂请和。双方互约各守其国。其后未久,皮儿摩诃末为其相皮儿阿里塔思所杀。皮儿阿里塔思谋僭位,未果,逃哈烈。沙哈鲁正其罪,缢杀之(809,即1406年)。②

哈里勒此方之患虽除,尚有他乱未已。伊剌黑部众有一部分闻其国已脱鞑靼羁勒,遂弃哈里勒而去,异密虎歹达(Khodaydad)、洒黑奴儿丁二人亦乘隙谋叛。沙哈鲁闻哈里勒修复迭里迷(Termez)城,亦在其附近修复一堡。札剌亦儿朝之莎勒坛阿合马同哈剌余速甫驱鞑靼出报达,并夺据阿哲儿拜展。沙哈鲁因乘势并入伊剌黑阿只迷,其势日强。

哈里勒爱恋那颜(noyan)哈只赛甫丁(Hadji Seif ed-Dîn)之妻沙朵勒末勒克,③纳之为妃,其后宫诸妃嫔多蔑视之。沙朵勒末勒克愤怒,以诸妃嫔赐诸异密以辱之。沙朵勒末勒克既专权,益以哈里勒滥用无度。诸异密妻乃嗾使诸异密叛变,废哈里勒,缢沙朵勒末勒克,徇示撒马儿罕街市。虎歹达忽辛尼以国献蒙古汗沙马只罕(Chama Djihan),沙马只罕怒其不忠,杀此叛逆,送其首于沙哈鲁所。先是沙哈鲁遣其将沙末勒克往讨哈里勒,至是亲莅撒马儿罕,释哈里勒之囚,以沙朵勒末勒克归之。④ 沙哈鲁先

---

① 见上引迦特迈儿书 25—26 页。
② 见晃迭迷儿书第三册 184—185 页,范别利书第二册 1—4 页,德景《匈奴史》第四册 715 页以后。
③ 犹言"国欢"。
④ 据倒剌沙书(伯劳温本 354 页),叛人曾割沙朵勒末勒克之耳鼻,并未放还。

许为哈里勒复其国土,后背约,以地界其子兀鲁伯,①别以伊剌黑授哈里勒(809 年,即 1406—1407 年)。后哈里勒镇此地迄于 814 年 7 月(1411 年 11 月—12 月)之死,沙朵勒末勒克不欲独生,自杀以殉,此二情人后合葬于剌夷。此瑕瑜互见的君主之结局如此,世人谓其善为诗人,不善为国主,诚定论也。

叛乱及斗争,帝国之发展

先是帖木儿远征西利亚、小亚细亚之后,以伊剌黑、阿剌壁、阿哲儿拜展、阿兰、末罕、失儿湾、谷儿只等地,授米兰沙、阿不别克儿、摩诃末乌马儿父子三人。摩诃末乌马儿年虽最幼,受命为总管,父兄并受节制,自驻帖必力思,父兄驻底牙儿别克儿。

帖木儿凶问至,异密只罕沙之亲信数人以摩诃末乌马儿专事逸乐,劝只罕沙杀其左右,夺取政权。只罕沙为一沉湎于酒之醉徒,从之,执杀数人。摩诃末乌马儿之诸异密捕杀只罕沙。

时有流言,谓阿不别克儿集重兵于别失帕儿马克(Bech Parmak),将为只罕沙复仇。摩诃末乌马儿亦聚兵四十七队(Kouchoun),及卫队精兵五千骑,将往战。会异密忽辛巴鲁剌思(Hosein Berlas)来告,阿不别克儿忠顺,实无异图。摩诃末乌马儿疑未释,从多数异密言,诱阿不别克儿至,并其后宫拘禁于孙丹尼牙。米兰沙闻讯忧恐,欲奔哈烈。

摩诃末乌马儿谋取法儿思、伊剌黑,军次哈马丹。米儿咱鲁思谭遣使请和,遂罢兵。

时皮儿摩诃末亦进取起儿漫,米儿咱亦思干答儿为耶思德长官,以兵从,将左翼,破敌之伏兵。起儿漫人大惧,请降,由是亦思干答儿、皮儿摩诃末二人遂成良友。

已而米儿咱鲁思谭以异密赛德巴鲁剌思(Sa'ld Berlas)行为不义,烙其目。赛德巴鲁剌思未全盲,奔泄剌失,依皮儿摩诃末。皮儿摩诃末厚待

---

① 见伯罗洒 248 页,范别利第二册 3 页以后,思克邻书 174—175 页。

之,由是鲁思谭与皮儿摩诃末失和。① 次年(808 年,即 1405—1406 年),米兰沙进赴呼罗珊。沙哈鲁遣将三人率精兵一万五千往御,临行时嘱之曰:"米兰沙若来侵地,则与战,若以善意来,则以礼接之。"时撒卜匝瓦儿异密莎勒坛阿里叛投米兰沙,沙哈鲁使者亦至,约修好,并索叛人。米兰沙从之,乃送沙勒坛阿里于哈烈,沙哈鲁囚之;又送别来克王之子莎勒坛忽辛及其左右至哈烈,沙哈鲁尽杀之。时阿不别克儿自孙丹尼牙逃出,投米兰沙所,偕其父同赴阿哲儿拜展,与哈剌余速甫战,米兰沙阵殁。时在810 年 11 月 24 日(1408 年 4 月 20 日)。米兰沙出生于 769 年(1367),死时仅年四十一岁。②

米兰沙之二子亦先后死。摩诃末乌马儿闻阿不别克儿叛走,率兵与战于可疾云(Kazvin),胜负未决,各引兵退。摩诃末乌马儿还阿哲儿拜展,帖必力思城民畏其所部突厥蛮残暴,避门不纳。阿不别克儿至,纳之。阿不别克儿遂自立为主,以兵逐皮儿摩诃末,取亦思法杭。已而皮儿摩诃末为其相皮儿阿里塔思所杀。摩诃末乌马儿穷蹙求庇于沙哈鲁,沙哈鲁以祃栯答而及其附近诸地授之。已而叛,沙哈鲁适欲往讨皮儿阿里塔思,闻叛讯,率兵还击。摩诃末乌马儿战不胜,请罪,其后未久以创重死,时在809 年 11 月(1407 年 5 月)。阿不别克儿因莎勒坛阿合马之来侵,乃残破帖必力思而去,在额弗剌特河上两败于哈剌余速甫,走起儿漫,复走昔思田,将欲收聚残兵,为人所杀(810,即 1407 年)。③

809 年(1406),沙哈鲁略定祃栯答而之地,阿思特剌巴的王皮儿帕的沙(Pir Padichâh)败走。次年(810,即 1407—1408 年),沙哈鲁进兵巴里黑,讨皮儿阿里塔思之罪,擒斩之。④ 河中一地,哈里勒讨虎歹达忽辛尼,不胜被擒,沙哈鲁讨平其乱,于 811 年入撒马儿罕。虎歹达率其党投蒙古

---

① 见上引迦特迈儿书 49—50 页。

② 见上引迦特迈儿书 54—55 页,晃迭迷儿书第三册 180 及 183 页。

③ 见晃迭迷儿书第三册 181 及 184 页,上引迦特迈儿书 55—117 页。

④ 钧按此与前文异,盖其来源不同,撰者微欠整理,所以本节中不乏矛盾之点。

汗摩诃末(Mohammed),摩诃末斩之,函送其首于沙哈鲁。[①]

812年(1409—1410),米儿咱亦思干答儿进取起儿漫、法儿思、伊剌黑之一部,昔思田诸王请降。同年,沙哈鲁重建马鲁(Merv)城,开垦附近田亩,重濬木儿哈卜河旧道。813年,沙哈鲁赴河中,讨异密洒黑奴儿丁之乱。还哈烈后,大举土木,城市面目为之一变。[②]

814年(1411—1412)初,米儿咱亦思干答儿尽取法儿思、伊剌黑之地,中国皇帝及底里莎勒坛遣使至沙哈鲁所,异密洒黑奴儿丁为人所杀,巴达哈伤长官洒黑别哈丁(Cheikh Beha ed-Dîn)谋叛未成。[③]

帖木儿前自小亚细亚调发之鞑靼部人,至是由河中逃花剌子模,谋还本国。815年(1412—1413),沙哈鲁遣军往讨,失利而还,复遣军征之,取花剌子模之地,命一善于治理之长官沙末勒克治之,后其人终于任。816年,米儿咱亦思干答儿叛,夺据忽木(Koum,今译库姆)。817年(1414—1415),其诸异密叛附沙哈鲁,沙哈鲁大败亦思干答儿兵,许和,而亦思干答儿不从。沙哈鲁进围亦思法杭,拔之,任鲁思谭为长官,命善待居民,礼待米儿咱亦思干答儿。然其下违命,烙亦思干答儿之目,亦思干答儿怨,嗾使拜哈剌叛于泄剌失。同时乌马儿洒黑子米儿咱异密来阿黑麻(Emârek Ahmed)[④]亦叛,沙哈鲁长子围之于阿黑昔(Akhsi)城。先是帖木儿堕平哈烈城墙,至是沙哈鲁命人修复。[⑤]

沙哈鲁围拜哈剌于泄剌失,已而宥其罪,遣之至建答哈儿。拜哈剌复据地以叛,沙哈鲁乃并异密来阿黑麻流之于印度。有宗王名米儿咱亦连格儿(Mirza Ilenguer)者,亦被远谪。然对于起儿漫之叛人莎勒坛兀外思(Sultan Ouveis),及建答哈儿之叛人异密巴鲁勒巴鲁剌思(Bahloul

---

① 见上引迦特迈儿书117—156页。
② 见迦特迈儿书156—190页。
③ 见迦特迈儿书196—224页。
④ 钧按第三章无此名,疑是米兰沙子赛夷阿黑麻。
⑤ 见上引迦特迈儿书229—271页。

Berlas),则释不问。①

820 年(1417—1418),沙哈鲁命其子拜宋豁儿总政务。以丞相赛夷法忽鲁丁(Seyyed Fakhr ed-Dîn)贪墨,黜其职,其人未几死,民怨之,谓受天诛。

讨伐突厥蛮之役

黑羊朝之突厥蛮,在沙哈鲁时代已近末日。未亡以前,或与帖木儿系争战,或与白羊朝争战,兵戈不息。810 年(1407—1408),哈剌余速甫侵入阿哲儿拜展,米兰沙子阿不别克儿在纳乞哲汪附近阵亡,帖必力思为突厥蛮所得。已而札剌亦儿朝之莎勒坛阿合马乘哈剌余速甫之在外,复取帖必力思,然他在 813 年(1410—1411)亦殁于阵,由是哈剌余速甫并有伊剌黑、阿哲儿拜展、美索波塔米亚、谷儿只、阿美尼亚等地,组织一个大国。然其心犹未足,还想侵略西利亚同小亚细亚两地。②

沙哈鲁为其兄米兰沙复仇之念始终未释。822 年(1419),他率重兵往讨突厥蛮,两军甫布阵接战,哈剌余速甫忽得暴疾死,士卒无主,遂溃。掠王帐,割哈剌余速甫两耳而取其环,其尸久露未葬,后其亲信数人始运葬于阿儿吉思(Ardjis)之地。

哈剌余速甫之死日,是 823 年 11 月 8 日(1420 年 11 月 14 日)。所生六子,曰皮儿不答汗(Pir Boudak khan),前死;曰亦思干答儿,袭父位;曰米儿咱只罕沙,后袭兄亦思干答儿位;曰沙摩诃末(Châh Mohammed),为波斯长官;曰沙阿卜撒勒(Châh Absaî),亦前死;曰不撒因(Abou Sa'id),于亦思干答儿初即位时,因微嫌被杀。

亦思干答儿即位之初,即为沙哈鲁所败,失剌夷。然其后他军势复

---

① 见上引迦特迈儿书 278—299 页。

② 见上引迦特迈儿书 153—154 页,又 192—195 页,又 208—209 页,又 234—238 页,又 242—245 页,又 267 页,又 269 页,又 271—274 页,又 277—278 页。迷儿晃的书第六册 188 页,又 197 页,又 210 页,又 211 页。晃选迷儿书第三册 182 页,又 195 页,又 196 页。

振,复取阿哲儿拜展,并于 828 年(1425)败阿黑剌惕王苦思丁(Chems de-Dîn),取失儿湾,又败曲儿忒(Kurdistan)王莎勒坛阿合马(Sultan Ahmed),取孙丹尼牙。832 年(1429),偕其弟只罕沙共击沙哈鲁不胜,败走。至 838 年(1434—1435),亦思干答儿被迫出亡,只罕沙遂降沙哈鲁。次年,沙哈鲁命之为阿哲儿拜展总管,以兵助之,围攻其兄亦思干答儿于阿连只(Alendjik)堡。亦思干答儿有宠妃莱剌(Leilâ),与其子沙火拔(Châh Kobâd)通,恐事泄,乘亦思干答儿醉卧,命人杀之。一说凶徒为沙火拔,一说为牙儿阿里(Yar Ali),事在 839 年(1435—1436),一说在 841 年(1437—1438)。[1]

后来灭黑羊朝的,就是白羊朝。此白羊朝延存至 16 世纪初年始亡,未亡以前,与帖木儿系、斡秃蛮、埃及等朝为敌。832 年(1429),白羊朝主哈剌斡思蛮[2]以兵侵西利亚边境,埃及以兵来讨,破额歹思城而去。越四年,埃及莎勒坛巴儿思伯(Barsbay)进围阿迷的城,未下。可是哈剌斡思蛮不能同时抵抗埃及同沙哈鲁之兵,乃对埃及纳款称臣。838 年(1434—1435),哈剌斡思蛮死,大马司长官复以兵来攻,哈剌斡思蛮子阿里别请和,埃及兵始退。已而阿里别弟邯匝叛,阿里别逃依斡秃蛮,后复位,以国传其子只罕杰儿。[3]

沙哈鲁之末年其在位时之成绩

830 年 4 月 23 日(1427 年 2 月 21 日),沙哈鲁在哈烈之大礼堂为人所刺未中,群众执凶手杀之,捕嫌疑犯甚夥,杀数人。[4]

838 年 9 月(1435 年 3 月),哈烈城鼠疫大行,亘四月,死人甚众。据

---

[1] 参考晃迭迷儿书第三册 184—190 页,又 202 页,又 203 页。

[2] 此人实名别哈丁(Beha ed-Dîn),贪婪而残猛,故有哈剌岳鲁(Kara Yoluk)之号。哈剌岳鲁,犹言吸血的黑蛭。

[3] 见伯劳温书 404 页。

[4] 见《亚洲学报》1862 年刊第二十册 271—272 页引《哈烈史》,参考晃迭迷儿书第三册 199 页。

《哈烈史》,城内死者六十万,附郭死者四十万,一日中出柩四千七百具,时人以为天降之罚。① 沙哈鲁是一爱好和平之君主,务求与邻国维持友好,既奉中国为上邦,所以常遣使臣入贡于明,而明帝亦数遣使至撒马儿罕。

印度在名义上亦奉沙哈鲁为上邦君主,824 年(1421),底里王乞思儿汗(Khizr khan)曾遣使入朝,二十年后沙哈鲁亦命奥都剌匝克往使印度。奥都剌匝克自 1442 年 1 月 13 日出发,至 1444 年 4 月 20 日始迁至忽鲁模斯(Ormuz),计在外二年余,曾撰有奉使行记,收入所撰《两福》书中。②

沙哈鲁对于中国皇帝表示恭顺,然而对于斡秃蛮人则颇倨傲。费里敦别所裒辑的《国书公牍》,在研究斡秃蛮君主同帖木儿系及突厥蛮诸朝国交方面,很可宝贵。其中有一书,是 818 年(1416)沙哈鲁致麻合木一世书。沙哈鲁在此书中,将对于接书人所习用的尊号太半省略,严词责备麻合木不应将叛变的三个兄弟速来蛮、牟栖、爱薛杀害,他说这或者是斡秃蛮的风俗,然伊勒汗(Ilkhan)所遵守的习惯不许有此。此外,他命麻合木一世不得收留哈剌余速甫。至若麻合木一世的答书,措词卑恭。按斡秃蛮莎勒坛对于突厥蛮所致书,语气若上之临下,然而对于帖木儿系则谦恭服从。③

沙哈鲁同埃及曾发生几次纠葛。埃及莎勒坛巴儿思伯对于他请送黑石殿(Ka'ba)帐幕于默伽一事,曾予拒绝。因为巴儿思伯是赫札思(Hedjaz,今译希贾兹)的上邦君主,若许他人送此帐幕,是无异自削其权。数年后,842 年(1438)时,卫送帖木儿妃巡礼回教圣地的人,曾被人邀击,当时的莎勒坛绰黑麻(Djokmak)因此曾严惩罪人。④ 沙哈鲁曾有意遣奥都剌匝克奉使埃及,因身故而未果。

土番曾在 824 年(1421)遣使至沙哈鲁所。

---

① 出处同前 274—277 页,参考晃迭迷儿书第三册 202 页。

② 见伯劳温书 397—398 页。

③ 见伯劳温书 400—401 页。

④ 见 Huart《阿剌壁史》第二册 65 页,又迷儿晃的书第六册 215 页,同晃迭迷儿书第三册 203 页,志有沙哈鲁接见埃及使臣赤扯不花(Tchitchek Boka)事。

当时诸史家对于沙哈鲁皆有褒赞而无贬词,说他勇敢仁慈,鼓励文字学术,保护艺术家;说他是一个大政治家,同时是一个能将,虽每战辄胜,然酷爱和平;且有人说他是一个具有神秘力的回教圣者。这些见于迷儿晃的、晃迭迷儿、倒剌沙等书的赞词,固然不无颂扬过度之语,沙哈鲁在位时代要不失为一种光荣时代,很尽力恢复帖木儿的破坏成绩。先是马鲁、哈烈并遭残破,至是皆恢复如故。哈烈有亦黑迪牙儿丁(Ikhtiyar ed-Dîn)堡,曾经帖木儿所毁者,沙哈鲁曾用工人七千修复。①

沙哈鲁本人是一个诗人兼艺术家,曾在哈烈创建一所壮丽图书馆,延致许多学者、文人、艺术家,鼓励学术,尤注意于历史寻究。尼咱木丁、舍利甫丁、法昔喜、奥都剌匝克所以能寻究者,也是他提倡或赞助之功。他曾命哈非思阿不鲁编纂一部大史书同一部地理志,不幸这部史书大部分已佚而不传。当时突厥诗已经开始同波斯诗角逐了。沙哈鲁诸子也是些学艺该博的人。他所用的相臣,也是些能人。他在位时候,也可说是神学家的一种灿烂时代。②

沙哈鲁在位四十二年,于 850 年 12 月 25 日(1447 年 3 月 13 日)殁于剌夷州之费沙威儿(Fechâverd)地方。③ 他死以后,一种内乱而兄弟残杀的时代由是开始。帖木儿的各系后人轮流角逐称霸,各想为自己恢复帖木儿的帝国,如是者五十余年,其结果则筑此互相残杀。至 16 世纪之初,伊兰、呼罗珊两地遂不复见有帖木儿后人的踪迹。在帖木儿朝的废址之上建设有两个新国,一国是昙花一现的月即别帝国,一个是撒非派所建设较持久而较灿烂的国家。帖木儿系末叶争斗的那些人,不乏具有才器之人,可是不见容于不愿受外人统治的国家,而尤与波斯的分离倾向相抵触,所以无法施展。在 15 世纪下半叶中,那些地方君主互相争权之时,促使十叶派同撒非派将来胜利的变化,也在发生。

---

① 见伯劳温书 383 页。
② 参考晃迭迷儿书第三册 207—214 页,又 219—220 页。
③ 见迷儿晃的书第六册 222 页,晃迭迷儿书第三册 206 页。

　　沙哈鲁有数子,曰兀鲁伯,袭父位;曰阿不法特亦不剌金(Abou'l-Fath Ibrahim),镇守波斯垂二十年,殁于 838 年(1434),舍利甫丁书盖为题献此王而撰;曰拜宋豁儿,其遗事详后;曰锁咬儿哈的迷失(Souyourghatmich),镇守哥疾宁、印度等地,殁于 830 年(1426);曰摩诃末尤乞(Mohammed Djouki),殁于 848 年(1444)。有若干著作家说他还有第六子,名曰亦不剌金莎勒坛。诸子中除兀鲁伯外,皆死于父前。

　　迷儿阿里失儿云,加速丁拜宋豁儿(Ghiyas ed-Dîn Baysonkor)是一个仁厚的王子,爱娱乐,可是也知道鉴别人才,宫中所聚画家、乐师等类艺术家之众可以说并世无两,同时并鼓励诗人。他本人也是一个诗人而兼艺术家,他对于版本的艺术,曾大事鼓励提倡,图书馆中集有写手四十人。他在 820 年(1417)为宫内大断事官,三年后遣镇帖必力思,835 年(1431)镇阿思特剌巴的,后请解诸职,完全肆力于文艺。

　　星者曾预言他的寿命不能过四十岁,所以他沉溺于酒色,遂于 838 年 5 月 7 日(1433 年 12 月 9 日)因酒色过度死,仅年三十六岁。其父曾临其丧,表示悲痛,命持丧四十日,以其长子鲁克那丁阿老倒剌(Roknod ed-Dîn Alâ'od-Dooulé)袭职。余二子曰莎勒坛摩诃末(Sultan Mohammed),曰巴八儿(Baber),并赐岁俸。此兄弟三人后颇有名,曾为其族好些人的劲敌。[①]

---

① 　参考《回教大全》第一册 609 页。迷儿晃的书第六册 212—213 页,晃选迷儿书第三册第三篇 116、123、130 页。

下篇　始兀鲁伯之即位迄叔鲁儿之战（1447—1502）

～～～ 第一章　兀鲁伯（1447—1449）～～～

摩诃末秃儿海兀鲁伯（Moham ed Tourghay Olough Beg）[1]在其祖父帖木儿死时（807，即 1405 年）有十五岁。五年后，奉命镇守河中，守此职迄于沙哈鲁之死，计共有三十八年，是为中亚之黄金时代。兀鲁伯是天文家、数学家、神学家，知背诵《可兰经》（Coran），能以七种诵法诵读，并是一个诗人，[2]优礼文人学者、艺术家。[3]　那时撒马儿罕的宫廷，可与后来忽辛拜哈剌（Hosein Baykara）在位时代的哈烈宫廷先后映辉。但是他专门注意科学的研究同文学的著作，在他所建的天文台中消磨大部分的光阴，同许多学者编制《历表》。他就是以这个《历表》垂名于欧洲及东方。对于军事问题漠不关心，所以用兵时不常有利。当他镇守撒马儿罕之时，虽曾击退侵入的军队至于阿黑速（Ak Sou）河，然在 828 年（1421）败于月即别部，敌兵追逐至于忽毡（Khodjend），残破所过之地。兀鲁伯对于他造乱的儿子奥都剌迪甫（Abdol-Latif）也失利而被杀。[4]　兀鲁伯因父死悲痛绝望，数个月间，不亲政事，对于他人谋夺其位者，也毫不关心。沙哈鲁后高赫儿沙的（Gauher Châd）想以大位授奥都剌迪甫，可是奥都剌迪甫为人轻

---

① 　参考迷儿晃的书第六册 193、202—205、208 页，晃选迷儿书第三册 174、191、199、318 页。
② 　见范别利书第二册 10 页。
③ 　见范别利书第二册 8—9 页。
④ 　见思克邻书 176—177 页，范别利书第二册 7—8 页。

躁,易受人愚,应该利用太后的好意,他反听信左右几个坏人的谗言,以为高赫儿沙的完全偏向拜宋豁儿子阿老倒剌,所以在 850 年 12 月杪(1447年 3 月)袭太后帐,俘高赫儿沙的及其左右,欲挈至西模娘(Semnân,今译塞姆南)。阿老倒剌一方面听见沙哈鲁的死讯,便夺据哈烈同其中的宝藏。亦不剌金莎勒坛子奥都剌米儿咱(Abdollâh Mirza)也占据了泄剌失州。拜宋豁儿之余二子摩诃末米儿咱同巴八儿米儿咱也乘势想夺大位。锁咬儿哈的迷失之诸子也在可不里、哥疾宁两地组织一个新国。摩诃末尤乞子阿不别克儿米儿咱(Abou Bekr Mirza)也在他所镇守的骨咄(Khottalân)一地独立。

奥都剌迪甫进至别思谈(Bestam),得到许多不好的消息,听说巴八儿米儿咱在朱里章(Djhrdjan)、祃椤答而两地自立为君,势难将他驱出境外。奥都剌迪甫乃挈其俘虏退还你沙不儿(Nichapour)。阿老倒剌为救俘虏,曾命米儿咱撒里(Mirza Salih)、兀外思(Ouveis)二将袭击奥都剌迪甫,败擒之。阿老倒剌遂葬沙哈鲁于哈烈之高赫儿沙的学院中。

兀鲁伯因诸臣之劝解,遂释哀,率军进赴呼罗珊,想同阿不别克儿米儿咱结合,乃以女妻之。已而阿不别克儿叛走,兀鲁伯军渡乌浒河,至巴里黑,得到其子奥都剌迪甫的败讯,到此时只好不念他的旧恶,一心一意想救他。乃命他的首相尼咱木丁米来(Nizam ed-Dîn Mirek)赴哈烈,情愿为种种退让以易其子。当其谈判之时,阿不哈寻巴八儿(Abou'l-Kasim Baber)①侵入呼罗珊,败阿老倒剌之前锋军,阿老倒剌既处兀鲁伯同此新敌之间,乃与兀鲁伯和,约以你沙不儿之俘虏调换奥都剌迪甫,遂先释之还其父所。兀鲁伯宥其子罪,命他镇守巴里黑。诸将恐兀鲁伯复来攻,乃强迫其主与巴八儿米儿咱言和,双方约以哈不珊(Khabouchan)城为界。

已而因奥都剌迪甫狡诈不守和约,战衅又开。他不但不将你沙不儿的俘虏交出,反袭击来受俘虏之将卒,统将米儿咱撒里几不得免。阿老倒剌怒,杀质人,起兵讨之。会慑于兀鲁伯之言,乃残破赤失脱(Tchich kto)

---

① 钧按:即巴八儿米儿咱。

一带之地,建筑一堡而还师哈烈。①

852 年(1448—1449),阿老倒剌长子亦不剌金米儿咱(Ibrahim Mirza)举行割礼,适在庆祝,兀鲁伯忽进兵哈烈。盖(一)欲承袭沙哈鲁之遗业,(二)因奥都剌迪甫之数将被杀,(三)因巴里黑之被屠,故以兵临。奥都剌迪甫亦在四处征集军队,进至乌浒河渡河处,与其父会。阿老倒剌亦大筹军备,命其亲信人哈只别(Hadji Beg)留守亦黑迪牙儿丁堡,自率军进战于塔儿巴卜(Terbab),虽力战,然因奥都剌米儿咱之携贰,遂败,走麦失黑的,依其弟巴八儿米儿咱。巴八儿米儿咱善待之,许助其复国。

阿老倒剌伪降,许列兀鲁伯之名于金曜日之祈祷中。兀鲁伯知其诈,取哈烈后,仍进兵亦思法剌因(Isferain)。至是分军为二,一军米儿咱奥都剌率往围攻别思谈,一军奥都剌迪甫率之,进取阿思特剌巴的。已而闻月即别部侵入河中之讯,仓卒退走,委弃鼓蠹于敌。先是奥都剌迪甫怨其父,至是恨愈深。缘塔儿巴卜一役,奥都剌迪甫战甚勇,而兀鲁伯反归功于幼子奥都剌即思(Abdol-Aziz),奥都剌迪甫藏于哈烈之亦黑迪牙儿丁堡之财物兵械,兀鲁伯亦不发还。②

月即别部侵入河中,残破撒马儿罕及其附近诸地,毁夏宫。从中国运至之瓷塔亦碎,绘画陈列室全毁。兀鲁伯闻讯,奉沙哈鲁柩,运哈烈城之所有宝货,遽还河中,沿途屡受劫掠。巴八儿米儿咱攻其殿后军,俘若干人。渡乌浒河时,月即别部来攻,夺其辎重。抵不花剌,安置父柩于异密孛绰儿黑(Bozorg)之墓堂。③

时呼罗珊全境皆乱,帖木儿系与突厥蛮角逐于其中。黑羊朝将牙儿阿里,先为兀鲁伯拘禁于奈剌图(Neretou)堡,至是脱走,煽动乡民,围攻

① 见《哈烈史》译文 277—284 页。时士卒名此堡曰忽儿马只(Kour Madj),犹言火烤的大麦,盖当时士卒仅恃此为食,故以名之。

② 有人以为兀鲁伯笃信星术,曾观天象,预示本人将为儿子杀害。前此甚宠奥都剌迪甫,至是遂疑而远之。见兀鲁伯传绪论译文,Sédillot 导言,卷首 131 页。

③ 见《哈烈史》译文 2896—289 页,范别利书第二册 222 页,Howorth 书第二册 686—687 页。

哈烈八日。兀鲁伯遣军救之,围始解。

阿老倒剌退出呼罗珊后,巴八儿米儿咱亦叛,进兵哈烈。奥都剌迪甫镇此城,不战,逃依其父。牙儿阿里乘势袭据哈烈,自立为王,善待居民,人心颇归之。然有巴八儿米儿咱之间谍某,进麻醉药于牙儿阿里,乘其昏迷斩之,巴八儿米儿咱军遂入城。

852 年 12 月(1449 年 2 月),巴八儿米儿咱尽取呼罗珊之地。时阿老倒剌地尽没,乃以一小城名秃温(Toun)者授之,阿老倒剌嫌地小,命其子亦不剌金镇守。已而有人诉其父子二人阴有图谋,遂被拘送哈烈,囚之。

巴八儿米儿咱不善治理,仅思游乐。其官吏暴征聚敛,民不堪命。沙忽辛(Chah Hosein)先叛于昔思田,虽遣军讨平,然民怨愈甚。有异密欣都该(Hindoukè)者,在朝颇擅权,常利巴八儿米儿咱之醉而行己意。至是恐事败,称疾驻夏于巴答吉思。巴八儿米儿咱命其往讨昔思田之乱,拒不奉命,托词防御兀鲁伯,然实与兀鲁伯通谋,其谍为奥都剌迪甫逮送至巴八儿米儿咱所,尽吐其谋。欣都该逃阿思特剌巴的,巴八儿米儿咱遣军讨斩之。①

先是阿老倒剌被囚,至是逃昔思田,已而又走伊剌黑,投其弟摩诃末米儿咱所。时摩诃末并有法儿思之地,于是兄弟二人合兵侵入呼罗珊,大败巴八儿米儿咱于占木(Djam)之地。巴八儿米儿咱所部哈烈民壮及阿富汗诸部落等军尽没,仅余八骑,逃匿亦马的(Imad)堡。摩诃末米儿咱入哈烈,释其侄亦不剌金,遣送巴八儿米儿咱子沙马合木(Chah Ma moud)至其母所。② 至是遂闻兀鲁伯之死讯,奥都剌迪甫叛据巴里黑,败其父兵于沙鹿海牙,擒其父兀鲁伯及其弟奥都剌即思,以兀鲁伯付其波斯臣阿拔思(Abbas)。853 年 9 月 10 日(1449 年 10 月 27 日),阿拔思杀兀鲁伯,计为国主二年又八阅月。自是以后,帖木儿帝国分裂愈甚,有无数帖木儿族争城夺地于其间,各人皆有其党。其间有数人曾建设有转瞬败亡之国,而以

① 见《哈烈史》译文 291—292 页。
② 见《哈烈史》译文 293—294 页。

巴八儿米儿咱为较有幸运。①

❧ 第二章　奥都剌迪甫（1449—1450）❧

此杀父的君主在位时代仅有六月。其为人残猛而好杀，人皆恶之，854 年 3 月 26 日（1450 年 5 月 9 日），薄暮出游撒马儿罕附近之 Bagh-é Tchenar，为人所杀。晃迭迷儿说他中士卒的流矢，此事或出于偶然，或是有人报仇亦未可知。但是最流行之说，则以为沙哈鲁的旧臣为复故主之仇，将他杀死，后送其首于哈烈，徇示于沙哈鲁所建之学校门外。②

❧ 第三章　奥都剌米儿咱（1450—1451）❧

奥都剌迪甫之后接着嗣位的人，迷儿晃的以为就是巴八儿米儿咱，可是一般之说则以为巴八儿米儿咱之前，尚有奥都剌米儿咱。③

奥都剌米儿咱是亦不剌金莎勒坛之子，由是为沙哈鲁之孙。他在 846 或 847 年（1443）袭父位，镇守法儿思，后为卜撒因所逐，逃奔其妻父兀鲁伯所。奥都剌迪甫死，诸臣奉他即位，重与卜撒因战争，败之。卜撒因奔投月即别求援，月即别汗阿不海儿（Abou'l-Khair）以兵助之，复战，奥都剌米儿咱在 855 年（1451）一战中败殁。

————————

① 见 Malcolm《波斯史》法文译本第四册 250 页。
② 见迷儿晃的书第六册 223—225 页，又 229 页，又 234 页。晃迭迷儿书第三册 214 页，又 218 页，又 221 页，又 224 页。木捏斟巴失说奥部剌迪甫颇有才，惟残忍无状。可参考伯劳温书 387 页。迷儿阿里失儿说他是一个良诗人，也是一个博识的神学家，但是皇皇忧悒，几近疯痴。
③ 见迷儿晃的书第六册 234 页，又 236 页。伯劳温书 387 页。范别利书第二册 13—14 页。Howorth 书第二册 688 页。

～～ 第四章　巴八儿米儿咱(1452—1460) ～～

阿不哈寻巴八儿米儿咱是拜宋豁儿子,也是沙哈鲁之孙,初镇朱里章。迷儿阿里失儿说他持己严,不好货财,嗜读神密书籍,并且是一个有才的诗人。但是他同时的人皆说他好娱乐而嗜酒。①

兀鲁伯死后,巴八儿米儿咱据有呼罗珊全境。已而摩诃末米儿咱同阿老倒剌合兵来争,夺据哈烈,巴八儿米儿咱败走。旋闻他两个敌兄所任阿思特剌巴的长官不得民望,遂移军往取此地,同此长官战于徒思附近,败之,杀敌军诸将。摩诃末米儿咱引军来援,转败巴八儿米儿咱军,巴八儿米儿咱逃匿亦马的堡。摩诃末米儿咱恐有埋伏,又闻阿思特剌巴的境内大乱,不敢深入,遂回师伊剌黑。②

阿老倒剌见哈烈夺取之易,于是又进兵想夺据撒马儿罕。巴八儿米儿咱乘虚复据哈烈,进击阿老倒剌于撒马儿罕城下,败之,取巴里黑、塔里寒(Talekan)二城,擒阿老倒剌于哈匝儿格(Kazergâh)山下。由是阿老倒剌重复被囚。

855 年(1451—1452),巴八儿米儿咱驻冬于阿思特剌巴的同别思谈两地。摩诃末米儿咱被迫退归波斯,日谋报复,大筹军备,想重为呼罗珊之主。巴八儿米儿咱遣人同他议和,愿割呼罗珊之数地,以隶伊剌黑,许在货币上及金曜日祈祷中仅列摩诃末米儿咱之名。和议既成,巴八儿米儿咱赴祃椤答而,然摩诃末米儿咱背信违约,率兵侵入呼罗珊,进至亦思法剌因。巴八儿米儿咱还师,与战于哈不兰(Khabouran)之地,擒摩诃末米儿咱,面责其背约无信。摩诃末米儿咱答言:"吾弟,要买一个王冠只有用这个代价。"巴八儿命人杀之,又命人烙阿老倒剌之双目,烙者悯之,伪以

---

① 见迷儿晃的书第七册 239 页,又 243 页,晃选迷儿书第三册 221 页,又 226 页。
② 见《哈烈史》译文 294—295 页。

烙铁置其眼前,而不使之盲。已而阿老倒刺得牙的格儿(Yadgâr)①同亲属数人之援,复叛,然又败,逃依黑羊朝主只罕沙所。嗣后他经过许多波澜,死于 875 年(1470—1471)。其子亦不刺金已先死于 863 年(1458—1459),此年也是巴八儿米儿咱子米儿咱沙马合木被杀之年。②

巴八儿米儿咱将往取法儿思之地,不意只罕沙以兵攻取忽木,遂移军往御。会闻阿老倒刺叛讯,乃还师。857 年(1453),只罕沙军势日盛,法儿思诸长官弃地走哈烈。巴八儿米儿咱将复与突厥蛮战,师次阿思特剌巴的,又闻卜撒因米儿咱亦叛,引兵渡乌浒河,败其军,杀其将迷儿威失摩诃末(Dervich Mohammed)。巴八儿米儿咱乃移师入河中,进至摩马儿罕附近,卜撒因求和,巴八儿米儿咱以为远道引军至此,不能遽还,拒不许和。左右劝其回军,亦不从。时只有一船可供渡乌浒河之用,巴八儿独以船渡,士卒皆泳水渡河,溺毙者数人。河畔给营之所,地皆硗埆,士卒饿毙者甚众。卜撒因以为巴八儿米儿咱难渡乌浒河,曾将其军队大部分遣还,忽睹巴八儿米儿咱军至撒马儿罕,城中居民急自谋防御,征集全城壮丁备战,遣送妇孺于山中,以精兵守诸城门,每墙口以一突厥人、二波斯人守之,上置沸油火具,以御来兵。巴八儿米儿咱屡攻不克,逾四十日,城尚未下。时冬寒已近,乃从左右之言,许与卜撒因和。约以乌浒河为界,互换俘虏。856 年 10 月 14 日(1452 年 10 月 28 日),巴八儿米儿咱始退兵,于 857 年 1 月 4 日(1453 年 1 月 15 日)还哈烈。③

两年后,以沙忽辛迫胁其使者,遣军讨之。沙忽辛逃,为其下所杀,巴八儿米儿咱遂并入其地。已而祸楼答而有乱事,亦遣军讨平之。

860 年(1455—1456)初,巴八儿米儿咱得重疾,虽经医师治愈,然据史家言,有几种凶兆,预示其在世之日不久。一日忽有大雾在天空牛宫星座遮掩日光,此星座即是代表哈烈城的星座,此其一事。复有彗星在二十四

① 钧按:此人与后杀卜撒因之米儿咱牙的格儿似非一人。
② 见《哈烈史》译文 297—298 页。伯劳温书 388 页。
③ 见《哈烈史》译文 298—302 页。

小时内凡两见,大放光芒,此又一事。徒思有一教长墓堂,巴八儿米儿咱常赴其地巡礼,一日忽见有人持乐器作悲歌,倏尔隐灭,此又一事。巴八儿米儿咱曾于是时发愿戒酒,然其后未守其戒。861 年初(1456 年 11 月—12 月),复还徒思,仍沉溺于酒色。是年 4 月 25 日(1457 年 3 月 23 日),于盛怒中得疾暴亡。别有一说,谓其中毒。人言他死时颇悔前非。

巴八儿在位计有十年,其国因侵略颇增疆土。最盛时领有呼罗珊、祃椮答而、西模娘、担蔑罕(Dameghan)等地,而抵巴达哈伤,白乌浒、马鲁、马罕(Makhan)而抵谢咓斯单(Zaboulistan)。后失伊剌黑、法儿思、起儿漫三地。[①]《哈烈史》说他虽游乐不理国事,然治事严,处事慎,亦足多也。[②]

第五章 卜撒因(1455—1459)

卜撒因[③]生于 830 年(1427),是摩诃末乌马儿之子、米兰沙之孙。摩诃末乌马儿病危时,兀鲁伯来视疾,乃以卜撒因托之教养。迷儿晃的说他思想高尚,为人贤明,爱护学者文人。阿不法即勒(Abou'l-Fazl)誉他语言慎重率直,体貌都丽,与蒙古人迥异;且善战,其据地先仅限于呼罗珊,嗣后斥地甚广,自可失合儿达帖必力思,自起儿漫及木勒檀(Moultan)而抵印度及花剌子模。其在位之重要史料,要数迷儿晃的、晃迭迷儿、奥都剌匝克三书。维尼思人所撰的行记,名称此王曰 Busech,对于他也有些记载,可资参考。[④] 卜撒因曾娶兀鲁伯之女为妻,始在妻父军中为将。853 年(1449),奥都剌迪甫叛变之时,他得阿儿浑(Arghoun)部中突厥蛮部落之助,谋据撒马儿罕而未成,旋在不花剌城即位。次年,为奥都剌米儿咱

① 见伯劳温书 387 页。
② 见《哈烈史》译文 304 页。
③ 见迷儿晃的书第六册 228—265 页,又第七册 11—12 页。晃迭迷儿书第三册 181 页,又 228—243 页。
④ 见伯劳温书 388—390 页。

所逐,奔突厥斯单。

　　卜撒因败后,与月即别汗阿不海儿结盟,以兀鲁伯女剌必埃莎勒坛别昆(Rabi'è Sultane Begum)妻之。一年后,855 年(1451)时,借其力占据河中,阵斩奥都剌米儿咱。月即别部乘势残破撒马儿罕。卜撒因半用计策,半用馈赠,语之曰:"地小不能容二主。"月即别部乃退兵。卜撒因遂谋侵并伊剌黑之地,然察合台汗爱薛不花汗(Isa Rogha khan)屡来侵,因受牵制。爱薛不花兄要奴思汗(Younous khan)时求学于泄剌失城,卜撒因召之至,与之缔约,命其统率国中诸蒙古部落,使为藩臣。数年后,卜撒因又纳要奴思汗之三女为其子妇,盟约愈固。由是爱薛不花汗为兄所制,不复能为卜撒因患。[①] 卜撒因陆续侵略,据有呼罗珊、巴达哈伤、可不里、建答哈儿等地,与伊剌黑、印度两地相接。巴八儿米儿咱曾围攻撒马儿罕四十日而不能克。859 年(1455),卜撒因与奥都剌迪甫之诸子战于巴里黑,杀其一子阿黑麻(Ahmed),别一子摩诃末尤乞(Mohammed Djouki)奔投月即别部。其汗阿不海儿先与卜撒因结盟者,至是又助摩诃末尤乞而抗卜撒因,请其邻部鞑靼酋长不儿该莎勒坛(Burguè Sultan)以兵助之,战于撒马儿罕附近,取沙鹿海牙,渡乌浒河,进击蔑即的汗(Mezid khan)所将之敌军。时阿不海儿将皮失干乌黑阑(Pichk-end Oghlan)统右翼,不儿该莎勒坛统左翼,摩诃末尤乞以军从,蔑即的汗战不胜,退守诸堡。摩诃末尤乞之势遂振于河中。[②]

　　861 年(1457),巴八儿米儿咱死,呼罗珊一地争夺之烈,尤甚于沙哈鲁死后。巴八儿米儿咱子沙马合木仅有十二岁,势须与许多竞争的人竞争,其中一个重要的竞争人是卜撒因,还有一个最大的劲敌,是阿老倒剌子亦不剌金米儿咱。此人自狱逃出后,征集军队,进向哈烈,想在沙马合木之前到达。时哈烈城中混乱,有一个无赖在城中自称长官,重税居民。异密

----

① 见米儿咱海答儿都黑剌(Mirza Haidar Dughlat)所撰《*Tarikh-i Rashidi*》书,N. Elias & D. Rose 译文 81—84 页,并参考《回教大全》第一册 107—108 页 Beveridge 撰文。

② 见范别利书第二册 13—16 页。

失儿哈只(Chir Hadji)讨斩之,往迎幼主即位。

然亦不剌金米儿咱之军已迫,时城中平民贵族归心于彼者为数不少,乃请出沙哈鲁后高赫儿沙的出任调人。有些意思不善的人,对失儿哈只说,太后钟爱阿老倒剌,将立其子亦不剌金米儿咱,沙马合木恐无即位之望。

失儿哈只信其言,乃于诸异密在宫中聚议之时,偕教士忽辛的宛乃(Hosein Divanè)①入宫,杀数人,自亦负伤,遣送高赫儿沙的于沙哈鲁所建之学校,自挈沙马合木退据亦黑迪牙儿丁堡。已而闻亦不剌金米儿咱将至,又遣送沙马合木赴麦失赫的,本人逃奈剌图堡。

861 年 7 月 7 日(1457 年 5 月 31 日),亦不剌金米儿咱入据哈烈。越一月,沙马合木集兵,与之战于忽速牙(Kousouyè)之地,双方互有胜负。末后异密阿合马答剌罕(Ahmed Tarkhan)破沙马合木军,虏其将校辎重。

亦不剌金米儿咱得势亦未能久。卜撒因引兵至,亦不剌金米儿咱力不能抗,逃走。哈烈城居民出城迎来师,8 月 26 日(7 月 19 日),卜撒因入哈烈。仅有亦黑迪牙儿丁堡守将阿合马牙撒兀勒(Ahmed Yasaoul)忠于亦不剌金米儿咱守堡不降,卜撒因亲攻之,不能下,乃与结停战约。卜撒因以为高赫儿沙的欲召亦不剌金米儿咱至哈烈,9 月 9 日(7 月 31 日),遂杀此后。已而取奈奈图堡,守将失剌儿只降,戍兵拒不纳款,皆被杀。②

861 年(1456—1457),卜撒因驻冬于巴里黑。其后未久,陆续与亦不剌金米儿咱、阿老倒剌及黑羊朝主只罕沙等战。

亦不剌金米儿咱逃匿以后,至是复出,命其将阿合马进兵哈烈,本人进兵朱里章,击沙马合木。会撒里牙(Sari)长官叛,召来黑羊朝主只罕沙之兵,先败沙马合木,复破亦不剌金米儿咱兵。亦不剌金米儿咱势蹙,遣使赴卜撒因所求和,卜撒因许之,惟须其让出哈烈州地,别以呼罗珊境内其所欲之地界之,并约其以兵助击突厥蛮。使者承认此种议和条件,然其

---

① 的宛乃犹言疯人。
② 见《哈烈史》译文 304—309 页。

后变故发生,和约遂未履行。①

阿老倒剌流亡于不花剌境及月即别部已久,862 年 6 月 7 日(1458 年 4 月 22 日),投哈烈,依其子亦不剌金米儿咱。已而只罕沙兵至。

先是沙哈鲁死,只罕沙叛,取亦思法杭,屠其民,复取阿哲儿拜展全境及波斯大部分之地,自呼罗珊达瓮蛮(Oman)海岸,悉皆属之。至是又取谷儿只之地,自阿哲儿拜展侵入呼罗珊,所过之地肆杀掠。亦不剌金米儿咱及阿老倒剌逃亡忽儿(Ghour)境内山中,只罕沙进据哈烈,驱阿合马牙撒兀勒于亦黑迪牙儿丁堡外。862 年 8 月(1458 年 7 月),哈烈境内诸酋皆降。只罕沙营于哈烈附近六阅月,会其子皮儿不答(Pir Eoudak)为卜撒因败于木儿哈卜河畔,又闻别子米儿咱忽辛(Mirza Hosein,一作哈散阿里 Hasan Ali)前被拘禁于阿哲儿拜展境内者,至是脱走,乃向卜撒因求和,将以卜撒因前据伊剌黑、呼罗珊之地让之。卜撒因若是进兵哈烈,不难破敌,乃惑于使者之言,缔结一种不利之和约,将伊剌黑、阿哲儿拜展割让于只罕沙,以西模娘为界。突厥蛮于 863 年 2 月初(1458 年 12 月)退兵,复肆抄掠。

卜撒因既至哈烈,见居民久受饥馑之苦,不欲于城中驻重兵,仅留二千骑于城内,余军遣驻远地。阿老倒剌、亦不剌金米儿咱、桑札儿米儿咱(Sandjar Mirza)以为有机可乘。复叛,大败于马鲁、撒剌哈夕两城间。桑札儿米儿咱被擒伏诛,其同叛之二人亦在同年死。亦不剌金米儿咱得里海南岸若干部落之助,谋袭取麦失赫的,未成,死。阿老倒剌则死于其逃依之酋长蔑里章速思(Melek Djansouz)所,②后葬于哈烈。前此未久,诞生一女,名曰剌乞牙莎勒坛(Rakjyè Sultan)。同年卜撒因子沙哈鲁(Chânhroukh)生。

864 年(1459—1460),复有一意外竞争者出。祃栦答而主莎勒坛忽辛

---

① 出处同前 310—311 页。
② 钧按:第四章言阿老倒剌死于 875 年,亦不剌金及沙马合木二人并死于 863 年。此处之阿老倒剌,疑是沙马合木之误。

拔哈都儿(Sultan Hosein Bahadour),自以为是帖木儿孙,①应嗣位,遂举兵,进至撒卜匝瓦儿,为卜撒因所败。卜撒因进取阿思忒剌巴的,会闻昔思田长官哈里欣都该(Khalil Hindoukè)谋据哈烈,为哈烈居民所逐,遂引兵还,释此长官罪不问,命仍守故职,惟别命异密牙喜牙(Yahya)监之。②

865年(1460—1461),又有叛事。奥都剌迪甫子摩诃末尤乞残破河中之地,屯兵于沙鹿海牙。莎勒坛忽辛拔哈都儿乘势复起兵,取阿思忒剌巴的,逐卜撒因子麻合木米儿咱(Mahmoud Mirza),命异密阿儿浑(Arghoun)镇其地,自将兵围攻哈烈,城民拒守。卜撒因闻警,还兵败之,复取阿思忒剌巴的,仍命麻合木米儿咱镇之。先是摩诃末尤乞与卜撒因订休战约,已而乘莎勒坛忽辛拔哈都儿之进兵哈烈,背约复起兵。卜撒因既解哈烈之围,乃于866年(1461—1462)进围沙鹿海牙,围攻凡十阅月。卜撒因亲督战,摩诃末尤乞势穷乞降,乃送之至哈烈,囚禁终身。③

868年(1463—1464),哈烈鼠疫流行。次年复有战事,莎勒坛忽辛拔哈都儿重再侵入呼罗珊,败卜撒因兵,将进攻哈烈,因其将卒之离贰而未果。是年卜撒因安然驻冬于马鲁,及还哈烈,为诸子举行割礼,宴乐五阅月。④

吾人现在抵于白羊朝灭黑羊朝之时代矣。卜撒因因助黑羊朝而被杀。

只罕沙攻底牙儿别克儿城不能下,乃还其都城。872年4月12日(1467年11月10日),为兀孙哈散所袭杀,其遗骸葬帖必力思。其子哈散阿里袭位,自度力不能御兀孙哈散,求救于卜撒因。卜撒因半由好意,半由野心,遂应其请。

卜撒因率重兵往援,分兵据法儿思等地,自将大军进向伊剌黑及阿哲儿拜展。兀孙哈散数遣使请和,卜撒因礼待并厚赐其使者,然要求其主亲来面议。

---

① 钧按:应是乌马儿洒黑子米儿咱忽辛。
② 出处同前315页。
③ 出处同前315—316页。
④ 出处同前316—317页。

兀孙哈散驻夏之所在哈剌巴黑,将受敌侵,乃坚壁清野以困来兵。卜撒因军不得粮秣,遂溃,或投敌军。卜撒因逃,为兀孙哈散之二子所擒。兀孙哈散善待之,然其左右请杀之,遂以付拜宋豁儿子米儿咱牙的格儿(Mirza Yadgâr)。时牙的格儿年仅十六岁,兀孙哈散欲使之君临沙哈鲁之旧国,因其恨卜撒因之杀高赫儿沙的,故以卜撒因付之。盖回教法律许受害人之家属自惩凶手,而且卜撒因数拒和议,罪亦应死,遂于 873 年 7 月 25 日(1469 年 2 月 7 日)被杀。兀孙哈散禁止犯其妻妾,抑掠其帐幕,并命呼罗珊之官吏奉米儿咱牙的格儿为君。①

黑羊朝之哈散阿里亦死于是年。先是他散财募兵,而兵皆叛走,至是为兀孙哈散子斡忽儿鲁摩诃末(Oghourlou Mohammed)所擒,②并其家族同被杀。缘其祖亦思干答儿曾掘发哈剌斡思蛮之遗骸,斩其首以献埃及,兹杀之以报旧怨也。黑羊朝遂亡。

卜撒因死时年四十二岁,计在位十四年。自是以后,帖木儿帝国衰亡甚速。

卜撒因有妻四人,一是土著酋长斡耳朵不花汗(Ordou Bogha khan)女;一是另一酋长沙莎勒坛摩诃末(Châh Sultan Mohammed Badakhchi)女;一是兀鲁伯女;一名哈的者阿哈(Khadidjè Agha),位较低,后嫁莎勒坛忽辛拜哈剌。卜撒因有十一子,虽未人人君临其国,然于米儿咱封号之外,皆受有莎勒坛尊号。一名阿黑麻(Ahmed),二名麻合木(Mahmoud),三名摩诃末(Mohammed),四名沙哈鲁(Cháhroukh),五名兀鲁伯可不里(Olough Beg Kabouli),六名乌马儿洒黑(Omar Cheikh),七名阿不别克儿(Abou Bekr),八名木剌的(Mourad),九名哈里勒(Khalil),十名瓦勒的(Veled),十一名乌马儿(Omar)。晃迷儿书中数人有传。

摩诃末、沙哈鲁二人久为兀孙哈散之俘虏,被释后,流落其地者数年,

---

① 出处同前 317—319 页。
② 一说为兀孙哈散本人所擒。参考伯劳温书 403 页,同 Maic. lm《波斯史》法文译本第二册 252—256 页。

于 899 年(1493)还呼罗珊。沙哈鲁死于撒里牙,葬于哈烈。摩诃末在 905
年(1499)为莎勒坛忽辛拜哈剌所俘。

兀鲁伯可不里于其父在世时为可不里、哥疾宁两地长官,899 年
(1493)尚镇其地。有一子名米兰沙(Miranchâh),曾叛攻其父。《八八儿
记》中曾志其事。

木剌的初为格儿木昔儿(Guermsir)及建答哈儿两地长官,曾奉命据
有起儿漫,父死乱生,出走,后于 880 年(1475—1476)被禁于奈剌图堡。

哈里勒于阿哲儿拜展兵败之时,适在哈烈,后为莎勒坛忽辛拜哈剌遣
至河中,谋创乱而被杀。

瓦勒的一生居突厥之阿鲁剌(Erlat)部落,后为其近幸之人毒杀。

阿不别克儿在卜撒因时镇巴达哈伤之地,莎勒坛忽辛拜哈剌时仍守
旧职,884 年(1479—1480)谋叛伏诛。

乌儿马在撒马儿罕被其兄阿黑麻所逐,逃依阿不别克儿,与之同叛,
被擒,先囚于哈烈,后囚于奈剌图堡,不知所终。[1]

卜撒因至少有九女,古勒巴丹别昆(Gulbadan Bgeum)著录有六人,
八八儿别著录有三人。

第六章　莎勒坛阿黑麻(1469—1494)

莎勒坛阿黑麻[2]是卜撒因之长子,在其父即位之 855 年(1451—1452)
出生,其母是斡耳朵不花汗女、卜撒因之宠妻。八八儿对于阿黑麻品评严
厉,说他是一个淳朴的突厥人,不学无识、谨慎吝啬、性能沉郁,易受左右操
纵;可是也承认他很勇敢忠实,虽好酒而奉行哈涅非派(Hanéfite,今译哈里
发派)的回教甚笃。他最爱的游艺是猎与射,身大而肥,面红,仅颐下有须。

---

① 见晃迭迷儿书第三册 256 页,又 261 页。

② 此时代之主要史料是《八八儿记》,可参考法文译本第一册 34—38 页,英文译本第
一册 17—40 页,并参照迷儿晃的书第七册 38 页,晃迭迷儿书第三册 185 页,米儿
咱海答儿都黑剌书 80、93—130、146、156—161、166—167、178、196、213、336 页。

这个新主即位时,适处困难时代。卜撒因所留存的帝国,土地业已减削,四围有些强邻围绕。西方有波斯未来的主人翁撒非派;南方有君临哈烈、国势兴隆的君主莎勒坛忽辛拜哈剌,此人统治呼罗珊、昔思田、阿富汗等地有二十余年;东方有阿黑麻弟乌马儿洒黑,君临一个完全独立的国家;药杀水(Jaxartes,今译锡尔河)之北,则有势力强盛的蒙古汗要奴思,此人就是八八儿的外祖。①

莎勒坛阿黑麻即位的初年,国难很严重,先同他的兄弟乌马儿洒黑争,嗣与别一兄弟麻合木争。麻合木先被逐出哈烈,已而投奔莎勒坛阿黑麻所,有些不平的人劝他举兵叛兄,谋据巴达哈伤等地。除开这些兄弟之争以外,还有蒙古诸部的攻击。莎勒坛阿黑麻对于这些敌人,曾作过四次大战,虽然击退麻合木之兵,可是对于他敌皆遭失败。对于乌马儿洒黑,则遣人和议;对于要奴思汗,则割达失干、赛蓝(Seiram)及突厥斯单全境以畀之。②

战争以后,接着就是一个长期安静时代。莎勒坛阿黑麻宫廷之华丽,也不弱于哈烈的宫廷。莎勒坛阿黑麻喜欢壮丽的建筑,朝中的贵人于是在撒马儿罕建筑了许多府邸、礼拜堂、学校。八八儿对于摩诃末答剌罕(Mohammed Tarkhan)的府邸,曾致叹赏之意。城中园囿也因之加增。

乌马儿洒黑死,莎勒坛阿黑麻遂据有乌剌迪巴(Ouratipa)、忽毡、马耳亦囊(Marghinan)等区,进营于俺的干(Endidjan)附近忽巴(Kouba)之地。时乌马儿洒黑袭位的儿子八八儿在俺的干,将抵抗。然在抵抗以前,先遣使修好。说他是莎勒坛阿黑麻之臣,同时也可以说是他的儿子,若是须要一臣统治此地,似以他为较善。可是莎勒坛阿黑麻“为人闇弱,无定见,语言举止皆听诸别乞(beg)之命。时诸别乞不欲和,乃作强硬的答复,仍进兵”。③ 但是忽巴的河流很危险,而赤儿(Tchir)河流也不易渡过,军

① 见范别利书第二册 18 页。
② 见范别利书第二册 19—20 页。
③ 语见《八八儿记》法文译本第一册 34 页,英文译本第一册 30—31 页。

中马匹死了不少,八八儿的军势很锐,于是乎才许和。莎勒坛阿黑麻回师时,得病。899 年 10 月中(1494 年 7 月)死于乌剌迪巴附近阿黑速(Aksou)之地。

莎勒坛阿黑麻有妻六人,一名迷儿尼格儿哈奴木(Mir Nigâr Khanoum),是要奴思汗之长女,也是八八儿之姨母;一名塔儿罕别昆(Tarkhan Begum);一名忽秃黑别昆(Koutouk Begum),最得宠,然嗜酒而性能暴烈,曾被赐死;一名罕匝歹别昆(Khanzadè Begum);一名剌迪肥别昆(Latifè Begum),是阿黑麻哈只别(Ahmed Hadji Beg)的孙女,后嫁邯匝莎勒坛(Hamza Sultan),生三子;一名哈必拜莎勒坛别昆(Habibè Sultan Begum),是莎勒坛哥儿浑(Sultan Arghoun)的侄女。

莎勒坛阿黑麻有四子,死年皆幼。迷儿阿里失儿①对于诸子中的摩诃末莎勒坛(Mohammed Sultan)称誉备至,说他雅慧和蔼,精研学术,无师自通,亦善诗词,曾赴默伽行礼,持身很严。

莎勒坛阿黑麻有五女,一名剌必埃莎勒坛(Rabi'è Sultane),是长女,亦称哈剌阔思别昆(Karagueuz Begum),先嫁莎勒坛麻合木,后嫁札你别(Djani Beg);一名撒里海莎勒坛别昆(Salihè Sultane Begum),曾嫁八八儿,因为受了剌必埃的唆使,离他而去;一名莎勒坛别昆(Sultan Begum),历嫁莎勒坛阿里(Su tan Ali)、帖木儿莎勒坛(Timour Sultan)、麻黑的莎勒坛(Mehdi Sultan)三人;一未详,此四女皆忽秃黑别昆所出。最幼女名马速买莎勒坛(Ma'soumè Sultan),是哈必拜所出,嫁八八儿,以难产死。

八八儿并记述莎勒坛阿黑麻的左右近臣,②说有大侍从官札你别都勒歹(Djani Beg Doulday),是撒马儿罕长官,对于其主权势非常之大,性情奇特,最嗜斗争。又有阿黑麻哈只别者,为哈烈及撒马儿罕长官,意志坚强,亦善作诗。又有迭儿威失摩诃末答剌罕(Dervich Mohammed

① 见《亚洲学报》1861 年刊第十八册 295—297 页,并参考晁选迷儿书第三册 220 页,又 261 页。
② 见《八八儿记》法文译本第一册 43—48 页,英文译本第一册 38—40 页。

Tarkhan)者,是莎勒坛阿黑麻之舅父,为诸别乞长,信教笃,持己严,嗜猎与棋,后在民变中被害。其婿奥都阿里答剌罕(Abdul-Ali Tarkhan),为不花剌长官数年,性情迥异,奢华倨傲而专横,其人颇不利于帖木儿朝。他有一子名拔乞答剌罕(Baki Tarkhan),袭父位,后败于昔班尼,投八八儿,已而殁于阵。又有莎勒坛忽辛阿儿浑(Sultan Hosein Arghoun)者,聪明有才能,后亦附八八儿。又有异密忽勒摩诃末(Koul Mohammed Baghdadi Koutchin)者,为人刚毅。畏吾儿人奥都克林(Abdul-Kerim Achrat),为人亦同,并以仁厚得名。

第七章　莎勒坛麻合木(1494—1495)

莎勒坛麻合木,是卜撒因第三子,以 857 年(1453)生,同母兄莎勒坛阿黑麻死,袭位。八八儿说他身短而肥,少须,沉默寡言,为人瑕瑜互见,为政井井有条,无事不知,能驾驭人;可是同时是个醉汉,好男色,终身与俳优及卑污之人为伍;虽守教礼祈祷,然不甚信教,识字无多,乃自命好文学,作恶诗,并好游猎。[①]

卜撒因被擒之时,莎勒坛麻合木得脱走,先至哈烈,被莎勒坛忽辛所逐,逃依莎勒坛阿黑麻。已而为策士等所怂恿,以出猎为名,据有巴达哈伤之地,合骨咄、迭里迷等地为一国。899 年(1493—1494),围攻只罕吉儿米儿咱(Dj-hanguir Mirza),[②]数战不利,得疾解围去。

次年莎勒坛阿黑麻死,撒马儿罕之贵人迎他即位。会有卜撒因兄蔑奴扯儿米儿咱(Menoutchehr Mirza)子蔑里摩诃末米儿咱(Melik Mohammed Mirza)图谋袭位,未成,莎勒坛阿合木至撒马儿罕杀蔑里摩诃末,并及莎勒坛阿黑麻之四子。暴杀以后,继以暴敛,民不聊生,贵人不

---

① 见《八八儿记》法文译本第一册 51—60 页,英文译本第一册 41—52 页,并参考迷儿晃的书第六册 244 页,又第七册 20、47 页,晃选迷儿书第三册 226、237、264、275 页。

② 钧按:此人是八八儿弟。

敢外出,妇女受辱,儿童被好男色者所掠。君主左右皆沉溺于酒色,侍臣中权势最大者为豁思罗沙(Khosro Châh),商业遂致凋敝。

　　莎勒坛麻合木于长子麻速忽米儿咱(Mas'oud Mirza)同莎勒坛阿黑麻的次女撒里海莎勒坛结婚时,曾遣人送赠馈物于八八儿。使者是一要人名哈散雅古(Hasan Ya'koub)者之戚,受其怂恿,谋以只罕吉儿米儿咱代八八儿。八八儿祖母也先倒剌别昆(Isan Devlet Begum)时常参与政务,闻悉其谋,乃聚其孙之党以平乱。哈散雅古得脱走,将奔撒马儿罕,追兵至,在夜战中为其左右所杀。

　　莎勒坛麻合木在位六月余,900 年 4 月(1495 年 1 月)得疾,数日死。所遗家属甚众,十年后投依八八儿所。莎勒坛麻合木妾甚多,以月即别氏绰剌别吉阿合(Zohra Begui Agha)最得宠。正妻四人:一名罕匝带别昆(Khanzadè Begum),是迷儿不卓儿(Mir Bouzourg)女,在诸妻中最得宠爱,其死也,莎勒坛麻合木颇惜之;二妻亦名罕匝带别昆,是迷儿不卓儿之孙女;三妻名排洒别昆(Pèchè Begum),生一子,名拜宋豁儿米儿咱(Baysonkor Mirza),三女,最长者嫁蔑里摩诃末米儿咱;四妻名莎勒坛尼格儿哈奴木(Sultan Nigâr Khanoum),是要奴思汗女,生一子,名莎勒坛歪思米儿咱(Sultan Veis Mirza)。

　　莎勒坛麻合木共有子女十六人。子五人,莎勒坛麻速忽最长,他同莎勒坛忽辛米儿咱(Sultan Hosein Mirza)皆是罕匝带别昆所出,莎勒坛阿里米儿咱(Sultan Ali Mirza)为绰剌别吉阿合所出。女十一人,罕匝带别昆二人生五女,长女配阿不别克儿可失合里(Abou Bekr Kachghari);次女别该别昆(Beguè Begum),嫁莎勒坛忽辛拜哈剌子海答儿米儿咱(Haider Mirza),因此和亲,遂解喜撒儿(Hisar)城之围;三女阿黑别昆(Ak Begum);四女爱别昆(Ay Begum),嫁只罕吉儿;五女宰奈卜莎勒坛别昆(Zeineb Sultane Begum),嫁八八儿,八八儿对她留下了一个很坏的遗念。排洒别昆生二女,长女嫁蔑里摩诃末米儿咱。绰剌别吉阿合生三女。

　　莎勒坛麻合木朝中最有势力者,是豁思罗沙。他是钦察人,所部私属人有二万,在伊剌黑失利之役中,曾有功于其主。八八儿对他的品评很坏，说他狡猾残忍，忘恩负义，表面奉教，智识有限。他曾杀其恩主之一子，又将其别一子双目烙盲，胆极小，从来不敢宣战。他有一弟名威里（Veli），恶劣与之同，后为昔班尼所杀。同他们兄弟为敌的摩诃末按赤不花（Mohammed Iltçhi Bogha），倒是一个勇猛的战士，同一个进忠言的人，后在战中溺毙。有艾由卜（Eyyoub）者，是拜宋豁儿之傅，为人聪明有决断，同时是一个滑稽家。还有洒黑奥都剌（Cheikh Abdollâh），是莎勒坛麻合木之婿，同马合木（Mahmoud）并有才能，此二人皆是巴鲁剌思部人。

〰 第八章　莎勒坛麻速忽（1495—1499）〰

晃迭迷儿书①同《八八儿记》②所志莎勒坛阿黑麻死后之事各异。晃迭迷儿书言莎勒坛麻合木长子莎勒坛麻速忽袭位，他的两个兄弟拜宋豁儿同莎勒坛阿里举兵叛，莎勒坛阿里被擒，受烙目之刑，然未致盲，从不花剌逃走，投奔莎勒坛忽辛拜哈剌。拜宋豁儿不能继续争斗，也矫装从撒马儿罕走投豁思罗沙。莎勒坛阿里逃到哈烈，莎勒坛忽辛拜哈剌以女妻之，命他率一军往攻麻速忽同拜宋豁儿，然为豁思罗沙策略所败，退还哈烈。拜宋豁儿时在昏都思（Kondouz）城，豁思罗沙将他杀害，尽夺巴达哈伤全境。至若莎勒坛歪思米儿咱则自莎勒坛阿黑麻死后逃往突厥斯单，依其母族，不问国事。由是莎勒坛麻速忽无争位之人，安主其国迄于905年（1499—1500）。

八八儿则言莎勒坛麻合木在生时，曾以喜撒儿授莎勒坛麻速忽，以不花剌授拜宋豁儿，许此二人驻留此二城中，所以莎勒坛麻合木死时二人皆不在侧。诸别乞乃召拜宋豁儿至，奉之为君。

莎勒坛阿里时镇乌剌迪巴，会有巴巴忽里别（Baba Kouli Beg）将往投

---

① 第三册275页，又293页。
② 法文译本第一册63—64、68—72、81—82、91、110—111、121—122、126—129页，英文译本第一册47—48、50、52、57—58、64、71、93、95、130、21、265—267、302页。

八八儿,莎勒坛阿里讨斩之。八八儿自将兵至,莎勒坛阿里以乌剌迪巴委长官留守自逃去,后此长官背主以城献。旋莎勒坛阿里又与八八儿和好,曾以兵助他围攻撒马儿罕。莎勒坛麻速忽亦以兵至,但是他的目的仅在取得洒黑奥都剌的女儿,既得之,遂解围。偕洒黑奥都剌女还喜豁儿。已而豁思罗沙遣官围攻喜撒儿,数日不克,议和而去。

同年,质言之,903 年(1497—1498),豁思罗沙偕拜宋豁儿引兵至支汗那(Tchaghanian),遣使与莎勒坛麻速忽约,会攻撒马儿罕,脱得之,则一方驻此城,一方驻喜撒儿。

会洒黑奥都剌弃拜宋豁儿往投莎勒坛麻速忽。莎勒坛麻速忽待之甚厚,诸臣不平,多投拜宋豁儿。拜宋豁儿遂与豁思罗沙合兵,自支汗那袭据喜撒儿。莎勒坛麻速忽时不在城中(903 年,即 1497—1498 年),闻讯逃依洒黑奥都剌,已而又逃哈烈,莎勒坛忽辛拜哈剌待之甚厚,然莎勒坛麻速忽复离去,赴豁思罗沙所,豁思罗沙烙其目,遂成盲人,又走哈烈。912年(1506—1507),八八儿曾在哈烈见之。次年,莎勒坛麻速忽为月即别部人所杀,其妻撒夕拔黑惕别昆莎勒坛(Se'adetbakht Begum Sultane)退居默伽。遗一子一女,女配赛夷米儿咱阿拔(Seyyed Mirza Apak),莎勒坛忽辛拜哈剌之戚也。

第九章　拜宋豁儿米儿咱(1495—1499)

拜宋豁儿米儿咱是莎勒坛麻合木第二子,以 882 年(1477—1478)生于喜撒儿。[①] 八八儿说他是一个颇类突厥蛮的青年,身长不逾中人,面红,眼大,举止都丽,为人仁厚、正直,聪明练达。幼受一十叶派人之教养,曾为十叶派信徒,后来复信正宗教(Sunnisme),信教尚笃,可是沉湎于酒。

---

① 其在位时代之重要史料是《八八儿记》,法文译本第一册 61—69、77—78、121—127、146—149 页,英文译本第一册 50—56、61—67、73—74、93—96、110—112 页,并参考晃选迷儿书第三册 201 页。

善绘画,亦能诗,有名波斯诗人阿底里(Adili),就是他的别号。

拜宋豁儿米儿咱初镇不花剌,900 年 4 月(1495 年 1 月),嗣父位,至撒马儿罕,然尚有若干时保有不花剌之地。后至 901 年 9 月(1496 年 5—6 月),因诸答剌罕之乱,遂将其地丧失。有两个邻城的别乞失和,其中的迭儿威失摩诃末答剌罕,自不花剌至撒马儿罕,废拜宋豁儿,奉莎勒坛阿里为主。拜宋豁儿矫装逃走,已而城中乱起,复奉拜宋豁儿为主。迭儿威失摩诃末被杀,执莎勒坛阿里,以火烙其目,未全盲,得脱走,奔不花剌。

拜宋豁儿米儿咱将兵攻不花剌,为莎勒坛阿里同诸别乞之兵所败,退还撒马儿罕。已而受三方面之围攻,一方是莎勒坛阿里的追兵,又一方是莎勒坛麻速忽同豁思罗沙之兵,而八八儿也想据有撒马儿罕,引兵来会。围攻三四月,冬季已近,撒马儿罕尚能久守。莎勒坛阿里遂约八八儿退兵,莎勒坛麻速忽来攻之目的,盖在娶洒黑奥都剌之女,会得女,志已满,亦解围去。

902 年(1496—1497),拜宋豁儿谋袭取不花剌,为城民所却。时八八儿与莎勒坛阿里约,自俺的干、不花剌两城各起兵,共取撒马儿罕。拜宋豁儿闻讯,仓皇退走,其军被八八儿所袭击,大受败创。泄剌失城长官偕其他诸将献其城,并以所部三四百人附八八儿,八八儿遂进围撒马儿罕。

次年(903 年,即 1497—1498 年),拜宋豁儿数遣使至突厥斯单求救于月即别汗昔班尼。昔班尼遽引兵至,被八八儿所却,亦退向撒马儿罕。拜宋豁儿被围六月,见援兵亦败,遂退走昏都思城,依豁思罗沙,沿途丧失士卒辎重不少。

豁思罗沙与拜宋豁儿合兵进向支汗那,遣使伪与莎勒坛麻速忽约,双方合兵共取撒马儿罕,脱得之,一方君临此城,一方则君临喜撒儿,可是暗以喜撒儿畀洒黑奥都剌。先是洒黑奥都剌弃拜宋豁儿而投莎勒坛麻速忽,莎勒坛麻速忽授以骨咄之地,然他贪心未厌,复叛走,还投拜宋豁儿,至是拜宋豁儿与豁思罗沙夺据支汗那。莎勒坛麻速忽既受欺,逃依莎勒坛忽辛拜哈剌,已而赴豁思罗沙所,被他烙盲其目。豁思罗沙暴行以后,以喜撒儿授拜宋豁儿,以骨咄授己弟威里,[1]奉拜宋豁儿继承莎勒坛麻速忽的君位。905 年(1499—1500),决定进取巴里黑时,豁思罗沙召拜宋豁儿至昏都思,同他共进兵。是年 1 月 10 日(1499 年 8 月 17 日),行至乌巴只(Oubadj)之地,命人以弓弦缢杀拜宋豁儿,随从将校数人并被杀,此君主结局如此。八八儿对他颇多褒词,可是说他力量太弱,不能统治其国,不知利用教会人员同月即别诸汗,使他们势力均衡,致有此败。[2] 拜宋豁儿米儿咱曾娶其叔莎勒坛哈里勒之女为妻,无后。

第十章　阿黑昔君主乌马儿洒黑(1494)

乌马儿洒黑是卜撒因之第四子,以 860 年(1455)生于撒马儿罕。晃迭迷儿书[3]说他是一个勇敢战士,然其得名者,要因他是八八儿之父。

他在位时代不久,我们仅由他的儿子八八儿所撰记中,知其人短小而肥,面红,少须,服紧窄衣,在夏天常以蒙古帽代替缠头巾;先好酒,后节饮;奉教笃,谨守哈尼非派的仪式;性仁厚,主持公道;颇嗜战棋(nero),亦好诗词,庇护诗人。[4]

初奉父命镇可不里。将赴镇,因他的兄弟们举行割礼暂留未行,已而受封于俺的干国。到后来除开他的固有领地拔汗那外,又加增了若干地方。一是忽毡系在莎勒坛阿黑麻败于赤儿河后,此城长官所献的;一是乌剌迪巴;一是达失干,一是赛蓝,这两城是莎勒坛阿黑麻割让的;一是沙鹿海牙,是他本人袭据的。乌马儿洒黑为人志大而勇敢。他得了这些地方以后,建都于阿黑昔城。[5] 可是这些地方的收入,仅能养给士卒三四千人,

---

[1]　据《八八儿记》,此人善毁谤,好虚荣,行为不端,拜宋豁儿因他而致死,后昔班尼正其罪,诛之。可参考此书法文译本第一册 62 页。英文译本第一册 51 页。

[2]　见思克邻书 178—182 页。

[3]　第三册 228 页。

[4]　见法文译本第一册 8—32 页,英文译本第一册 10—28 页。

[5]　钧按 Akhsi 即 Akhslkath。《新唐书》卷二二一下云,拔汗那居西鞬城,即指此城。

他因此屡谋夺据撒马儿罕,皆遭失败。他在三次大战里面败过两次。一次战于俺的干城北,被察合台汗要奴思所擒,要奴思将他释放,并以女妻之。乌马儿洒黑感恩,常召要奴思汗至阿黑昔,每次必以地界之,然要奴思汗不知保守割地,仅将达失干、沙鹿海牙两城保存至于 908 年(1502—1503)。后来月即别部抄掠撒马儿罕之时,乌马儿洒黑涉冰渡阿里思(Arys)河袭击之,夺其卤获,以还撒马儿罕的居民。还有一次他同莎勒坛阿黑麻战于沙鹿海牙、乌剌迪巴两城间哈思(Khass)之地,要奴思汗袭汗位的长子马合木汗(Mahmoud khan)以兵助莎勒坛阿黑麻,乌马儿洒黑又失利败绩。

后来乌马儿洒黑因跌伤而得疾,死于 899 年 9 月 4 日(1494 年 6 月 8日)。他的妻妾甚众,其中有名可考者,曰忽都鲁尼格儿哈奴木(Kout Iouk Nigâr Khanoum),是要奴思汗女,常随其子八八儿于军中,后殁于911 年(1505—1506);曰兀米的阿哈札(Umid Aghadja),曰塔儿孙莎勒坛(Tersoun Sultane),曰阿哈莎勒坛(Agha Sultane),此三人皆是副室;别有正室三人,曰兀鲁思阿合(Oulous Aka),是火者忽辛别(Khodja Hosein Beg)女,曰法迪买莎勒坛阿合(Fatimè Sultane Agha),曰哈剌阔思别昆(Karagueuz Begum)。乌马儿洒黑有三子五女。长子就是有名的咱喜儿丁摩诃末八八儿(Zahir ed-Dîn Mohammed Bâber);次子是只罕吉儿米儿咱,较小两岁,是法迪买莎勒坛所出;三子是纳昔儿米儿咱(Nasir Mirza),[①]较小四岁,是兀米的阿哈札所出。五女:一名罕匝歹别昆(Khanzadè Begum),年长于八八儿五岁,是忽都鲁尼格儿哈奴木所出,嫁昔班尼,生一子名胡林沙(Khourrem Châh);一名迷儿巴奴别昆(Mir Banou Begum),年长于八八儿两岁,兀米的阿哈札所出;一名失赫儿巴奴别昆(Cheher Banou Begum),年小于八八儿八岁,亦兀米的阿哈札所出;

———————————

① 909 年(1503—1504),八八儿曾将新得之地可不里封给他。他曾受溪思罗沙等的怂恿,想谋夺巴达哈伤,士卒不从,弃之而去,其谋遂未成。可参考《八八儿记》法文译本第一册 341—345 页,英文译本第一册 241—243 页。

所余二人皆是遗腹女,一名牙的格儿莎勒坛别昆(Yadgâr Sultane Begum),是阿哈莎勒坛所出;一名剌乞埃莎勒坛别昆(Rakiyè Sultane Begum),后嫁昔班系的札你别莎勒坛(Djani Beg Aultan)。

第十一章　莎勒坛忽辛拜哈剌及哈烈宫廷(1469—1506)

莎勒坛忽辛拜哈剌,一名莎勒坛忽辛米儿咱(Sultan Hosein Mirzs),又名阿不勒哈疾(Abou'l-Ghazi),他是最后实际君临波斯的帖木儿系的君主,由他的名称可以令人想到迷儿阿里失儿(Mir Ali Chir Nevai)当时所处的灿烂宫廷。这个兼为大政治家的大诗人在突厥诗中所占的地位,同占迷(Djami)在波斯诗中所占的地位相等。这个君主在位时代之事迹,赖有迷儿晃的书、晃迭迷儿书同《八八儿记》,我们知之较详。迷儿晃的书所志此朝事有百余页。[①] 晃迭迷儿一家人几尽受过莎勒坛忽辛拜哈剌的恩惠,他本人是这个君主的孙儿的挚友,所知此朝之事更为详悉。[②]《八八儿记》[③]所志这个君主同其左右的异闻不少。他本人虽是此朝的一个劲敌,然而他对于莎勒坛忽辛拜哈剌的记载公正无私。

莎勒坛忽辛拜哈剌以842年1月(1438年6月)生于哈烈。父名加速丁满速儿(Ghiyas ed-Din Mansour ibn Emirzadè Baykara),其母是燕只吉歹(Iltchikday)部人,名忽都鲁莎勒坛别昆(Koutlouk Sultane Begum)。他的一长兄名拜哈剌米儿咱(Baykara Mirza),镇巴里黑,碌碌不甚知名。兄生三子,曰莎勒坛摩诃末(Sultan Mohammed),曰莎勒坛歪思(Sultan Veis),曰莎勒坛亦思干答儿(Sultan Iskender)。他有二姊,一名阿合别昆(Aka Begum),嫁莎勒坛阿黑麻(Sultan Ahmed),生一子,名乞赤克米儿咱(Kitchik Mirza);一名不的该别昆(Boudekè Begum),嫁阿黑麻汗

---

① 第七册2—104页。

② 莎勒坛忽辛拜哈剌传见其书第三册239—283页。Ferte曾译此传止于254页。

③ 法文译本第一册69—77、88—90、124—126、363—414页,英文译本第一册57—61、68—70、94—95、255—294页。

(Ahmed khan)，生二子一女，子一名马合木（Mahmoud），一名八哈都儿（Behadour），女名罕匝歹（Khanzadè）。

据当时人所撰莎勒坛忽辛拜哈剌诸传，说他志大，很英勇，先奉十叶教，后在即位初从迷儿阿里失儿言，复信正宗教。晃迭迷儿说他曾讨灭若干革新派同异端派，每月曜日同木曜日在议政以前，先同诸法官及神学家议教务，曾以巨款建筑宗教场所。他很尊重法律，有一子杀人，曾将他送到法庭问罪。但据《八八儿记》，他在位最初六七年时，持身虽严，然以后沉湎于酒，惟饮时皆在午后。他既以身作则，于是人皆效之。他染有关节炎疾，不能依教仪而为祈祷，亦不能守斋戒。他喜修边幅，虽在老年，犹服颜色鲜明的绸衣。他善舞刀，喜饲羊鸽，嗜斗鸡，但是这些嗜好并不妨碍他肆力于文学，他保护学者、诗人、艺术家，本人也是个有名的诗人，而以哈散（Hasan）为他的诗人别号。

莎勒坛忽辛拜哈剌在 849 年（1445）丧父。十四岁时，得母之许可，服务于阿不哈寻巴八儿所。858 年（1454），巴八儿既与卜撒因议和，他因为同卜撒因有亲谊，曾赴撒马儿罕谒之，乃为卜撒因囚禁。其母自哈烈来为他辩诬，始被释放，于是又还巴八儿所。巴八儿死，他往投马鲁王末亦速丁桑撒儿（Mo'izz ed-Din Sandjar）。[①] 桑札儿见其能，以女别该莎勒坛别昆（Bekè Sultane Begum）妻之，后生长子巴的斡思咱蛮（Badi'oz-Zeman）。他最初的功业即始于是时，相传他以六十人败卜撒因兵六千骑。[②]

861 年 8 月（1457 年 6 月），莎勒坛忽辛拜哈剌曾一时夺据桑札儿的君位。先是桑札儿闻巴八儿子沙马合木为阿老倒剌子所败，乃亲赴麦失赫的城，莎勒坛忽辛拜哈剌因其友无罪被捕，至是遂乘势夺据政权。已而城民不服，乱起，乃出走。桑札儿遣军追击，败之，随从他的人大半被杀。

---

① 钧按：此人疑是第五章兵败被擒杀之桑札儿米儿咱。
② 晃迭迷儿书第三册 240—241 页，莎勒坛忽辛拜哈剌传译文 7—13 页。

他逃匿草原中数月。①

　　及春,莎勒坛忽辛拜哈剌赴迪任(Tiuen),敌军的逃兵来从。862 年(1458),他率以进击敌兵,杀其将,降其士卒,泳水渡朱里章河,又胜敌军。他想同桑札儿议和,桑札儿不许和,投使者于狱,复遣新军往讨。时从莎勒坛忽辛拜哈剌者日众,札剌亦儿部的骑兵来投,他率以进取阿思忒剌巴的城,864 年 12 月 10 日(1460 年 9 月 26 日),力攻破之,大杀突厥蛮人,并斩其将。②

　　莎勒坛忽辛拜哈剌既逐突厥蛮而据有朱里章之地,遂自立为君,命人在金曜日祈祷中除卜撒因名,代以己名。时卜撒因尚畏突厥蛮,想利用他,姑且对他虚与委蛇,遣使往,称他为"弟",许以册封。等到后来突厥蛮不复足畏之时,乃以兵攻击朱里章君主的一个藩臣。莎勒坛忽辛拜哈剌败擒来侵之将,释之还,表示他同卜撒因的策略各异。

　　嗣后就是一个胜败交互的时代。卜撒因藉词阿剌壁盗匪的抄掠,引兵来攻,莎勒坛忽辛拜哈剌被迫弃阿思忒剌巴的出走,与月即别两个部长结盟。已而盟约破裂,他独自领兵反攻,败莎勒坛麻合木兵,于 865 年 8 月(1461 年 5—6 月)复取阿思忒剌巴的。越二月,引兵进围哈烈。此次围攻很久,并很困难,双方并有些残忍举动。嗣后因军中士卒离贰的不少,而卜撒因亦以兵至,莎勒坛忽辛拜哈剌又被迫逃往阿瓦克(Avak)。③

　　三年以后,868 年(1463—1464)时,莎勒坛忽辛拜哈剌复引兵与卜撒因战于脱儿失思之地,殊死战,他曾手斩敌兵十余人,终以众寡不敌,退走花剌子模草原。已而乞瓦(Khiva)乱起,莎勒坛忽辛拜哈剌力不足以平乱,求救于月即别汗阿不海儿。阿不海儿遣一军往,惟欲他率此军往取呼罗珊。会阿不海儿死,月即别军散,莎勒坛忽辛拜哈剌势逼出走,从者仅三十骑。

―――――――――――

① 　晃迭迷儿书第三册 242—243 页,莎勒坛忽辛拜哈剌传译文 17—23 页。
② 　见晃迭迷儿书第三册 243 页,莎勒坛忽辛拜哈剌传译文 23—34 页。
③ 　见晃迭迷儿书第三册 246—248 页,莎勒坛忽辛拜哈剌传译文 34—48 页。

他适在此时得到卜撒因兵败被兀孙哈散擒杀之讯。阿必威儿（Abiverd）城人奉他为主。卜撒因子莎勒坛麻合木来攻不胜，败走，由是莎勒坛麻合木同其兄莎勒坛阿黑麻放弃夺据呼罗珊的企图。

已而哈烈城人欢迎他到哈烈，于 873 年 9 月 10 日（1469 年 3 月 25 日）推戴他继承卜撒因的君位。莎勒坛忽辛拜哈剌即位以后，恢复秩序，重惩恶人。娶卜撒因二女失赫儿巴奴别昆（Cheher Banou Begum）、巴颜歹莎勒坛别昆（Payendè Sultane Begum）为妻。命迷儿阿里失儿为掌印官（meuhu dar）。在哈烈城中大兴土木，有个著名花园，先名 Bagh-è Mourad 后名 Bagh-è Djihanara 者，就是他创修的。①

874 年 1 月 14 日（1469 年 7 月 25 日），太后菲鲁宰别昆（Firouzè Begum）②死。其后未久，沙哈鲁的后裔牙的格儿摩诃末米儿咱（Yadgar Mohammed Mirza）叛，此人先隶只罕沙，只罕沙死后，他受人怂恿，谋取呼罗珊之地，进至朱里章，略获胜利。是年 3 月 4 日（9 月 12 日），莎勒坛忽辛拜哈剌命迷儿阿里失儿留守哈烈，自率军往讨，战于麦失赫的西北赤纳阑（Tchenaran）之地，牙的格儿败走。

已而牙的格儿复引兵来攻取撒卜匝瓦儿，人心摇动，会莎勒坛麻合木亦举兵。莎勒坛忽辛拜哈剌见其军多离贰，乃逃阿鲁剌（Arla）部，依其部长皮儿摩诃末（Emir Pir Mohammed）。③

875 年 1 月 6 日（1470 年 7 月 5 日），牙的格儿在哈烈即位为呼罗珊君主。可是不久大失民心，因为阿哲儿拜展诸异密把持一切，暴敛虐民，并有人说新君鼓励异端。莎勒坛忽辛拜哈剌从迷儿阿里失儿之言，乘隙图复旧业，率八百五十人袭取哈烈城，迷儿阿里失儿手擒牙的格儿。莎勒坛忽辛拜哈剌欲宥之，诸异密恐其为后患，力请杀之，遂于 875 年 2 月 23 日（1470 年 8 月 21 日）杀牙的格儿。④

① 见晃迭迷儿书第三册 248—249 页，莎勒坛忽辛拜哈剌传译文 48—52 页。
② 钧按：此人未详为何人，要非莎勒坛忽辛拜哈剌之生母。
③ 见晃迭迷儿书第三册 250—251 页，莎勒坛忽辛拜哈剌传译文 71—84 页。
④ 见晃迭迷儿书第三册 250—251 页，莎勒坛忽辛拜哈剌传译文 71—84 页。

莎勒坛忽辛拜哈剌既复位,一反牙的格儿之所为。嗣有莎勒坛麻合木在他的喜撒儿国中举兵,占据巴里黑。莎勒坛忽辛拜哈剌请和,被拒,乃征集所有军队,进战于俺都淮附近扯克门撒来(Tchekmen Selay)之地,败莎勒坛麻合木兵,复取巴里黑,命阿合马木石塔(Ahmed Mouchtak)镇守,而于876年1月(1471年6月)还哈烈。赏迷儿阿里失儿功,晋号为异密,在诸大臣中位列等二。迷儿阿里失儿辞让,不许。越五年,方许他卸除政务,然后来仍不免复出。884年(147—1480),巴里黑长官阿合马木石塔叛,莎勒坛忽辛拜哈剌将重兵,携战具甚伙往讨之。阿合马木石塔惧而请罪,乃宥之。同年七月,命迷儿阿里失儿为哈烈长官。

885年(1480—1481),莎勒坛阿不别克儿①为莎勒坛麻合木所败,奔哈烈,莎勒坛忽辛拜哈剌以女妻之;已而叛走,入巴达哈伤,通过印度,入起儿漫,与突厥蛮酋皮儿阿里(Pir Ali)结合,旋又败走,为其奴所擒献。莎勒坛忽辛拜哈剌欲宥之,诸异密不可,乃杀之。

892年(1487),迷儿阿里失儿被任为朱里章长官。在职一年,请辞职,肆力于宗教、文学。莎勒坛忽辛拜哈剌许之。

其后数年平安无事。901年(1495—1496),战事复起,同时与莎勒坛麻速忽及豁思罗沙战。是冬,莎勒坛忽辛拜哈剌率呼罗珊军进向喜撒儿,军次迭儿迷。时莎勒坛麻速忽营于此城对岸,豁思福沙亦在昏都思城筹备缮守,命其弟威里总诸军。莎勒坛忽辛拜哈剌久待而不能渡乌浒河,乃溯流而上,至克来甫(Kelef),命一将率精锐五六千人渡河袭敌。莎勒坛麻速忽闻警遽退走喜撒儿,莎勒坛忽辛拜哈剌继率大军渡河,分遣诸军击敌,自率军进围喜撒儿。

喜撒儿之围,战甚烈,攻者掘地道用火炮以攻城,凡二月而不能克。莎勒坛忽辛拜哈剌命其子巴的斡思咱蛮将一军往攻豁思罗沙时,豁思罗沙仅有四五千人,而巴的斡思咱蛮人数倍之,反败走。会诸将亦败于骨咄附近之地,于是释喜撒儿不攻,进围昏都思。然因巴的斡思咱蛮之调停,

---

① 钧按:此人应指卜撒因子。

双方议和,互易俘虏。①

莎勒坛忽辛拜哈剌之在位,迄于 902 年(1496—1497),比较国势尚强,命运尚佳。是年以后,否运遂开始矣。喜撒儿一役之失败,遂使黪思罗沙势力突强。莎勒坛忽辛拜哈剌患神经痛之疾,不能动作,偏爱其不肖子木偰非儿米儿咱(Mozaffer Mirza)。益以哈的者别昆(Khadidjè Begum)②之阴谋,驱使其余诸子叛乱。月即别部日见强盛,进迫哈烈国。而哈烈君主父子左右并沉溺于酒色,贵人多暴征聚敛,幸有一廉正大臣整理财政军队,国势赖以挽回,然其人因忌者进谗而被黜。继任之人亦能尽职,然未久即被捕杀,国事遂不堪问矣。

901 年(1495—1496),巴的斡思咱蛮自朱里章移镇巴里黑。他希望以其子木明米儿咱(Mou'min Mirza)镇其旧镇地。已而闻莎勒坛忽辛拜哈剌改命木偰非儿米儿咱镇守,他乃禁止其子移交旧镇所于新长官。莎勒坛忽辛拜哈剌怒,欲兴师往讨,赖为迷儿阿里失儿所谏止。然而父子交恶,不久终不免于一战,莎勒坛忽辛拜哈剌命木偰非儿米儿咱进兵阿思忒剌巴的,自率兵往攻巴里黑。902 年 8 月 29 日(1497 年 5 月 2 日),战于普勒扯剌黑(Poul Tcheragh)之地,巴的斡思咱蛮败走,莎勒坛忽辛拜哈剌得俘虏,尽斩之。盖按例凡附子而叛父者,杀无赦。翌日,9 月 1 日,木偰非儿米儿咱俘其侄木明米儿咱送父所,莎勒坛忽辛拜哈剌从哈的者别昆言,缢杀之,由是怨者益众,多附巴的斡思咱蛮。已而莎勒坛忽辛拜哈剌进兵巴里黑,守者以城降,改命其别子亦不剌金忽辛米儿咱(Ibrahim Hosein Mirza)镇守其地。

巴的斡思咱蛮往投沙叔札(Chân Choudja ibn Zou'n-Noun Arghoun),与之合兵,进围哈烈。迷儿阿里失儿力守,逾四十日,莎勒坛忽辛拜哈剌引兵还,巴的斡思咱蛮解围去。已而他归命,复奉命镇守巴里黑。

---

① 见《八八儿记》法文译本第一册 69—77 页,英文译本第一册 57—61 页。
② 钧按:即第五章之哈的者阿哈,故卜撒因妃也。

903 年(1497—1498),巴的斡思咱蛮欲为其子复仇,重与沙叔札举兵。莎勒坛忽辛拜哈剌围攻不思忒(Bost),已而军中饥,将退走,会守将以城降,乃解围去。时其诸子见其父不能攻下昏都思、喜撒儿、建塔哈儿等地,胆欲壮,复叛。904 年 1 月 10 日(1498 年 8 月 28 日),莎勒坛忽辛拜哈剌用迷儿阿里失儿之策,败巴的斡思咱蛮及沙叔札之兵。又赖其调停使他与其子阿不木辛米儿咱(Abou'l-Mouhsin Mliza)和好,时阿不木辛米儿咱被围于马鲁已三月矣。其别子摩诃末忽辛米儿咱(Mohammed Hosein Mirza)叛于阿思忒剌巴的两次,906 年(1500—1501),落勒坛忽辛拜哈剌亲率兵往平之。①

同年,迷儿阿里失儿见国势日危,忧瘁而亡。莎勒坛忽辛拜哈剌还哈烈时,彼适病,欲往迎,忽昏蹶,后未久死,时在 906 年 6 月 12 日(1501 年 1 月 3 日)。莎勒坛忽辛拜哈剌颇婉惜,为之大治丧。

月即别部势力日强,据有河中全境。911 年(1505—1506),摩诃末昔班尼汗进国花剌子模(今乞瓦),花剌子模人力守十月,不支,城陷。莎勒坛忽辛拜哈剌征诸子兵共御月即别部,并求援于八八儿。八八儿应之。莎勒坛忽辛拜哈剌进至巴里黑附近,忽得疾,于 911 年 12 月 11 日(1506 年 5 月 4 日)夜中死,其遗骸归葬哈烈。②

莎勒坛忽辛拜哈剌在生前会见撒非派之兴,死时又见月即别大帝国之将成立。本人所建之国,包括呼罗珊、吐火罗(Tokharestan)、建答哈儿、昔思田、祸椤答而等地者,四面皆敌,已近末日,而其嗣位之子巴的斡思咱蛮行将死于谪所矣。

莎勒坛忽辛拜哈剌时代,在若干方面固甚光辉,然在不少方面颇可惋惜,是亦一瑕瑜互见的君主应有之成绩也。其人刚毅,能制服艰难,善战,好文艺,不特保护诗人、学者、艺术家,本人亦颇留心文学。在哈烈大兴土

---

① 见《八八儿记》法文译本第一册 88—90 页,又 124—126 页。英文译本第一册 68—70 页,又 94—95 页。

② 见《八八儿记》法文译本第一册 363—364 页,英文译本第一册 255—256 页。

木。惟其在位时间泰半消磨于酒色。相传其与第一妻室离异以后,嬖爱侍童别不的(Behboud),其事似不可信。① 其任哈的者别昆缢杀其孙,盖在醉中。他有正妻十人,妾媵外妇甚众。子十四人,仅有三人嫡出。八八儿以为其诸子几尽不能获享天年者,盖受天罚也。②

莎勒坛忽辛拜哈剌历娶之妻,曰别该莎勒坛别昆(Bekè Sultane Eegum),马鲁主桑札儿米儿咱之女也,后因其性情乖张离异;曰木里别昆(Djouli Begum),阿匝克(Azak)部一别乞之女也;曰失赫儿巴奴别昆,卜撒因之女也,莎勒坛忽辛拜哈剌即位之后,娶为妇,后因扯克门之战,诸妻皆弃舆乘马而从莎勒坛,独失赫儿巴奴别昆不肯下舆,遂被离弃;曰巴颜歹别昆,后于月即别部取呼罗珊后,被遗弃,死于伊剌黑;曰哈的者别昆,卜撒因之故妾,敏慧而有野心,自加"昆别"之号,欲总揽一切,会力主杀木明米儿咱,因其阴谋致使莎勒坛忽辛拜哈剌诸子叛变;曰阿拔克别昆(Apak Begum),无所出;曰剌迪费莎勒坛别昆(Latifè Sultane Begum),亦一得宠之妾也,死于夫前;曰明理别阿哈察(Mingli Beg Aghatcha),月即别部人也;曰帕帕阿哈察(Papa Aghatcha),最得宠爱;曰别该莎勒坛阿哈察(Bekè Sultane Aghatcha),无所出。③ 巴的斡思咱蛮是莎勒坛忽辛拜哈剌之长子,亦帖木儿系最后君临波斯之人。有弟十三人。

沙哈里卜米儿咱(Ghâh Gearib Mirza),是哈的者别昆子,貌陋。但据迷儿阿里失儿之言,其人敏慧,想象力及记忆力并强,兼能作波斯文及突厥文之诗文。曾镇哈烈,以902年(1496—1497)死,无后。生前嗜猎,养鸟,尤喜饲鹰。④

木傻非儿米儿咱,亦是哈的者别昆子,行为不端,诸兄弟之叛变,多原于彼。然最为其父所钟爱。

---

① 参照《回教大全》第二册364—365页。
② 见《八八儿记》法文译本第一册380—381页,英文译本第一册269—270页。
③ 见《八八儿记》法文译本第一册380—381页,英文译本第一册268—269页。
④ 可参考晃迭迷儿书第三册256页,《八八儿记》法文译本第一册372页,英文译本第一册261页。前引别邻之文297—299页。

阿不木辛米儿咱,同摩诃末木辛(Mohammed Mouhsin),别名曲别克米儿咱(Keupek Mirza)者,皆剌迪费莎勒坛阿哈察子,二人皆无所作为。后于 913 年(1507)皆为月即别部人所杀。①

阿不秃剌米儿咱(Abou Tourab Mirza),是明理别阿哈察子。赴伊剌黑时,闻父疾,在退兵时死于道。遗一子,名锁剌卜米儿咱(Sohrab Mirza),后事八八儿。其人貌陋,一眼盲,行为不端,后因罪伏诛。②

摩诃末忽辛米儿咱,是撒非派沙亦思马因之门徒,曾与之同被俘。相传其人甚勇敢,惟八八儿说他是一"顽强的异端"。③

费里敦忽辛米儿咱(Felidoun Hosein Mirza),是明理别阿哈察子,善为诗,并以善射著名。作战甚勇,然不常得胜。曾在担蔑罕为昔班尼所俘,旋被释还,退居乞剌忒(Kilat)。915 年(1509)月即别部取此城时被杀。

海答儿米儿咱(Haider Mirza),是巴颜罗别昆子,镇守麦失赫的、巴里黑两地,曾参加喜撒儿围城之役,死于 908 年(1502—1503)。其女沙别昆(Châh Begum)后在可不里嫁阿的勒莎勒坛(Adil Sultan)。

摩诃末马剌木(Mohammed Ma'soum),亦在 907 年(1501—1502)死于父前。曾镇建答哈儿,后还哈烈。④

费鲁黑忽辛米儿咱(Ferroukh Hosein Mirza),死于 915 年(1509),时年甚幼。

亦不剌金忽辛米儿咱,颇具美质,然好酒,死于 910 年(1504—1505)。⑤

本忽辛米儿咱(Ibn Hosein Mirza),是帕帕阿哈察子。亦好酒。912

---

① 见晃迭迷儿书第三册 277 页,又 283 页。
② 见《八八儿记》法文译本第一册 372 页,英文译本第一册 262 页。
③ 出处同前。并参考晃迭迷儿书第三册 273 页,又 276 页,又 277 页。
④ 见晃迭迷儿书第三册 262 页。
⑤ 见晃迭迷儿书第三册 280—281 页。

年(1506—1507),昔班尼围攻巴里黑时,以兵来援者有他在内。①

摩诃末哈寻米儿咱(Mohammed Kasim Mirza),仅知其母是帕帕阿哈察,不详其生平。

莎勒坛忽辛拜哈剌有数女。巴颜歹莎勒坛别昆所出者,曰阿黑别昆(Ak Begum),在诸女中年最长,嫁八八儿侄孙摩诃末哈寻(Mohammed Kasim Arlat);曰乞赤黑别昆(Kitchik Begum),嫁末剌火者(Molla Khodja);曰别该别昆,嫁八别儿米儿咱(Baber Mirza),死于 911 年(1505)。

明理别阿哈察所出者,曰拜蓝莎勒坛(Bayram Sultan),嫁俺都淮人奥都剌米儿咱(Abdollah Mirza),生一子,后事八八儿,因谋夺政权死;曰法迪买莎勒坛(Fatimè Sultane),嫁帖木儿别(Timour Beg)孙牙的格儿米儿咱(Yadgâr Mirza)。

帕帕阿哈察生三女,曰莎勒坛尼札别昆(Sultane Nijad Begum),嫁从兄亦思干答儿米儿咱(Iskender Mirza);曰别昆莎勒坛(Begum Sultane),嫁莎勒坛麻速忽,时莎勒坛麻速忽目已盲矣;一女佚其名,嫁俺都淮人赛夷米儿咱(Seyyed Mirza)。

莎勒坛忽辛拜哈剌之幼女名爱洒莎勒坛(Aichè Sultane),是卓伯歹阿哈察(Zobeidè Aghatcha)所出,历嫁昔班系之哈寻莎勒坛(Kasim Sultan)同不兰莎勒坛(Bouran Sultan)二人所生诸子,并事八八儿。

〜 第十二章　巴的斡思咱蛮及哈烈国之亡(1506—1507) 〜

迷儿阿里失儿是死在巴的斡思咱蛮即位以前的人,可是他曾在所撰的《诗人传》第八卷中,全叙此君主之事。据说其人是一个有才的诗人,在战中英武过人,在席上谈吐爽畅。莎勒坛忽辛拜哈剌晚年失政,不得人心,所以附和巴的斡思咱蛮的人不少。他曾利用这种情形,叛乱数次,然

始终未能成事。①

　　莎勒坛忽辛拜哈剌死时,巴的斡思咱蛮知道诸弟中为其父钟爱而属望的木偶非儿米儿咱踌躇不敢继承大位,他于是乎又想谋取政权。可是木偶非儿米儿咱同居民全体皆推戴他,由是他同木偶非儿米儿咱共立为主。一国而有二主,这是以前未有的先例。人心因此不安。于是有人引证撒的(Sa'di)的成语说:"十个教士(derviches)可以寝于一件粗布外套之中,而两个居主(pâdichah)不能并立于一个世界之内。"此二君主即位以后,为其父发丧,各命一达鲁花赤(daroughas)管理哈烈城事。②

　　912 年(1506—1507),摩诃末昔班尼进围巴里黑。莎勒坛忽辛拜哈剌诸子皆联合以抗月即别部之兵,只有曲别克米儿咱畏忌木偶非儿米儿咱,不敢以兵至。时八八儿亦将兵以从,他对于这些王子的批评,说他们文雅有余,而英勇不足,消磨时间于宴乐,仅知顾虑仪节,不知顾虑正经事务。八八儿第二次往见巴的斡思咱蛮时,见其对之有些失礼的地方,乃向其规戒,巴的斡思咱蛮颇能听从其言。

　　巴里黑既被围,守将以城降。摩诃末昔班尼听说诸王合兵来御,遂还师撒马儿罕。巴的斡思咱蛮同诸弟对于四五百抄掠的乱徒尚不能讨平,由是妨碍八八儿之进兵。时冬寒已近,他们请八八儿改在春天进攻摩诃末昔班尼,暂时驻冬于呼罗珊境内。

　　这种计划颇有不少流弊,因为可不里、哥疾宁一带地面颇不安靖。然诸王力持,八八儿遂赴哈烈,居迷儿阿里失儿旧宅,每二三日往谒巴的斡思咱蛮一次。自是遂养成饮酒习惯。当时的哈烈,是一个奢华佚乐的城市,宫廷光阴皆销磨于音乐、歌舞、宴饮之中。八八儿居此二十日,很忧心可不里城的情形,遂辞诸王而去。诸王固留之,八八儿不从。③

　　已而摩诃末昔班尼还驻呼罗境内,俺都淮长官盛服奉重币出迎。月

① 可参考《亚洲学报》1861 年刊第十八册 297 页别邻撰文,迷儿晃的书第七册 31、37、41、47、51—52、59—60 页,晃选迷儿书第三册 266、269、271、276、280 页。
② 见《八八儿记》法文译本第一册 414—416 页,英文译本第一册 296—297 页。
③ 见《八八儿记》法文译本第一册 419—438 页,英文译本第一册 294—307 页。

即别人责其不忠,尽剥其衣而夺其物,渡木儿哈卜河,进至巴巴哈乞(Bada Khaki)之地,遇巴的斡思咱蛮同木偰非儿米儿咱之军。顾此军轧轹争竞,内部不和,遂为月即别部所败。二王逃哈烈,仅留数时,复弃其家族于亦黑迪牙儿丁堡而逃。摩诃末昔班尼兵至哈烈,时城中守将号令不一,人心危惧,被围二三日即降。亦黑迪牙儿丁堡逾十五六日亦降。摩诃末昔班尼禁止抄掠,不许毁坏建物,礼待王族。时他已有五十八岁,见木偰非儿米儿咱未婚妻,爱之甚,不听人言,强娶之。徙帖木儿系所藏之黄金宝石于月即别营。人民见来兵无所扰害,亦相安若素。[①] 月即别尽取哈烈后,遣兵分道追击帖木儿系诸王。诸王或被杀,或被擒,除巴的斡思咱蛮外,皆不得免。巴的斡思咱蛮逃依沙亦思马因,沙亦思马因畀以帖必力思城,使居之。迨此城为斡秃蛮人占据时,莎勒坛薛林(Sélim)将他谪居孔士坦丁堡,后在 923 年(1517)得鼠疾死。[②]

巴的斡思咱蛮遗一子,名摩诃末咱蛮(Mohammed Zeman),后事沙亦思马因。920 年(1514—1515),八八儿曾命人延其赴可不里。摩诃末咱蛮不听,走忽儿只斯单,流离三年。晃迭迷儿忠于其主,相从不去。八八儿遣人寻求得之,迎归可不里。八八儿待之优渥,数月后,以女马速买(Ma'soumè)妻之。自是以后,他遂相从八八儿于军中。935 年(1529)必哈儿(Bihar)一役以后,八八儿封他为沼纳朴儿(Junpur)国王。八八儿死,他反对嗣君胡马云。后来得葡萄牙人之助,谋继八哈都儿沙(Bnhadour Châh)之位为胡茶辣国王。然在 946 年(1539)战后溺死。[③]

---

① 见《八八儿记》法文译本第二册 5—8 页,英文译本第一册 325—330 页。Howorth 书第二册 703—705 页,范别利书第二册 262 页。
② 见 Silvestre de Sacy 撰《波斯古物记》第十六卷,又前引别邻之文 206 页。
③ 见《八八儿记》法文译本第一册 380、407—410、415、419、421、432 页,英文译本第一册 385、402、427—428 页,又第二册 522、606、631、639、659、661—664、668—669、671、682 页,并参照同一译本第一册 364—365 页,又第二册 706—707 页译者附注。

〜〜〜 第十三章　兀孙哈散及白羊朝之突厥蛮 〜〜〜

兀孙哈散以 1425 年生。① 木捏斟巴失说他是一个受尊敬的强主,英勇贤明,慈善信教笃,鼓励文士善人,热心创建慈善场所。维尼思使者孔塔里尼(Contarini)曾在 1475 年见过这个君主,据他所记又有不同。他说这个突厥蛮君主性情愉快,不喜矫饰,常延来谒者共食,食时饮酒,列乐人舞者于前。身躯高大,故有兀孙哈散(Ouzoun Hasan)之称,阿剌壁语则作 Hasan At-Tawil,犹言大哈散也。其名实应作哈散别(Hasan Beg)。据孔塔里尼之言,他的面貌比他的年岁较老,所以五十岁时颇类七十岁的人。

兀孙哈散幼年仅为底牙儿别克儿王之时,曾娶特列必宗德之希腊皇帝迦罗若望(Kalo Joannes)之公主为妻。东方史家名此公主曰迭思皮纳可敦(Despina Khatoun),其实名曰 Karoum Komneniyè(Catheriue Commène)。此希腊帝尚有别一女,嫁一维尼思的贵族。兀孙哈散同此迭思皮纳可敦生有一子三女。一女名马儿塔(Martha),嫁洒黑海答儿(Cheikh Haider),此人就是撒非派或撒非朝开业主沙亦思马因之父。

兀孙哈散在位之初数年,几经困难。他的兄弟们皆举兵同他争斗,其中的只罕杰儿,即败于 857 年(1453),尽失所据之地,而死于 872 年(1467),不为人所知。诸叛王之母撒来可敦(Saray Khatoun)曾极力平息这些争斗。861 年(1456—1457)时,兀孙哈散在额弗剌特河畔击败只罕杰儿同只罕沙的联军以后,撒来可敦曾为只罕杰儿、歪思(Veis)兄弟二人求宥罪。只罕杰儿纳其子阿里汗(Ali klian)为质,始免。

此次战胜,兀孙哈散的威名大振,小亚细亚同西利亚境内有几个异密皆纳款请降。864 年(1459—1460),又取喜申海福(Hisn Kaif)之地,命其

---

① 此朝之主要史料是木捏斟巴失书(第三册 157—146 页),同费里敦拜之《国书公牍》。不幸这两部史书著录年代甚少,而所著录者亦难符合。至若迷儿晃的书及其他波斯史书,所志甚简。反之,维尼思国使臣 Contarini 的行记,倒记载有不少详细情节。此外 Zeno 同 Barbaro 二氏的行记亦可供寻究,并参考伯劳温书 407 页。

子哈里勒兀剌(Khalil-o lah)①镇守。同年黑羊朝主只罕沙之子哈散阿里叛父来投，兀孙哈散以其人是一异端，将他驱逐出境。

两年以后，兀孙哈散遣其侄木剌别(Mourad Beg)②赴孔士坦丁堡谒莎勒坛麻合木二世，请他勿侵其妻父迦罗若望之国。麻合木二世不应其请，取特列必宗德之地，由是东罗马帝国之最后遗国遂亡。

越数年，至873年(1468—1469)，兀孙哈散因为前述之事迹，而成为波斯几尽全土之主。这些事迹就是黑羊朝主只罕沙举族之灭，同卜撒因之败亡。

兀孙哈散既取波斯，不久遂与斡秃蛮发生争战。他同麻合木二世向有旧怨，原因有数：一因兀孙哈散在国书中言词倨傲；二因维尼思数遣使来约夹攻斡秃蛮；三因他攻击只罕沙同莎勒坛忽辛拜哈剌，而黑羊朝同帖木儿系与斡秃蛮的国交向来是亲善的；四因他庇护特列必宗德帝国同哈剌蛮诸王，而抗斡秃蛮。③

双方战争的时代，很难确定在何年。波斯史家说在876年(1471—1472)，突厥史家说在878年(1473—1474)。第一战在额弗剌特河畔马剌梯牙附近，此役斡秃蛮人大败，死者同溺者有一万二千人，残军溃走特列必宗德。其后好像在1474年8月，又战于同一地带的邻近谷中，此次兀孙哈散兵败，其子宰纳勒(Zeinal)被杀，辎重尽失，兀孙哈散逃帖必力思。其后他的长子斡忽儿鲁摩诃末(Oghourlou Mohammed)叛据泄剌失，他将兵往讨，斡忽儿鲁摩诃末逃孔士坦丁堡。斡秃蛮莎勒坛厚礼之，许助他代父为波斯主。兀孙哈散乃用计诱之归，先遣使往告其子，言已病，嗣复遣使告已亡。斡忽儿鲁摩诃末闻之，急归，想同哈里勒米儿咱(Khalil Mirza)、雅琥别(Ya'kout-Beg)两弟争位。及至帖必力思，为父所杀。

嗣后兀孙哈散击败埃及兵之残破乌儿法(Ourfa)城者，又进兵入谷儿

① 钧按：此人与哈里勒应是一人。
② 一说作其母撒来可敦。
③ 见伯劳温书411—413页。

只国,取梯弗利司城,强使谷儿只人入贡。后死于 882 年(1477—1478),遗五子,长子哈里勒米儿咱嗣位。余四子曰马克速别(Maksond Beg),曰雅琥别,曰马昔别(Masih Beg),曰岳速甫别(Yousouf Beg)。时已取美索波塔米亚之地于黑羊朝,又取泄剌失,由是波斯、伊剌黑、报达等地皆入白羊朝。有兵五万骑,然马多不良,在整列战中不常有利,可是善于作游击战以困敌兵。兀孙哈散死后,子孙侄辈争权亘二十六年,质言之,迄于撒非朝灭白羊朝之年。①

哈里勒残忍放佚,人所憎恶。他在位时间很短,一说在位六月有半,止于 882 年(1477—1478),一说止于 884 年(1479)。木捏斟巴失说他杀弟马克速别以后,诸弟连兵以抗,②败于帖必力思附近,为雅琥别所杀。

雅琥别继立,在位约有十三年。先是他在哈里勒时,镇守美索波塔米亚、底牙儿别克儿两地。既即位,助失儿湾国王阵斩洒黑海答儿,擒其二子阿里米儿咱(Aii Mirza)同沙亦思马因二人,囚禁于亦思塔哈儿(Istakhar)。他有鉴于兀孙哈散之失败,因同斡秃蛮莎勒坛巴牙即的二世和好。

据当时人的记载,雅琥别是一个爱好文艺的君主,曾鼓励诗人,建筑宫室,嗜酒,并好娱乐。相传其死乃因一种宫廷变故所致。根据一个维尼思的旅行家所记,③雅琥别娶有一妻,虽系出高门,然有外遇,爱恋朝中一个贵人,想将夫主谋害,而以君位奉之。按例,君主出浴时,应以金盏奉饮料,此妇置毒于饮料中,奉盏时,战栗失常,雅琥别疑之,命先饮,然后与其幼子饮其余,俄而三人皆死。事在 896 年 1 月(1490 年十一二月间)。

白羊朝最后几个君主的事迹,颇迷离不明。继承雅琥别君位的人,在位仅二十月,不知是其弟马昔别,抑是其子拜宋豁儿。有人说拜宋豁儿时年十岁,与马昔别战,杀马昔别而自立。据晃迭迷儿书,拜宋豁儿在 897

---

① 参考 Malcolm《波斯史》法文译本第二册 256—259 页。
② 见伯劳温书 414 页。
③ 见 Hakluyt Soc tey 丛书中之《一个商人的波斯行记》179 页,并参考伯劳温书 414—415 页。

年(1491)为鲁思谈米儿咱(Roustem Mirza)杀于巴耳打阿(Berdaa),其后鲁思谈米儿咱在位五年有半,曾将洒黑哈答儿之二子阿里米儿咱、沙亦思马因释放。后至 902 年,鲁思谈米儿咱为斡忽儿鲁摩诃末子阿黑麻别(Ahmed Beg)所败,逃往谷儿只,为人所杀。阿黑麻别在位约一年,岳速甫别子阿勒完米儿咱(Alvend Mirza)继立,在 907 年(1501)为沙亦思马因所败,而其地又尽为自己的儿子摩诃末米儿咱(Mohammed Mirza)所夺,后死于 910 年(1504)。白羊朝最后的君主是雅琥别子木剌的(Moruad),为沙亦思马因所废,其事一说在 909 年(1503—1504),一说在 914 或 915 年(1508—1510)。

第十四章　昔班朝及月即别帝国

我们前此时常说到月即别部,同他们的昔班朝君主。这个昔班朝在 15 世纪时,时常参加于中亚及波斯的历史中,偶而与帖木儿系联合,时常与帖木儿系为敌,后在帖木儿系的故国之上,建设若干强国。自 16 世纪初年迄于 1598 年,质言之,九十九年间,尽有里海以东诸地。①

这个昔班朝(Cheibanide)的名称,实在不合事实。与其名之曰昔班朝,不如名之曰阿不海儿朝(Abou'l-Khairides),质言之,君临河中、花剌子模(别言之乞瓦)、西伯利亚等地的王朝。② 因为昔班(Cheibani)是成吉思汗长子朮赤之第五子,1225 年朮赤死后,他分封之国在白帐汗国附近,并不是月即别帝国的开业主,实在建设此朝的人,是昔班的六代孙阿不海儿。③ 其人生于 816 年(1413),于博剌克(Borrak)死后为上述诸地之主,

---

① Howorth 书第二册 652—739 页,范别利书第二册 35—98 页,并记述有月即别帝国的历史。阿不哈即(Abou'l-Ghazi Bahadour khan)的《突厥系谱》最后二篇,并有著录。Mohammed Yousouf El-Mounchi 的《大不花剌史》仅著录有此朝之要事,可参考《亚洲杂纂》第三册 258—263 页。

② 见 Howorth 书第二册 686 页。

③ 出处同前。

在位四十余年,可以说是月即别部的最光荣时代。不过到了晚年,部众有些离贰,逃到者台国。此国的也先不花汗(Isan Bogha khan)将他们安置在垂(Tchou)河两岸,月即别部的势力因之微衰。到了 875 年(1469),阿不海儿死时,又有别的月即别部众走依先徙的部族,这就是后来的哈萨克或月即别哈萨克(Uzbeks-Kazaks)部的祖先。①

阿不海儿死后,他的孙儿摩诃末阿不法特昔班尼(Mohammed Abou'l-Fath Cheibani)继立。② 此人的名称很多,一名摩诃末昔班尼,一名昔班尼汗,一名沙喜别汗月即别(Chahi Beg khan Uzbek),一名沙亦别(Chaibek)。末一名称就是 Châhbakht 的讹写,此言"王福",是他祖父赐给他的名称。他生于 855 年(1451),父名沙不答(Chah Boudak),母名阿黑忽即别昆(Ak Kouzi Begum)。其祖阿不海儿死后即位时,国势危急,然他能制服一切困难,扩张疆土,取撒马儿罕及河中之地。莎勒坛忽辛拜哈剌死后,诸子或事斗争,或事佚乐,不知联合抵抗外侵,咸被摩诃末昔班尼所破灭。他在三年间,转战印度、呼罗珊等地。

巴的斡思咱蛮被侵,力不能御,乃求救于沙亦思马因,由是宗教问题之争遂启。摩诃末昔班尼以保证正教自命,曾作书致沙亦思马因,胁之曰:"设若波斯君主不归向正教,月即别之战士将赴阿哲儿拜展及亦思法杭两地,用剑使之叛依。壁垒虽高,不足妨其前进也。"

沙亦思马因不答,月即别部众遂侵入呼罗珊南部,进向起儿漫。沙亦思马因至是乃遣使抗议,摩诃末昔班尼命人以教士所持之钵赠沙亦思马因,隐喻其先人之曾为教士。且告之曰:"可追踪其祖旧业,而本人则为成吉思汗之后裔,继承其剑与威权。"沙亦思马因怒曰:"我既为教士,将赴麦失赫的巡礼,吾人可在彼处相见。"

① 见 Howorth 书第三册 183—184 页,范别利书第二册 39 页。
② 主要参考书是迷儿晃的书第七册 61 页以后,晃迷迷儿书第三册 284 页以后。《八八儿记》906—915 页下。《八八儿记》颇多一面之词,必须辅以 *Tarikh-i Racnidi* 同 *Tévarikh-é Gozide Nosrat-Nam è*,后一书抄本现藏英国博物院。Berez ne 所刊布的《昔班尼书》就是此书的节本,阿不哈即书第七篇全载昔班尼的事迹。

其后未久,摩诃末昔班尼方讨非鲁思忽(Fi ouzkuh)之乱,即闻沙亦思马因率重兵进向麦失赫的,同时又闻其子摩诃末帖木儿(Mohammed Timour)败于乞儿吉思(Kirghizes)部人。已而波斯兵击败月即别部戍边兵,侵入麦失赫的,复前进时,摩诃末昔班尼士卒疲乏,且有怨言,四顾无援兵可恃,乃退守马鲁堡塞。

于是沙亦思马因又转而揶揄摩诃末昔班尼,说他不守前言,不来阿哲儿拜展,我将赴呼罗珊寻之。摩诃末昔班尼怒,拔营进战。

916年(1510),波斯兵与月即别兵遇于马鲁附近,波斯兵有一万七千人,佯退走,继木儿哈卜河上诸桥梁,复回战包围月即别兵。月即别兵殊死斗,丧失过半,摩诃末昔班尼率数骑突围出,以创重死于一荒村农舍。有人谓波斯兵得其尸,支解之,以金嵌其脑盖,作沙亦思马因饮器,剥其头皮,实以草,送斡秃蛮莎勒坛巴牙即的二世所。继其右手,送祸楼答而王阿合鲁思谈(Aga Routem),嘲其常求救于昔班尼也。然流行之说则谓摩诃末昔班尼身死之年,即葬于撒马儿罕其所创设之学校中,后遂成为巡礼之所。

先是月即别帝国之势强,八八儿及沙亦思马因并受胁迫,此二君主因利害之共同,遂互约和好。至是沙亦思马因胜月即别部,俘八八儿姊罕匜歹别昆,厚礼遣归八八儿所。

史家对于摩诃末昔班尼颇多贬词,殆以其常背信负义也。但据范别利①之说,则以为波斯史家之批评不能尽信。摩诃末昔班尼通波斯、阿剌壁、突厥三种语言,且为突厥语之良诗人,则波斯史家言其为不识文字之蛮人,非实录也。他用兵时常携书自随,乐与诸神学家相辩难,虽在军中亦然。自莎勒坛忽辛拜哈剌死后,文人、学者多流离失所,摩诃末昔班尼尽延揽之。他在世时并建设学校、礼拜堂不少。此最后在中亚建设一大帝国的君主之事业如此,在文化一方面,与帖木儿系诸君主相比较,不能有逊色也。

---

① 第二册64页。

继承摩诃末昔班尼之位者,是忽春赤汗(Koutchoundji khan),是为月即别诸君主中最强的君主,君临河中二十八年,抵抗八八儿常获胜利。就在八八儿身死之 936 年(1529—1530),亦曾将他击退于呼罗珊境内。以后嗣位者其名如下:

(一)不赛因(Abou Sa'id),是其子,在位约四年,毫无要事可述。

(二)乌伯都剌(Obeidollah),是摩诃末昔班尼从弟麻合木(Mahmoud)之子,后殁于 946 年(1539—1540)。曾却沙亦思马因兵。[①]

(三)阿卜都剌(Abdollah)汗或阿卜都剌一世,是忽春赤子,君临撒马儿罕六月(947,即 1540 年)。

(四)阿卜都剌迪甫(Abdol-Latif)汗,是前人之弟,958 年(1551),曾败亦思罕答儿(Iskender)兵,已而反为亦思罕答儿子阿卜都剌二世(Abdollah Ⅱ)所败。

(五)纳兀鲁思阿合马(Naurouz Ahmed),是速云赤火者(Souyoundji Khodja)子,即位于 959 年(1552),死于 963 年(1555—1556),其都城在达失干。

(六)皮儿摩诃末(Pir Mohammed),是摩诃末札你别(Mohammed Dja-ni Beg)子。在 963—968 年间(1556—1561),君临巴里黑。

(七)亦思罕答儿,是前人之弟,为阿非璘干(Aferinkent)王。968 年(1560—1561),其子阿卜都剌二世奉之为月即别部全部之汗,而自己代父理国事。991 年(1583),父死,始袭汗号。当时之史家谓亦思罕答儿为人粗野愚钝。

(八)阿卜都剌二世,以 940 年(1533—1534)生于阿非璘干,亦是此朝的一个有名君主。他一生曾与其他昔班系酷战,十八岁时作战初得胜利,嗣后有时败,然不因此而气沮,历取巴里黑、撒马儿罕、达失干、拔汗那、巴达哈伤、岐兰、花剌子模等地。他曾改良政治及货币,作了不少公益工程,如桥梁、队商邸舍、水泉之类。因是他的名称在今日尚流传中亚,后死于

———————

① 参考晁迭迷儿书第三册 280—281 页。

1006 年(1598)。①

(九)阿卜都木明(Abdol-Mou'men),是阿卜都剌二世之独子。先镇巴里黑,后谋废其父而夺君位,赖教会调停始免内讧。阿卜都剌二世死后,他君临不花剌仅六月,为其臣民所刺杀,昔班朝遂亡。昔班朝之历史有二要点应注意有:(一)封地由父传子,(二)始终虽以不花剌为都城,然历代君主常徙都别所。君位继承之方法适用蒙古法令,由诸王推举可汗(khakan)同储君(kalaga)。②

第十五章　撒非朝之兴及波斯之统一

撒非朝之创业主沙亦思马因,先世历任教职,自称系出哈里发阿里(Khalife Ali),谓第七教长牟栖哈寻(Mousa Kasem)是其远祖之一人。其族原居阿儿迭比勒(Ardébil),昔在波斯以热心布教、持身严谨著名。其祖有传道师名撒非丁(Sefi eddin),故有撒非派(Séfévi)之号。撒非丁子撒都鲁丁(Sabr ed-Din)素有圣者之称,帖木儿召之至,询其所欲,答曰:"若释放君之斡秃蛮俘虏,则我愿足矣。"帖木儿许之。由是被释之俘虏及其后裔对于撒都鲁丁及其后裔,永为效忠之友。沙亦思马因之能得位,亦赖其力。

撒都鲁丁子火者阿里(Khojda Ali)巡礼默伽后死,葬耶路撒冷。火者阿里子洒黑亦不剌金(Cheikh Ibrahim)不甚著名,然洒黑亦不剌金子卓奈的(Djoneid)则为一权势甚大之教长,其门徒甚众。黑羊朝主只罕沙忌之,乃谪之于阿儿迭比勒。他遂赴底牙儿别克儿,白羊朝主兀孙哈散厚待之,并以妹妻之。他后偕诸门徒赴失儿湾,在一战中受伤死。

卓奈的子莎勒坛海答儿,一名洒黑海答儿,娶兀孙哈散女为妻,此即波斯人所称为"世界之光"(Alem Cho'a),而欧洲人所称为马儿塔者是也。

① 参考《回教大全》第一册 25—26,更范别利书第二册 191—192 页。
② 见 Howorth 书第三册 186—189 页。

海答儿有三子,曰莎勒坛阿里(Sultan Ali),曰亦不刺金米儿咱(Ibrahim Mirza),曰沙亦思马因。莎勒坛阿里成年后,率诸门徒进取失儿湾,冀复父仇,然兵败殁于阵。其遗骸葬阿儿迭比勒,后赴其墓巡礼者人数甚众。

又据别一说,莎勒坛海答儿名望日增,兀孙哈散子雅琥别忌而杀之,囚禁莎勒坛海答儿之诸子于亦思塔哈儿逾四年。898 年(1492—1493)时,鲁思谈谋废当时在位的君主拜宋豁儿,乃释莎勒坛海答儿诸子出,命之往复父仇,遂杀拜宋豁儿于阿哈儿(Ahar)之地。

鲁思谈亦忌其势盛,遣四千骑往击莎勒坛阿里。时莎勒坛阿里部众仅七百,战败殁于阵,死前命其弟沙亦思马因嗣其位。沙亦思马因适避难于黑海附近,乃偕其兄亦不刺金密赴阿儿迭比勒,依其母。

岐兰长官哈儿乞牙米儿咱阿里(Kar Kiya Mirza Ali)助沙亦思马因,对于十叶教大事宣传,而刺喜章(Lahidjan)之速非(Soufis)部人亦助之。此部人别号曰红巾(Kizik Bach),盖其帽色红也。

905 年(1499—1500),沙亦思马因年十三岁,盖其生于 892 年 7 月 5 日(1487 年 7 月 17 日)也。是年在阿儿迭比勒谒墓后,率九部之兵谋复父仇,从者四集,有众七千人,进战于沙马哈(Chamakha)附近古里斯单(Gulistan)之地,杀其仇人失儿湾国王费鲁黑牙撒儿(Ferroukh Yasar),夺其财货,驻冬于马合木答巴的(Mahmoudabad)。

907 年(1501—1502),沙亦思马因取巴苦(Bakou),围古里斯单。闻白羊朝主阿勒完以兵至,乃进战于纳乞哲汪(Nakhitchévan)附近叔鲁儿之地,大败阿勒完兵,擒斩其将,阿勒完逃底牙儿别克儿。沙亦思马因取帖必力思,遂即定都于此城。

次年,沙亦思马因侵入伊刺黑,败白羊朝末主木刺的兵,木刺的逃泄刺失。嗣后屡获胜利,取可咱隆(Kazeroun)、起儿漫、耶思德等地。于 909 年(1503—1504)驻冬于亦思法杭,在此城接见巴牙即的二世之使臣。哈烈国既亡,帖木儿帝国由是全灭,波斯复归一统。撒非派之十叶教遂成波斯国教,摩诃末昔班尼欲拥护正宗教而致败亡,其结果遂使河中与波斯之回教徒分离。摩诃末昔班尼者,盖为中亚最后之建设帝国人,而月即别部盖为中亚之最后之侵略民族也。自是以后，波斯阻遏东方民族西侵之路。①

波斯自为阿剌壁人侵略以来，国虽分裂，然赖蒙古统治之力，获保其国性及语言，撒非派又为巩固之。自是以往，虽屡经危乱，尚能自保其国。此外中国亦赖蒙古之力而归一统，又如 15 世纪以前分崩离析之斡罗思，后复合为一国，亦蒙古人之功也。②

至是波斯及中亚不复见有帖木儿所建设的帝国之痕迹，然帖木儿系尚保存其势力于印度。八八儿被逐于阿黑昔小国以后，曾在印度建设一强盛而持久之帝国。其后人继续君临底里，最后尚虚拥君号，迄于 1857 年云。

① 见范别利书第二册 64 页。
② 见伯劳温书 418—419 页，伯罗洒书 192—193 页。

四

中国西部考古记[①]

色伽兰 撰

序

　　此次考古队原定之计划,系先考察四川一省古物,缘川省之古物,世所鲜知,故此次考察之地,务求其广。次勘测扬子江上流,或金沙江自巴塘至丽江之水道;前者以沙畹(Chavannes)君在河南、山西、陕西调查之成绩为根据,后者则继续波利亚克(Charles de Polignac)考古队海军中校阿德马耳(Audemard)之研究,并借重巴戈(Jacques Bacot)旅行之成绩。

　　考古队于1914年2月1日自北京出发赴西安。复于3月1日自西安首途,沿渭水西行。法占(Ciblert de Voisins)与拉狄格(Jean Latirgue)二君取途左岸,谢阁兰(Victor Segalen)君遵行右岸,至宝鸡会齐。相偕度秦岭,向汉中府进发。3月20日至汉中。又分为二队。拉狄格君南向南江县及巴县进发。法占与谢阁兰二君乃遵旧官道而入四川。复在保宁府(阆中)会齐,从嘉陵江水路赴蓬安县,遵陆至渠县,是为4月20日。嗣后

---

①　选文录自:《中国西部考古记　西域考古记举要》,中州古籍出版社,2017年。

考古队径赴成都,于 5 月 2 日抵四川省城,所受法国领事馆之待遇,实有助于研究调查者不少。旋自成都出发,向东北行,赴绵州、梓潼。还成都后,又下岷江至嘉定府,复由嘉定府至雅州府。考古之任务遂于是告终焉。

7 月 4 日抵打箭炉。甫欲径赴扬子江上流之巴塘勘测长江,即闻江卡、巴塘、河口等处藏人叛动,道途不靖。乃南下赴丽江,拟由丽江循江上溯赴巴塘。乃 8 月 11 日抵丽江,即接奉大动员令,遂取近道回法国。于 1914 年 8 月 23 日抵云南省城。

此次考古队系受教育部与考古学院之赞助而组织,领受考古学院所给伽尔烈(Carnier)基金之利息,并领有美术与考古图书馆重要之津贴,兼赖北京法国使馆之援助云。

此次考古成绩之全部,将分为四类发表,即:

一大写真本,所有照片拓片图画皆属之。

二探考所经路程之地理的测绘。

三自北京赴云南之经行日记。

四研究之文稿,兹所发表者,即其节略,其目有四(按:原目有五,后著者将第五目之中国地理笺注临时删除):

甲中国古代之石刻。

乙四川之崖墓。

丙四川之古代佛教艺术。

丁古代中国之封墓艺术。

～ 第一章　中国古代之石刻 ～

两汉(西汉始纪元前 202 年,终纪元后 8 年。东汉始纪元 25 年,至 220 年)在中国史中所占之位置,就时间言居其中心,就空间言亦甚重要。是时国势极端发展。今日"汉人"之名称,盖为当时留存之旧称,其势力可以想见;而其留存之古迹,当然为人所宝贵,亦不待言矣。今日所见最古之石刻建物(译者按:石刻云者,盖指广义的艺术建筑物而言,不仅指狭义的有字石刻也),即为汉代建物。汉以前秦、周、商所留存者,铜器、陶器、籀文、骨甲文,暨数种石铭而已。商以前寂无闻焉。

当考古队出发之时,汉代此项艺术建物可数者如下。

双阙五,河南有其三,山东有其一,四川有其一,纪元118年至209年时物也。

墓室二所,皆在山东,纪元二世纪中叶物也。

石兽(译者按:原文作飞狮)两对,在山东、四川,为纪元143年及209年物。碑石数座,刻石(dalles)若干。

山东、河南之石阙、墓室、碑石、刻石等之雕画刻文,为沙畹君研究考证之主要材料,业已发表于其所著之《中国北部考古队》(*Mission archéologique de la Chine septrionale*,1909)与《汉代雕刻》(*Lasculpture à l'époque des Han*,1913)二作之中。吾人之寻究,即以此为主要之根据。

但四川之建物,唯高颐之阙,阿隆(d'Ollone)君经过雅州时一见之。欧洲唯见其略图与残缺不完之拓片而已。石兽唯在张神甫所撰之《梁代坟墓》一书中偶见之。此外诸物,虽有照片,然不足以供鉴评也。

上所举之建物及年代,皆属东汉时物。最远之物,为118年之登封县大宝阙。乃创作雕刻造像之西汉古物,反不一见焉。

自此次考古队发见纪元前117年墓道造像之后,东亚造像之研究,遂又远溯至200年以外,像为霍去病墓前足踏匈奴之石马。

霍去病为汉武时建功中亚之名将,事迹具见《汉书》。殁于纪元前117年,年二十四岁。武帝为之建冢于渭水流域,冢南数步,石马在焉。冢前有乾隆时所立之碑,碑文如下:

汉骠骑将军大司马

冠军侯霍公去病墓

石马以整石刻之,质为灰色花岗石。自地至马顶,高一公尺四十分。

其下台石虽已埋没,马身虽小,其姿势之雄健,尚可仿佛得之。

马无鞍辔,身重蹄短,尾长垂地,腹抵一人于下。其人以膝抵马腹,趾接马尾,左手持弓,右手以短矛刺于马胁之中,其头甚巨而后仰,眼大而圆,额低耳巨,其乱须蓬接马胸,一见而知非中国人而为夷狄。此马与人猛勇镇定之状,除完全型范之外,殆难仿造。

此像尚保存而未失其原有轮廓。其人筋络容貌之姿势,与马头耳之原形消耗者相比较,迥乎不同。然亦不难想见其原有之刻势也。

马头东向,与今已不存之西向石马相对立。考其遗迹,墓之北面装饰,似亦相同。此墓之原来形状,俟于研究中国古代封墓艺术中述之。

兹欲言者,此墓真相之证明耳。此事与此像之体范(后亦作体)(style)在别见诸品中,并无相类者,其证一也。乾隆时所立之碑,与史籍文地方志所载霍去病葬地,皆符,其证二也。今日已知之诸古墓,唯霍墓有一特点,即其墓腹墓足皆有块石,盖当时武帝欲使其冢像祁连山以旌其功,故布置如此,其证三也。

霍去病之墓及陕西诸墓,皆无石阙。四川则不然,据其数比较之多,其重要,其建筑之复杂诸点而言,得谓为铭刻建物之最有价值者,亦不为过。

四川之石阙,乃沙畹君检阅省志及《金石苑》始知有之。在今之前,唯雅州(高颐阙)一地已实地调查。此外诸阙,即中国人知之亦未久。顾地理之不明确,此次之调查,实无异乎一种全部的探考(exploration)。

载籍之碑阙,吾人仅觅得三分之二。其余或已湮没地下,或已移徙破碎,皆未可知已。发见者,中有数种,唯存其文,现已为新设建物所框围,仅有其铭文价值而已。其美术吾人无从知之。

吾人又见数阙,上无铭文,故为书籍所未载。

前人所知之此类建物,为数有十。兹经吾人调查之后,其数增为十八。其间九石刻尚保存其建筑的及雕刻的价值,为建物中之甚美者。二石刻较劣。五石刻已倒塌损坏。二石刻现已残砌于新建筑之中。

此种建物在四川省中,据其分配之地而言,可分为三区。东为渠县区,中为梓潼与绵州区,西为夹江与雅州区。再就其体范,其大小,其装置言,得自单简之标型,以至复杂之建筑,分其等次,兹先述次其两端之建物。

单简者可以"冯焕神道"例之。此碑为绝优美之建物,装饰极简。其各部之设置:下为方座;座上为碑身(fût)整石刻成,上端销锐;其上为碑盖(encorbellement);又上为介石(frise);又上为橑(entablement);橑上为顶(译者按:建筑学之专门名词,中文无相对通行名词,兹暂定名如上,附以原文);碑有字二行,文如下:

故尚书侍郎河南京尹

豫州幽州刺史冯使君神道

冯焕碑虽未损缺,然古建物尚未完全留存至今也。据沙畹君所得之材料,河南、山东之建物,皆有扶壁(contrefort)相连,壁上有时有顶,且有与主碑相合而为一者。吾人在渠县所见七阙,无一处见有扶壁残遗之物。但有二证证明前实有之。阙身(fût)之一面,常有一处形方而面不平,较阙身稍低,上有榫眼,显为连接一种副建物之处,其证一。同一方向之方座(socle)伸出,除承受一种副量之外,似无别用,其证二。

但中区及西区之复杂石阙,此扶壁常见保存,阙虽亡而扶壁尚在,其例不少也。

复杂云者,因其建造以石块层砌交置(其体较巨,故不能用独石建置),且其上层较丰,故其雕饰甚富,为冯焕碑之类所不及。

兹举绵州之平阳阙以为复杂石阙之标型,是亦四川有扶壁双阙之独存者也。

其阙层次别为七部:下为座;上为阙身;又上阙盖二层;又上介石一方;再上为橑;橑上为顶。座以板石数面构成。阙身以大石交互层叠砌之,上刻有驾车及行走步卒之状[浮刻(relief)约数公毫(milhmètres)]。其事与其体范,颇与山东墓室之石刻相类。下层阙盖之四角,雕有神头之像。上层之介石,饰以平刻曲枝(rinceaux)。橑上雕刻甚多,四角雕二猛兽相斗,一人引较大一兽之尾,此外则雕两蛇交缠,又有一怪人手持飞马之缰(此外阙身雕有上尖弓形下方之小龛,但为后来之增饰,非原有之雕刻,故略而不述。后于研究佛教肖像中别述之。盖此种增饰,固为损毁原有建物之雕刻,然亦为研究佛教最古最可宝贵之材料也)。

至若扶壁,其式较小,而其体范形貌装饰,诸层皆同主阙。

处此两种石刻之间,有渠县之沈氏阙(译者按:《四川通志》:大川县北一里,有双石阙,上镌沈府君。疑即此也),渠县之无铭阙,夹江县之杨宗阙。沈氏阙,阙外别有一孤碑,阙之层次同冯焕碑,但椽之四围有浮雕显露之美丽雕刻,其间造像极有价值,余仅关系装饰而已。将来刊布写真本,别有详细照片可资参考,兹略。渠县之无铭阙,为数有三,皆在冯碑沈阙附近。阙身极似沈阙,然其椽则较甚重要。中有一阙,亦雕有两猛兽相斗,然其雕势较优,是为汉代雕像美品之一。

其余诸石刻,仅证明前述之资料而已,无他新资料可供研究。其间有多数之阙,皆不完整,如梓潼县杨公阙、贾公阙之类,其文字尚可辨识,书法亦佳。阙之构造诸部,亦可识为复杂之阙。然雕饰几已完全漫漶。贾公阙已不完,唯有一无铭扶壁尚整,今尚在梓潼西门之外。

新都县王稚子阙(按:稚子名涣,见《后汉书·循吏传》),沙畹君已在其《汉代雕刻》中,引起旅行者之注意矣。其碑文《金石苑》颇重视之,为纪元 105 年时物。此类作品无有古于此者矣。

吾人在距新都之北四公里,得见其残碑,文字极明显,现嵌于砖砌方龛之内,龛在大道旁一寻常家屋之中。此屋后院尚遗有残石数块。据乾隆时记述之文,此物似为复杂石刻之一种(译者按:《四川通志》卷五十八云,冢前有双石阙),殆平阳阙、高颐阙之类也。墓距其地不远,今尚保存。

中国载籍之中,"阙"、"碑"两字互用,故墓阙与碑有时相混。如二者形状大致未变,其界限不难分明。设为保存古物起见,加以新建框围,意固可嘉,而其界限遂难判矣。王稚子阙,决为阙无疑。但梓潼县李业之石刻,籍文虽名之曰阙,今尚模糊难定。其形上锐下丰,乃用近代之石附建而成,与阙身有异,盖为独石所制。至梓潼之阙,皆以诸石叠砌之,因其为纪元 25 至 30 年间物,故其问题有提出之必要。别有一汉碑,在绵州西山观,今仅存其文。设此次考古之行,不于雅州及芦山县见高颐及樊敏二氏之壮丽建物,吾人必将以为四川无一完全汉碑可觅也。

高颐碑曾为阿隆氏所认识。其形状与其雕画皆尚完整。高二公尺七十八分。碑上穿孔。有汉代体范最美之螭龙蟠绕其上。碑之方座,坚固简朴,有两长形动物环其两角。碑文因拓之数数,业已磨灭,但于载籍之中,可以见其全文。

樊敏碑之壮丽,不亚于前,而其保存亦较完好。其文尚全。其座则为赑屃。

今请再述浮刻之石兽。兽为飞狮,置于阙前墓道入口之处。高颐阙之石兽,现尚保存,可以例想此外残缺不完石兽之状,如芦山樊敏碑附近稻田中之石兽是也。其身躯凸起,腰部特别高耸,为汉代雕刻石兽之特具体范。其足已碎断。然其头颈身躯,尚保有其不可否认之美观。

吾人所发见之新标型中,有一坐兽造像。颈身下部尚完好。其装饰与其姿势,为汉代造像中所未见者。兽在渠县诸无铭阙附近。别有一大石人,其头已断,其胸已经破蚀,应为阙与兽同时代之作品,特已损坏不能断其体范耳。

上述之造像碑阙,全属墓外之艺术作品。兹应知者,墓之中艺术如何耳。故吾人进入昭化县鲍氏女墓之中,此为在中国初次创见之事。

载籍所志,关于此妇人之事甚略,《省志》唯记其为蜀汉(221 至 265)时人。其墓已为雨水所冲削,墓之一角陷落,此事籍文亦载之(译者按:《四川通志》卷四十五云:"鲍三娘墓在县北十五里,曲回坝南,白水西岸,巨墓巍然。昔时土坼,见墓门石砌坚致如城闉之状,内室幽黑屈曲,人无敢入。今已封闭矣。"又引旧志云:"鲍氏者,关索之妻也。")。吾人即于是处发掘,见一窟室,穹顶,顶以画砖筑之。破壁而下,见一大室,长五公尺四十分,宽一公尺九十分。北壁砖壁已一部倒塌,吾人即由是处进入室中。室中空无所有,无棺椁之迹,掘地始得一额骨。此室应注意之处,即在壁画。壁与顶皆以画砖砌成。其砖之体范,应属汉代。就饰画别其种类有五,有具菱形(losanges)者,有具雕线(stries)者,有模汉武时(前140至前87年)钱纹者,有模四足兽(似鹿)者,有模驾马者。前二类砖,穹顶有之,马与钱在壁上,四足兽在其南端。

此外经吾人探考诸墓,其布置皆同,显系同时代之建物。

汉代留存之石物,不仅此也。四川省中尚独有一种丧葬建物,因其说明之新,材料之富,须特别研究之,此即崖墓是也,第二章专述之。

四川汉代建物保存之程度不等,诸建物皆以砂石为之,唯产地与本质有别耳。渠县之阙,以蔷薇色细沙石为之,其细密部分,尚保存完好。梓潼之建物,以褐黑色沙石为之,石质粗而易毁,故多为雨水剥蚀。又如植物之生长,亦妨害建物之保存。梓潼之杨公扶壁,初与其主阙分离,旋为大树所倒。绵州左方之阙,已因树根生长,石层侧面裂开。雅州高颐阙上有小树一株,正在助其崩解。

别又有一危险,即诸阙多环以稻田是已。阙座浸入水中,不久将为水所湮没。渠县有一无铭阙,业已倾斜,崩塌之期谅不久矣。即不崩塌,亦必因其障碍农作,占据有限耕地,为人改作磨石,中国古迹因此而毁者甚多。

今就所见诸建物全部研究之结果,提出一问题曰:汉时石刻如何发展耶？汉朝为强健战斗生气活泼之皇朝,其艺术之特性亦同,即在造墓艺术之中,从未稍露死丧之意。

其特征即在其"威力",常用动物表现之。汉代大兽姑不论其种类如何,盖为长身之兽,胸大腰耸,筋力呈现,大致以牡类体状居多。此种特征,在阙上之浮刻中亦可见之。其间马卒、猎士、裸身之人、半裸之女、各种兽畜,互相追击,互相斗战,生动之状,虽在墓所亦然。

大型造像及阙上诸浮刻所表现之生意亦同。但在介石之上则不然,其平面浮雕,隐而不露,是为一种表面作法,完全注意于纹线,只顾其四围,但其轮廓极精炼也。由是观之,建物之上有两种艺术,其原来,其模型,其目的,各有不同,并列于建物之上,将继续其进化各不相谋也。

说明建筑术上之图画,不能不连带叙及于中国之书法。盖书法在碑阙之上，地位颇重，碑阙前面常有铭文。笔画之优美，行列之整齐，极为融合。所以中国之考古家，重视文字，轻视无字之物，而载籍之中，或略记之，或竟故意缄默，不为记载。

自西汉迄蜀汉，四川之纯粹中国雕刻，已具述于前，如欲在四川寻求其后之纯粹中国雕刻作品，须迟之数百年后，始能再睹其迹。南朝之梁（501 至 556），尚传有此项作品。而四川自蜀汉以后，譬若离繁茂之区，进入荒原之内，无迹可寻也。陈、隋两代（557 至 620），此地无一纯粹中国艺术建物。纯粹中国艺术云者，与佛教艺术相对而言也。故前此所志，凡属佛教建物，皆未列入。佛教固于东汉时输入中国，但其造像术（iconographie）之输入，晚在二三百年之后。观前述诸作品不受其濡染之事，可以证之。绵州西山观洞中之佛陀，二尊者，二菩萨，五像，乃唐代（620 至 907）之浮刻标型。唯在壁上所刻男女施主石像内，有二女像，其体范近类龙门造像，始见有汉代装饰师曲线之流传，其时已晚在 8 世纪也。第此种中国艺术，在此时代，见于笔绘者多，见于刀刻者少。

陕西乾州唐高宗陵前有一飞龙马，唐代极美造像之一也。当 1908 年沙畹君发见时，唯马头在外，身埋土中，而是时之中国政策，又不容发掘，故未能见其全身。吾人至是始蒙许可，将全身掘出。此石马应为纪元 683 年物，至明朝时因地震与台座分离。其台座距石马不远。石马所缺之下腿，即在其上。则此石马之全角，不难想见也。就雕刻作品言，吾人所得实多。盖吾人由此石马，始知汉代自由创造的古艺术，至是已为体态浮刻的完善知识所代。其凹线（cannelures），马头之姿势，以翅接连前肢，涡纹饰（volutes），诸艺之发展，皆为艺术完成之证明。

提供欧洲人研究之中国新见诸作品，已略为列举于前。吾人对于分析及比较，并未言及。其实此种尝试，亦不可缓，如说明地与地，省与省标型如何不同，如何相近，如何将造像、碑阙、坟墓，依据年代、体范、方位分为系组，如何各个建物自位于中国文化发展之中，诸问题是也。

顾欲答复如是等问题，须先辨别其异点，不唯地与地之异，省与省之异，其大要者，外国之输入也。据吾人所见，伊兰（Iran，今译伊朗）一地之影响最大。虽然，吾人并不因此制限古代中国之天材，且将其无比的特别的纯粹的艺术发扬之云。

第二章 崖 墓

吾人当预备出发之际，覆按诸旅行家及吾人前此旅行四川之记述，曾发生如下问题。

四川某川流岸崖之上，有人工所凿石窟甚众。窟内方广不一，位置亦高下不定。固有为足迹所易至者，亦有攀登极难者。其门近长方形，内有数室，空无所有，亦无古志铭可寻。似难考求其时代，其原始作用，其工人为何种种族，暨其原始居民之性质也。

省县志书、考古著述，亦无记载。唯据舟子挑夫之传说，此为"蛮洞"，为昔日"蛮子"之居室或坟墓。欧洲旅行家闻之，故过其下亦不加以寻求。

顾自脱兰司（Thomas Torrances）君近在岷江江岸崖中，发见诸遗物之后，沙畹君乃预测此处汉墓必多。顾1914年前，所知所已研究之四川汉代遗物甚多，只能设为一种假定而已。

吾人所已探考之窟，限于扬子江之二大支流，嘉陵江、岷江二处。窟之易见者，下临江岸。其余位于分流水道流域之中，大致常于沿岸见之。其方向不定，常依天然崖石之直线开凿窟门。兹将其主要者分列于下：

属于嘉陵江流域者：1. 保宁府；2. 绵州。

属于岷江流域者：3. 江口；4. 嘉定东；5. 岷江下流；6. 嘉定西。

1. 保宁府诸窟

吾人行程所经，初见者为嘉陵江保宁府附近之窟。窟在保宁府城外盘龙山山腹之上，隧深二公尺，后为方窟，高二公尺五十分，上为穹形（按即弓形）。窟门之形，各处皆同。其特点即在门低，上狭而下宽。门楣门框皆有坎（feuillure），盖用以嵌门或其他闭障之物者也。由此两点，可以证明其非天然洞穴，亦非已废石矿。此外保宁窟所具之特点，暂不记述，盖后此说明更较完备之窟，别有记述也。

2．绵州诸石窟诸窟

在绵州南十余公里，嘉陵江支流涪江右岸。此处砂石崖上，有一唐代大佛雕像，此类造像，四川甚多。距像不远，有二窟极可注意。其一窟，入门为隧道，入隧有一外室，室里又有二圹室并列，较外室低四级，其广适可容棺，圹顶穹形，高一公尺十分。别一窟有四圹，外隧旁一圹，内宿左右三圹，皆长一公尺八十分，宽八十分。观诸窟之形式整齐，制作巧妙，决非蛮人布置天然洞穴者可比，实具有一种高等文化之技术也。

岷江流域，将予吾人以尤为丰富之研究材料，并示吾人以四川省内汉代艺术之一重要部分，此尤为始愿所不及者也。

3．河口诸窟

成都南五十里，岷江流抵红沙石高原地方，凿有数窟，并无可注意之特点。至河口之北十里彭子浩地方诸窟则不然也。

江流经一绵亘南北之小山，山腹为红沙石质，山势倾斜，凿窟甚多。顾凿窟于斜坡之上，其技术当较特别，盖坂势虽斜，窟地须平，凿石深入山中也。窟口亦具有前述之特点（上狭下宽，有坎），但其内部则较前述诸窟为复杂。

入口之隧道长二十五公尺，愈入愈宽，宽自一公尺二十分，至一公尺九十分。隧道左壁凿有小圹室二，室长二公尺，其一尚存一棺，及后述之画砖。内隧又有入口，口内隧道较外宽高，自此至里端，宽一公尺九十五分，深十四公尺五十分。合计此窟深约四十公尺。

内隧深五公尺。出内隧为一大室，中有石柱一，柱身八方形，柱之两端四方形。

内隧与大室之左有圹室三。一在隧左，室横列。二在室左，直列，宽同内隧，入口在里端，面向大室。别凿有长方之窗，窗上有格，壁上有置零星小物之所。圹室前角有灶，灶有三眼，皆凿石为之。

除上述内部之布置外，彭子浩窟中之内容，尤有堪注意者。其中有棺，有人骨，有画砖、土器、小像，且有一黏土烧成之瓦棺。虽破碎不完，然尚不难推想其原形也。其盖为凸形,与棺正相合。

画砖有菱形画,汉墓常见之画砖也。土器为无饰画之碗瓶、小像,与洛阳附近邙山出土之像相类。但观其形式之古,其时代应在邙山作品之前。除所集前述诸品之外,附近乡民又献其所得同样物品。其中有一汉制铜瓶,皆足以辅助鉴定也。吾人竟可于此处名之:"曰汉代美术纪元。"兹尚须寻求者,汉代之壁刻耳。盖其刻线曲线,体范易于认识也。此种壁刻,于邻山荆棘中搜得之。有一圹门之上,载有一美丽横额(fronton),其广阔及其体范,与前所见者同,盖一汉代之旧装饰画也。画为两长形雄健之动物对峙,其中间以古钱一枚,左方为一瘦龙,右方为一身躯锐长腰部凸起之翼兽,与渠县阙上之画相同。盖一汉时雕刻,具有其特点者也。

吾人在河口继续寻求,复又得一不意之发现。偕行之儿童,导余等人一穴。穴道甚小,唯容一人。匍匐随之,行十五公尺,发现一室。又入第二室、第三室,皆空无一物,亦无装饰。但第四室中陈有大石棺二具,以沙石作之,雕有饰画,其棺已空。

其一具尚存棺盖三段之二。盖极厚重。棺形方,所雕之长纹线影,盖以极细锐之刻刀镌之。前雕之形像,观其态度体范事物,皆属汉代。其一方骑鹿弱女,曾于数石阙上见之。其一方系桩之马,拙钝之式与河南之少室阙雕画如出一手。其中间雕物,似为二女弈棋,抑掷骰,虽未能详,其为汉刻,亦无可疑。其两和头所刻之二亭,类鲍氏女墓之砖画。又有一鸟,亦类渠县阙上之浮刻。

室中除二棺之外,仅破碎陶片。此墓虽已为人所开,其正门尚保存如故,盖今日入墓之道,为别开之道也。吾人发掘数小时,始将正门寻出。此门即在一短隧之外,门有匡楣,以二大红沙石板阖之。

4.嘉定东诸窟

窟在岷江左岸,与嘉定相对。入窟甚易,现已变为杂沓之民居。居者偕其儿童猪豕共处其中。室甚大,门亦广。今其作用与陕西所见之土窑相同。各室分为人居、畜舍、庋室、槽枥、厕所。昔之明器,今为生者所用。牛唇之下用作槽者,实古棺也。

此种圹室之新异,即在其石额之建筑的发展。石质为紫色沙石,既为雨水淋剥,复为虎耳草所龟裂,然其装饰,尚可见也。此处留心装饰,似较嘉陵江流域为切。例如两窟口之间,刻有假门,而此三门又在一天然圆洞门之中是也。

现存石棺,多就窟石雕刻,并未将石分离,其中且有刻双棺相连者。

诸圹之重要者,在一山谷之腹,一佛寺之后。

其间有一窟,窟内为一大室,宽二十三公尺,深七公尺,高三公尺。里有六圹。窟门上额一部虽塌,余尚隐然可见。是处诸圹之特点甚多,难以备述也。

5.岷江下流诸窟

窟在犍为县上流右岸崖中。岔鱼寺之滩流,即经此崖之下。因下有滩险,故崖上凿路,经此窟下,舟子名诸窟曰"九洞"。

兹专就考古方面调查之。窟口亦有上额,刻有汉代人兽。其中亦无新异之物,内有一石棺,为人去其一面,此即昔日巴伯(Baber)氏所谓之"靠椅"也。此圹虽为昔之幽室,今亦不免为不恤古迹之居民所居。

6.嘉定西诸窟

距嘉定北门十五里,赴雅州大道之道左,有一带紫色红沙石极美之崖,其中凿有多窟,远望可见也。地名"白崖",观其墓窟之发展,非寻常圹室可比。

其正面皆甚广,约占五十方公尺,开有窟门二三不等。二门之间,隔以方柱。诸门之上,建有宽额。入口为门道。后壁为入诸圹之隧道。兹将其间自南至北之数窟,分记于下。

(1)其一窟正面甚奇。其雕画,除纯粹中国旧刻外,尚杂有佛教雕画。后之雕画,必系数百年后增加者。入口有二窟,内广阔。壁上有题名,此乃前此所未见,题名尚保存,审其年号,识为宋刻。

(2)其一正面方形。雕画虽多剥落,幸无增刻。入口二门甚广。门上横额,叠砌二层。上刻之鸟,尚可辨识。室甚大,宽深皆七公尺。题壁尤众。两门中间方柱上,镌"白崖洞"三字,崖洞二字,已半刊。门左有半浮刻碑,高二公尺,碑文为隶体,已多漫漶,第一字尚可辨为汉字。此碑为汉刻欤？但审其缘边刻画,未足信也。窟左壁有一大刻石,其年号为绍兴。

(3)别有一窟,特点亦类前窟。两门间之方石柱,亦镌隶书,剥落殆尽。

(4)又一窟,宽八公尺,深四公尺。正面虽塌,内饰尚完好,可想见其新建时之形状。其雕饰极单纯审慎之能事。外饰既佳,室内设计,亦极调合。汉代艺术遗迹中,间有之欠雅致,无气力,及幼稚之点,兹皆一洗而空之。其简洁及其尺度,可谓已臻完善矣。

据前所述,吾人得断言曰,四川之崖墓,为汉时之中国古墓。

有人以为此乃石器时代之遗迹,此说非也。四川不乏前史时代之遗物,如原始兵器、记念立石之属,然与此处之装饰与体范,时代明确之重要工程,不可同日语也。

至佛教亦与此无关。彼释氏固已在崖上凿龛雕像,为数甚众,固有时不仅于未经雕刻之石上为之,亦有时加刻于已有雕画之石上,如乎阳阙之类.然其造像术之输入四川,据吾人之考究,最古时在纪元 529 年,而诸窟先此三百年已早有之。其间虽有佛教增刻之画,然为时晚矣。

至若以诸窟属于蛮人一说,在今以前,或可主张,盖一无铭志,二无记载也。吾人此次得便利调查,实受此说之赐,缘发掘中国古墓,为至难而亦至险之事。此次入鲍氏女墓,已烦唇舌。调查之第二日,村长率其全村之人来加阻止。所可幸者,掘窟之乡民,仍工作导引如故,且淡然言曰:"此为蛮洞。"

此蛮洞之说,亦不足论。四川自纪元前 3 世纪以来,即参加中国生活,与渭水流域之中国人无异。若言蛮人在居人稠密之处,用中国工师中国雕饰,造作墓室,此事之所未有,亦史书所未载也。

至若以诸窟为生人所凿,而非死人之墓一说,亦不足辩。窟中固有生人所用之物,殊未知中国人之事死如事生,窟中所藏,盖为明器。

设诸窟未经考古家之探求,犹可说也。今既已证实为古墓,故吾人亦不再讨论之。或有谓犍为之额画,与中国画无关系者,此盖欧洲人仅知海港古董店所售古物者之言。其所知中国艺术,只此而已,吾人亦安用辩为。

此事固绝无可疑。但有一点不明,尚须讨论者,即此种宝贵古物,缘何中国之考古家,竟无一言耶? 不但考究碑阙古迹极详之省县志书,未载上述之崖墓;即吾人所赖以辅助之《金石苑》,亦完全不知有其物。

是亦不难解说也。中国偏重铭文学,而忽视古建筑物及古造像。所研究者,有字之物。其无字之物,皆不注意。诸窟墓因无字,故不为所收。但阙上有字,崖墓似不能无字也。

吾人因寻求崖墓中文字,于《省志·金石门》中,见有一文记述一事,可以引证也。

考《四川通志·金石门》,彭山县汉张氏《穿中记》,引《蜀碑记补》,"建初二年(77)"《字原》云:"在眉州碧鸡岩",《隶释》云:"武阳城东,彭亡山之巅,耕夫㔉地有声,寻罅入焉。石窟如屋大,中立两崖。崖柱左右各分二室。左方有破瓦棺,入泥中。右方三崖棺,泥秽充牣。执烛视之,得题识三所。一在门旁,为土所蚀,仅存其上十余字,穿中沙石不坚,数日间,观者揩摩,悉皆漫灭。其二在两柱前,稍高,故可拓,时绍兴丁丑年(1157)也。一柱二十五字,一柱四十九字。"《隶释》云:"本张公宾之妻之穴也,其子伟伯及伟伯妻,与其孙陵,皆祔葬右方曲内中,故志之。其一则伟伯之孙元孟,葬其父长仲,并弟叔元所志也。其字古而拙。"(译者按:原文见《四川通志》卷六十)

上引文所记之墓,其为吾人所常见崖墓之类无疑,必非鲍氏砖墓之类。盖记中所志石窟、左右二室、崖柱、瓦棺诸物,显为崖墓所有,由其汉代所记之字,可见崖墓亦有文字也。

吾人在江口时,曾据上记之文,寻求此墓于原地山腹之中,并询之乡民庙祝,皆无所得。意者开墓之时已拓其文之后,复又没于荆棘泥土之中欤? 其墓之异,故《省志》不列入《陵墓门》,而列于《金石门》。若为一种长久的及系统的土质调查,将来或有发现之望,亦未可知。

吾人记述之次第,并非随意,亦非遵行程之所经,实依据其一定之渐进程度而言(此种渐进程度,将来别有说)。吾人之行程,自汉中至雅州,自东北至西南,经过四川全省,自鲍女方室,迄绵州之窟,次及江口之饰额,终于嘉定之庄严的窟门正面。研究之物,自单简入复杂,而结果之满意,实无有逾于此者矣。

此种渐进程度,并非作用之殊。无论其建物在地面或地中,其内容目的皆同。且就葬仪方面言,坟墓与崖墓皆相类,则此两种葬式,并非基于两种不同的文化之不同的风俗也,唯有两种墓所建造方法之殊异而已。此种方法,因所择之地域及一定之时代(纪元前后)互相假借,并互相存在于同一地域。

坟墓与崖墓之间,有一连系之物,即石阙是也。河南、陕西、四川墓道前皆有之,而其饰刻,与承载窟额框柱上之饰刻,又极相类。

此种相近之点,又可以下之观察巩固之。大凡崖墓发展程度最高之区(嘉定附近)亦即阙体较大,饰刻最多之地。

设若变更行程之方向,转由西南赴东北,自川边至渭水,吾人又见崖窟与石阙共有之装饰渐少,亦渐单纯。

由是观之,有两种建筑势力,发源于两地。其一在东方(渭水与山东),其一在西方(其源后述之),而相接于四川。前者聚土为坟之法,以土墓表示之,于入川通道中见之。后者凿崖为墓之法,一如埃及、西亚、波斯之利用地势之法,尚未表露其行程;如将吾人所得材料(籍文图画照片明器)综合研究之,必可断定其发源于极西,而不发源于中国,吾人今日敢自信也。

第三章　四川古代之佛教艺术

西方研究中国古佛教艺术者,近年来肆力于籍文与作品之成绩,颇见悬殊。

《释藏》卷帙虽富,大致已经整理分类,并与梵本巴利本相对勘,此方面犹之地已耕种,收获甚佳,此非本文所述者也。

至佛教作品则反是。其在广大中国之中,不为人所知,而与旅行家所见近代之建塔相混。即或有附带言及者,亦不过因造像之奇大,如龙门造像之类,偶一记之而已,迨沙畹君数次之旅行,完备之研究发表之后,佛教作品始加入《中国考古学》之中。

此种作品分配于远距六百公里之两地,一在山西大同之云冈,一在河南洛阳之龙门。顾由形态之研究,及历史之关联考之,距地虽远,而其关联实同也。

前者为纪元 450 年顷,元魏帝室敕令开凿,是为纯粹印度风建物之最古者。就其地理位置言,亦为佛教造像术输入通道中之一重要遗迹。

龙门诸窟,更较广大,其时亦较晚百年,是为元魏雕刻体之发展最古者。其作品不逾景明年(500 至 504)前。元魏于纪元 494 年迁都洛阳(龙门在其南三十里)。据史籍所载,世宗皇帝欲仿代京灵岩寺窟,敕令于洛水之南,为高祖皇帝及文昭皇太后凿窟造像祈福。

迨至唐代(618 至 907),虽定都长安,亦在斯处凿建石窟。龙门最美最大之窟(641 年之宾阳窟)即建于是时。新窟与元魏体异,此吾人所称为"唐代佛教体范"者是已。

此种石刻不仅限于云冈龙门有之,河南府附近尚复不少。如巩县石窟寺之石刻,陕州近代佛寺之浮雕,皆此类也。兹所欲言者,吾人所知之中国北方诸佛教作品,就其考古之关联考之,或隶于元魏,或隶于魏、唐之间诸朝,或多隶于唐,其时代为纪元 6、7、8 世纪;而其输入之经过路程,亦可依史籍推测得之。至其造像之远古的及不可否论的发源,可断其属于健陀罗(Gandhar)派。

四川一省,此项寻究,尚无人着手。若以龙门起点为根据调查之,其重要可预睹也。现有二要点应提出者:

一、四川有无唐以前之佛教作品?

二、原始佛教造像术输入之经过路程为何?

吾人寻究之结果,对于前一问题,可以明白答复;对于后一问题,亦可用坚固之假定解说之。盖吾人已在四川品题多数之唐代佛教作品。唐代以前,吾人已发现隋体、北周体、梁体之三种体范。就梁体考之其最古之年代,为纪元 529 年。

此种作品常以何种造形表见? 中国考古学及志书中之名称为何耶?

兹所欲言者,非多属近代之塔,亦非四川较中国北方为少之碑,亦非钟炉等物。中国佛教作品,无论在东北抑在川边,皆可以"佛龛"概之。佛龛累列,为数甚多,故亦名之曰"千佛岩"。叙述一种"佛龛"及一种"千佛岩",即可见一切作品之根本形状。

佛龛者,凿岩为龛,以一像或数像置其中是也。龛之式可大可小,小者有如手掌,其像甚微,致无定形。大者则如龙门巨像,像身之大小,视佛教之传播以为准。就其传播之历史言,纪元 7 世纪为佛教极盛之时,亦即龙门巨像或亦嘉定巨像始造之时,龛中诸像,主要者为一佛陀或一菩萨,常就岩石合刻之。龛有三像,则为一佛陀、二尊者。五像则为一佛陀、二尊者、二菩萨。唐以前龛中常置三像。唐人凿龛则五像居多,并于龛口凿二天王或四天王像。三像或五像龛中,有时增刻二狮。龛或洞之两壁或四围,有时亦刻信男信女之像。

此种为佛教造像术单位之佛龛,鲜有孤立者。岩上所刻,常以十计,以百计,且以千计;或并刻于其侧,或叠刻于其上,或增刻于其中,兼刻信男信女于其旁,由是遂成"千佛岩"。大凡中国各地有岩可刻,佛教所布之区,皆不乏此种千佛岩也。

志书之记述佛教作品,常以千佛岩见,其所志亦详略不等。如龙门为中国之最大作品,《河南通志》仅志数行。乃《四川通志》于其最单简之砂石刻画,皆视为神奇作品,列举甚详,可用以为寻求之指南也。故吾人逾秦岭以南,即据《四川通志》而知广元及巴州有千佛岩。

广元县之千佛岩,在县北十五里,嘉陵江左岸竖岩之上。岩与江之间,凿石为道,即古之"石牛开道也"。其岩向为西北西,至东南东(岩高于道十五至二十公尺,道高于水六至八公尺)。在宽约一公里之间,凿有佛龛六百至八百所。随处凿之,层积累聚,既乏全部建筑之计画,复增添诸种颜色于上。初瞻之，极不合美观。但细审之，亦不失为次于龙门之唐代佛教造像重要累聚之一。盖据籍文及石刻，并证以多数造像之雕刻体范，可以断定最初凿岩之时在纪元722年也。

佛龛大小不一（高四十公分至一公尺五十分不等），布满全岩，秩序凌乱。大约人迹可以攀登之处，即凿有佛龛。现有多处，因岩石变化，已为人迹所不能至。诸龛皆依一原型开凿。唐代龛型，乃长方形。视龛像之坐卧，此长方形或直立或横卧。但其线道常粗，无龙门元魏时造像之美丽的曲线也。至龛中之布置及像数，亦可代表唐代之标型。中为佛陀坐像，旁为二尊者，又次为二菩萨，有时外有二天王。此种五像或七像之团体，为中国北部佛教之系统的组合，亦为四川唐代佛龛之特有的征象。

中有数刻，异于此型，有一龛刻佛涅槃状，刻势尚佳。别有一龛，像背面雕有背像，惜其时代不明，要必距唐代不远。此处无一龛刻有信男信女像者。

龙门最末之雕像为纪元759年物。但广元之千佛岩，似自当时至今，尚保有其声名及信徒。据宋、元、明、清诸代之刻铭及造像可以知之。后代新凿之龛，一遵旧式，绝无创作。观今日粉饰油漆之新，可知信心之尚在。而古刻美线之仅存者，因新龛之累增，今愈显其丑恶矣。

江流下十五里，广元县城对面，江之右岸，又有佛教中心一所，倚岩建寺，层楼高耸，此皇泽寺也。

寺已累缮，因有唐武后真容殿。昔武士彟为利州（今广元）都督，生后于此，据武后碑文，此寺诸佛龛之开凿，在7世纪末。不幸山岩崩塌，原有工作已毁，而又无铭题可以证明现存诸龛（有二龛极重要）是否古物也。

寺后岩上有一洞，吾人暂名之曰"方柱洞"。洞宽深各二公尺五十分。三壁皆有一佛二尊者像，结构干枯柔弱，显属宋代体范。洞中有方柱，柱分数层，上刻有记，审其年号，识为宋神宗时（1068至1085）石刻。此柱雕饰甚多，其体范与云冈之柱极相近。此洞之中，唯此物可注意而已。

再上岩之右方，"大洞"在焉。此洞为籍文所不录，亦无铭刻可寻。洞高六公尺，其像有七，唐体也。中之佛陀，高五公尺，旁立二尊者，又次二菩萨,外为二天王,天王像半已剥蚀。洞之右壁,菩萨与天王之间,有一带兜雕像,其头甚奇,雕刻亦颇饶兴趣。洞里左角雕一信男跪侍小像,像为凸刻,此与习见信男像雕法有异者也。

此洞之宽广,应为岩上之主要洞窟。不具铭刻。初见之,即疑为则天时作物,盖其大(除嘉定大佛之外)为四川诸造像之冠,而与则天时龙门大佛像雕刻又同时也。顾其制作,除带兜之头而外,实不堪命为唐代雕刻家作品也。抑或四川雕刻家派别不同。唯就其线道大体言,此种造像,似为唐宋过渡间作品。

巴州南龛山(译者按:原译音作 Nan k'an chan,不知南龛是否其原名也)又有一第三唐代千佛岩,其数之多,其体之类,重要与广元千佛岩相等。据最古石刻之文,多数佛龛凿于唐代,皆长方形,与广元同。中有一龛,观其像改造修缮之痕迹,可以代表一切。此像为一重修重装之菩萨,其旧有之头,在其足下,其新有之头,为练土所新塑。

巴州之千佛岩,位置在进入四川大道之东。至绵州之西山观,则在大道之内也。是为赴成都要站之一。城西五里,有第四千佛岩焉。其积数固不及前此诸岩,然其内容,则较贵重。吾人初见唐以前佛教作品,即在此处。

西山观在城西小山,半山之中。山为红沙石质。寺已倾颓。佛龛在寺后及寺左,凿龛甚低,高约一公尺。昔日虽已重再装饰粉涂,今剥落已久。其原状较广元之千佛岩为易识。

初见之,即确识为唐代作品。兹就龛下路之所经,自东至西述之。

甲、此处诸石,为山顶崩颓之石,即于其中凿龛造像,容像七尊,唐代特有之数也。

乙、大石一块,上有一近代所建之亭,石上雕有信男信女诸像,上有咸通(871)年号。

丙、又西别有一大石,凿如洞形,宽二公尺五十分,深一公尺八十分。中为佛坐像。旁为尊者菩萨诸像。背面亦有雕像。其两壁所雕之信男信女像,为四川佛龛中造像之美品,左右各三行,平面浮刻二三公毫。其绘画及其轮廓,与龙门之信男信女雕壁,盖属同一体范。其所保存之美丽庄严,唯旧时之毛笔绘画可以拟之。

此亦为唐时作品,缘其信男之冠,与"乙"石所刻相类也。

丁、更西十至十二公尺,有一大石,上有大业六年(610)年号,是为吾人在四川初见之唐代以前佛教刻品。

此年号在一小龛之右,龛高二十公分,中刻莲台,佛陀跃坐其上,两方有二小狮。

同一石上之石刻文,有大业十年(614)、至德二年(757)两年号。此石上诸小龛,有为模唐代体范作品,有为宋代体范作品。但大多数作品之体范奇异,为四川佛教造像中所未见者。此种佛龛即在刻有大业年号石刻之周围。此种造像,得视为未留作品之造像派之一遗迹,即"隋代作品"是已。

诸龛高不逾四十公分,正面无雕饰,龛外顶如人字形,颇类龙门元魏式佛龛,而与长方形唐代佛龛又有异也。龛中之像,常为三数,一佛陀二尊者。有时只一佛陀。但无有逾三数以上者。佛陀跃坐台上,此台常为莲台。有数龛中以二菩萨代二尊者。

莲台亦有易而为曲枝高台者,中为大兽,两旁为曲枝。此台所占之地位,宽如洞等,高有及洞之半者。雕刻极精。台下有二小狮,状亦美绝。

审其雕刻,与唐代作品不同,而与中国北方之元魏作品反相近也。

洞之形状,龛顶人字形,龛中像数,皆与元魏体范相类。此处作品,虽不及魏体之鲜明,然诸像尚保存完好,其雕刻之精,亦非唐人所可及。故今欲求隋代之遗迹体范,应于西山观中此隋代石刻中求之。此短期皇朝之作品,此为其仅存者也。

成都以及附近,无古代佛教遗迹可寻。循岷江而下,江口及嘉定二处,有大佛像。像虽巨,然已剥落不堪,不足与言考古,更不足与言审美也。

嘉定之南,道士滩下流数里,岷江左岸,马王洞地方诸窟,颇有可供研究之价值,是亦千佛岩之类也。其地距江面八公尺之上,有一大洞。洞右有一长方佛龛,中有凸刻坐像。洞上有小龛甚多。

洞中诸像,中一坐像高三公尺,左右为二尊者二菩萨像,亦一唐代式之布置也。

不幸诸像未能保存.尊者像已不可辨。右侧菩萨像已为荆棘所侵蚀。唯左侧菩萨像略可辨其头冠、念珠、法衣。中坐之像,应系佛陀,然其头已遍布长方榫眼,盖用以按合假面者也。现假面又毁,唯榫眼存,故舟子讹名其地为麻王洞。

洞之右壁有小龛六,壁有门可通右侧之大龛。此龛之像,为诸像中之极可注意者。质言之,四川全省无虑万千佛像中最精美自由之造像也。

龛为长方形,宽二公尺七十分,高二公尺七十五分。壁工粗劣,但盛像极美。像体柔和,雕工精细,跌坐壁边,俯视江面。两臂(已缺)之按合点,亦甚巧合,面貌已毁。然尚留有二美髻也。

壁无刻文,籍无记载,但此像为菩萨像无疑。其雕刻盖本于"希腊式与佛教式"之混合体,亦不待讨论而自明。盖为一印度型体,服希腊外衣之造像,此为吾人所未逆料者也。至造像之时代,虽无文可引,但有下之二事可以推之。

一、大洞内诸像朴素雄健,龛中坐像则柔和特别,而其头上圆光及诸饰品,亦见殊异。可见其艺术与唐代艺术不同,其艺术不仅为唐以前,且为隋以前之艺术也。

二、距其地二百公尺,有一北周时碑。第一字虽已磨灭,周字尚隐然可辨。

由是推之,此佛教美品,应为四川北周时之造像独存者也。

夹江县亦有千佛岩,建凿之时虽较晚,然亦属唐时作品也。佛龛甚众,造像亦夥,其特异之点,则在其像头肢之多,新异造像之出现。此种造像似不出于"唐派"。

此外在岷江流域所见诸像,其有助于唐代佛教造像术之说明者甚微。唐以前之作品绝无,唯有时见有宋代之作品,如中岩寺诸造像是也。

前所列举诸佛寺,《省志》皆已志之,唯不乏错误之点。下述之制品,为籍文所未载,而发见亦出于偶然。此物实为四川最古最可宝贵之佛教遗迹,盖纪元529年梁时遗物也。

吾人发见此物并不在一种千佛岩上,而在汉代双阙之中,即前文所述之"平阳阙"是也。此阙在绵州之东八里,距西山观隋代遗迹十四五里。

此二阙为纪元2世纪时汉代遗物(译者按:《四川通志》卷六十,绵州有汉平阳府君神道,题云"汉平阳府君叔神道",凡八字,刻于石阙橼首),保存尚完好,唯其阙身为梁时人增刻佛像。

此种三四百年后之增刻,已将原有汉刻损毁多处,其事固可惋惜,第此增刻所留存之教训亦不少也。

增刻题有大通三年,"大"字仅存下半。别有一处刻有"梁主"二字,其为529年之刻迹,绝无可疑。阙身之上,凿有佛龛,其式小,而其形极异。唐龛为长方形,元魏龛顶为人字形,而此处龛顶则独为穹顶形(ogive)。此种曲线,在中国佛教作品之上极难见之,而在印度造像术输入之前,四川某汉代圹石之中,始有具此形者。

龛中雕像,亦与他处佛像有异。龛中仅有一像,服飘扬之衣,像首已亡,不能详为何像,疑为"菩萨"之像。要之其衣服之体范,无一与"希腊与佛教混合式"造像相同者。而其龛形之为穹顶形,与其衣服之宽博,而垂角,左右相称,显为纯粹中国雕画,与汉代体范显有关联。即在同阙上之汉刻中,已可寻见其式样矣。

由是观之,此为四川之梁代佛教刻体之独存至今者也。

据前所述四川现存之造像,种类各别,有梁体、北周体、唐体、宋体诸体。而每代各供献其中国佛教史之材料。

宋代为时虽晚,其模仿前人刻石之法,显而易见。其雕刻之留存,可使吾人知龙门之信教热忱久已销灭,而四川之佛教,宋时尚盛。宋代作品留存之多,种类之杂,特别研究之,成绩必可观也。

唐代作品最多,散布最广,形态亦最庄严,无论散在何地,一见即知为唐人作品。唐人凿建佛龛,尤易认识。其长方形,其额彩,其护法天王,其信男信女,皆唐代特点也。唯夹江县一部,较为不同,吾人得名之曰"盛唐体"。除此之外,所有唐代雕刻,皆以龙门诸窟之唐体为唯一体范也。虽然,龙门造像具有美术及技艺的优长,为别处匠师所不可及。

隋体雕刻(绵州西山观)之特点,即在其不可否认之古体,其像数之有限,台座之饰刻,佛龛之形,皆与唐体远,与魏体近。夫唐刻既为师法龙门之唐人造像,而西山观之隋体,与龙门云冈魏刻之关系,亦不问而自明矣。

至马王洞之北周遗迹,平阳阙之梁代穹龛,求其原始标型,较为困难。前者似直接受印度之影响,后者乃遵汉代"世俗造像"之结构。

顾其作品留传之少,只据其相类之点而言,结论未免过早,或近于主观,兹再就四川佛教输入之通道言之。

中国北方通四川之大道,当然不外西安、汉中、广元、保宁、绵州、成都一途,亦即史所称之"金牛开道"也。吾人即于此道沿途之处,发见唐代诸作品,如广元皇泽寺及千佛岩、绵州西山观等迹是也。唯巴州之千佛岩处地稍偏,故遗迹有异。

再就诸唐刻完全相类十点而言,其最早之广元千佛岩,不逾纪元722年时,距龙门造像之盛,已有百年。吾人得谓四川之唐代佛教石刻,为龙门唐派之流传品也。

至绵州汉阙梁刻之年,为纪元529年. 其时固晚于云冈、龙门,顾其刻绘为中国古体,其输入者,似由别途,亦意中必有之事也。当时适为梁武帝崇奉佛教之时,梁朝定都南京,当时输入者,或从水路入四川,而输入之事,只为意匠,而非影像,本地之人乃仿汉代石阙旧刻,造作佛像,理或有之也。

此特为假定之辞,入四川之通道,经历史及考古学所证明者,唯自东北至西南一途而已。魏之影响及于四川之隋,龙门之唐影响及于四川之唐,乃由此路也。

至若诸刻"发源之艺术",亦颇难言,不仅中国佛教艺术为然也。唐时外省之雕刻师,粗仿龙门唐代列朝刻品,至龙门刻品亦非创作,亦师法元魏之云冈、龙门诸作,元魏可谓为全东亚佛教造像术之传授者也。顾元魏亦受影像于中亚,而此处之希腊与佛教混合艺术,即以健陀罗为中心也。

顾自近人分析此种混合艺术之后,业经说明灿烂于 12 世纪时之健陀罗艺术,适当希腊造形艺术衰微之际,其艺术已落下乘。

然则四川与中国北部之佛教艺术,其原始艺术既已不堪师承,其雕刻应极恶劣,只有小像,应无大像,只有佛龛,应无建物。总之,其遗迹只能供宗教之证明,而其造像不足以供审美者之赏鉴也。

孰知其事实有不然者,有某处之佛教遗迹,其美丽已达于不可否认之程度;其美丽,并不本于原始艺术之传授,亦显而易见。考其源来,盖出于地方艺术或世俗艺术,与佛教无关系也。

如道劲的、谨严的、卓绝的元魏菩萨造像,又如都美的西山观隋代佛台,嘉定之北周造像,得谓为特有之创意,特有之巧作,此或为民族所固有者亦未可知。

但无论如何,龙门宾阳窟之信男信女诸浮刻之卓越的调合,暨绵州西山观之小样仿刻,除中国画师之外,实无他师可以师承也。即如其模仿外来模型之作品,制作虽劣,一旦表现其纯粹的中国艺术于其线道之中,即一美掩尽诸丑,一如其汉时纯粹中国作品之压倒多数佛教作品也。

至此两种相违的潮流,于二千年之中国造像术中,如何流传,如何有时混合,将来有暇,再说明之。

～ 第四章　渭水诸陵 ～

本章为报告之末章,原拟说明中国封墓艺术,现只说明西安一带帝王陵寝。至封墓艺术之研究,俟诸异日。原拟之中国地理笺注,亦未便归纳于本文之中,亦改期刊布。

陕西一省土丘无数,小仅杯土,大如高阜。或于古城四围,星罗棋布;或在乎野之中,孤丘高竦;即山冈之上,亦不乏土作建物。

诸丘形线多殊,为数颇众。据吾人所知,在今之前,从未有人用科学方法从事探考。吾人今亦只能叙述其外表而已。吾人唯知其地面土质与附近之土质,皆为黄土,丛生同类之草,供鹅羊之食而已。至其地中为混合土欤? 抑为硬石欤? 为材木欤? 抑为方石欤? 吾人不知。其用处及其现在之内容,唯中国书本之传说,或有限之假定,可依据耳。

此种土丘,大致以坟墓为多。设有一固形体之土丘,左右相称,下基方而上身形类截头圆锥者,无论其大小皆属坟墓,可无疑也。

此外则为古之宫殿坛台之遗址。若欲知为何种建物,唯用锄掘始获知之。故吾人现在之研究,不在此种土丘,而在渭水流域所存之高丘,其位置形式经籍文传说碑志所证明者也。

西安平原为古代建都之所,其附近帝王陵寝甚众。兹就调查所及,分述于下。

1. 西周诸陵

中国帝后之墓,皆名曰陵。陵者,大阜也。志书虽亦记有商代及上古之墓,吾人之调查,则暂以周代为起点。盖周以前诸墓,不能必其为真也。

周代诸陵之真实,固不能与汉代诸陵相提并论。然吾人以为除别有保留之说外,暂宜列入考古之范围。

周代诸陵在渭水左岸,黄土高原之上,今咸阳县之北。咸阳古都,在今县东数里。

文王陵　此陵为诸陵中之保存最善者。周围有大方垣。内有祠。祠前有碑三十二。陵下方而上锐。陵基广百公尺。陵顶平凹如火山口。

武王陵　陵形如前。吾人因为时所限,测量而已。

周公旦陵　墓形及其大小如文王陵。其顶为方形平台,每方各三十步。墓南百五十公尺有二堆并列,似为阙址。墓所有碑无祠。

成王陵　形与诸陵无大异。破垣围之。内有祠已毁。垣内有碑。

康王陵　形如成王陵。文、成、康三陵位置于等边三角之三角。

文王殁于纪元前 1135 年。武王殁于前 1116 年。周公殁于前 1105 年。成王殁于前 1079 年。康王殁于前 1053 年。周陵在咸阳之北者,只此而已。昭王南征不复,故无陵寝。穆王之陵在西安西南十五里。以上诸陵,确为周初陵寝欤? 此点尚未敢断言也。周代诸陵,有某点与汉陵相类,较汉陵小,似模汉陵而未善者也。原有之陵,或较今为高。古若有方垣,或不在今垣所建之处。

至诸陵之位置,吾人以为确在此处。唯《四川通志》引《皇览》曰:"文、武、周公冢,皆在京兆长安镐聚东杜中。"而多数载籍,皆以冢在咸阳北之毕原,现有诸碑可以证也。

2. 秦 陵

成康以下七王之陵,吾人未详其所在,而籍文亦未载之(译者按:《临潼县志》云:"幽王陵,在县东北二十里,戏水原上。")。至秦代诸陵,可执《史记》考之。

秦文公(殁于前716)、宁公,葬秦州之西山。前621年穆公卒,葬雍(今凤翔),吾人曾游其处也。

秦穆公墓　墓在凤翔府城内,东南隅。荒地之中,有一小丘,修葺未久。前有乾隆时立"秦穆公冢"碑。城南有三圆丘,亦有碑记,为殉葬三良之墓。

《史记·秦本纪》所载,其余诸公之墓,今皆不详其所在。秦惠文王殁于前311年,葬于毕陌,即今咸阳之东北。今渭水之北,颇有无名大冢,吾人不知何冢属之。秦武王之冢,亦在其处。

假定之秦武王墓　墓在咸阳县东北二十里。按《陕西通志》,秦武王(殁于前307)之墓为咸阳东二十一里毕陌之一大冢。就地理方位言,应作咸阳东北,不应作咸阳东。不然,墓应在渭水之南,地属长安,而不属咸阳也。既在咸阳,应为此地。

此墓为平原中最美坟墓之一。其墓址每方在一百七十五公尺以上。

秦昭襄王殁于前251年。庄襄王殁于前247年。据《史记》,皆葬莅阳。其地皆在临潼、灞水之间。吾人未见其墓,且为时间所限,未能详细寻求。

秦始皇陵　吾人行至新丰,有一老人指示其处。此陵为所见诸陵中之最古者,似未更动,故其壮丽亦逾诸陵,陵在临潼县东三公里有半,郦山之麓。陵基方三百五十公尺。自基至顶高四十八公尺。自外层地平至顶高六十公尺。其容积土量有五十万立方公尺之多。若合地下工作掘动之土量计之,其数当更多也。兹引《史记》之文,用见其工程之大。

《史记·秦始皇本纪》曰:"始皇初即位,穿治郦山。及并天下,天下徒送诣七十余万人,穿三泉,下铜而致椁。宫观百官奇器珍怪,徙藏满之。令匠作机弩矢,有所穿近者,辄射之。以水银为百川江河大海,机相灌输,上具天文,下具地理。以人鱼膏为烛,度不灭者久之。二世曰:'先帝后宫非有子者,出焉不宜。'皆令从死,死者甚众。葬既已下,或言工匠为机,藏皆知之,藏重即泄。大事毕,已藏,闭中羡,下外羡门,尽闭工匠藏者,无复出者。树草木以象山。"

秦始皇墓内之设备,固如上文所述,然吾人今日亦无从辨其虚实。据其穿治郦山之说,其下必有隧道,其宫观必大于今日陵土之所封,但无山东汉墓石室隧道与圹室相连之布置。度其设备,必有异于汉墓也。

陵东南土台之外,有高五六公尺之土堆,似非偶然有之,盖周陵周围亦见有之,汉陵周围亦有之。其神道之中皆有建阙之基之迹。始皇陵之神道,是否在南方如通行之例,抑在通咸阳之西方,或北方,皆未能详。但其陵之四方定向,与方向正合也。

据籍文所记,始皇陵前已为项羽所发。其发掘之程度如何,吾人不知。今观其形,似未完全破坏。如完全破坏,应有倾陷之迹,唐末黄巢之乱,闻亦在墓中运出珍宝云。

3.西汉诸陵

兹依年代之先后,将吾人所见诸陵,次第述之。西汉诸陵多在渭水左岸,其行列之方向,由西南至东北。至周代诸陵,则参插在此行列之间,即吾人后文所称之"北列"是也。

高帝长陵　高帝殁于前195年,陵在北列之内。据《省志》及后立之二十余碑,已证其陵在此。所立诸碑,自革命以来,已多倒仆,其文尚多可读。

陵为六方形,东西向宽,南北向形如三角,皆扁平,唯陵顶圆。

惠帝安陵　惠帝殁于前188年,吾人未至其陵。长陵东南之一陵,似即安陵,其形较小。

吕后陵　吕后殁于前 180 年。其陵虽无碑志,唯据载籍"高后崩,合葬长陵。高祖陵在西,吕后陵在东。汉帝后同茔,则为合葬,不合陵也"等语,应为此陵无疑。陵长一百五十公尺,如截头圆锥,形势卓绝。

薄太后南陵　陵在西安东南,灞水、浐水之间,白鹿原上。陵为六方形,似长陵。其方向则异,其正面不向南而向东南东之间。其下长一百七十公尺,宽一百三十五公尺。土工寻常,然形胜极佳,西安临潼两地,均可远望见之。

文帝霸陵　帝为薄太后子,殁于前 157 年。其陵即在南陵之旁。文帝遗诏:"不治坟烦民,霸陵山川因其故,毋有所改。"与吕后陵之改易水道者有间也。其陵故不显露。当时治陵仅发卒三万一千人,较之用七十万人之秦始皇陵,颇悬殊也。其陵墓址长一百六十公尺,形类南陵,正面南向。

景帝阳陵　吾人未至其陵,似已远望见之。陵在北列之极东,高陵县西南三十里,亦即咸阳县东三十里。前 152 年时,曾建桥于渭水之上,以达阳陵,其桥应在灞水汇流处之上流。

武帝茂陵　帝殁于前 87 年。陵在北列之极西,兴平县之东北。陵形方而大,其顶不齐。陵前有乾隆时所立碑。霍去病墓即在其附近。就封墓方面言,此陵无甚可注意之点。唯陵山有大石被覆,今尚见其碎块。观其陵前神道,列有石像,与梁明两代相同,可以证古陵之四周方垣中,各开一门,各门神道之口,建有石阙。

昭帝平陵　陵在咸阳东北,北列之内。前有乾隆时立碑。此陵之顶,较诸陵为复杂,在半山之间,稍凹,略类秦始皇陵。此陵长宽各二百公尺,为吾人所见汉陵之最大者。

平陵与吕后陵之间,有数高冢,尚未详其为何人之墓。中有一冢较为特别,冢顶方而具齿形,中凹如火山口。诸冢之大者,疑为秦之诸王(如秦惠文王)或汉之诸后之陵。较小者,疑为太子诸王大官之墓。

宣帝杜陵　帝殁于前 49 年。陵在西安东南,与薄太后陵对距浐水流域,远处固可见之。唯陵墓不依天然山势,陵形亦类截头圆锥,长百六十公尺,宽百五十公尺。有乾隆时立碑。

杜陵之北,墓冢甚多。其西有一明代冢,观其神道前石兽之雕刻体范,可以知之,此种晚世建墓,似已受邻近汉代大模型之影响矣。

元帝渭陵　帝殁于前 32 年。陵形亦类截头圆锥,中有凹陷,如昭帝平陵,大小几相类。陵在北列之中,周代诸陵附近。

成帝延陵　帝殁于前 6 年。陵在北列之内,亦作截头圆锥形。下基长一百七十五公尺。外垣今尚可见。各垣之外,皆有双堆。陵前有碑。

由此陵西行有一冢,不知为何人墓,复西则为义陵。

哀帝义陵　帝殁于前 1 年。又西为康陵。

平帝康陵　帝殁于纪元后 5 年。兹二陵与前述诸陵,无若何特殊之点。

西汉诸陵,于纪元 1 世纪曾为赤眉所发。吕后陵受害尤甚。然据史载,渭南之霸陵、南陵未发也。

4.唐代诸陵

唐代都城在今西安之南附近,有陵寝数处。

临潼西南约二十里有数陵,据碑文为唐懿宗、韦后福陵、王后安陵、王后寿陵。

新丰西门附近有一大陵,为唐奉天皇帝齐陵。别有二陵较小,为文敬太子与惠昭太子墓。

吾人所见渭北诸陵可注意者,唯咸阳号为顺陵之魏王武士彟墓,与乾州之唐高宗乾陵而已。此二陵尚存有唐代雕刻之美像。沙畹教授研究已详,吾人亦无从赘一辞矣。

以欧洲人所知中国之历史记载,与现在之古代遗物比较之,极不均平。吾人如追溯其四千年以上之历史,不特在上古,即在纪元前后,所供研究之材料,实不及埃及最古时代之多。此非中国与古代诸文化策源地,考古材料多少之悬殊,特欧洲人之寻研所用者,为"中国方法",纯从事书本之考究耳。史籍甚多,其在此中摸索,自较探考于广土众民中为易。而于地上或地下之实地调查,今甫开始未久也。

吾人之考古队,即在调查过去之客观的证据。

吾人因事实之不可能,虽未从事于发掘,顾就经验言,作表面之调查,亦能获有结果也。兹在西安平原所见之古冢大致如下。

一、前 1122 至前 1053 年间之周代陵寝。

二、封建时秦国诸公诸王,及统一中国之秦始皇陵寝。

三、西汉十三陵(内有二陵未到)。

后二项陵寝,自周之亡至王莽篡位,其时为前 247 年至纪元 9 年。

调查周代诸陵之外观,固未敢断言其虚实。第秦汉诸陵,所供是时风俗丧仪诸知识之价值,可得言也。昔之遗冢,今尚存在,即史家所记之壮丽城台宫阙,今亦不难寻其遗址。秦宫阿房,渭水石桥,古实有之,非饰笔也。

第二编　翻译专论

王玄策使印度记[①]

《亚洲报》1900年三四月刊

烈维 撰

一、王玄策及其奉使

王玄策之名,今之治印度学者,莫不知之。据波结(Pauthier)、日玉连(Stanislas Julien)二氏所译中国史书《天竺列传》,今人多已详其事迹。玄策为玄奘同时人;奉使时,以三十从骑御大部军队,召吐蕃(Tibet)、泥婆罗(Népal)之兵,破印度之众,执摩伽陀(Magadha)之王献阙下。玄策所撰《中天竺行记》一书10卷,今已佚而不传,唯668年道世纂集之《法苑珠林》中节引若干条。据其所引,或名《王玄策行传》,或名《西国行传》,或名《西域行传》,似皆为《中天竺行记》之残文。当时别有一官书名《西域志》,亦名《西国志》,志16卷,画图40卷,为666年刊物,乃取材于王玄策及玄奘《行记》之撰述。此书亦散见于《法苑珠林》之中。兹辑录此书所载《中天竺行记》,及《西域记》之残文,以考王玄策之行迹;惜所得太简,不获窥其全豹,其原书之价值,当不减于玄奘之记述也。

玄策任使天竺大使之前,曾于643年三月为朝散大夫卫尉寺丞李义

① 选文录自:烈维等著,冯承钧译《王玄策使印度记》,中国国际广播出版社,2013年。

表之副使,玄策曾为融州黄水县令也。奉使者共二十二人,时因送婆罗门客还国。若据《新唐书》,则因戒日王遣使入朝,命义表等报之。行九月,于 643 年十二月至摩伽陀国,因巡省佛乡,观览圣迹,留其国数年。于 645 年正月杪至王舍城(Rajaghra),登灵鹫山(Grdhrakuta),曾留铭文于山中。半月后至摩诃菩提寺,建立碑文。此次奉使,来去皆经泥婆罗国。观《新唐书·泥婆罗传》"贞观中遣使者李义表到天竺,道其国,提婆(Marendradeva)大喜,延使者同观阿耆婆泳池"之记载可知矣。

玄策归国后,于 648 年(《通考》作 646 年。译者按:应以 646 年为是。史作 648 年者,盖志其归年也)复以右卫率府长史名义使摩伽陀国,以蒋师仁为副,从骑三十人。未至,戒日王尸罗逸多(Harsa Ciladitya)已死,其臣阿罗那顺自立,发兵拒玄策。从骑皆殁,遂剽诸国贡物。玄策奔吐蕃西鄙,召邻国兵。泥婆罗王那陵提婆(Narendradeva)以七千骑来,吐蕃王弃宗弄赞(Srongtsan Gampo)时尚唐公主,亦以兵千二百人来会。玄策率之破摩伽陀兵,取其都城,禽(擒)其王。于 648 年五月庚子,归献阙下,乃擢玄策为朝散大夫。次年,唐太宗殁。及昭陵成,刻阿罗那顺、弃宗弄赞及龟兹、高昌诸王石像,列之陵侧。

玄策之奉使,史书所志文皆相符。按《新唐书·吐蕃列传》云:贞观二十二年(648)"王玄策使西域,为中天竺所钞,弄赞发精兵从玄策讨破之,来献俘"。又《泥婆罗列传》所志亦合。则《续高僧传》及玄奘《法师传》,所志戒日王殁于 655 年之说为误也。

657 年敕卫长史王玄策往西国,送佛袈裟(Kasaya)。时有中国法师玄照者,在印度(译者按:义净《西域求法高僧传·玄照传》云,后因唐使王玄策归乡表奏,言其实德,云云。本文所言,指此事也),玄策后携之归国。玄策此次奉使之行程,可约略知之。657 年复路经泥婆罗国,659 年至婆栗阇国,660 年至摩诃菩提寺,寺主戒龙曾厚赠之。十月一日西行时,寺主及余众僧曾饯送之。661 年至罽宾(Kapiça)国。此外吾人知其曾经吠舍厘(Vaiçali)国,并赴西国天王欢迎盛会也。

此后玄策之事迹,为吾人所不详。其《中天竺行记》,似为归国后所撰,刊行于 666 年《西域志》之前。玄策之榜样,其家族中亦有效之者。有智弘律师者,即玄策之侄也。后由海道观礼西天;自交州放洋,经室利佛逝(译者按:即今之 Palembang)、师子洲(Ceylon)、诃利鸡罗(Harikela)。留中印度八年,巡历佛迹。并在那烂陀(Nalanda)寺披览《大乘》。(译者按:智弘事迹见义净《高僧传》智弘、无行二传)

二、《唐书》所志之王玄策奉使事

《新唐书》卷二百二十一曰:贞观"二十二年(648)遣右卫率府长史王玄策使其国,以蒋师仁为副,未至,尸罗逸多死,国大乱。其臣那伏帝阿罗那顺自立,发兵拒玄策。时从骑才数(《旧唐书》作三)十,战不胜,皆殁。遂剽诸国贡物。玄策挺身奔吐蕃西鄙,檄召邻国兵。吐蕃以兵千人(《旧唐书》作精锐千二百人)来,泥婆罗以七千骑来。玄策部分进战茶镈和罗城,三日,破之;斩首三千级,溺水死万人。阿罗那顺委国走,合散兵复阵,师仁禽之,俘斩千计。余众奉王妻阻乾陀卫江,师仁击之;大溃,获其妃、王子,虏男女万二千人,杂畜三万,降城邑五百八十所。东天竺王尸鸠摩(çri-Rumara)送牛马三万馈军,及弓刀宝缨络。迦没路(Kamarupa)国献异物,并上地图,请老子象。玄策执阿罗那顺献阙下,有司告宗庙。帝曰,夫人耳目玩声色,口鼻耽臭味,此败德之原也。婆罗门不劫吾使者,宁至俘虏邪?擢玄策朝散大夫。"

《旧唐书》卷三《太宗本纪》曰:贞观二十二年五月"庚子,右卫长史王玄策击帝那伏帝国,大破之,获其王阿罗那顺,及王妃、子等;虏男女万二千人,牛马二万余,以诣阙"。

三、《法苑珠林》所引之《王玄策行记》

(一)《法苑珠林》卷六,页 26,引王玄策《西国行传》云:"王使显庆四年

（659）至婆栗阇国①。王为汉人试五女戏。其五女传弄三刀，加至十刀。又作绳技腾虚绳上，着履而掷，手弄三仗刀楯枪等，种种关伎，杂诸幻术，截舌抽肠等，不可具述。"

（二）《法苑珠林》卷九，页 8，引《西国志》云："中印度在赡波国（Campa）西南山石涧中，有修罗［按即阿修罗（Asurar）之省称］窟；有人因游山修道，遇逢此窟，人遂入中。见有修罗宫殿处，妙精华卉，乍类天宫，园池林果，不可述尽。阿修罗众既见斯人希来到此，语云，汝能久住此否？答云，欲还本处。修罗既见不住，遂施一桃与食讫。修罗语言，汝宜急出，恐汝身大，窟不得容。言讫走出，身遂增长；形貌粗，人头才出，身大孔塞，遂不出尽。自尔以来，年向数百，唯有大头如三硕瓮，人见共语，具说此缘。人愍语云，我等凿石，令汝身出，其事云何。答云恩泽。人奏国王，具述此意。君臣共议，此非凡人，力敌千人；若凿令出，傥有不测之意，谁能抗之。因此依旧。时人号为大头仙人。唐国使人王玄策已三度至彼，以手摩头共语，了了分明。近有山内野火，烧头焦黑，命犹不死。《西国志》十六卷，国家修撰，奉敕令诸学士画图集在中台。复有四十卷，从麟德三年（666）起首，至乾封元年（666）夏末方讫，余见玄策，具述此事。"

（三）《法苑珠林》卷十二，页 21，引《王玄策行传》云："吐蕃国西南有一涌泉，平地涌出，激水遂高五六尺，甚热，煮肉即熟，气上冲天，像似气雾。有一老吐蕃云：十年前，其水上激高十余丈，然始傍散，有一人乘马逐鹿，直赴泉中。自此已来，不复高涌。泉中时时见人骸骨涌出。垂毡布水，须臾即烂。或名为镬汤。此泉西北六七十里，更有一泉，其热略等；时时盛沸，殷若雷声，诸小泉温，往往皆然。今此震旦（Cinasthana）诸处，多有温汤准此，亦是镬汤。故《四分律》（*Dharmaguptavinaya*）下文，佛言王舍城（Rajaghra）北，有热汤从地狱中来。初出甚热，后流至远处稍冷；为有余水

---

① 按婆栗阇似即玄奘《西域记》卷七之弗栗恃。弗栗恃梵名为 Vrjji。7 世纪中此地似未别为一国。《行传》所述之幻戏或与后文引十六所述西国天王为汉使所设之戏，同为一事也。

相和,所以冷也(此一人出《西国传》)。"

(四)《法苑珠林》卷二十四,页 10,引王玄策《西国行传》云:"唐显庆二年(657)敕使王玄策等往西国,送佛袈裟于泥婆罗国西南,至颇罗度来村。东坎下有一水火池,若将家火照之,其水上即有火焰,于水中出。欲灭以水沃之,其焰转炽。汉使等曾于中架一釜,煮饭得熟。使问彼国王。国王答使人云:曾经以杖刺着一金匮,令人挽出;一挽一深。相传云此是弥勒佛(Maitreya Bodhisattva)当来成道天冠,金火龙(naga)防守之。此池火乃是火龙火也。"

(五)《法苑珠林》卷三十八,页 6,引玄奘《西域传》,述迦毕试(Kapiça)国"古王寺有佛顶骨一片……唐龙朔元年(661)春初,使人王玄策从西国将来,今现宫内供养"。(译者按:《西域记》卷一云:"东南有一伽蓝,亦名旧王,有如来顶骨一片。"云云,下无王玄策将归之事。《法苑珠林》所引《西域传》,与今本《西域记》不同。具见今本《西域记》非原本,曾经后人删改也。)

(六)《法苑珠林》卷三十八,页 19,引玄奘《西域传》云:"于大唐显庆年中(656 至 660),敕使卫长史王玄策因向印度过净名(Vimalakirti)宅;以笏量基,止有十笏,故号方丈之室也。"[1]

又据《法苑珠林》卷三十八,页 21,引玄奘《西域传》:《摩揭拖》(Magadha)有佛足迹。"贞观二十三年(649)有使图写迹来。"

(七)《法苑珠林》卷三十八,页 23,引《王玄策行传》云:"西国瑞像无穷,且录摩诃菩提(Mahabodhi)树像云:昔师子国(Ceylon)王名尸迷怯拔摩(唐云功德云)(çri-Meghavarman)梵王遣二比丘(bhiksus)来诣此寺。大者名摩诃諵(此云大名)(Maha-na-man),小者优波(此云授记)(Upa-)。其二比丘礼菩提(bodhi)树金刚座(vajrasana)讫。此寺不安置。其二比丘

---

① 按前记似略有误,王玄策量吠舍厘国毗摩罗诘(Vimalakirti)故宅基址,在第三次奉使之前。650 年道玄撰《释迦方志》已志有以笏量基之事,而《佛祖统纪》志其事在 643 年,与道玄所志相符也。

乃还其本国。王问比丘,往彼礼拜圣所来灵瑞云何?比丘报云:阎浮(Jambudvipa)大地,无安身处。王闻此语,遂多与珠宝,使送与此国王三谟陁罗崛多(Samudragupta)。因此以来,即是师子国比丘。又金刚座上尊像元造之时,有一外客来告大众云:我闻募好工匠遗像,我巧能作此像。大众语云:所须何物? 其人云唯须香及水及料灯油艾。料既足,语寺僧云:吾须闭门营造,限至六月,慎莫开门,亦不劳饮食。其人一入,即不重出,唯少四日,不满六月,大众评章不和。各云此塔中狭迮,复是漏身,因何累月不开见出,疑其所为。遂开塔门,乃不见匠人,其像已成,惟右奶上有少许未竟。后有空神惊诫大众云,我是弥勒菩萨(Maitreya Bodhisattva)。像身东西坐,身高一丈一尺五寸,肩阔六尺二寸,两膝相去八尺八寸;金刚座高四尺三寸,阔一丈二尺五寸,其塔本阿育王(Açoka)造石钩栏。塔后有婆罗门兄弟二人,兄名王主(Rajasvamin),弟名梵主(Brahmasvamin)。兄造其塔,高百肘,帝①造其寺(Vihara)。其像自弥勒造成已来,一切道俗,规模图写,圣变难定,未有写得。王使至彼,请诸僧众,及此诸使人至诚股请,累日行道忏悔;兼申来意,方得图画。仿佛周尽,直为此像。出其经本,向有十卷,将传此地。其匠宋法智等巧穷圣容,图写圣颜,来到京都,道俗竞摸。"

(八)《法苑珠林》卷三十八,页24,引《王玄策传》云:"此汉使奉敕往摩伽陁国。摩诃菩提寺立碑。至贞观十九年(645)二月十一日,于菩提树下塔西建立,使典司门令史魏才书。"②

(九)《法苑珠林》卷三十九,页4,引《王玄策传》云:"粤以大唐贞观十七年(643)三月内,爰发明诏。令使人朝散大夫行卫尉寺丞上护军李义表,副使前融州黄水县令王玄策等,送婆罗门客还国。其年十二月,至摩伽陁国,因即巡省佛乡,览观遗踪;圣迹神化,在处感征。至十九年(645)正月二十七日,至王舍城,遂登耆阇崛山(Grdhrakuta),流目纵观,傍眺罔

---

① 按帝 l'empereur 疑为弟 le cadet 之讹。

② 碑文见后。

极。自佛灭度(Nirvana)千有余年,圣迹遗基,俨然具在。一行一坐,皆有塔记。自惟器识边鄙,忽得躬睹灵迹;一悲一喜,不能裁抑。因铭其山,用传不朽。欲使大唐皇帝与日月而长明,佛法弘宣共此山而同固。"①

(十)《法苑珠林》卷四十七,页12,引《西域志》云:"娑罗双林树边,别有一床,是释迦佛塑像在上,右胁而卧,身长二丈二尺四寸,以金色袈裟覆上。今犹现在,数放神光。又王舍城东北是耆阇崛山,有佛袈裟石。佛在世时,将就池浴,脱衣于此。有鹙鸟衔袈裟升飞,既而堕地,化成此石。纵横叶文,今现分明。其南有佛观,曰命弟子难陀制造袈裟处,并数有瑞光现。大唐使人王玄策等,前后三回往彼,见者非一。"

(十一)《法苑珠林》卷五十一,页22,引《西域志》云:"罽宾国广崇佛教。其都城内有寺名汉寺,昔日汉使向彼,因立浮图(stupa),以石构成;高百尺。道俗虔恭,异于殊常。寺中有佛顶骨,亦有佛发;色青螺文,以七宝装之,盛以金匣。王都城西北有王寺,寺内有释迦菩萨幼年龀齿,长一寸。次其西南有王梵寺,寺有金铜浮图,高百尺。其浮图中有舍利骨,每以六斋日,夜放光明照烛,绕承露盘,至其达曙。"

(十二)《法苑珠林》卷五十一,页23,引《西域志》云:"波斯匿(Prasenajit)王都城东百里大海边,有大塔。塔中有小塔,高一丈二尺,装众宝饰之。夜中每有光曜,如大火聚。云佛般泥洹(Parinirvana)五百岁后,龙树菩萨(Nagarjuna Bodhisattva)入大海化龙王。龙王以此宝塔奉献龙树。龙树受已,将施此国王,便起大塔,以覆其上。自昔以来,有人求愿者,皆叩头烧香,献华盖。其华盖从地自起,徘徊渐上。当塔直上,乃止空中,经一宿变灭,不知所在。"又《西域志》云:"龙树菩萨于波罗奈(Bénaèrs)国造塔七百所,自余凡圣造者无量,直于禅连河上,建塔千有余所,五年一设无遮(moksa)大会。"

(十三)《法苑珠林》卷五十二,页24,引《西域志》云:"乌苌(Udyana)国西南有檀特山。山中有寺,大有众僧。日日有驴运食,无控御者,自来

① 铭文见后。

留食,还去莫知所在。"

(十四)《法苑珠林》卷五十二,页24,引《西域志》云:"王玄策至大唐显庆五年(660)九月二十七日,菩提寺寺主名戒龙(çilanaga)为汉使王玄策等设大会。使人已下,各赠华毡十段,并食器。次申呈使献物龙珠等,具录大真珠八箱,象牙佛塔一,舍利宝塔一,佛印四。至于十月一日,寺主及余众僧饯送使人,西行五里。与使泣涕而别曰:会难别易,物理之况。龙年老,此寺即诸佛成道处,为奏上于此存情预修,当来大觉之所。言意勤勤,不能已已。"

(十五)《法苑珠林》卷六十九,页3,《破邪篇》云:"即如唐太宗文皇帝及今皇帝,命朝散大夫卫尉寺丞上护军李义表,副使前融州黄水县令王玄策等二十二人,使至西域,前后三度。更使余人。及古帝王前后使人,往来非一。皆亲见世尊(Bhagavat)说经时处伽蓝圣迹,及七佛以来所有征详灵感变应。具存《西国志》六十卷内。现传流行,宰贵共知。"

(十六)《法苑珠林》卷九十四,页4,《十恶篇》云:"唐贞观二十年(646),西国有五婆罗门来到京师,善能音乐祝术杂戏,截舌抽腹,走绳续断。又至显庆(656至661)已来,王玄策等数有使人向五印度。西国天王为汉使设乐,或有腾空走索,履屣绳行,男女相避,歌戏如常;或有女人手弄三伎刀稍枪等,掷空手接,绳走不落;或有截舌自缚,解伏依旧,不劳人功。如是幻戏,种种难述。"

(十七)《法苑珠林》卷一百一十,页16,引《王玄策行传》云:"摩伽陁国法,若犯罪者,不加拷掠,唯以神称称之。称人之法,以物与人轻重相似者;置称一头,人处一头,两头衡平者。又作一符,亦以别物等其轻重。即以符系人项上,以所称别物添前物。若人无罪,即称物头重,若人有罪,则物头轻。据此轻重,以善恶科罪。剜眼截腕,斩指刖足,视犯轻重,以行其刑。若小罪负债之流等,并锁其两脚,用为罚罪。"

(十八)《法苑珠林》卷一百十八,页6,引《王玄策行传》云:"摩伽陁国菩提寺主(viharasvamin)达磨师(Dharmacarya),问汉敕使,知此佛法盛行。达磨师云,佛法当令盛在四方也。昔有迦羯(Karka,Krkin)王梦大海水中心浊四边清。请迦叶佛(Kacyapa Bouddha)解云,后释迦末代,佛法中天竺无,所以中浊也。总向四方,所以四边清也。"

(十九)《法苑珠林》卷一百二十,页 12,引王玄策《西域行传》云:"摩伽陁国菩提寺大德(dhadanta)僧赊那去线陀据经算出云:释迦菩萨年至十九,四月十五日初夜出城,至三十成道,至七十九入般涅槃已来,算至咸亨二年(671)始有一千三百九十五年。"①

(二十)《法苑珠林》卷一百十九,页 23,所列诸撰述,关系王玄策行程者有二:《中天竺行记》10 卷唐朝朝散大夫王玄策撰。

《西域志》60 卷、画图 40 卷,此二部合成 100 卷,唐朝麟德三年(666),奉敕令百官撰。

四、王玄策所建之碑铭

沙畹(Chavannes)君于 1896 年刊《宗教史杂志》一号中,曾将伽邪(Bodh-Gayâ)之汉文碑志译载。旋又应余之请,将耆阇崛山之铭文及摩诃菩提寺之碑文译出。原碑铭尚未发见,余前借格里逊(Grierson)君之助,曾亲登耆阇崛山,寻求原铭。顾此山草木蔓衍,攀登甚难,失望而返。余颇希望后来寻求者,用新法寻求,或有所得。王舍城园谷荒废,至数百年之久。所藏史迹,应亦尚多也。兹将铭文碑录载于下:

耆阇崛山铭(阳历 645 年 2 月 22 日立)

大唐出震,膺图龙飞。光宅率土,恩覃四夷。化高三五,德迈轩羲。高悬玉镜,垂拱无为。(其一)

道法自然,儒宗随世。安上作礼,移风乐制。发于中土,不同叶裔。释教降此,运于无际。(其二)

① 按前文以涅槃时在纪元前 724 年。但《法苑珠林》卷三十八,页 17,引玄奘《西域传》云:"至今龙朔三年,则经一千二百年,此依菩提寺石柱记也。或云一千三百年,或云一千五百年,或云始过九百,未满千者。"

神力自在,应化无边。或涌于地,或降于天。百亿日月,三千大千。法云共扇,妙理俱宣。(其三)

郁乎此山,奇状增多。上飞香云,下临澄波。灵圣之所降集,贤懿之所经过。存圣迹于危峰,仁遗趾于岩阿。(其四)

参差岭嶂,重迭岩廊。铿锵宝铎,氛氲异香。览华山之神踪,勒贞碑于崇岗。驰大唐之淳化,齐天地之久长。(其五)

上铭载《法苑珠林》,卷三十九,页4。

摩诃菩提寺碑(阳历645年3月14日立)

昔汉魏君临,穷兵用武。兴师十万,日费千金。犹尚北勒阗颜,东封不到(译者按一本作耐)。大唐牢笼六合,道冠百王。文德所加,溥天同附。是故身毒诸国,道俗归诚。皇帝愍其忠款。遐轸圣虑,乃命使人朝散大夫行卫尉寺丞上护军李义表,副使前融州黄水县令王玄策等二十二人,巡抚其国,遂至摩诃菩提寺。其寺所菩提树下金刚之座,贤劫千佛,并于中成道,观严饰相好,具若真容。灵塔净地,巧穷天外。此乃旷代所未见,史籍所未详。皇帝远振鸿风,光华道树,爰命使人,届斯瞻仰。此绝代之盛事,不朽之神功。如何寝默咏歌不传金石者也。乃为铭曰:

大唐抚运　膺图寿昌

化行六合　威棱八荒

身毒稽颡　道俗来王

爰发明使　瞻斯道场

金刚之座　千佛代居

尊容相好　弥勒规模

灵塔壮丽　道树扶疏

历劫不朽　神力焉如

上碑载《法苑珠林》卷三十八,页25。

译者按:本篇所引《法苑珠林》卷次叶数,系据《四部丛刊》景印明径山寺本。与法文译文所注卷次叶数不同。彼所据以翻译者,疑是天宁寺本也。

又按:《西域志》或《西国志》,系根据玄奘、玄策之行记撰录而成。其事亦见《法苑珠林》卷三十八,页 1,附录于此,以补缺遗。

《法苑珠林·感通篇》(述意部)云:"依《玄奘法师行传》《王玄策传》及西域道俗住土所宜,非无灵异,敕令文学士等,总集详撰,勒成六十卷,号为《西国志》。图画四十卷,合成一百卷。从于阗国至波斯国已来,大唐总置都督府及州县折冲府,合三百七十八所;九所是都督府,八十所是州,一百三十三所是县,一百四十七所是折冲府。"此处引文中,府、州、县、折冲府总数上下文不符。但《法苑珠林》原文如此,待考定。

玄奘沙州伊吾间之行程①

1921 年《通报》332 至 354 页

斯坦因　撰

　　我在 1907 年秋天,第二次调查中亚的时候,曾取道安西通哈密的道路,经过北山的戈壁。此道就是甘肃通新疆的大道。我当时已知此道是古时的北道,纪元后 73 年中国控制哈密之时,即用此道通西域。我当时以为欧洲旅行家经过此道的,已有多人,似无重新调查之兴趣。

　　到了后来,我编撰第二次旅行中亚的详细报告西域(Serindia)一书之时,我才知道凡是研究中亚史地的人,不能不注意到这条荒寂的道路。7世纪上半叶玄奘经行西域之时,留下来关于印度同西域的地理、历史、古物等记载不少,他在 630 年②初赴西域求法之时,曾在这个沙漠里面作过这种冒险的旅行。

　　玄奘在此沙漠之中几乎渴死,他对于此次冒险的记载,尚未有人根据其地地势正确的知识详细审查。他的记载不见于《西域记》(因为《西域记》是离开高昌以后说起的),唯见慧立所撰《大慈恩寺三藏法师传》卷一之中。看此书所说的若干灵异,好像此事不能相信,可是详细比较传中的记载,同安西到哈密的地势,其情形完全相符,可见传中所记忠实可信。我们每次研究中亚或印度地理之时,皆免不了采用玄奘的记传,则说明玄

---

① 选文录自:烈维等著,冯承钧译《王玄策使印度记》,中国国际广播出版社,2013 年。
② 钧案:应作 628 年。

奘经行沙漠的路程,实有其必要。

可是在逐步追随玄奘之前,对于他发足的沙州(安西)同沙州到伊吾(哈密)的地势,似有略为说明之必要。我在《西域》一书第 15 章同第 27 章里面,曾经详细讨论过,从纪元前 2 世纪到今日,中国人选择南山北麓的一道为通西域要道的理由,只有这条道路才有比较肥沃而能灌溉的区域,像凉州、甘州、肃州这些地方,才能作通商同行军的根据地。肃州以西,愈往西走,只有些小地方有水草,其中著名的,就是现在的玉门、安西、敦煌。这些地方皆在很宽的山谷之中,可是大部分是不毛之地。疏勒河下流即从此处流到蒲昌海旧址东边的沙地。这些要点,我在《契丹沙漠废迹》附图第一图上业已指出。

只要中国对于塔里木河流域的商业同军事经营,可以直接经行蒲昌海已干的海床,径向楼兰发展,敦煌一城少不了是发足的所在。可是在纪元 3 世纪以后,楼兰被弃于沙漠,而因水草之缺乏,这条近路遂难通行,而不能不走北山戈壁,取道哈密。

这一面的道路,当以安西到哈密的道路为最近,走的人最多。此道经过北山的沙漠,全途共有 11 站,约有 218 英里。哈密赖有附近喀尔里克山(Karlik-tagh)的积雪,灌溉很易,所以在历史里面是一个以农产著名的所在,并是经行东南沙漠交易的一个天然市场。安西一方面因为有七八十年前的甘回之乱,元气尚未恢复,他现在的富源虽薄,可是一个能够供给旅行人粮食草料的地方,若据历史的记载,他从前的富源还不止此。至若其他从北山戈壁通哈密的道路,关于供给水草方面,路程较远,困难相同,有时更甚。

从地势一方面看起来,安西通哈密的一道,在任何时代必定重要,他的路线必同现在不差什么。而且今道除在大泉同沙泉子两处取水,须绕点小湾外,从安西到哈密,几乎可以说是一条直线。

这个在现在安西境内的古瓜州,就是玄奘发足之所。我在《沙漠废迹》一书第 71 章里面,曾说明在 1907 年时此城的现状。今日的安西,距疏勒河的左岸不远,名字虽然响亮,可是只有一座破城,中间有一条街道,两边稀稀落落有些房屋。他的重要,就在他是到哈密前供给粮料的最后一站。安西城南,在河流同南山的中间,遍地荆棘,耕种的地方很少,荒芜的地方很多。城的周围,有不少城村的废迹,其间居中而最重要的,尚名瓜州城,相传是古瓜州的治所。我在《西域》一书里面,曾以考古方面的理由,证明此说之是。《慈恩寺传》所说 629 年①终,玄奘所到的瓜州,好像就是此地。

这位法师离长安后,"欲西来求法于婆罗门国",质言之,求法于印度。当时的唐太宗(627 至 649)虽然志在经营西域,唯其"时国政尚新,疆场未远,禁约百姓不许出蕃"。

所以玄奘密出凉州,昼伏夜行而至瓜州,至后,"因访西路,或有报云,从此北行五十余里,有瓠𬇶河,下广上狭,洄波甚急,深不可渡。上置玉门关,路必由之,即西境之襟喉也。关外西北又有五烽,候望者居之,各相去百里,中无水草。五烽之外,即莫贺延碛,伊吾(哈密)国境。"

玄奘"闻之愁愤,所乘之马又死,不知计出,沉默经月余日。未发之间,凉州访牒又至"。州吏李昌悯之,为之毁却文书,嘱其早去。时所从二小僧,一人先向敦煌,一人不堪远涉,亦放还,遂贸易得马一匹,但苦无人相引。有一胡人来言,愿送师过五烽,并介绍一胡老翁来见。据说"此翁极谙西路,来去伊吾三十余返"。

胡翁"因说西路险恶,沙河阻远,鬼魅热风,遇无免者。徒侣众多犹数迷失,况师单独,如何可行。愿自料量,勿轻身命。法师报曰,贫道为求大法,发趣西方,若不至婆罗门国,终不东归,纵死中途,非所悔也。胡翁曰,师必去,可乘我马,此马往返伊吾已有十五度,健而知道,师马少不达"。玄奘乃以己马换取此"瘦老赤马",他在后来颇得此马之力,终在沙漠脱险,也是此识途老马之功。

玄奘换马以后,遂同少胡夜发瓜州,"三更许到河,遥见玉门关,去关上流十里许,两岸可阔丈余,旁有梧桐树丛,胡人乃斩木为桥,布草填沙,

---

① 钧案:应作 627 年。

驱马而过。法师既渡而喜,因解驾停憩"。天明以后,胡人畏前途危险,不愿相随,玄奘"因是孑然孤游沙漠矣"。

我们随着玄奘西进以前,应该考证他所经过的是安西何地。我们若以瓜州城为起点,伊吾或哈密的道路,先向北行,从瓜州城到瓠䴏河,相距有50里。玉门关就在河边。复从此河前进赴哈密,应向西北行,经过五烽。玄奘先要避开玉门关,所以夜发瓜州,在玉门关上流十里许渡河,顺着五烽附近的道路走,迳八十余里而见第一烽。

《慈恩寺传》这段记载,不难拿我们测量的地势来证明,瓠䴏河只能是疏勒河(也就是蒙古人的布隆吉河 Bouloungir)。瓜州城的废址,因为地居中心,同历来的传说,或者可以视为唐代的瓜州治所。可是哈密通道经过疏勒河的地方,确在瓜州城正北8英里,设若承认玄奘时代的疏勒河在今日河流之北两英里,我们的地图标示的旧河床所在,则与《慈恩寺传》五十余里之记载恰合。因为据我们计算玄奘所记里程的经验,他所算的大致可以5里当1英里。至若玄奘所说从河迳八十余里见第一烽,也同我们从旧河床算到第一站白墩子16英里之数正合。

玄奘时代的玉门关,确在何处,我现在还不能说。据我们在1907年调查中发现的结果,这个原在敦煌西边很远的玉门关,就在玄奘时代,好像迁到瓜州之北为时不久。

要详知玄奘经行沙漠的状况,可先审查今日通道的大概情形,同区别各站的地势。在偏向文明生活的中国人看起来,必视这条沙碛道路为畏途。我们经行此道之时,当时也有这样的感觉。诸站连同粪土充满的土房,同些小营房,皆在供给泉水或井水的低洼地方。只有这些小地方,才有用荆棘或芦苇所作的草料,其间道路碎石沙砾遍地,我想从古到今交通的情形,必定未有什么变迁。

在这条路上觅取牲口必需的水草很难,加以燃料缺乏,我想任在何时,使他在商业或军事方面变更位置,颇不容易。北山中部的气候严酷,或者是冬春两季常有而可畏的东北暴风,或者是夏天的燥热同风沙。一个独行的旅客,必定犯冒危险,今日要是没有向导,必有迷途之虞,则在中国政治孤立妨碍任何交通时代,危险当然更大。这条道路虽然一致荒凉,然而可以把他分成几段,我们拿《西域》同《沙漠废迹》两书所附的详细地图检查一下,就不难分别他的界线了。安西以西的头五站,经过许多小山,只有头三站(白墩子、红柳园、大泉)有泉水,马连井子、星星峡两处有不过六八尺深的井水。在表面上看起来甘肃同新疆两省今在星星峡附近分界,不能说无理由,因为过峡以后土地大变,在到后两站沙泉子、苦水两站路中,常见石块突出,兽骸铺地,同时从前几站的地平降下两千尺,植物更稀,水咸而难饮,看这个苦水驿的名称,就可以知道了。

但是中国旅客所最怕的,就是后来到烟墩的一站。这一段路,大致有35英里,从苦水沙坡下降 1500 尺,沿路毫无庇荫之所,夏天酷热,冬春两季又有东北冰风。自发苦水驿后沿途常见兽骸,行人死于此道者,亦不乏其例。过烟墩以后,又有一段沙地,情形相同,不过路程较短。旅客所到之站,名长流水,此地距可以种植的黄土地带不远。这条黄土地带,受喀尔里克山雪水的灌溉,水草丰美,到了长流水以后,就看见哈密耕地的一小角,再行过容易经行的两站,就到哈密或库木尔城。

这就是此道现在的状况,玄奘从前经行沙漠之情形,不难拿来对照。我们从慧立的《慈恩寺传》,知道下述的一些事情。玄奘渡瓠𡚁河(疏勒河)别了胡人以后,孤身"望骨聚马粪等渐进,顷间忽见有军众数百队,满沙碛间,乍行乍息,皆裘褐驼马之像,及旌旗稍纛之形。易貌移质,倏忽千变,遥瞻极著,渐近而微。法师初睹,谓为贼众,渐近见灭,乃知妖鬼"。玄奘所见的,显是我离了安西以后在头几站中所见的映景,也就是中国人所说的蜃气。玄奘走了八十余里,就见第一烽。"恐候者见,乃隐伏沙沟,至夜方发。到烽西见水,下饮盥手讫,欲取皮囊盛水。有一箭飒来,几中于膝,须臾更一箭来,知为他见。乃大言曰,我是僧,从京师来,汝莫射我。既牵马向烽,烽上人亦开门而出,相见知是僧,将入见校尉王祥。"

王祥是敦煌人,他问了玄奘以后,知道他是求法的僧人,很可怜他。到了明天,王祥"使人盛水及面饼,自送至十余里,云师从此路径向第四烽,彼人亦有善心,又是弟子宗骨,姓王名伯陇,至彼可言弟子遣师来,泣拜而别。既去,夜到第四烽。恐为留难,欲默取水而过,至水未下间,飞箭已至。还如前报,即急向之,彼亦下来,入烽。烽官相问,答欲往天竺,路由于此,第一烽王祥校尉故遣相过。彼闻欢喜留宿,更施大皮囊及马相送,云师不须向第五烽,彼人疏率,恐生异图,可于此去百里许,有野马泉,更取水"。

"从此已去,即莫贺延碛,长八百余里,古曰沙河。上无飞鸟,下无走兽,复无水草,是时顾影,唯一心但念观音菩萨及《般若心经》。""时行百余里,失道,觅野马泉不得,下水欲饮,袋重失手覆之。千里之资,一朝斯罄,又路盘回,不知所趣。乃欲东归还第四烽,行十余里,自念我先发愿,若不至天竺,终不东归一步,今何故来。宁可就西而死,岂归东而生。于是旋辔,专念观音,西北而进。是时四顾茫然,人马俱绝,夜则妖魑举火,烂若繁星。昼则惊风拥沙,散如时雨。虽遇如是,心无所惧,但苦水尽,渴不能前。于是时四夜五日,无一滴沾喉。口腹干燋,几将殒绝,不复能进,遂卧沙中。默念观音,虽困不舍。""至第五夜半,忽有凉风触身,冷快如沐寒水,遂得目明,马亦能起,体既苏息,得少睡眠"。"惊寤进发,行可十里,马忽异路,制之不回。经数里,忽见青草数亩。下马恣食,去草十步,欲回转,又到一池水,甘澄镜彻,下而就饮,身命重全。""即就草池一日停息,后日盛水取草进发。更经两日,方出流沙,到伊吾(哈密)矣。"

若是将《慈恩寺传》这段记载同现在从安西到哈密的地形比较。一方面可见极其相符,又一方面可见《慈恩寺传》文中有点缺漏。据《慈恩寺传》说,从第一烽到第四烽,只要一天,可是,与前文五烽各相去百里之文不合。似不能不承认玄奘从疏勒河起,实在走了四程,才到第四烽,传中定有脱文。

这样的脱文,在《慈恩寺传》今本里常有。此段玄奘经行沙漠的行程,很易考证。他所说的第一烽,明明是现在安西以后的第一站白墩子。他说从疏勒河到第五烽有480里,同我们测量现在此河到第五站星星峡的距离96英里之数亦合。据说第五烽外就是莫贺延碛,现在出了星星峡以后,地形确变,由是可以证明玄奘的行纪同现在地图完全相合。

据传所说,第四烽的人劝他避开第五烽,质言之,避开星星峡,去距第四烽百里的野马泉地方取水。当玄奘寻不着野马泉时,想"东归"还第四烽,可见野马泉在第四烽的西边。我们若将俄国人所绘的地图检查一下,就可看见上面所绘的敦煌一道,在连接安西、哈密通道之前,经过马连井子的西边距离约有 30 英里。而在马连井子的西北西,相当距离的地方,确有一处有水草,这或者就是玄奘寻不着的野马泉。因为在北山东部旅行,若是没有向导,很难寻着有水草的所在,这也是我在 1914 年 9 月常有机会得来的经验。

总而言之,现在如果有人从安西来,想避开星星峡,最好在马连井子离开大道,转向西北西,走过北山。此处山道比星星峡高,可是一样曲折崎岖,所以《慈恩寺传》说"又路盘回不知所趣"。玄奘觅野马泉不得,决定不还第四烽,不顾口腹干燋,沙漠危险,向西北而进。非有信心同勇气,决不敢下这样的决心。可是这也是他的很聪明的决断,因为要想不走错路,只能取道西北,中国人皆有认识方向的本能,玄奘这样的本能尤其完备,看他在《西域记》所志的地形,就可以知道了。

拿现在的地图看,若从西北走,必须经过苦水附近的斜坡,烟墩的洼地,而到黄土地带的东南界,略有水草的所在。据所说,玄奘在莫贺延碛走了四夜五日,无水沾喉,至第五夜半,苏息以后,他的那匹老马才将他领到十里外有水草的地方。《慈恩寺传》此处记载,同我们所知道的地势很相符合。现在的大道,从马连井子(第四烽)到哈密附近初见有水草的长流水地方,共有五站,总计有 106 英里。

好像从古来到现在,在第五烽到哈密的通道中,有些地方有井,而这些地方大致可当现在的沙泉子、苦水、烟墩。可是在大道外行走的玄奘,不容易寻得着,这是我从前经过沙漠所得来的经验。玄奘所走的路,必定是与大道并行的路,可是只要离开有几英里远,就不容易寻得着。

归结一句话,能够使玄奘不渴死,而到有水草的地方,必是他在瓜州同胡老翁换的那匹往返伊吾十五度的瘦老赤马。或者因为他的嗅觉,或者因为他记得地势,所以"马忽异路",到了有青草池水的地方。马同骆驼在沙漠里面,能有嗅得很远地方水草的能耐,并能认识他从前已到过的地方。一匹惯走沙漠的马,在中亚冬寒的时候,可以五天不喝水。我从前经过新疆大沙漠,到克里雅河尽头的时候,我们的几匹马有四整天未喝水,看他们到了河边的状况,或者还可以再渴两天。不过我们要知道,北山高原的斜坡是光滑的,比较经行新疆大沙漠的马和人容易疲乏。

《慈恩寺传》这段记载,始终皆能勘证。他说玄奘"更经两日方出流沙到伊吾",现在从长流水到哈密,恰有两站,共计约 35 英里。如此看来,这卷《慈恩寺传》的第一卷,因为有冒险的事迹,同些灵异的解免,虽然比较容易发生许多夸张想象的解说,然而我敢保他是出于玄奘口述,而经慧立笔受的。

三

玄奘《记传》中之千泉①

见 1930 年刊《通报》189 至 190 页

伯希和　撰

　　玄奘《记传》曾说俄属突厥斯坦(Turkestan)有突厥可汗避暑地,地名屏聿,此言"千泉"。自从 Vivien de Saint-Martin 以来,就从所谓蒙古语的 Mïng-bulaq(其实是突厥语的写法,而不是蒙古语的写法)一直推求到突厥斡思满(Osmanli)语的 Bing-göl,假定此名是屏聿的对音。我在 1930 年刊通报(107 页)②中曾经说过 göl 就是 köl 的斡思满语读法,此二字皆训湖或池,西突厥同咀昆(Orkhon)河的北突厥固然皆谓"千"曰 bïng,可是他们名湖曰 köl,而不用斡思满语之 göl;但是迁就说,可从 Bïng-göl 转读成 Bïn'öl 的读音,然不能从 Bïng-köl 转读而成此音也。况且 köl 的意义始终训湖或池,而不训泉。

　　现在我以为应将 Mïng-köl 或 Bïng-göl 放弃。案 koïbal 语有一 yul 字,训为"山溪",我先前因为他独见而训义不一定是"泉",所以不敢引用。

---

① 选文录自:烈维等著,冯承钧译《王玄策使印度记》,中国国际广播出版社,2013 年。

② 或云:"蒙古语之 Ming boulak,突厥语作 Bing göl",此种对于"千泉"之比附,不很正确;Ming bulaq 是纯粹突厥语(东突厥语),蒙古语相对之称实应作 Mïnghan bulaq;至若 bing göl 乃是斡思满语的写法,与东突厥语之 ming köl 相对,此言"千湖""千池",颇难与《玄奘传》著录的"千泉"土名屏聿音义相合。唯一确实之点。则在西突厥人谓千作 bïn,同喔昆河突厥语的读法一样,可不是 mïn的读法,因为这是畏吾儿(Ouigour)人的读法。

今检 Maḥmūd kāšgharī 书,自 11 世纪始,数说 yul(&yulaq)字训"泉"(参看 Brockhelmann《中世突厥》字,1928 年刊,96 页)。此 yul 字恰与聿字的读音相合,则应将屏聿还原作 Bïng-yul。[①]

---

① 译字用聿的很少;由此考订或者可以寻究摩尼教经一个未详名称"聿斯"的解说,关于此名者,可参看《亚细亚报》1913 年刊 1 册 169 页;当时沙畹同我将此二字读作 Yi-sseu,现在既有 Bïng-yul 之例,可以推想唐人的译音读"聿"作 yu。

中国载籍中之梵衍那[①]

见 Godard & Hackin 合撰《梵衍那之佛教古迹》第二册(1928)

伯希和　附考

　　梵衍那(Bāmiyān)是一个古名,乃是从中世波斯语(pehlvi)撰述 Bundaheš 中的 Bāmīkān 同 Pseudo-Moïse de Khorène 地志中的 Bamikan 变化而来,这是一个伊兰(Iran)语的名称。[②]

　　此地在中国史籍中最先著录者,就是《北史》卷九七《吐呼罗 (Tokharestan)传》,据云,"吐呼罗国去代一万二千里,东至范阳国 (Bāmiyān),西至悉万斤国(Samarkand),中间相去二千里。"马迦特 (Marquart)在他所撰的《伊兰考》里面(214 页),曾据《魏书》卷一〇二引证此文。可是《魏书》的《西域传》已佚,今本《西域传》乃是中世纪时人从《北史》抄补的。如此看来,《魏书》同《北史》的《西域传》同出一源,其文大致记述 6 世纪末年以前的事。然则此条是何时的记载呢? 马迦特在后来所撰的 Wehrod und Fluss Arang,P. 88(这部书从未完篇,刊本只到 160 页)中,只引《北史》不言《魏书》,曾说从代计里,好像所本的是 494 年元魏未从代迁都洛阳以前的一种史源。就严格说,境界的纪录同距离的纪录得无关系,可是此处将四至混淆不清。[③]　然而我以为此条所本之源,极像是

---

①　选文录自:烈维等著,冯承钧译《王玄策使印度记》,中国国际广播出版社,2013 年。

②　参考 E. W. West, *Pahlavi texts*,I,80;Marquart《伊兰考》(*Eransahr*,92)。

③　范阳同悉万斤实在吐呼罗的南方同北方,而不在其西方同东方,可参考《伊兰考》 215 页。

494 年以前的,由是至晚在 5 世纪时,中国人业已知道梵衍那的名称了。此种译写 Bāmiyān 作范阳的方法,不无困难,因为范阳读若Bam-yaṅ,可以适应梵衍那的现在名称。然而古本中尚有 Bāmīkān 同 Bamikan 两种写法,则应承认此名在中世波斯语中从-k-变-y-,在 5 世纪时已然了。马迦特(《伊兰考》215 页)以为若是"阳"字有 g-音发声,则可持此说。他后来在 *Wehrod*,P. 36 中,又说较晚的译名帆延之"延",古读有 g-发声,遂承认"阳"字从无此种发声。其实这个问题,比他所说的更较复杂,"延"字在较近译写中,常在摩诃延(Mahāyāna)同那罗延(Nārāyana)两名中用之,则可见其确无 g-音发声。此外"阳"字固然从未有此种发声,然在此处用"阳"字译写亦不甚恰当,因为收声之-n(-ng),在 Bāmiyān 名称之中,当然无有。其实魏时所用的写法是有倾向的,因为范阳是河北一故郡之称,因其习用,所以采用以名 Bāmiyān,则对于此名鉴定不可过严。我以为 Bāmīkān 于 5 世纪时在东伊兰地方,已读作 Bāmiyān,颇有其可能。从范阳的译法上,可以作此假定,再从 7 世纪初年的译法上,可以证实此说。

　　魏唐之间著录这个梵衍那名称的,据我所知,是《隋书》。这是记载 581 至 617 年间的史书,此地名在其中凡两见。[1] 马迦特曾将《隋书》卷八三的一条指出(*Wehrod*,P. 36)。据说漕国(Zabulistan)北去帆延七百里,《隋书》不用《北史》的范阳而作帆延,其对音应读 bamyan。此外《隋书》卷四著录大业十一年(615)入贡的许多国名(有几个国名是新名),其中有一国名失范延,这也是梵衍那的名称。至在玄奘记传里面,则作我们常用他替代 Bāmiyān 一切汉名的梵衍那,同梵衍。玄奘译名的对音,好像是 Bamyana,或与此相近的对音。

　　《新唐书》卷二二一下有三个译名,曰帆延,曰望衍,曰梵衍那。头一个名称是《隋书》卷八三《西域传》的名称;第二个名称望衍只见《新唐书》著录;第三个名称应是本于玄奘记传的。其中望衍一名,恐怕是梵衍传写之讹,则《新唐书》先著录官书的译名,然后著录玄奘的两个译名。《新唐

---

[1] 　钧案:《隋书》卷六七《裴矩传》亦作帆延。

书》卷四三下列举 658 至 661 年所设西域府州中,有写凤都督府,以帆延国罗烂城置。可是范延的名称还在适用,《册府元龟》所载 718 年入朝的国名,即作范延。①

但是梵衍那的名称在《旧唐书》卷四十里面,则说写凤都督府于失范延国所治伏㑜城置,《唐会要》卷七三与《旧唐书》之文同,唯国名作失范延。核以《隋书》卷八三失范延的译名,同《新唐书》卷四三下相对的帆延译名,可见苑字是传写之误。② 这个名称不难解释,失字古读齿昔收声,应对 šit 到 šer 等音,则失范延的对音应是 Šir-Bāmiyān 或 Šer Bāmiyān。乃考马迦特在《伊兰考》(92 页)中曾说 Pseudo-Moïse de Khorène 昔名梵衍那为 Šer-i-Bāmikān,而在 Istakhri 里面,则作 Šir-i-Bāmiyān,拿《隋书》《旧唐书》《唐会要》的失范延的译名对照起来,可见就是他的对音,毫无可疑的了。

727 年经行其地的慧超,所撰的《往五天竺国传》,两名其地为犯引,好像他听见的是 Bāmyān。

在唐以后,梵衍那的名称不见于中国载籍,至若《元史》里面的巴某,我不信是他的别译。③

《新唐书·地理志》的西域府州名录,沙畹在《西突厥史料》(70 至 71 页)业已译出,可是要比较来源作一种综合的考证,这件事不是在本文中可能讨论的。中国载籍中所著录梵衍那国的诸城名,迄今皆未考订出来。

---

① 参照沙畹《西突厥史料》70 页同 201 页。

② 钧案:伯希和在 1928 至 1929 年合刊《通报》里面说到同一问题,有一附注为本文所无,可以转录于此,其注云:"由范误苑,可以推想 659 至 661 年间所设的西域府州,《新唐书·地理志》月支都督府有州名苑汤州,以拔特山(Badakhšan)城置。此苑汤恐是范阳之讹。唐时所置西域府州之名称,几尽是古地之名,而所指者常非应指之地,此范阳所以为拔特山之州名。"

③ 可参照 Bretschneider, *Mediaeval Researches*。

五

梵衍那考补注①

见 1929 年刊《通报》183 至 187 页

伯希和评《梵衍那之佛教古迹》文

　　7 世纪时玄奘所记梵衍那(Bāmiyān)国之两大佛像,后在欧洲提起世人注意者,首有 Thomas Hyde 在 1700 年根据回教撰述之报告;继有 Moorcroft & Trebeck 1824 年之巡历,接着有其他诸旅行家之寻访,其中最勤奋者要数 Ch. Masson 君(1835)。其后认识没有什么进步。1922 年富涉(Foucher)君游梵衍那,开辟阿富汗国法国考古团之事业,然作第一次详细研究,则让 Godard 君夫妇(1922)与 Hackin 君(1924)为之。就中若 Godard 君夫妇所摹之壁画,可以说是一种启示;佛教的神道同施主在其中表现的,皆是萨珊王朝(Sassanides)国王贵人之容貌衣冠。

　　我在此书 74 至 83 页曾将中国载籍中关于梵衍那之记录哀译,尤注重于玄奘同慧超的记录,可是汉字缺乏,未能将所考作透彻的说明。② 此外我尚有新考一两条必须发表,现在乘此机会表示于下。

　　中国载籍对于 Bāmiyān 之最古译名为范阳,应在 494 年前采用,虽然是用中国地名移称外国地方,要可证明中世波斯语的 Bāmikān 已在 5 世纪时变为 Bāmiyān 了。我在引证其后诸译名中,曾引有《隋书》卷八三之帆延,可是溃漏了同一时代裴矩《西域图记》中之忱延(《隋书》卷六七)。

---

① 选文录自:烈维等著,冯承钧译《王玄策使印度记》,中国国际广播出版社,2013 年。
② 钧案:前考已见《西域南海史地考证译丛》9 至 14 页,《中国载籍中之梵衍那》条。

此外我引有《隋书》(卷四)615 年下之失范延同《旧唐书》(卷四〇)之失苑延；这个失范延不能说不是 Pseudo-Moïse de Khorène 书著录之 Šerei-Bamikān，同 Istakhri 书著录之 Sir-i-Bāmiyān(参看 Marquart《伊兰考》92 页)。①

玄奘在《西域记》梵衍那条说"其王每于此设无遮大会"，我曾随诸僚友后(尤其是烈维同沙畹之说)，以为"无遮"二字是梵文俗语 Mokṣa 之对音；后来我曾重新研究这个问题，将来在别处另作详细说明；暂应知者，无遮不是译音，所谓无遮大会就是无碍大会，乃是梁武帝提倡的。玄奘借用此名以称中亚同印度举行的大会，这些大会原来五年一举行，后来时常举行，不限于五年了。

玄奘说梵衍那国"有宿麦，少花果"。我译宿麦作冬麦，就是冬天以前种的而在春天出的小麦(或大麦)；检《西域记》各本，此处无异文，至少可以说宋《藏》以来如此；如此看来，我们不能说宿麦二字不见他书，便疑其有误了。但据富涉君说，梵衍那之气候只能容许在春季播种大小麦，又据玄奘《西域记》揭职②条说，"少花果，多菽麦"，菽麦二字早见《诗经》，我曾想到梵衍那条之宿麦，或是菽麦之误，宿菽二字音相近也。

孰知问题愈趋复杂，玄奘《西域记》漕矩咤(Zābulistan)③条亦用"宿

---

① 由《旧唐书》之误范作苑，令我推想到 659 至 661 年间所设西域府州中之苑汤州，此州治所在拔特山城(Badakhšan)。世人已知道这些府州名称几尽是旧名新用，而其配置常为武断的(沙畹在《西突厥史料》中明白此理甚晚，所以他在此书 268 页以后索引中的说明尚未完备)，我以为此苑汤就是范阳之讹。

② 此国名尚未得其原名，"揭职"二字对音似是 Karćik 或 Kačik，与 Gachi 或 Gaz 对音皆不合。

③ Watters 倡之于先，Sylvain Léni 和之于后，皆以漕矩咤是梵文 Jāguḍa 之对音；按 Jāguḍa 是梵文番红花之称，而 Zābulistan 乃出产番红花较多之地。可是我以为玄奘的译名不是直接本于 Jāguḍa 的。漕矩咤假拟对音是 Zawkuṭa 或 Dzawkuṭa，而非 Jāguṭa。700 年顷此地的新译名作谢颿，显然是本于 Zawul = Zābul 的，而漕矩咤的 z-或 dz-发声，并证明其发声不是 J-。按此晚见的 Jāguḍa 名称，好像是假之于一种具有 z 发声的民族者，顾梵文无 z，乃代以 J，而梵文之番红花遂成地名。至若玄奘译名中之 k 同 ṭ 两个清声字母，颇难解说。关于此类名称种种写法，可并参考庆祝 Sachau《纪念册》，281 至 282 页 Marquart 氏之文。

麦"二字。Julien(译本 2 册 187 页)又译作"晚麦";Beal(译本 1 册 30 页)在前一段中译作"春麦",注云"晚麦,春种",而在此段中(2 册 283 页)则作"冬麦",别无注释;Watters(译本 2 册 264 页)译作"早麦",与前段同。宿麦既然两见,我于是寻求别见的古例,然无结果;《本草纲目》卷二二小麦条只有秋种同春种之别,未见宿麦二字。如此看来,这个难题仍旧完全存在。De Groot(见庆祝 Sachau《纪念册》263 页)不识宿麦成语,以其意义不明,拟改"宿"为"粟",而又误译粟为稻;这种改正是武断的,因为粟麦二字不是一种流行成语,玄奘从未用过。到了 13 世纪,常德奉使西行时,说拽思干(Samarkand)"麦亦秋种"。宿麦二字在《西域记》中既然两见,我想保存此种写法,并拟将揭职条之菽麦改作宿麦,可是富涉君说梵衍那地方仅在春季播种大小麦;难道说自 7 世纪以来,此地播种习惯业已变更么?

六

黑衣大食都城之汉匠[①]

见 1929 年刊《通报》110 至 112 页

伯希和　撰

中国人早已赏识西亚工匠之技能;9 世纪大食(Arabes)旅行家一方面也称誉中国之艺术。中国艺术在蒙古时代流行于波斯以前,考古学业经证明此亚洲两半部之交换,在 9 世纪同 10 世纪时颇为活动:中国的陶器在当时美索波塔米亚(Mésopotamie)一带已被人认识同仿造,而萨珊王朝(Sassanides)式样的织物,已被人发现于敦煌。好像有一条 8 世纪中的记录,尚未有人引证过。

751 年高仙芝被大食人败于怛逻斯(Talas)川;大食人相传谓所掳之唐人乃将造纸工业输入撒马儿罕(Samarkand),复由此传布于一切回教国家。俘虏中有名杜环者,被掳至美索波塔米亚,终在 762 年回长安;归途盖自波斯湾附商舶而抵广州。环归后撰《经行记》,不幸其本已佚,可是其族人杜佑(735 至 812)业将其文节录入 766 至 801 年编纂的《通典》卷一九一至一九三等卷中。

这些节录文中有一条尚长,记大食国事,说大食一名亚俱罗,此名显然就是 Aqula 之对音,乃西利亚语名苦法(Kufa)之称,即当时黑衣大食朝

---

① 选文录自:烈维等著,冯承钧译《王玄策使印度记》,中国国际广播出版社,2013 年。

（Abbassides）第一次建都之地。① 杜环被掳后所抵之地，必是苦法无疑。此大食条中有一段文义颇不明，可是我只能作如下的解释，兹先引其文如下：②

> 绫绢机杼，金银匠，画匠，汉匠起作；画者，京兆人樊淑、刘泚③；织络者，河东人乐隈④、吕礼。

其意大概说纺织绫绢的机杼，制造金银器物与绘画等事，概由汉匠输入，⑤其言未免过甚，可是其文足资考证也。至若樊淑、刘泚、乐隈、吕礼这些人名，或者不重见于他书，大概也是 751 年败后同杜环被俘至苦法的士卒。⑥

---

① 沙畹在 1904 年曾误解此亚俱罗名称（《通报》1904 年刊 78 页），可是确当的比附，业经 Hirth & Rockhill 在《诸蕃志》译注本 110 页中著录。不过在 104 页对于讹写的杜还名称未予注意而已；《诸蕃志》写杜环之名作杜还，足证其未迳引《通典》，所本者应是《通志》（卷一九六），因为《通志》误写与《诸蕃志》同。
② 此文由《通典》转录入《太平寰宇记》（卷一八六）、《通志》（卷一九六）、《文献通考》（卷三三九）等编之中；《通考》亦误作杜还，与《通志》同。
③ 《太平寰宇记》作刘泚。
④ 《太平寰宇记》作乐还；《通志》作乐环。《通考》似引《通志》（观前文并作杜还可以知之），然在此处则作乐隈，或者《通志》乐环之误出于近代刻本，应取现藏日本之宋版《通志》校勘之；此隈字不见于字书。
⑤ 但是中国人输入纺织机一事，或有可能。
⑥ 杜环《经行记》残文业经王国维辑录入其《古行记校录》，并经罗振玉君收入王国维《集》中。可是王国维所据的，只有《通典》同《太平寰宇记》的引文；而其所据的《通典》本似有不少讹误。在他以前有一部《经行记》校注本，在 1915 年收入《浙江图书馆丛书》第二集中；据说这是丁谦《蓬莱轩地理学丛书》之一部分，全书在 1902 至 1903 年间脱稿，然尚未刊行。此本偶尔有用，惜颇少鉴别。丁谦在此段中将各本所有之"起"字删去，而以作"字"属下文。殊不知"起作"二字在汉时已见著录也。

七

大月氏都城考[①]

《通报》1907 年

沙畹　撰

　　大月氏之都城原为大夏之都城。中国史书所志之名不同。《史记》卷一二三曰大夏都曰蓝市城。《前汉书》卷九十六曰大月氏国治监氏城。《后汉书》卷九十八作蓝氏城。《唐书》卷二二一下亦作蓝氏城。《北史》卷九十七曰大月氏国都膡监氏城,在弗敌沙西,数为蠕蠕所侵,遂西徙都薄罗城,去弗敌沙二千一百里,《魏书》卷一〇二作虑监氏城。《周书》卷五十曰嚈哒国大月氏之种类也,都拔底延城。

　　考《宋云行记》,云西行出钵和国(Wakhân)谒嚈哒(Hephthalites)王。当时之嚈哒,应为今之巴达克山(Badakshân)城,在今 Faizâhâd 之东。拔底延盖为巴达克山之古译也。

　　《北史》之弗敌沙,应亦为巴达克山同名之古译。

　　此外大月氏都城诸名,应以蓝氏为是。应亦在巴达克山地域之中寻之。盖因其地在弗敌沙附近也。马迦特(Marquart)曰:蓝氏为大夏之都城,大夏即为吐火罗种(Tokhares)。顾巴达克山又为吐火罗之前部,吐火罗之都城,自应在其地。

　　此种考定,洵为正确,则吐火罗地域(Tokharestan)之历史,不难明了

---

①　选文录自:沙畹等著,冯承钧译《大月氏都城考　冯承钧西北史地著译集》,中国国际广播出版社,2013 年。

矣。当纪元前 128 年,张骞至大月氏时,大月氏已居妫水(Oxus)之北,臣服妫水南之大夏(Tokhares)。时大夏都城为蓝市城,在巴达克山之中也。张骞还汉后,大月氏逾妫水取蓝市为其都城。自是以后,大月氏即为吐火罗(Tokhares),亦即梵文之 Tukharas 也。其领地东至钵和,西至健驮罗(Gandhâra)一带。其属国有五,五国君长皆有突厥 Jabgous 官号(按即汉之翖侯,唐之叶护)。至纪元 25 年至 92 年之间,贵霜翖侯,质言之,健驮罗之翖侯丘就却(Kozoulokdphisês),攻灭四翖侯,自立为王,国号贵霜。其原有之国都为 Purusapura[译者按:即《西域记》之布路沙布逻,今之白沙威(Peshawar)],至是固尚为要城,但似以古都之巴达克山城为国都。至纪元 5 世纪时,始因蠕蠕之侵,西徙距旧都二千一百里之薄罗。古之薄罗得为今之波尔克(Balkh)也。约当纪元 450 年时,其王寄多罗(Kidara),即自此城兴师越大山 Hindoukouch 南侵北天竺。自乾陀罗(按即健驮罗)以北五国,尽役属之。此时为蠕蠕征服之吐火罗故地(Tokharestan),又为大月氏别种滑国所居。至 5 世纪末年,其种以嚈哒著名。嚈哒者,即其国王之名也。其王战胜波斯王卑路支(Pîroûs),脱蠕蠕之羁束而独立;并征服健驮罗国,以一有特勤(tegin)官号之亲王一人镇抚其地。其都城仍为吐火罗之古都拔底延,今之巴达克山城也。嗣后西突厥征服吐火罗故地之时,亦以大官一人镇其地。当 630 年玄奘西行之际,缚刍河(Oxus 即妫水)南之活国(今 Koundous),即为可汗长子所治之国。至 661 年,中国破灭西突厥之后,遂仍其旧制,设吐火罗道,置十六都督府以统之。其地仍以吐火罗为名。可见昔日此地在缚刍河新头河(Indus)间之影响也。晚至大食国(Arabes)破灭波斯之萨山(Sassanide)帝国之后,其力能与大食抗者,唯吐火罗。故 718 年时吐火罗之叶护,自称二百十二国府州之主君,可见其势尚盛也。

右述吐火罗故地八百年之沿革,可以参证吾人巴达克山城即大夏、大月氏都城之说。缘当时此二国在吐火罗之地位,与后日嚈哒、西突厥所占之地位相等也。

其唯一可驳之点,则在《北史》所志弗敌沙之方位。若据《北史》所志,弗敌沙应在健驮罗之西,不能考定为今之巴达克山城。殊不知弗敌沙确为巴达克山之古译,此巴达克山原为城名,后乃以名大雪山(Hindoukouch)南之国。或者此国王系出巴达克山,故以城名为国号欤?巴达克山城与巴达克山国方位不同也。若以古之大夏、大月氏之都城,位置于大雪山南之巴达克山,则去弗敌沙二千一百里之薄罗城,不远在里海沿岸欤?此意马迦特已先我言之矣。设以弗敌沙为在 Faizabad 附近之巴达克山城,以薄罗为波尔克,吾未见其有若何不符之点也。

至若当时五翕侯之名称方位,据《前汉书》所志如下:

(一)休密,治和墨城,去都护(今之库车)二八四一里,去阳关七八〇二里。

(二)双靡,治双靡城,去都护三七四一里,去阳关七七八二里。

(三)贵霜,治护澡城,去都护五九四〇里,去阳关七九八二里。

(四)肸顿,治薄茅城,去都护五九六二里,去阳关八二〇二里。

(五)高附(《后汉书》作都密),治高附城,去都护六〇四一里,去阳关九二八三里。

又据《北史》所志 7 世纪初年之五国,又略有不同:

(一)伽倍国,故休密翕侯,都和墨城,在莎车西,去代(今大同)一三〇〇〇里。

(二)折薛莫孙国,故双靡翕侯,都双靡城,在伽倍西,去代一三五〇〇里。

(三)钳敦国,故贵霜翕侯,都护澡城,在折薛莫孙西,去代一三五六〇里。

(四)弗敌沙国,故肸顿翕侯,都薄茆(《魏书》作茅),在钳敦西,去代一三六六〇里。

(五)阎浮谒国,故高附翕侯,都高附城,在弗敌沙南,去代一三七六〇里。

马迦特考定此五国之方位如下:

（一）休密即唐之护密，今之 Wakhân。

（二）双靡即《宋云行记》之赊弥，《玄奘西域记》之商弥，今之 Tchitral。

（三）贵霜在健驮罗北境，但据弗郎克云即健驮罗国。

（四）肸顿应位置于喀布尔河（Kaboul rond）支流，Pandjshir 河流之 Parwân 地方。

（五）都密即在喀布尔（Kaboul）附近，但与喀布尔有别也。

八

罽宾考①

《亚洲报》1895 年九十月刊

烈维、沙畹 撰

 中国史乘记载罽宾之事固多,但罽宾之方位,今尚有考据之必要也。案罽宾自汉武帝时(纪元前 140 至前 87 年)始通中国。终汉之世,时绝时通。塞种(çaka)所居之国也,西北与大月氏,西南与乌弋山离接。《前汉书》所志,大略如此,然其方位尚不明也。有人即以其为希腊人所称之 Kôphên,地在今之 Kabul 流域。顾 Kôphên,即《吠陀经》之 Kuphâ,希腊学者 Ptolémée 之《地理》原无是名。考 Kabulistan 之主要河流,名 Koas,即今之 Kabul-rud 河:即为《吠陀经》Kabhâ 之变称。即或月氏之时其名如是,然与罽宾吾未见其有何关系也。

 中国史书以罽宾即今之克什米尔(Kâçmîra)。此译音或近是。盖迦腻色迦(Kaniska)一名,《悟空行记》有译为罽腻吒者,首一音相合也。后一音之宾,为印度文 pil(a)或 pîr(a)之译音。盖中国译梵文,音尾无声母,则以鼻音代之,已有此例:如 ráhula 译为罗云之例是也。则罽宾之原音,应为 Kapil(a)或 Kapir(a)。又考 Ptolémée 之《地理》,克什米尔名 Kaspêria,则汉时之名克什米尔为罽宾,亦不足异矣。查《汉书》Kabul 一地,别名高附,罽宾与 Kabul 实无关系也。又考《魏书》、《北史》,罽宾国都

---

① 选文录自:沙畹等著,冯承钧译《大月氏都城考 冯承钧西北史地著译集》,中国国际广播出版社,2013 年。

善见城,即《隋书》、《唐书》之修鲜城,亦即梵文 Sudarçana 之译音也。

《魏书》载正平初(452),罽宾遣使朝贡,其都城在波路西南,去代一万四千二百里,居在四山中。其地东西八百里,南北三百里。

百年之后,罽宾之实在方位遂忘。中国史书乃以此名加之印度北境诸国。《隋书》载大业中(605 至 616),漕国遣使朝贡,又云漕国在葱岭之北,汉时罽宾国也;以此罽宾为漕国也。漕国与撒马尔干南之曹国有别,即《大唐西域记》之漕矩吒,今在 Ghazni 地方也。《唐书》亦志有武德二年(619)罽宾使至中国事,亦误以其国为漕国,在葱岭之南也。贞观十六年(642),罽宾亦有使至中国,显庆三年(658)以其地设修鲜都督府。神龙初(705),拜其王修鲜等十一州诸军事。开元七年(719)又遣使献天子及秘方奇药,册其王为葛逻达支特勒。后其王乌散特勒洒年老,请以子拂菻罽婆嗣,听之。天宝四载(745),册其子勃匐准为袭罽宾及乌苌国王。乾元初(758),遣使朝贡。

《唐书》所记罽宾遣使至中国之事如前,但无 750 年罽宾遣使至中国之事也。此事唯见宋《高僧传·悟空传》,传云:天宝九载,罽宾遣使来朝,请使巡按。明年敕中使张韬光将国信行,官吏四十余人西迈,时空未出俗,授左卫泾州四门府别将,令随使臣自安西路去,则唐之罽宾,与汉之罽宾,不同也。

由是观之,唐之罽宾与克什米尔毫不相涉。唐之个蜜或伽湿弥罗,《唐书》别有传,各有其国王都会使臣也。考《悟空传》,悟空使罽宾后,归途留伽湿弥逻,则罽宾之名,唐时已不指此地。又考《悟空传》,健驮罗国时已为罽宾之东都。健驮罗之都城为布路沙布逻,即今之白沙威,在喀布尔河岸。其第二都城为乌铎迦汉荼城(Udabhândr),在印度河之右岸。总之,健驮罗在喀布尔河下流,罽宾在其西,应在此河之中流。其上流别属一国。此国或即大勃律或布露。其国西邻北天竺乌苌,王居孽多城,临安夷水上。其西山巅有大城曰迦布罗(《唐书》卷二二一下)。此迦布罗即今之喀布尔(Kabul)是也。此外《西域图志》又误以罽宾为痕都斯坦(Hindustan),则又以罽宾名别一地域也。

　　唐时罽宾(健驮罗及其西方之国)之王朝,信奉佛教。圆照撰《悟空行状》,所载诸寺,可以证之。《唐书》所载诸王,始祖名馨孽。传十二世至642年,其王名曷撷支。719年其王名葛逻达支特勒,739年其王名乌散特勒,王子名拂菻罽婆。745年其王名勃匐准。当此王时,遗使萨波达幹至中国,悟空至其国时,其王尚存也。此王之子,据《悟空行记》名如罗洒。

　　观右记诸王名,其中附有突厥称号,如特勒其一例也(译者案洒亦为突厥官名,即《唐书》与《三藏法师传》之"设",西文之 chad)。考《唐书·突厥列传》,突厥官号凡二十八等:王号可汗,别部典兵者曰设,子弟曰特勒,大臣曰叶护,曰屈律啜,曰阿波,曰俟利发,曰吐屯,曰俟斤,曰阎洪达,曰颉利发,曰达干。罽宾之使名萨波达幹,此达幹即达干也。特勒为特勤之讹,此事已为碑志证明。突厥以特勤为号者实甚多也。

　　悟空所至之佛寺,有可忽哩、萨紧忽哩、旃檀忽哩。寺皆以"忽哩"名,似亦为突厥语。《西域记》屈支国有二伽蓝,同名昭怙厘,亦斯类也。

　　证以近来发见之碑文,大食人之记载,与悟空所记多能相合。可以证明伽腻色伽王所建之王朝,至 9 世纪末年止,为突厥(Turuska)月氏王朝也。

九

犁靬为埃及亚历山大城说[①]

《通报》1915年

伯希和　撰

当纪元1世纪顷,中国人名地中海东部为大秦。据《三国志》引《魏略》云:大秦国一号犁靬,《前汉书》亦作犁靬,但《后汉书》、《晋书》作犁鞬,《史记》、《北史》、《魏书》作犁轩。要之纪元前126年张骞归国之时,地中海东部,初名犁靬。至纪元1世纪,始易名大秦耳。

犁靬之名何所本,希尔特(Hirth)之《中国及东罗马》(*China and the Roman Orient*,1885)一书,已列举 regnum, hellenikon, legiones, Lycia, badiliken 诸名,皆断其非是,而以犁靬为 Petra 种族原名 Rekem 之译音。自是以后,三十年矣,无人提出异议也。希尔特之解说,虽见敏思,然吾不解昔日张骞所至之大夏中亚人民,何以一外省之城名,统名地中海东全部耶?

吾以为应别有解说也。当纪元前2世纪时,尚属希腊化大夏国之真正地中海母国,盖为埃及之亚历山大城。吾前已于1914年九十月刊之《亚洲报》中说明,巴利文《那先比经丘》(*Milindapanha*)中之"我本生大秦国,国名阿荔散",二语中之阿荔散,即指埃及之亚历山大城。此犁靬亦即亚历山大之译音也。当时《史记》、《汉书》所记此国之事,唯言纪元前140

---

① 选文录自:沙畹等著,冯承钧译《大月氏都城考　冯承钧西北史地著译集》,中国国际广播出版社,2013年。

至前 86 年间,安息王以犁靬眩人献于汉,当时亚历山大之魔术者,颇著名。《后汉书》亦曾志及其人由印度赴东方也(译者按:此事即指《南蛮传》"永宁元年,掸国王遣使献乐及幻人,能变化,吐火,自支解,易牛马头,又善跳丸,数乃至千。自言我海西人,海西即大秦也。掸国西通大秦……"一事)。则当时之犁靬,即指埃及之 Alexandrie。至纪元 1 世纪末年,中国人与叙利亚(Orient syrien)相接之后(译者按:此即指永元九年都护班超遣甘英使大秦抵条支临大海一事),始以大秦名其地。

予未敢断言犁靬之必为亚历山大,顾此种考证,较前此诸说为完满,甚愿有人讨论也。

叶调斯调私诃条黎轩大秦①

见《通报》1932 年刊 181 至 184 页

伯希和评藤田丰八研究文

藤田丰八君在 1929 年《台北帝国大学文政学部纪要》第一卷第一号中发表两篇研究,一篇考证叶调、斯调、私诃条等名称,一篇考证黎轩、大秦等名称。藤田君即殁于此 1929 年,曾在此《纪要》中提起若干颇饶异议的问题。比方他将 Ptolémée《地志》中的 Cattigara 位置在 Tourane,而 Herrmann 君则位在清化境内,A. Berthelot 君又向厦门沿岸寻求,我却未具成见,仍以此名之上半是交阯之对称。藤田君在头一篇研究的名称,就中若私诃条,我们久以为此名代表一种与巴利(Pali)文锡兰岛名称 Sīhaladīpa 相近的 * Sīhadīva 写法。可是尚有叶调同斯调国名的记录。藤田君说我先将此二国考订为爪哇(Yavadvipa 的一种俗语写法 * Javadīpa 之对音),然到后来对于第二名称我曾作附条件的主张,而以其为私诃条之异译,质言之,考订其地是锡兰。他好像有所误解。关于叶调者,我始终固以为是爪哇。至若斯调,我首先曾"在附有不少条件之下",考订是锡兰(《远东法国学校校刊》第 4 卷 357 页,同《通报》1912 年刊 463 页),嗣后在 1923 年,我受了 Laufer 同 Ferrand 二君论文的影响,也主张在南海中寻求(远东法国学校刊行之《亚洲寻究》第 2 册 250—251 页);我现在的倾

① 选文录自:沙畹等著,冯承钧译《大月氏都城考　冯承钧西北史地著译集》,中国国际广播出版社,2013 年。

向仍旧回复我在 1904 同 1912 年的主张。藤田君确信斯调不在南海,而在锡兰,同我在 1904 年的主张一样。他引举若干论证,不能谓无价值,可是也不能说未可非驳。藤田君所引关于斯调国之文尚多,据我近几年来裒辑的结果,尚可加增若干条。然有一事为确定无疑者,则在斯调名称确有证明,并不是叶调之误,如 Laufer 同 Ferrand 先后主张之说。此外藤田君不但以为斯调是锡兰,而且以为叶调是锡兰,而非爪哇,他如是引有若干好像外国译名头一字"叶""斯"互用之例。我对于此点未敢置信,而我以为必须先将涉及斯调名称的一切记录裒辑刊布,在一篇专论中研究之。

第二篇研究黎轩同大秦的问题。十六年前我曾主张黎轩是 Alexandrie 的一种译名,今见藤田君之文以为白鸟君在先已有此说(可是引证错误,因为"《通报》1915 年刊 690 至 691 页"是我自己的论文,并未涉及白鸟君)。藤田君已在 1928 年 1 月刊《史林》中主张此说,以为黎轩是 Rhages 的译名,而大秦就是纪元初年之后地中海东岸的汉名。别言之,古波斯语 Dašina 此言"右",或梵语语 Daksina 此言"右"同"南"之对音。这皆是些争议尚多的问题,比方 Herrmann 君以为大秦是阿剌壁半岛,我不赞同此说,与不赞同藤田君之说一样。所以我对于藤田君所提出的那些主要答解,我皆难视为确定,可是他裒辑有不少迄今漏引之文,亦足多也。

兹将若干可以注意之点录下:

5 页:我在《远东法国学校校刊》引用过的《水经注》引《扶南记》之文,藤田君以为"从口南"应是"从日南"之误。我以为他有理由,则应改正如下文:"从日南发往扶南诸国,常从此口出也。"

14 页:并非由絜误条、乃由綮误絜,盖綮在此处与叠同音读也。

15 页:锡兰岛"有四佛足迹,合有八迹",犹言有八足之迹。

22 页:未详何书之"《应志》",疑是朱应《扶南异物志》。

22 页:《太平御览》卷七〇一之文,藤田君转录有误。原文实作斯诃调,我从前假定斯调是锡兰,此亦理由之一。

22 页:"条三弥"而经藤田君还原作 Devasamadhi 者,我以为不如还原作 Devasāmin, Devasānī(scr. Devasvāmin)较为近类真相。

40 页,注二五:我不信鼍鼓之皮是用守宫(geckos)之皮作的;鼍应是一鳄。

70 页:若谓大宛之"大"不作大小之大解,理不可解,因为尚有小宛也。

十一

《魏略·西戎传》笺注①

《通报》1905年

沙畹　注

西域诸国,汉初开其道,时有三十六,后分为五十余。从建武(25至31年)以来,更相吞灭,于今有二十道。从燉煌玉门关入西域,前有二道,今有三道。

> 按《前汉书》卷九十六,自玉门阳关出西域,有两道:曰南道,北道。《汉书》之北道,即《魏略》之中道。其北又增一新道,即《魏略》之北道也。

从玉门关

> 按《魏略》之玉门关,即汉代之玉门关,在燉煌(沙州)之西北;至唐时玉门关,乃在安西之北。

西出,经婼羌转西,越葱岭,

> 按即今之帕米尔(Pamirs)高原。

经县度,

> 按即古之悬縆,《唐书》之小勃律,《志猛传》之波伦,《宋云行纪》

---

① 选文录自:沙畹等著,冯承钧译《大月氏都城考　冯承钧西北史地著译集》,中国国际广播出版社,2013年。

之钵芦勒,《玄奘传》之钵露罗,《继业行纪》之布路,今博洛尔(Bolor),在 Yassin 流域,为旅行者自钵和赴迦湿弥罗(Kaçmir)或乌仗那(Udyana)经行之途。此道之崎岖难行,详见《法勇传》;特吾人应注意者,3 世纪时中国人已知有此道也。

入大月氏,

> 按 3 世纪中叶大月氏占有印度之西北。

为南道。从玉门关西出,发都护井,回三陇沙北头,经居卢仓,从沙西井转西北,过龙堆,到故楼兰,转西诣龟兹(Koutcha),至葱岭,为中道。从玉门关西北出,经横坑辟,三陇沙及龙堆,出五船北,到车师界戊己校尉所治高昌(Tourfan),转西与中道合龟兹,为新道。

> 按《魏略》之北道,自哈密经镇西(Barkoul)至古城,复南越博格多山(Bogdo ola),抵吐鲁番复转西与中道合。但当时北道别有一道,经迪化(Uroumtsi)、绥来(Manas)、乌苏(Koul-Kara-oussou)、逾额林哈必尔罕岭(Iren Chabirgan),至伊犁流域之乌孙。《魏略》言与中道合者,北、中二道在库车会合。库车以西,别有北道,非言西道、中道自是合为一道也。《魏略》之西域三道,与 608 年裴矩撰《西域图记》所记之三道,路程亦多相合。《隋书》卷六十七曰:发自敦煌,至于西海,凡为三道,各有襟带。北道从伊吾(哈密),经蒲类海(巴尔库尔湖)、铁勒(Teulès)部、突厥可汗庭(博罗塔拉河或伊犁河流域),度北流河水[吹河(Tchou)、西尔河(Syrdarya)、阿穆河(Amou darya)],至拂菻国[东罗马(Byzance)],达于西海。

其中道从高昌(吐鲁番附近之雅尔域)、焉耆(Karachar)、龟兹(库车)、疏勒(Kachgar),度葱岭(Pamirs),又经拨汗(Ferghana)、苏对沙那国(古之 Osrouschana,今之 Ura-tepe)、康国、曹国(Ischtykan)、何国(Koschâna)、大小安国(Bokhara, Kharghan, près de Karmynia)、穆国(Amol)至波斯,达于西海。

其南道从鄯善(罗布泊南)、于阗(和阗)、朱俱波(哈尔噶里克)、喝槃陀(塔什霍尔罕),度葱岭,又经护密(Wakhan)、吐火罗、挹怛(Hephthalites)、帆延(Bamiyân)、漕国至北婆罗门(印度),达于西海。

　　比较《魏略》及裴矩三道不同之点:裴矩三道所至较远;裴矩南道经巴达克山(Badakchan)中之葱岭,《魏略》之南道,则经克什米尔(Kaçmir)之葱岭耳。

凡西域所出,有前史已具详,今故略说。南道西行,且志国、

　　按志为末之讹,《前汉书》作且末,即《西域记》之沮末,《唐书》之播仙镇或播仙城。据《水经注》所记,此地应在车尔成河上。据格勒那尔(Grenard)之《亚洲高原科学探考记》(*Mission scientifique dansla Haute Asie*)云:予在车尔成(Tchertchen)及塔尔唐(Tartang)附近游览中,于河流旧道,见有古城废迹,疑即为汉之且末国,当时南道在今日南道之北云。

小宛国、

　　据《前汉书》卷九十六上曰,小宛国王治扜零城。

精绝国、楼兰国

　　据《前汉书》卷九十六上,所志此国原名楼兰,至纪元前77年时,更名其国为鄯善。国名既改,国都必迁。前者斯文赫定(Sven Hedin)在格林威线北纬四十度四十分,东经九十度间,古罗布泊旧址北岸,所发见之废城,不能必其为楼兰故都,须再详细讨论也。考《前汉书》卷九十六上上云:"楼兰王治扜泥城……国中有伊循城……汉遣司马一人吏士四十人屯田伊循以镇抚之。"此城必在扜泥附近。又据《水经注》,南河(塔里木河)与阿耨达水(车尔成河)合流之后,经鄯善国都伊循城北,东注于湖(罗布泊),湖在楼兰国北,国有扜泥城,皆称东古城。又据徐松《汉书·西域传补注》,扜泥既名东古城,伊循应为新城。由是观之,纪元4世纪时,塔里木河南之伊循城已为鄯善之都

城，此伊循或即在罗布泊南之扜泥。则斯文赫定所发见罗布泊北岸之废城，似非楼兰鄯善之都城也。若合《水经注》、《新唐书》、《玄奘法师传》诸书所志参证之，汉之伊循城，应即《唐书》之新城，《玄奘传》之纳缚波故国。又据《唐书》卷四十三下所志，有石城镇，汉楼兰国也。在新城之西八十里，蒲昌海（罗布泊）南三百里。距湖太远，似别为一城。

皆并属鄯善也。戎卢国、扜弥国、

按此国《前汉书》作扜弥误；盖《史记》卷一二三作扜寀，《宋云行记》作捍䗫，或捍么，《唐书》作汗弥，即《唐书·地理志》于阗东境之坎城，《西域记》之媲摩。据斯坦因之考定，媲摩即和阗、克里雅间之 Uzun tati。

渠勒国、皮宂国

按此国《前汉书》作皮山。

皆并属于阗。罽宾国、

按罽宾国名代表两地，据烈维（Sylvain Lévi）之考定，初为克什米尔（Kaçmir）之译音。自汉至北魏，皆以治其地。至唐时，因其音与迦毕试相近，故又以名迦毕试，别名古之罽宾为迦湿弥罗。

大夏国（Bactriane）、高附国（Kabul）、天竺国（Inde）皆并属大月氏。

按纪元 3 世纪中叶，为贵霜王朝极盛之时。

临儿国，

按即佛诞生之腊伐尼园（Lumbini），法琳《辨正论》引《魏略·西域传》作临倪、临猊。

《浮屠经》云其国王生浮屠。浮屠，太子也。父曰屑头邪（Cuddhodana……），母曰莫邪（Maya）。浮屠身服色黄，发青如青丝，乳青毛，蛉赤如铜，始莫邪梦白象而孕，及生，从母左胁出，生而有结，堕地能行七步。此国在天竺城

(《通典》作域)中。天竺又有神人,名沙律。

> 按烈维以为沙律似即 çariputra(译者按《舍利弗问经》亦译作舍利弗)之译音。

昔汉哀帝元寿元年(纪元前 2 年),博士弟子景卢受大月氏王使伊存口受《浮屠经》

> 按右文各书所引不同,兹别举诸文于后,以见异同。

> 624 年至 640 年法琳撰《辨正论》,陈子良引《魏略·西域传》曰:前汉哀帝时,秦景至月氏国,其王令太子口授《浮图经》还汉。

> 《辨正论》又引《魏略》及《西域传》曰:"前汉哀帝时,秦景使月氏国,王令太子口授于景。所以《浮图经》教前汉早行。六十三年之后,明帝方感瑞梦也。" 此文并见 664 年刊道宣撰《广弘明集》, 662 年刊彦琮撰《集沙门不应拜俗等事》。

> 551 年至 554 年刊《魏书》,卷九十四曰:"哀帝元寿元年,博士弟子秦景宪受大月氏王使伊存口授《浮图经》。"

> 700 年刊玄嶷撰《甄正论》曰:"至哀帝元寿元年,博士景宪受大月氏王使伊存口授《浮图之经》。"

> 629 年至 636 年撰《隋书》,卷三十五曰:"哀帝时,博士弟子秦景使伊存口授《浮屠经》。"

> 597 年撰费长房《历代三宝记》曰:"哀帝时,元寿年中,景宪使于大月氏国,受得《浮图经》。"

> 624 至 640 年撰《破邪论》、650 年撰《释迦方志》、668 年撰《法苑珠林》,并云汉哀帝元寿元年,使景宪往大月氏国,因诵《浮图经》还汉。

曰复立者其人也。《浮屠》所载临蒲塞、

> 按临蒲塞即《后汉书》卷七十二之伊蒲塞,亦名优蒲塞。梵文为Upasaka。

桑门(çramana)、伯闻、疏问、白疏闲、

> 按《通典》作伯开、疏间、白闻,《太平寰宇记》作白闻、疏闲、伯闲。

比丘(ohiksu)、晨门(çramana),皆弟子号也。《浮屠》所载,与中国《老子经》相出入,盖以为老子西出关,过西域之天竺,教胡。浮屠属弟子别号,合有二十九,不能详载,故略之如此。

车离国,

> 按《后汉书》卷九十八作东离。据云东离国居沙奇城,在天竺东南三千余里,大国也。其土气物类与天竺同。列城数十,皆称王,大月氏伐之,遂臣服焉。男女皆长八尺而怯弱,乘象骆驼,往来邻国,有寇乘象以战。

一名礼惟特,一名沛隶王。在天竺东南三千余里,其地卑湿暑热。其王治沙奇城,有别城数十,人民怯弱,月氏、天竺击服之。其地东西南北数千里,人民男女皆长一丈八尺,乘象、橐驼以战,今月氏役税之。

盘越国,

> 按此国《后汉书》卷九十八《天竺条》作盘起。

一名汉越王,在天竺东南数千里,与益部

> 按益部疑为益郡之讹。

相近,其人小与中国人等,蜀人贾似至焉。南道而西极转东南尽矣。

> 按此国应在今之阿萨密(Assam)、缅甸二地之中。

中道西行尉梨国、

> 按《前汉书》西域诸国之今地,业经 1766 年刊之《西域同文志》考定其方位。但此书所考,不尽翔实;姑引其说,以备考证。据其卷二所志,汉之尉犁,在今焉耆西南之哈喇噶阿璊(Kalganaman)。

危须国、

按《西域同文志》卷二,此国今在焉耆东北九十里之察罕通格(Tchagan toungi),然徐松则以其地在今之巴格喇赤湖(Bagrach)之东南。

山王国

按《前汉书》卷九十六上,有山国,又徐松据《水经注》,以为此国即墨山国。据《前汉书》,此国应在巴格喇赤湖及罗布泊之间。据格勒那尔之考定:其地应在库尔勒(Kourla)东北一百三十公里之Kyzyr sanghyr地方。

皆并属焉耆。姑墨国、

按姑墨国在史乘中,有极墨、威戎、拨换、钵浣、怖汗、跋禄迦诸名。若据《西域图志》考定之今地,为雅哈阿里克(Yaka-arik),在拜城(Bai)及哈拉玉尔滚(Kara-youlgoun)之间;第徐松之考定,则以其地在哈拉玉尔滚之东,雅哈阿里克附近之滴水崖。予前亦曾采其说,后经格勒那尔之实地调查,始知中国考据家误以古之温宿为今之阿克苏(Aksou)。中国考据家之考定,即以此为起点;起点既误,遂致错讹相沿至今。今考定姑墨为阿克苏,温宿为乌什(Ouch-Tourfan),其理由有三:

一、据《前汉书》卷九十六下曰:姑墨国南至于阗,马行十五日。格勒那尔云,由雅哈阿里克或哈拉玉尔滚至和阗,从来无路可通,今亦无路可达。若自阿克苏赴和阗,有路可通,正马行十五日也。

二、格勒那尔曰:《前汉书》姑墨国有人口二万四千五百,温宿有人口八千四百。今观阿克苏水泉甚饶,为土耳其斯坦要城之一,当时何致人口反少于几无水泉之雅哈阿里克或哈拉玉尔滚三分之二耶?若以阿克苏为姑墨国,乌什为温宿,则近似矣。

三、若以姑墨为今之阿克苏,温宿为今之乌什,《唐书》所志四夷路程,关于此二地之记载,始不难明了。据云:"拨换城一曰威戎城,曰姑墨州,西北渡拨换河。"此拨换河即今之阿克苏河。此河在思浑河即今之塔里木（Tarim）河之北。"二十里至小石城"，此城在今之Bourgé，在阿克苏河及塔乌什堪河（Taouchkan daria）之间。"又二十里至于阗（按于阗应作于祝）境之胡芦河"，此河即塔乌什堪河也。"又六十里至大石板，一曰于祝，曰温肃州"，此温肃为乌什无疑也。

据前述之理由，予以为格勒那尔所提出姑墨即阿克苏，温宿即乌什之说，为不磨之真理。

温宿国、尉头国，

按格勒那尔考定其地在乌什西南之色帕尔拜（Safyr bay）。

皆并属龟兹也。桢中国、

按此国即《册府元龟》卷九七三所志，169 年梁州太守孟陀，命从事任涉、戊己司马曹宽攻而未下之桢中城。《后汉书》卷四十七《班超传》，作损中城，注又作顿中城。

莎车国〔今叶尔羌（Yarkand）〕、竭石国、

竭石至唐时为佉沙、迦师，即今之喀什噶尔（Kachgar）。今名尚留有古之 kach 之音。

渠沙国、

按《北史》卷九十七曰："渠莎居故莎车城。"

西夜国、

按此国在莎车南方山中，今名裕勒阿里克（Yul arik）。

依耐国、满犁国、亿若国、

按《前汉书》满犁作蒲犁，亿若作德若，此三国皆在今之塔什霍尔罕（Tach-kourgane）。

揄令国、

按前后《汉书》皆无此国名。

捐毒国、

  按《前汉书》卷九十六上,捐毒国在疏勒西,葱岭北部,应为今之 Karategin。

休修国、

  按此国《前汉书》作休循,袁宏《后汉纪》作休修。据《前汉书》卷九十六上云:国在大宛(Ferghanah)东南,捐毒之东,疏勒之西。似在葱岭之中,今之 Irkeshtam 地方。由喀什噶尔赴 Och 所经之途中。《前汉书》又云:疏勒西北诸国,如休循、捐毒等国,故塞种(Sakas)也。可以见当时疏勒诸王在葱岭之势力。

琴国

  按他书未见有此国名。

皆并属疏勒。自是以西,大宛、安息(Barthie)、条支(Chardée)、乌弋。

  按乌弋即《前汉书》乌弋山离之省称。似为亚历山大(Alexandrie)之译音,即希腊古地理学者 Strabon 之 Alexandreis e en Ariois,今之 Héart 是也。《魏略》误列其地在安息、条支之后,应以《前汉书》所志"安息东与乌弋山离,西与条支接"之记载为是。

乌弋一名排持。

  按北宋本《三国志》作排特。

此四国次在西,本国也,无增损。前世谬以为条支在大秦西,今其实在东。前世又谬以为强于安息,今更役属之,号为安息西界。前世又谬以为弱水在条支西,今弱水在大秦西。前世又谬以为从条支西行二百余日,近日所入,今从大秦西近日所入。

  按原文大秦诸国之文,已经希尔特译出,可取其《中国及东罗马》(*China and the Roman Orient*)一书观之。兹不赘述。

北新道西行,至东且弥国、西且弥国、单桓国、毕陆国、

> 按《前汉书》无西且弥。徐松云,为东且弥所并。然则至 3 世纪时似又独立为一国也。毕陆,前后《汉书》皆作卑陆。

蒲陆国、

> 按蒲陆即蒲类;蒲类为巴尔库尔(Barkoul)湖之古名。然则此国方位在东,次序应列在前也。第取《后汉书》观之,不难知其次序列后之理。《后汉书》卷八十八,"蒲类条"曰:"蒲类本大国也。前西域属匈奴,而其王得罪单于,单于怒,徙蒲类人六千余口内之匈奴右部于阿恶地,因号曰阿恶国。南去车师后部[今之济木萨(Dsimsa)],马行九十余日,人口贫羸,逃亡山谷间,故留为国。"其故地为移支国所居,此事在西汉时,所以前后《汉书》皆位置此国于天山之西。质言之,在今之迪化、绥来等地。故《魏略》列此国之次在后。

乌贪国

> 按前后《汉书》皆作乌贪訾离。《前汉书》卷九十六下曰:此国"东与单桓,南与且弥,西与乌孙接"。应为天山北道最西之国。乃《西域同文志》考定其地为今之特纳格尔(Teneger),即迪化东方之阜康县也。此说有误,盖与西接乌孙之说不合也。予以其地应在玛纳斯河(Manas)及额毕湖(Ebi Nor)之间。

皆并属车师后部王。

> 按汉之车师后部都城,在济木萨南山中。唐之金满县,则在济木萨北五里。

王治于赖城,魏赐其王壹多杂守魏侍中,号大都尉,受魏王印。转西北则乌孙、

> 按自汉至唐,由准噶尔(Dzoungarie)赴伊犁流域,取道额毕湖南之登努勒台(Dengnoul)。今则取道偏西赛里木湖(Sairam)南之塔勒

奇阿璃（Talki-aman）。乌孙领地，为伊犁流域，西至热海（Issyk koul）。

康居，本国无增损也。北乌伊别国在康居北，又有柳国，又有岩国，

按《后汉书》卷八十八作严国，在奄蔡（Alani）北，属康居。

又有奄蔡国，一名阿兰，

按希尔特考定奄蔡即希腊古地理学者 Strabon 所名之 Aorsoi。据《魏略》所志，此族一名阿兰，即中世纪之 Alani 也。此族先兼有奄蔡（Aorsi）、阿兰（Alani）二称，后唯有阿兰之号。

皆与康居同俗。西与大秦，东南与康居接。其国多貂，畜牧逐水草，临大泽，故时羁属康居，今不属也。

呼得国，在葱岭北，乌孙西北，康居东北。胜兵万余人，随畜牧，出好马，有貂。坚昆国，

按《新唐书》卷二一七下曰："黠戛斯（Kirgiz），古坚昆国也。地当伊吾（哈密）之西，焉耆北，白山（博格多山及巴尔库尔南山）之旁。"此文与《魏略》坚昆在康居南北之记载似异。《唐书》又曰："郅支单于破坚昆（时在纪元前 1 世纪下半叶）。于时东距单于廷七千里，南车师（吐鲁番及古城）五千里，……直回纥西北三千里，南依贪漫山。"此贪漫山似为唐努山，但希尔特以为即赛扬（Saian）山。总之，黠戛斯发源之地，北起赛扬山，南迄唐努山。其后或大为发展，南至哈密、焉耆，西抵咸海（Aral），亦意中所必有之事。则《魏略》与《汉书》所志，时代之不同，非不符也。

在康居西北，胜兵三万人，随畜牧，亦多貂，有好马。丁令国，

按《史纪》卷一百一十作丁灵，《前汉书》卷九十四上作丁零，《山海经》卷十八作钉灵。

在康居北，胜兵六万人，随畜牧，出名鼠皮，白昆子、青昆子皮。此上三国，

坚昆中央,俱去匈奴单于庭安习水七千里,南去车师六国五千里,西南去康居界三千里,西去康居王治八千里。或以为此丁令即匈奴北丁令也。而北丁令在乌孙西,似其种别也。

> 按丁令原为一种。此种区别,颇牵强也。

又匈奴北有浑窳国,有屈射国,有丁令国,有隔昆国,有新黎国,

> 按以上诸国名,并见《史记》卷九十,前《汉书》卷九十四,皆于纪元前二百年顷,为匈奴所征服。

明北海之南自复有丁令,非此乌孙之西丁令也。乌孙长老言,北丁令有马胫国,其人音声似雁鹜,从膝以上身头,人也,膝以下生毛,马胫马蹄,不骑马而走疾马,其为人勇健敢战也。

> 按《山海经》卷十八云,有钉灵之国,其民从膝巳下有毛,马蹄善走。

短人国,在康居西北,男女皆长三尺,人众甚多,去奄蔡诸国甚远。康居长老传闻,常有商度此国,去康居可万余里。

十二

《魏略·西戎传》中之"贤督"同"氾复"①

1921 年刊《亚洲报》上册 139 至 145 页

伯希和　撰

　　唯一中国史文说到纪元初数世纪经行大秦或罗马东境商道者,就是《魏略·西戎传》。世人已知道《魏略》是 3 世纪中间的撰述,原书已佚,可是这篇《西戎传》在 429 年已载入《三国志》卷三十的卷末。有些关于佛教初被中国佛教辩论的撰述,也引有《魏略·西戎传》,拿这类的引文看起来,可见《三国志》所载《西戎传》之文,间有脱误。不幸关于大秦一方面,我们没有别的引文可供参考,暂时只能以《三国志》之文作根据。②

　　这篇《魏略·西戎传》,业经沙畹(Chavannes)在 1905 年《通报》中译出。可是恰将关于大秦的一节省略,仅教读者去参考 1885 年希尔特(Hirth)所撰《中国同罗马东境》那部名著中的译注。据我所知,自 1885 年以后,对于这段关于大秦的记载,未见有一种全部的研究,我尚不知道赫尔满(Herrmann)在大战中是否继续发表他对于通道(Seidenstrasse)的寻究。

　　希尔特的研究虽然细心而不乏幼绩,可是在任何专心的读者看起来,在不少点上,解说很难令人满足。对于他的假定所引起的重要驳论有二:

---

① 选文录自:沙畹等著,冯承钧译《大月氏都城考　冯承钧西北史地著译集》,中国国际广播出版社,2013 年。

② 我这篇考订是在 1917 年 7 月撰于北京,距任何欧洲图书馆皆远,自是以后,我在 1919 年终曾将此考订报告考古研究院。现在我发表之文,略微有点细节的变更。

一种是他所假定的古地名,常与汉文译写之例不合;一种是他假定考出的路程,与我们所知道的古地理家所志的路程不符,尤与脱烈美(Ptolemee)所志的路程不符。比方商队通常经行的道路,应该经过里海之南,复由此行到 Zeugma 渡 Euphrate 河,乃在希尔特的假定中,还要向南绕个湾子到 Seleucie-Ctesiphou。我现在尚无将此问题完全解决的志愿,①我觉得将我的一种假定提出,以供我们的僚友之审查,不能说无其功用,如能将其证实,则将可为将来寻究的一种坚固根据。

《魏略》的撰者鱼豢曾经明说,他记载这些路程者,因为"前世但论有水道,不知有陆道"②。如此看来,他所注重的,就是这条陆道。世人先应假定者,这条陆道大致就是脱烈美所志,Tyr 的航员所闻,而经 Maes Titianos 所经行,进向石塔同汉人(Seres)都城的那条道路。顾脱烈美所志进向石塔的距离,是从 Zeugma 渡 Euphrate 河处开始计算,这一点特别重要。因为从石塔经过里海南边来的商队,同从巴比伦(Babylonie)运输海外运到波斯湾货物的商队,皆会于此地,彼此皆从此地进向 Antioche。这个重要地方,在《魏略》路程中也应该有,所以希尔特会假定这个 Zeugma 就是《魏略》路程中的驴分国,我以为我有一种别的见解。

《魏略》有一段说,"从且兰复直西行之氾复国六百里,南道会氾复,乃

---

① 关于中国人最先知道的地中海东部之犁靬名称,希尔特君以为是 Rekem,然而我以为是亚历山大城(Alexandrie 见《通报》第二类第十六卷 690 至 691 页)。我的从前一个荷兰旁听生,后来告诉我这种亚历山大城的考订,同时已见于 1915 年商务印书馆刊行的《辞源》之中。赫尔满在他的《中国同西亚间之古代商业关系》(见 *Weltverkehr und Weltvirtschaft* 1912 年 3 月刊 562 页)一文里面,说犁靬在达遏水(Tigre)上之 Seleucie,而于罗在 Hierapolis,我未见有何理由。

② 《魏略》所本的,应该是记述汉时缅甸所献大秦幻人,同 166 年大秦帝安敦(Marc-Aurele)从海道遣使至中国之文,这个 166 年使臣,已见《后汉书》著录,可是《后汉书》的撰年,在《魏略》之后。鱼豢所本之文,必定也是《后汉书》所本之文,而在后来佚而不传的。166 年使臣在交趾登陆,我不特仍旧主张交趾治所就是脱烈美之 Cattigara,而且我以为这个名称不是赫尔满所说的河静。(Hatinh 当时尚无此名,见 1903 年刊 *Zeitschr. d. Gesellsch. für Erdk. zu Berlin* 771 至 787 页,根据脱烈美《地志》所载《印度同中国南部间之古代交通》一文)而这个 Cattigara 一名前半,好像就是交趾的对音。

西南之贤督"。又有一段说,贤督"其治东北去氾复六百里"。《魏略》说这些国皆是大秦的枝封小国,其义不仅说有地方王朝的城市,而且兼含着势力多少强盛的总督所管的地方。《魏略》并说,大秦国中"其余小王国甚多"。

希尔特在附加不少条件之下,将氾复位置在 Emése,将贤督位置在 Damas,乃考贤督两字,古读若 ghiän-tuk。我以为这个 gh 声母非 kh 声,仅有 h 声,这也是唐代突厥语的照例写法,则其对音是 Antuk。(不过韵母中之 a 或 ä,同 u 或 o,还有点不定)从这个对音立时令人想到的就是 Antioche 一名,此地的译名固然还有安都(Autu),但此名是后来 5 世纪的译名。又一方面,考 Antioche 东北商队的第一个大站,应该是两道商队会合的 Zeugma,顾考《魏略》即说贤督东北六百里就是氾复,又说直西行同南道会氾复。如此看来,在贤督比对 Antioche 之假定中,氾复应该是渡 Euphrate 河的所在,我今以为可以很确实的音声根据来证实吾说。

案 Zeugma 是一个形容词,并非纯粹地名,商队发足渡 Euphrate 河的所在,实微在河之西,这就是希腊人名称的 Hierapolis。可是此地的土名则名 Bambykê,这个土名在我们地图上,则因阿剌伯语转出的 Membidj 或 Membudj 而见。

在表面上看起来,氾复同 Bambykê 似无关系,然而我以为氾复的写法有误。希尔特君所用的版本上面读若祀的氾字,常与读若泛的氾字混用。《康熙字典》曾举其例。考北宋本的《姓解》所著录的姓作氾,既然是姓,应读若泛。乃《姓解》说音帆,亦读若祀,既说音祀,则不能说是姓。① 又考张澍的《姓氏寻源》,②氾氾两字并用作音泛的姓。我从前曾经引有氾氾两字混用之例,③我现在还可加增一译名用氾之例。《佛经》中的氾罗那夷

---

① 参考《古逸丛书》影宋本《姓解》卷一。
② 参考卷二三,又卷三十中之范字,常写作范。并参考同一撰者之《姓氏辨误》卷十六同卷二十。
③ 参考远东法国学校《校刊》第 4 卷 388 页,《亚洲报》1914 年 1、2 月刊 220 页(我在此处所说氾氾之混用是对的,可是所疑氾范两字之相同,不甚可靠)。

(Vamranayi, Vārānasi, Bénarès)，今本皆误作氾罗那夷。① 如此看来，原书既无古代音注，我们对于《魏略》的氾复名称，也可读作氾复。乃在事实上，诸本两字互用。② 而且不问这个氾字古代发声为何，他的收声必定是 m，而这个收声同复字的唇音发声正合，尤是以证明氾复之是。汉语氾复两字的发音，从唇声发音转到双唇呼音，又转至齿唇呼音，是在何时，现在尚难确定。可是在原则上，这个 f 声母在纪元初数世纪译写中，等若浊音古发声之 p，又等若清音古发声之 b，或者有时等若 bh，是确然无疑的。诸字典对于氾字古发声之清浊，为说不一，可是宋本的《姓解》音帆，张澍的撰述音梵，这两个字古发声是清音，已有证明。如此看来，我们可以说氾字译写的对音是 bam 或 bham。至若复字，古有一个清音发声，同一个喉音收声，他在译写中理论的对音，必定是 buk 或 bhuk。由是这两个字的对音是 Bam-buk 或 Bhum-bhuk，在译写中合于 Bambykê 的译例者，无过于此。

我的贤督比对 Antioche，同氾复比对 Bambykê 的两条假定，当然没有解决《魏略》大秦全条难题的野心，其中尚有若干不能调合的记载。又一方面，我的假定略微扰乱世人惯有的观念，世人习惯以为《魏略》所志大秦所治的无名都会就是 Antioche。《魏略》的这一条，并见转录于 Baedeker 氏的叙利亚(Syrie)旅行指南此城沿革一条之中。顾若贤督即是 Antioche，则或应寻求《魏略》所言之大秦都城于别所，或者就是亚历山大

① 参考西京《续藏》本第 10 套第 5 册 410 页，又东京《大藏》本黄字套第 5 册 49 页，这个地名的还原，有别的译名可以参证，此外我未见有译写中用氾字之例。

② 希尔特未说他用的是何版本，考 1596 年南京国子监本作氾复，可是图书集成公司的活字本皆作氾复，此外诸版本互用此二字，其原文必为氾字无疑。比方《魏略·西戎传》末说："余今氾览外夷大秦诸国"云云，其中的氾字亦写作泛，其音必作泛而不作祀，可是在南京国子监本里面，此处的氾字亦写作氾。又考《三国志·吴志》卷十二《虞翻传》，翻之第四子，南京国子监本三写作氾。乃考《三国志》注引《会稽典录》曰，氾字世洪，则可见原名必为氾字，若为氾字，则同洪字没有关系。这些例子应该够了，我以为无再举《三国志》版本之必要，就算是现在版本皆作氾复(况且此非其例)，我们改作氾复也有根据。

城也未可知。无论将来的考证能否证明吾说，我以为我这两条假定，在地理同音声方面极其相符，所以不待全部研究完成以后，首先将他提出，而且我现在暂时无暇作这篇全部研究。

十三

高昌和州火州哈喇和卓考[①]

《亚洲报》1912 年五六月刊

伯希和　撰

纪元初年时,博克多山之南北,为车师前后部所居。后部都城在天山之北,今古城附近;前部都城在天山之南,治交河城,即今之雅尔废城。车师前部中又有高昌壁,为汉兵屯住之所,应为后之哈喇和卓(Qara-khodjo)。当纪元 46 年时,阚伯周始称高昌王(见《北史》)。顾名思义,其都城应为汉之高昌壁也。近日格领维兑(Grünwedel)在哈喇和卓附近之雅图库城(Ydyqut-Sahri)所发现 5 世纪之古碑,自经弗兰克(Franke)译出之后,前说遂以证实。自是以后,高昌都城未见迁徙。640 年唐兵所取之高昌都城,亦在哈喇和卓。9 世纪中回鹘帝国分解之后,其地已不属中国。回鹘遂于其地别建一高昌国,其都城仍在哈喇和卓。981 年王延德使高昌,即其地也。

当时宋人虽名其国为高昌,然北方之辽国,则于 913 年始名哈喇和卓之回鹘为和州回鹘(并见《辽史》卷一、卷三十六)。《金史》于 1130 年亦名其地为和州。《元史》之外国译名不常一致,其地有合喇火者、哈喇火州、哈喇霍州诸译名,亦即 Qarakhodjo 与 Qarakhodja 之译音,然常称之曰火州。《元史》曰:“回鹘王有亦都护之号。”此“亦都护”,盖即前见雅图库

①　选文录自:沙畹等著,冯承钧译《大月氏都城考　冯承钧西北史地著译集》,中国国际广播出版社,2013 年。

(Ydyqut)之对音。蒙古时代波斯之史学家,亦知有哈喇和卓。明时其地政治之优势移于吐鲁番,故《明史》曰:"火州又名哈喇,在吐鲁番东三十里。东有荒城,即高昌国都。"据此则 14 世纪之中高昌都城又移治于附近之地,其地即今之哈喇和卓,而故废址尚沿用其王号名雅图库城也。15 世纪初年 Chahrokh 之使臣所经吐鲁番附近之城,盖即其新都,今名哈喇和卓者是,非旧都之雅图库也。

如前所述,昔之高昌及火州,即土人前所称之 Qara-khodjo,今所称之 Qara-khodja。吾人前此所知者,只此而已。顾自鄂尔坤(Orkhon)之碑文,及突厥文史料发见以后,可资参考之料,遂又加多,今又有审查之必要也。

人以为高昌之突厥语名称,首见于突厥文之《阙特勤(Kül-tegin)碑志》,盖碑志中有"阙特勤与 Qosu-tutuq 争战"之语。巴克(Parker)氏告脱母升(Thomson)氏云:qosu 或 qusu 应为中国史书和州之对音。巴尔脱德(Barthold)氏先亦赞同是说,后因历史的理由否认之;盖和州之名,晚见于 10 世纪时之辽,二百年前阙特勤时代,不知有和州也。据缪莱(F. W. K. Müller)氏之考定,tutuq 即为唐代都督官之译音。若就唐代都督府声音及方望,与此相合者求之,即不难得其所在矣。考《唐书·地理志》有孤舒都督府。就音学言,其音相符;就地理言,府在天山之北。则《阙特勤碑志》之名,应为孤舒,非和州也。

就鄂尔坤之碑志言,此事与高昌、火州、哈喇和卓诸名,似无关系。第自新疆之突厥文写本出现之后,孰知有不然者。当 1908 年时,在吐鲁番北山中发见之突厥文残卷,有一 Qoco 地名,缪莱氏即释为 khodjo 之音。质言之,即古之哈喇和卓(Qara-khodjo)或 Qara-khodja 也。1911 年别有一抄本,亦 Qoco 地名。无何,勒苛克(von Le Coq)氏又刊布在吐鲁番所得之《摩尼教经》,脱母升氏又发表其所译之《古突厥文钞本》,其中又见有 khoco 及 Qoco 二名;经考定即唐时高昌一名,突厥语之对音。由是观之,Qoco 不出于和州,而和州、火州实为中国人重译之讹也。

此突厥文高昌之名,亦即唐时高昌都城之名。吾人未敢断言此名即出于纯粹突厥语也。前之考证,实确切不移。兹为求其语原,实不能不加以悬揣。夫和州出于 Qoco,后之 Qara-khodja。质言之,黑和卓盖为后来音之变迁,兹姑不论。兹专考究唐时高昌及 Qoco 二名,余以为此二名既同为一城之名,必有相连之关系,此名必出于彼名也。然则何名在先耶?Qoco 一名,在突厥语中,无意义之可言;而高昌一名,在中国语中原有意义也(《北史》云:地势高敞,人庶昌盛,因名高昌。亦云其地有汉时高昌垒,故以为国号)。夫中国译名,固不乏附以意义者,然吾人应知者,此名之解说已见 5 世纪时之记载,则突厥语 Qoco 之无意义,又不足异矣。盖纪元初时,已有高昌之名,而当时吐鲁番一带,尚未操突厥语,设 Qoco 一名不本于高昌,必出于中国语突厥语以外之第三种语言。但吾人应忆及者,高昌非车师土人一城之原名,乃汉兵屯住一地之称号。其选一中国名称,亦意中所必有之事。总之,虽无一事可以证明高昌出于 Qoco 或与 Qoco 相近之名,而唐时之高昌,实为产生 Qoco 之对音也。

自吾人发现唐时非中国文之抄件以后,得一未曾预料之结果。今之中国语以喉鼻音收声,而收声不显者,抄件译音中,皆不录其声。今日福建土话及日本语中,此例甚多;如"兵"字之音读如 hei 或 hyo,"藏"字之音读如 zo,皆失鼻音。但在中国北方,吾人尚不知有此事也。第在中亚所得抄件之中,见 I 字后之 N 音皆失:如丙丁音读如 pîy, tîy,突厥文译义净作 Getsi 是已。余自敦煌携还之西藏文抄件,所译中国文之音,其例亦同 I 字韵母以外各韵母,鼻音收声有时译出。然不尽译出,如"唐"音读如 kêy,"升"音读如 sing 之类是也。汉文"龙"字之音,突厥语译音作 lüi 或 lu,而西藏文亦作 klu(k 字不发音);又如 A 字韵母鼻音收声之字,"仓"字译音作 tsang,"三藏"二字译音作 samtso。就此例言,Qoco 自应为高昌之译音,其鼻音收声已失,A 音转而为 O,此亦旧本汉语进化之例也。

纪元初年,高昌之译 Qoco,固难索解,然唐时高昌之对 Qoco,实音声相符也。况此二名同名一城,特其一为中国语名,其一为突厥语名耳。吾未见有能否认此种考定者也。

唐末之乱,中国与中亚之交通阻隔。及乱事平息之后,交通恢复,新至者仍名其地曰高昌,但其旧日之突厥语译名,仍如故也。中国人不察,遂重译而为和州、火州诸名。

中亚有不少译名,仍用中国旧音。中国语音虽变,而此古音译名不变,其例甚多,中亚发见之写本中可以引证者不少也。勒苟克氏之突厥残本,有一城名 Sughciu,脱母升氏之《古突厥文书》,亦有一城名 Sughcu,经二氏考定为肃州者也。盖唐音"肃"字读如 suk,而其地又为当时东西通道中之要城,故中亚民族多知之。及后来中国语音虽有变化,而中亚之突厥人、波斯人仍用唐音译名,而名其地为 Sukcu。十三四世纪蒙古时代八思巴(Phags-pa)制定蒙古新字所译之汉名,亦可互证此事。其中中国北方通行语之收声声母,只存鼻音三种而已(n, ŋ, m)。马可波罗(Marco Polo)当时亦名肃州为 Succiu。至 17 世纪后半叶,中国势力又及新疆,肃州之古音遂废,而中亚之人遂用中国人已变之音,而称肃州为 Scutcheou 矣。

此 Qoco 及 Sukcu 二例之外,尚不乏可以引证之例。蒙古时代,波斯人名西安府为 Kendjanfu,当为"京兆府"译音之讹。乃中国人不察,又转讹而为"金张夫"。

18 世纪时,吐鲁番地方似亦有相类译讹之事。吐鲁番之西北有一废城,即汉时车师前部之王庭,自汉至唐皆名之曰交河者也。今日突厥名其地曰雅尔(Yâr),犹言断岩也。但 18 世纪时中国舆地家名其地为招哈和屯(见《西域图志》卷十四);和屯(khoto)义为堡寨,招哈为蒙古译汉交河旧名,而中国人乃转讹而为招哈,与 Qoco 之重译为和州、火州,如出一辙也。

马可波罗记中国西北有一地名 Tendue,曾有人疑为"天德"二字之译音,天德盖为唐时河套之军名。但又有人认为马可波罗时唐之天德军久已不存,何致尚用天德之名耶?余以为反驳之说无大价值,"德"字唐音读如 tak,或 tyk,其不受中国语音变化之影响,与 Qoco 及 Sukcu 二名所处之境遇相同。天德军在唐时与突厥颇有关系,按《宋史》卷四九〇云:"回鹘本匈奴之别裔,在天德西北,娑陵(Selenga)水上。"则天德军对于蒙古地域之关系,与肃州对于新疆之关系相等。此天德唐音之译名,遂流传于中亚。余虽未敢断言 Tenduc 之必为天德，然不乏可能性也。

　　前此诸解说中固不乏假定之说，但将来继续考证，似不难发现中国古音之译名流传中亚者不少；其不受中国国内语音变化之影响，与前引诸名之例同也。

十四

《沙州都督府图经》及蒲昌海之康居聚落①

《亚洲报》1916年一二月刊

伯希和　撰

　　余于 1908 年初次检阅敦煌《千佛洞》写本时,得唐时《沙州志书》一卷。沙州为唐时行政区域,领县二:曰敦煌、寿昌。写本字甚工整,观其书法,决为 8 世纪中叶物。卷中所志最近年号为开元(713 至 741 年),所书隆基二字,皆有缺笔,可以断言此卷原本编于 750 年之前不久,而写本距原本编撰之时又甚近也。

　　1909 年,此写本曾为清故总督端方影照。次年又刊载于罗振玉、蒋斧、曹元忠三君刊行之《燉煌石室遗书》之中,1913 年又刊载于罗振玉君刊行之《鸣沙石室逸书》之中,而定其名曰《沙州图经》。两刊罗君皆有考释。

　　按中国省府州县皆有志书,此从前治中国学者所忽者也。日本得有此类志书无虑数千种,徐家汇耶稣会图书馆,今所藏亦富,余亦为巴黎国民图书馆搜集者不少。据中国学者之考证,志书创始于 8 世纪中叶,但不以志名也。在敦煌写本发见以前,最古之志书,不逾 9 世纪之上半叶,其名曰图经;则吾人所发见者,为志书之最古本也。故罗振玉君不名之曰《沙州志》,而暂定名曰《沙州图经》。

　　此暂定之名,今可为确定之名也。余又得另一写本(编号为 2695),字

---

① 选文录自:沙畹等著,冯承钧译《大月氏都城考　冯承钧西北史地著译集》,中国国际广播出版社,2013 年。

迹较劣,但于卷末见有"沙州都督府《图经》卷第三"十字,此书之名,遂显于世。

此《沙州都督府图经》仅存部分,为水道、堤防、驿站、学校、寺观、城隍、怪异及永昌元年(689)所辑民间歌谣诸门。

写本中有多数记载,类皆为世所未详之事〔可与1914年及1915年刊《英国王家亚洲协会报》(*R. A. S. J*)之《敦煌录》参照〕。写本中有盐池三,《元和郡县志》仅录其一。运河七,唯都乡渠一见于10世纪之高居诲《于阗行记》,其名为都乡河。写本所载之"亭燧"二字,又可证《前汉书》卷九十四下《匈奴传》"亭隧"之讹,及颜师古注之误,燧为烽燧,非隧道也。

据写本所志,汉辛武贤所开之井,应求汉之白龙堆于敦煌之北,不应在敦煌之西,则《三国志》之《魏略》,今尚有重再考证之必要也。

此外《沙州都督府图经》引有古代残遗之书,如《西凉异物志》、《后凉录》、《西凉录》诸书。此种古代遗书,除为类书辑存一部分外,唯为《十六国春秋》所引。此书虽题为魏(386至556年)崔鸿撰,但崔书已佚,实为明人屠乔孙项琳所辑。据《沙州图经》所引诸条,又可补正今本《十六国春秋》不少。

《沙州都督府图经》所记之事,不仅限于沙州,其记驿站,东至瓜州,北迄伊州(Qomul)(哈密)。其志怪异,并附有蒲昌海石城镇将康拂躭延之弟地舍拨所上之申请书。其申请书所记之年,为天授二年(691)。

余因右一事所志二人姓名,实有提起注意之必要。此二人显属外籍之人,盖其姓为康。康者,今之撒马尔干(Samarkand)右之康居(Sogdiane)之简称也,其人属伊兰种。人名中又有一"拂"字,昔伊兰人之名,或由伊兰人介绍至中国所用之名,多用此字。则据此写本,蒲昌海(Lob Nor)之南,当时有一康居聚落,居其地五十年,尚未为东土耳其斯坦之士著,及中国人民所化也。余今兹之所辑者,唯关于此康居聚落之事。

考《新唐书·地理志》云:"自蒲昌海南岸,西经七屯城,汉伊修(按《前汉书》及《水经注》作伊循)城也。又西八十里至石城镇,汉楼兰国也。亦名鄯善,在蒲昌海南三百里,康艳典为镇使以通西域者。又西二百里至新城,亦谓之弩支城,艳典所筑。"据《唐书》所志,当时唐代石城镇及弩支城之守将,亦姓康。质言之,康居人也。此康艳典或即天宝二年、三年入朝中国(743 及 744 年)石国(Tachkend)王之婿。康国(Samarkand)首领康染颠,写本中之康拂鈌延与地舍拨,非其人之后裔,必其人之亲属也。

又据斯坦因(Stein)所得之写本(今编 917 号)考之,此写本为考证东土耳其斯坦地理之重要参考书,亦即证明康艳典籍属康居之确证也。其本为中和三年(883)物,所记有云:"石城镇东去沙州一千五百八十里,去上都(按即长安)六千一百里,本汉楼兰国。《汉书·西域传》云:地沙卤少田,出玉。傅介子既杀其王,汉立其地更名鄯善国。隋置鄯善镇;隋乱,其城遂废。贞观中(627 至 649 年)康国大首领康艳典东来,居此城,胡人随之,因成聚落,亦曰典合城。其城四面皆是沙碛,上元二年(675)改为石城镇,隶沙州。"写本后又云:"新城东去石城镇二百四十里。康艳典之居鄯善,先修此城,因名新城,汉为弩支城。"又云:"蒲桃城南去石城镇四里,唐艳典所筑,种蒲桃于此城中,因号蒲桃城。"又云:"萨毗城,西北去石城镇四百八十里,康艳典所筑。其城近萨毗泽,山险阻,恒有吐蕃及吐谷浑来往不绝。"(按萨毗之名,并见《新唐书》卷一一〇《诸夷番将列传》,于阗王《尉迟胜传》,其名或出吐蕃语。首一音为 gsal,后一音未详)

据右引诸文,可知 7 世纪上半叶中,有一康居首领,率其国人至蒲昌海南,并筑四城也。与《沙州都督府图经》所志之康姓人对照,又可知 7 世纪末年时,此康居聚落尚保存其康居首领也。

中亚康居侨民之所在,吾人已知吐鲁番地方有之,阿尔泰山久已有之;而哈喇巴尔迦逊(Kara-balgasun)之《九姓回鹘可汗碑文》,为汉文、突厥文、康居文之刻物,又可证康居语之流行外蒙古。兹据前引之唐人写本,又发见一新康居聚落。欲研究康居佛教及中国佛教之关系者,不可不留意此种材料也。夫佛教虽久已流传康居,但余由敦煌携归之康居文佛经,乃长安都城之抄本,别有一《善恶因缘经》(译者按原文为 *Sutra des causes et des effets du bien et du mal*,应是此经),又为康居人译自汉文之佛经。居留蒲昌海之康居人,于宗教之流传,应亦负有任务。当 635 年景教教师阿罗本东赴长安传教之时，或曾逗留其地，亦未可知。但十年之后，玄奘法师携经本归自印度，经行其地时，必为此康居侨民所见，决无疑也。则此种隋乱之后，东徙至蒲昌海南，重辟东西通道之康国首领，洵有注意之理由也。

十五

中亚史地丛考[①]

伯希和　撰

一、阎膏珍考

《后汉书》大月氏 Indo-scythes 传中之丘就卻及阎膏珍,业已考订为 Kuzulakadphises 及 Vemakadphises 之译名,其人虽确然不误,然其对音皆有未合。关于丘就卻一名,余在 1914 年业已证其为传写之讹,(《亚洲报》*Journal Asiatique*, 1914,Ⅱ,401);汉文之"卻",亦写作"却",而"却"与"劫"易为混淆,其原译名应是"丘就刧"。缘原名中之-la-或者发音甚微,不为译文所录,而印度译名对于原名中之-d-或亦省写也。

阎膏珍一名,应亦为传写之误。前者余因中国载籍中不乏混淆之例,曾假定"珍"字为"宝"字之讹(《亚洲报》*J. A.*,1914,Ⅱ,389,可并参照 1920,Ⅰ,137),当时余以其误以宝字古写之珤作珍。现余仍信"珍"字有误,然不主张其原文为"宝"。尝考中国载籍,其与"珍"字时常混淆者,乃"珍"字俗写之"珎"与"彌"字俗写之"弥",兹举若干"尔"与"爾"相混之例如下:

(一)《法苑珠林》卷二十四引王玄策《西国行传》,玄策在泥婆罗

---

①　选文录自:沙畹等著,冯承钧译《大月氏都城考　冯承钧西北史地著译集》,中国国际广播出版社,2013 年。

(Népal)国见水火池,梵文水名 pānī,诸本译写作"波沴",或作"波泍",或作"波瀰",应以"波瀰"为是。均参照《通报》1912 年刊 354 页。

(二)汉文译写拂菻语之无花果,有"底栅","底珍","底瓟",诸名,瓟字不见于字书,然其省写之"珎",则为俗写之"珍",核以闪族(semitiques)语言,应以"底栅"为是;盖由"栅"字俗写之"柿",发生种种错误也。可参照 Laufer, *Sino-Iranica*, 411。

(三)日本西京大学刊行之《唐写本翰苑》卷三十,引有《宋书》一文,今本《宋书》作"彌",而在写本中作"珍",内藤教授有跋。

(四)《续高僧传》卷一中,"珍"与"彌"亦见互用,可检日本《大藏经》致字函 2 册 86 页。

(五)《隋书》卷八四《突厥传》云:"拜染干(Žămqan)为意利珍豆启民可汗,华言意智健也。"后于诏词中名之曰"意利珍宝启民可汗"。《隋书》卷四本纪中亦作"意利珍豆",然在《隋书》卷五十一《长孙晟传》中,又作"意利彌豆启人可汗",因避唐太宗讳改"启民"为"启人",其字非讹。至若"意利彌豆"与"意利珍豆"之互见,可见"彌""珍"两字之互用,因"珍"字遂连带又有"意利珍宝"。又考《册府元龟》卷九六七,作"竟利琜豆启民",则又有误矣。

根据上引诸例,似有改正"阎膏珍"为"阎膏彌"之充分理由。且"膏"字收声之唇音韵母,与"彌"字发声之唇音声母亦能相应,唯须假定中国人所闻-Kadphises 之音,如同 kabhi 或其相近之音而已。①

---

① 补注:余所主张"珍"字与"宝"字古写之"珤"相混之说,乃因此二字之相类,而有若干人名亦有互用者也。《后汉书》卷一百一十上《刘珍传》,"珍"一名"宝",其人殁于 126 年。又卷九十四《赵岐传》中之唐玹,亦作唐宝,2 世纪中叶人也。其名得由唐玹转为"宝",唯唐宝一名为 Giles(*Biogr*. *Dict*., n.146)所著录,不知其何所本,《后汉书》中仅见唐玹一名也。设若"宝"字在 2 世纪末年或 3 世纪中为避讳字,抑为撰《后汉书》者先人之名,而以刘珍作刘宝,唐玹作唐宝,则阎膏珍原为阎膏宝矣。然余尚未见此种避讳字样,所以余仍主张"珍"字与"瓟"字俗写"珎"字混淆之说。

二、突厥以十二属记年之最古记录

1906 年时,沙畹(Chavannes)曾假定十二属记年起源于突厥,盖其在 6 世纪上半叶之一汉译佛经中见一记载,而此经中之中亚影响颇为显明也。唯在 1906 年时,世人仅知中国与突厥之势力影响新疆(《通报》1906 年刊,87 及 94 页),但在今日,吾人乃知突厥在其地实未执有何种任务;而其地这居民一部分为吐火罗人(Tokhariens),一部分为伊兰人(Iraniens)也。有一在 759 及 764 年翻译、而具有天文性质之佛经即云:"西国以子丑十二属记年,以星曜记日。"观此经之全部内容,所言之西国,广义应指伊兰诸国,狭义应指康居(Sogdiane)一带。① 别有一相类记载,关系 Zarafchan 一带者,曾经希尔特(Hirth:*Nachworte* p. 127)在《太平寰宇记》中检出。②

当纪元之初,中国已用十二属记年,起源突厥之说,几无一人附合,余敢信沙畹于数年之后必不维持其说。③ 第在突厥本部范围中,沙畹在 1906 年时,曾言在纪元 692 年前,不知有用十二属记年之事。然此年限乃本于 1895 年之一种考订错误,后在 1899 年改正之,则突厥语志有年代之

---

① 关于此 762 年所译之经,及七曜历者,可参考《亚洲报》1913 年刊,1 册 161 至 177 页;其十二属记年之文,可检日本《大藏经》闰字函 14 册 59 页。

② 希尔特引文见《太平寰宇记》卷一八三,唯误刊作卷一一三。至若《太平寰宇记》所引之《西域记》,非 7 世纪中叶撰之《西域图志》。然为《册府元龟》卷九九六与《太平寰宇记》卷一九九"黠戛斯"(Kirghiz)条下所志盖嘉惠撰之《西域记》。《册府元龟》并谓开元(713 至 741)中为安西都护时撰。《太平寰宇记》与《册府元龟》之文显有关系,盖其误同也。开元中为安西都护者,只有 717 至 719 年之汤嘉惠,763 至 740 年之盖嘉运(可参考沙畹撰《西突厥史料》)。今不知撰者为何人,唯盖嘉运较为著名,其书疑为汤嘉惠撰,而传写误以汤嘉惠作盖嘉惠也。

③ 关于沙畹之说之批评,可检 1910 年《通报》583 至 648 页 de Saussure 之撰文。然余意不能与 de Saussure 之立论完全相合,余已裒辑关系十二属之新文不少,合计太多,非此短篇注释中所能容纳者也。

最古遗物，应移后二十余年矣。①

---

① 是即翁金（Ongin）碑文，拉德罗夫（Radlov）初以其为 Elteriš qaghan 之碑文，此人即中国载籍中之骨咄禄可汗。Qutlugh qaghan 碑文谓葬于翁金河之人殁于龙年。考中国载籍，骨咄禄确殁于 691 至 693 年之间，顾 692 年为甲辰年，拉德罗夫遂以此碑为骨咄禄之碑，而其殁年确在 692 年，拉德罗夫之误会洵不可解。盖此碑译文明言死者为骨咄禄之臣，则不能为骨咄禄本人。此外碑文著录毗伽可汗（Bilgä qaghan）之名，而此可汗在 716 年（似在 7 月）始即位也。拉德罗夫后在蒙古古突厥碑 *Alttürk Inscr. der Mongolei*, *neue Folge*, 1899, P. Ⅸ 一书中，放弃前说，以为翁金河碑文之死者，乃为一名 T(a)č(a)m 之人，此人不知为何许人，其殁年殆为 716 年丙辰也。按此年为毗伽可汗初即位年，谓在此年亦有可能。然余以为不能谓其必在此年，而非 728 年戊辰，此年毗伽可汗尚在位也。沙畹在 1903 年刊《西突厥史料》中，采入拉德罗夫改正之说，而在 1906 年《通报》之文中则忘之。准是以观，古突厥文第一碑之 692 年年代不足取也。至若骨咄禄之殁年，拉德罗夫谓中国载籍言在长寿中，质言之 692 年，吾不知其何所本。长寿元年在理论上可当 692 年，然此年号之元年，仅始于 9 月止于年终，顾武后改历以冬月为正月，长寿元年以全年计，始于 691 年 11 月 26 日，终于 692 年 11 月 14 日，就改元时间计，则始于 692 年 10 月 15 日，止于同年 11 月 14 日。拉德罗夫若知中国历算之法，将于 1895 年得一死于龙年葬于翁金河的死者之错误的证明矣。至若骨咄禄殁年问题，解决更较困难，新旧《唐书》本纪皆未著其事，《旧唐书》卷一九四上《突厥传》，谓骨咄禄天授中病死，《新唐书》卷三一五上，谓天授初死。按天授年号始 690 年 10 月 16 日，终 692 年 4 月 21 日，杜佑《通典》成于 801 年者也，亦以骨咄禄死于天授中（见卷一九八）。司马光《资治通鉴》（卷二○四至二○五）于天授、如意、长寿诸年（始 690 年 10 月 16 日，终 693 年 12 月 2 日，按长寿实止于 694 年 3 月 30 日，然《通鉴》以 693 年 12 月 3 日至 694 年 3 月 30 日并入延载年号之内）下皆无著录。然于延载元年（693 年 12 月 3 日，至 694 年 10 月 24 日）春正月（即冬月，始 693 年 12 月 3 日，终 694 年 1 月 1 日）志其事云："突厥可汗骨笃禄（Qutlugh）死，其子幼，弟默啜（Bäk-čor?）自立为可汗，腊月甲戌（694 年 1 月 20 日）寇灵州。"（今灵武）同一记载并见《资治通鉴纲目》卷二十五。但此处所记者，乃默啜寇灵州之事，而追记骨笃禄之死及默啜之立。朱熹《通鉴纲目》乃误以骨笃禄死于 693 年，张氏在其《中国历史对照表》（*Synchronismes chinois*）中，亦仍其误。按默啜自即位至攻灵州，相距应有数年，盖《旧唐书》云"篡位数年始攻灵州"也。沙畹《西突厥史料》以默啜位于 692 年。又据《资治通鉴》卷二一一胡三省《注》，以骨笃禄之殁在 691 年。三省所本者，应是司马光之《稽古录》（《学津讨源》本 15 册 40 页），其原文云："天授二年秋（691 年 8 月 18 至 11 月 13 日），突厥可汗骨咄禄死，子幼，弟默啜自立为可汗。"按唐代史籍若《实录》、《唐历》之类，今虽无存，司马光尚及见之，其所记必实，且与吾人所见之旁证相合。即骨笃禄之死及默啜之立，应位之于 691 年 8 月至 11 月之间矣。

中国之识突厥,始于 6 世纪中叶,其首先著录之史书,为《周书》卷五十之《突厥传》,传云突厥"不知年历,唯以青草为记"。又考《隋书》卷一本纪,开皇六年正月庚午(586 年 2 月 12 日),"班历于突厥"。然此种史文除其本义外,不可别加解释。突厥不解天文,不知预先编订历书,此事亦无足异,然不能谓其毫无历算方法,如以十二属记年之类是已。至若 586 年中国之班历,其目的不在以天文历数之说输入突厥。考中国旧例,以班历外国而表示其上邦之权,受历云者,犹言称臣,且突厥固无须乎正式班历而知中国之年历,设其不欲用之,虽班历亦无效。

《隋书》卷八四《突厥传》有一文,虽经希尔特(Hirth)在其 *Nachworte* (p. 122)中引起注意,然沙畹在 1906 年未曾用之,其文为突厥可汗沙钵略致隋帝书,其书首云"辰年九月十日,从天生大突厥天下贤圣天子,伊利俱卢设莫何始波罗可汗,致书大隋皇帝"。按以干支一字记年,中国向无此例,此处之"辰",显为十二属中之一年,甲辰年(584)为龙年,所指者必为此年。则沙钵略在 586 年班历以前,已知用十二属记年矣。至其所用之月日,是否即为中国之月日,质言之,是否为 584 年 10 月 19 日,颇难言之。其所用者虽为中国之历日,而在其公文之中概以中历为准,然不能因此谓其直接假用中国所不用之以十二动物记年之制也。不论此十二属之远因何在,余颇疑突厥之记年方法乃假之于在突厥前称霸之种族,顾突厥假用蠕蠕(Avars)之制不少,殆亦为承袭蠕蠕者也。

沙钵略可汗之书,翻译似甚正确,可使吾人知当时作书之体例,以年月日置于书首,应为当时突厥之习惯。后至蒙古时代,始仿中国作书之式,而以年月日置于书尾。至其所载可汗名号,可以考其一部分之原名。"天生"显为后来突厥碑文中之 Tängridä bolmïs,据缪莱(Müller)之考订(*Ostasiat, Zeitschr,* Ⅷ,1919—1920,314),相类之称,自匈奴迄于蒙古时代皆见有之。"贤"字必为毗伽(bilgä)之意译,此字在不少突厥及回纥(Ouigours)可汗名中有之。"天子"之称,乃仿中国之号,亦 8 世纪初年诸可汗名号中之 tänrigäg,此言"类天"也。其以下之"伊利俱卢设莫何始波罗可汗"可以还原为 El-kül-šad-bagha-(i)špara-qaghan,此名号中所用诸字,在他处尚见用之:El 曾译作"伊利"或"颉利"。颉利可汗,7 世纪上半叶为唐太宗所擒之突厥可汗,乃一 El-qaghan, ilkhan。6 世纪中叶之土门可汗(Boumïn-qaghan),一称伊利可汗,亦其同名异译。"俱卢"得为 Kül 或 Külü 之对音,其 Kül 之号,在喝昆(Orkhon)河碑文中见之,如阙特勤(Kül-tegin)或阙律啜(Kül-čor)之类是,此言"荣"也。"设"字在此处则用 šad 之寻常译法,莫何即名号中常见之 bagha。吐谷浑时已有莫贺之称(《通称》1921 年刊 329 页),584 年契丹王亦有斯号(《隋书》卷一),在黑城子 Karabalgasun 九姓回鹘可汗碑中并见著录,唯(i)špara 较有难题,此名必亦为沙钵略之对音无疑。此可汗在致隋帝书中自称始波罗,而隋帝复书则名之曰沙钵略,可见其是同名异译,此号在其他人名之中亦作沙钵罗(可参照沙畹《西突厥史料索引》)。又一方面,此(i)špara 及(i)šparag,与喝昆河突厥碑文之 šb(a)ra 及 išb(a)ra 似皆为一字之转。其困难之点,仅在汉文译写不用清唇音而用浊唇音,然吾人应知者,此字或不出于突厥语(上述诸号类多如此),而在诸突厥方言中读法所不同。

可汗致书尚可注意者,不用寒暄之文,径言其事,如致书大隋皇帝文下,即言使人开府徐平和至云云,与蒙古时代君主之致书盖单简同。复次,突厥可汗尚未脱昔日突厥对待周、齐之骄气,而欲以对待分立之周、齐者,对待统一之隋,故用书而自称为天子,然其后未久即奉表称臣云。

三、古突厥之"於都斤"山

《周书》卷五十《突厥传》云"可汗恒处於都斤山",日玉连(Julien)在其《突厥史料》(*Documents historiques sur les Tou-kiue*, p. 11)中译山名作都斤山。考《隋书》卷八四,西突厥"东拒都斤",沙钵略可汗"治都斤山";《新唐书》卷二一五上"建廷都斤山"诸文,山名似作都斤,沙畹亦承认其是。然此山在喝昆河碑文之中作 Ütükän 或 Ötükän,前者脱母森(Thomsen)、希尔特(Hirth)已有考订,沙畹当然亦注意及之。此一山名在中国载籍中亦作乌德鞬,或者并为乞①督军、郁督军之原名。

中国译名省略首一字者,固不乏其例,希尔特 *Nachworte*,34,虽承认日玉连之未误读原文,唯在《通典》卷一九七又见有"於都斤"之名。盖其文云:"又於都斤山西五百里有高山。"《通典》之文与《周书》之文具有关系,必无疑义。第应知者,日玉连错误充满之"史料"译文,是否了解原文也。

《周书》原文②云:"可汗恒处於都斤山③牙帐东开,盖敬日之所出也。每岁率诸贵人祭其先窟,④又以五月中旬集他人水,⑤拜祭天神,⑥於都斤

---

① "乞"字应误,或为"纥"字。

② 此文并见《北史》卷九九及《通典》卷一九七,后由《通典》转录入《通志》卷二百,及《太平寰宇记》卷一九六中,其异文别详后注;至若晚见之撰述,若《文献通考》及《图书集成》,余以为无引证之必要。

③ 《太平寰宇记》作于都斤。

④ 西突厥则"岁遣重臣向其先世所居之窟致祭"(《隋书》卷八四)。此窟即突厥之祖与其狼妻同居之窟,在高昌国之北山,窟内在平壤茂草,周围数百里,经数世,子孙相与出穴,居金山之阳(《周书》卷五十)。此故事后流传于蒙古,Rasidu-d-Din 及 Abu-l-Ghazi 所记之 Argänä-qon 城,与《元朝秘史》所载蒙古祖先为灰色狼之说,皆此类也。

⑤ "他人"二字应是水名,"他"字在当时译名中已曾用之,如"他钵"(Tapar,Täpär?)是已。"人"字在译名中尚未见其例,其名似可还原作 Tažin,Tayin 之类,中国译写含有 z 音,可以摩尼文字 Mahrnâmag 中之 nîžŭk 证之。缪莱曾考订此名为中国译名"泥熟"之对音。

⑥ 西突厥每五月八日相聚祭神(《隋书》卷八四),《周书》、《隋书》所志之祭日固有不同,然可假定突厥在 6 世纪下半叶中有一种历算,或者有分别十日之月。

四五百里有高山迥出，①上无草树，谓其为勃登凝黎②，夏言地神也③。"

由此观之，山名应作於都斤，只有《隋书》(与夫转录《隋书》如《册府元龟》卷九六七之文) 或因脱误，或因句调，将其省为都斤；11 世纪之《新唐书》亦依《隋书》之例。按"於"字在译写中鲜见用之，然尝用"于"字，顾此二字音义皆同，在中国载籍中互用已久。于都斤之名虽仅一见于 10 世纪末年之《太平寰宇记》，他书之作於都斤者，或原作"于"，传写时改作於，抑误以"於"字为表义之字，而非译音之字也。

此于都斤山，与喎昆河碑文之草木繁殖之 Ötükän 山(Ötükänyis，Ötükin-yïs) 或 Ötükän 地(Ötükän-yer)，同为一山一地，绝无可疑。蓝母司退特(Ramstedt) 在 1913 年所研究之 Sineusu 碑文，亦数见 Ötükän 或

① 《通典》此句之上多一又字，似为衍文，证以《北史》、《通典》之文，四五百里应为西五百里之讹。
② 除《通典》、《通志》作"勃登疑黎"外，诸文皆作"勃登凝黎"，疑字必为传写之讹。
③ 日玉连译作天神，此误易解，盖于此译名之中见有古阿尔泰语（或者非阿尔泰字，尤非突厥字）之 tängri 也。此字训"天"，已在古匈奴诸可汗名中见之。此字固训为"天"，然亦可训为"神"，此处之"地神"，应从此第二训。按突厥及蒙古，皆奉山为神，其山以汗(qan) 或腾格里(tängri) 附于名后之例，颇不少见。唯此名中之"勃"字较有困难，"勃"字在原则上或为 but，bur，bot，bor 等之对音，或为具有湿音韵母如 büt 等等之对音，抑其收声不用 -t，-r，而用 -l，-z，迦洪 Cahun，*Introd. ál'hist. de l'Asie*，58 会采用日玉连译文之"天神"，而还原作 But-tengri。顾 but 即佛陀(Buddha)，古突厥语似尚未知之，古突厥语中仅见有 Burqan(burkhan) 之号。纵在通常采用之假定中将佛汗(burqan) 一号分析可以思有 Bur-tängri 之名，然此只能为一种假定。唯在古突厥语中，未见 bur 一字单用者；且于"地神"之上冠以佛号，其故颇难解也。其尤足使此问题复杂者，"勃"字在梵文译写中颇少见之，然在伊兰(Iran)、吐蕃(Tibet)、突厥(Turcs) 名称之译写中，常见用之。有时对 but 等音，有时对 bat 等音，如 Bedel 之译作"拔达"或"勃达"，Badakhšan 之译作"拔特山"或"勃特山"，Bayirqu 之作"拔曳固"或"勃曳固"等例是已。除后一名见《资治通鉴考异》卷五二外，余详沙畹《西突厥史料》。考喎昆河碑文中 böd 一字，此言帝位，或者其广义可以训为国土，然此种解释亦无裨于此名之考订。黑城子(Karabalgasun) 之九姓突厥可汗碑若不残阙，或者可以解决此项问题。史莱格(Schlegel) 曾考订"爱登里"之对音为 ai tängri，此言月神。既有月神，必有日神(kün tängri)，碑文漫漶，虽不可识，似无有类军 kün 字之字，意者后一登里(tängri) 之前一字为突厥语地神之译音欤。

Ütükän 之名，至若此名之解说，则皆怀疑不定。拉德罗夫以其为回纥语之 Ötü(-ödür,-otür-)，此言选择、选举，然嗣后见 Utükän 一名，则又以之为本名，而不加以解说(*Die alttürk. Inschr.*，100,211—213)。脱母森(*Inscr. de l'Orkhon*，152；& *ZDMG.* 1924,173)虽思及突厥语之 ütkin, ötkin(此言锋利，锐) 得为其语源，然于此 Ötükän, Ütükän 名称，无他说明。吐鲁番(Tourfan) 之诸写本，亦著录有其名称。勒苛克(von Le Coq) 在其 *Manichaica*，Ⅰ,12,& Ⅲ,34,35 中，曾见 Ötükän 之名，最后两节有 el ötükän qutï 之语，此言"颉利于都斤之尊严"。班额(Bang) 在 *Turkolog. Briefe*，Ⅱ, *Ungar. Jahrbücher*，Ⅴ,250 中将 Abaqan 山分释曰父(aba)汗(qan) 山者，曾提议将 ötükän 分解为 ötü-kän 而释解其意为"经行之山"，此说仍然可疑。总之，勒苛克未曾解说之颉利于都斤，El ötükän 似为一神名，或一神化的祖先之名，则颉利于都斤犹言国民的于都斤。此外 Rasidu-d-Din 之蒙古史中又以 Ütükän 为回纥之一水名。

余以为此名或可用其他对照方法解说。按《周书》之文，突厥之圣地有三：一为所祭之先窟，一为他人水之天神，一为於都斤山西五百里勃登凝黎之地神；其地虽距於都斤有五百里，然在第二次言及於都斤山后言之，此於都斤山疑为一山系之总称，此勃登凝黎(Böd-tängri?) 山，疑为一种崄峻悬岩。按蒙古人名地之女神曰 Atügän 或 Itügän，此 Itükan 余以为即是 Plan Carpin《行纪》中之 Ytoga，亦即 Marco Polo《行纪》中之 Natigay，可参考 Kovalevskii, *Dict.*，1718 & *T'oung Pao*，1927,184。又按《元朝秘史》第一一三节，中有 Atügän，汉译作地，或者即是 1362 年未刊本汉、蒙碑文中之 Ütügän。余在敦煌携归 14 世纪刊行之一蒙古诗，开首二句云，Ütügin äkä-yin dägär-ä/öbösügän-kuibägä ugäiü qočorba bi，此言"在吾母大地之上，余已孤立而无庇护"。考古突厥语中之形容词 qut，此言光荣、尊严，可适用于君主，亦可适用于神道；*Manichaica* 中之 El Utükän qutï 或者已为"国土之女神"也。设其为一女神，殆为喑昆河突厥时代之同一女神，汉语之"神"一如突厥语之 tängri，得为男神亦得为女神也。

四、玄奘记传中之二突厥字

当 629 年（钧按应作 627 年）玄奘经行今日中属俄属土耳其斯坦而赴印度之时，其通过之地，皆属当时西突厥之疆域，则其译写若干突厥语已识之名号（虽实非出于突厥语者亦然），如可汗（qaghan）、可贺敦（qaghatun）、叶护（yabghu）、特勤（tegin）、设（šad）之类名称，亦无足异矣。然此外尚有二字，其一字早已为人所识，而不为突厥语专家所注意。其一字迄今尚未为人所考订，若将《南齐书》卷五十七所载之元魏官号，与《通典》录自 6 世纪末年一种撰述中之突厥语字除外，兹二突厥字实为最早见之突厥语字，其时在最古突厥碑文前百年。

日玉连（Stanislas Julien）所译《西域记》（第 2 册 463 页）索引中 Oulak 一字，即汉译之"邬落"，突厥语"驿马"之谓也。此"邬落"译名，在《大慈恩寺三藏法师传》中凡两见，此 7 世纪初年之译名即突厥语之 ulaq 与 ulagh，蒙古语之 ula'a，满洲语之 ula，确无可疑。然拉德罗夫 Radlov 之字典，瓦特司 Watters 在其 *Essays on the Chinese language* 374 中，劳费 Laufer 在 1916 年《通报》492 页，皆未注意此首见于中国载籍之译名。

由"邬落"一字之考订，可以求玄奘所志别一字之解说。按《慈恩寺传》，玄奘至素叶城，逢西突厥可汗，可汗令达官"答摩支"引送至衙安置。此"答摩支"似属人名，实为官号，观其名尾之支-ci 可以证之。考其对音，或作 tapmači，或作 tamači，则昔有一 tamači 官号，未经古突厥语文件所著录，然为 13 世纪蒙古时代之载籍证其有之，此名在蒙古时代乃指一种特别骑兵队伍〔可参考余在 1924 年《东方基督界杂志》（*Rev . de l' Orient chrétien*）中所撰"蒙古与教廷"一文〕。tamačin 或 tamači，出于 tama，后一字亦在 13 世纪蒙古语中见之。除余前此所引诸例外，此字应亦为《辽史》卷一一六契丹语名挞马（tama）之对音，《辽史》名寫从之官曰挞马。要之此阿尔泰语之 tamaci，首见于《慈恩寺传》，然不能断言其原为突厥语抑为蒙古语,①只能知其先为扈从之官,后为前锋之士而已。②

五、汉文突厥文译写之一特点

突厥文阙特勤(Kül-tegin)碑文志有一中国人名 Likän 者,其人应是唐玄宗派往吊祭之吕向。③ 唯吕向二字之音,古读若 Lị̈wokhịang,以突厥文译写,应作 Lükän,而非 Likän,然此种特别写法,不止一见。汉字之"处"字,在若干突厥语译名中用之:据余所知,无一字能确实求其对音者也。然余在《通报》(1923 年 347 页)中,曾以为在 Kāšghari 书中之 Čomül(读若 Čömül、Čümül,Čömil)获见处密部落之原名,"吕"字古韵母与"处"字古韵母绝对相同,则其解决之法皆同矣。按突厥语译汉语之古-ịwo 韵母,有时作-i,有时作-ö(-ü),有一中国古韵母-ịwo 在突厥语作 i 之例,似在突厥处月部落一名中见之。④ 此名似可考订为 Čigil,然此 Čigil 或亦为葛逻禄(Qarluq)三部落中炽俟部落之对音,故将此处月问题暂时不言。⑤ 沙畹《西突厥史料》中之初罗漫、时罗漫、折罗漫(别有析罗漫,应是折罗漫传

---

① 唐代有一乐名达摩支(常误作达摩友,亦作达摩之),其为译名无疑。然音既未定,义亦不明,尚未能知其本于何种语言也。

② 尚有一字,余以为亦属突厥语字,其著录亦在突厥文件之前。8 世纪上半叶撰《唐六典》卷三,所志北庭之出产,有兽角名"速霍",《通典》卷六作"速霍"。劳费在 1916 年《通报》347 页,及 1916 年《通报》348 页,曾引《唐六典》之文,然未得其解。余以为此"速霍"之对音,似为 suqaq(soqaq?),应是 Qutadghu bilig 中列入其他有角动物中之 soghaq(suqaq?),然迄今尚未详何物(可参考《拉德罗夫字典》第 4 册 528 页)。

③ 案吕向《新唐书》卷二○二有传,向字子回,或曰泾州人,722 年召入翰林。时玄宗遣花鸟使采择天下姝好,向因奏《美人赋》以讽。《全唐文》卷三○一录有向文三篇。五臣注《文选》,向即五臣之一,向名并见《历代名画记》卷九引《韦述集贤记》。

④ 中世纪汉语 ng-之发声,唐人译写例用 g-,可参考 1911 年刊《亚洲报》525、528 页。关于 Cigil 者,可参考:Marquart, *Osteurop. u. Ostasiat. Streifzüge*, 76; Brockelmann, in *Asia Major*, Hirth Anniv. v. 10; W. Barthold, *Turkestan*, 254, 317.

⑤ 此种考订,在一定限度中系于"俟"字之读法,余将于附说中讨论之。

写之误），或亦应参加于此考证之列，惜不知其原名为何也。

总之，以汉语之-ịwo 译写作-i 之例，今在唐末吐蕃字译写汉字之写本中，得一显著之证明，巴黎所藏此种本不少，除《千字文》残本外，其余尚未刊布。则余所据以研究者，要以 Thomas 及 Clauson 二君在 1926 及 1927 年《王家亚洲协会报》（*JRAS*）中所刊布者为主。此类写本写法不一，例如子(tsi)字写作 či,ce,ci 等体，唯其中有脱讹之处不少，亦有字形相类而致误读者。但此种文件在全部中，皆以外国人耳闻汉字之音，译写为外国之语，其可贵者即在此也。

刊行之文中不见"吕"字，然昔日具有相类尾音之字颇不少见，俱 kịu 字及具 gịu 字，在吐蕃语中译写作 ku 及 gu，而古读有-iwo 尾声者，一概译写作-i，如《千字文》中之庶(śiwo)，译写作 ši；又如疏(sịwo)，译写作 ši；《王家亚洲协会报》中，女(nịwo)读 Ji；语(ngiwo)读 gi；虚(khịwo)读 hei；于ịwo 读 i，与ịwo 读 yi；去(kịwo)读 khe，处(t'siwo)即读若 ci，又在若干汉字之读法中，-i 及-u 互读者，例如诸(t'siwo)字有 či,ǒhi, ǒu 等读法，汝(nziwo)有 že,ži,žu 等读法，所(siwo)有 ši,še,šu,šei,šui 等读法。观此诸例，足证阙特勤碑吕向之写作 Likän 之非误。

考此种译写纷歧之理由，殆因一部分受方言之影响。吐蕃之译写，昔在甘肃为之，今日甘肃尚读"去"若 khe，与吐蕃之译写相合也。第若谓在阙特勤碑特求甘肃之发音，则未免超过限度。中国古语对于兼有唇、颚二音之字，任在何时，皆以属音之唇音韵母与颚音韵母互用。其显明之例，则在龟兹之"龟"读若"鸠"，切勿以其为独见之例。昔有大多数字兼具-u (o)与-i 之音，时常互用；分析此类字之音，可以求其最古之音。唐时吐蕃译写方法之寻究，不仅可以解决一种小小碑文问题，将使吾人在一种簇新根基之上，解决别种问题，而非用此法不足以阐明也。①

---

① 在此讨论中，或须引证一种更古之译写方法，匈奴带钩之译名，有鲜卑、师比、胥纰、犀毗、私钺五名，胥纰(sịwo-bji)为《史记》译名，只有此名独有一种唇音韵母，而此韵母在匈奴字中昔似无之，顾此 sịwo 即属于吾人根据突厥、吐蕃译写方法所研究同类之字也。

附说：魏唐译语中俟字之音读

　　俟者，待也。古读若ḍẓi，今应读若 chè，然今实读若 sseu。沙畹《西突厥史料》读炽俟为 Tch'e-sseu，似为此名朱斯（T'si̯u-si̯e）别译所证实，且在少数读法中炽字读若 t'siwo，但此问题实不若是之单简。考字书中俟字读法有三：（一）床史切，音仕ḍẓī(ši)sseú。（二）渠宜切，音奇 gjie＞k'i。（三）于纪切，音矣 ji＞yi。希尔特（Hirth：*Nachworte*，109-113）对此三种读法，踌躇不知所取。沙畹常读若仕，缪莱（M. F. W. K. Muller：*Ostasiat. Zeitschr.*，Ⅷ，317-318）曾采用一种 il 或 ir 读法，然未言此种读法等若"奇"抑等若"矣"。其实"矣"音不成问题，昔已有若干人取其"矣"字之音者。盖"仕"字之音在流行之读法中作去声读，已与《诗·鄘风》"人而无止，不死何俟"上声不叶。然《诗经》古注未言其有"矣"音也，则所存者"仕"、"奇"二音而已。考北魏时外国名号中用"俟"字者不少，音注常读若"奇"，中国载籍中之音释虽不可尽信，然对于此字众注皆同，尤与在用俟字之名号中须用一种强喉音发声之例相合。沙畹所引之"朱斯"，或者出于昔人之一种误读，而误以"奇"音读若仕，或出于吾人所不知之他种原因。然余以为"炽俟"之俟亦读若奇，唯以炽俟对 Čigil 无齿音收声为不合耳。缪莱固读"俟"为 il 或 ir，如以俟斤作 ìrkin(erkin, erkän)，俟利发作 iltabir（或 eltä bär），此种假定赞成之人不少。当其发表之时，余亦欲作相类之提议，言其发音并无难题，盖吾人知中国译写突厥名称，而用仅有 alif 之强喉音之例不少，此种喉音固常为 gh-而非 g-。然《唐书》释音（《新唐书》卷后关于卷二一五下、卷二一七上、卷二一八、卷二一九者）特注其第一字之音应读若奇。考《旧唐书·西突厥传》所举官号，俟斤之外别有乙斤，此乙斤似即 irkin(erkän)。《旧唐书》以同一官号译作两名（如《新唐书》卷二一五上分别俟利发之类），固颇有其可能，然不能谓其显然必是也。以俟利发对 iltäbir 或 ertäbir，亦不无难题。缪莱在 *Uigurica* Ⅱ. 94 & 96 中，曾言颉利发即为喔昆河 Orkhon 碑文之 iltäbir，由是并证明俟利发及俟利伐根本即是颉利发。按颉字在若干可汗名号中为 el 之对音,固无疑义,而常用颉利二字全写其音,亦无可疑。顾俟字从无收声声母,不应独以此字写 el,而应用俟利二字全写其音,则俟利发及颉利发不应以俟或颉代 el,又加利发代 täbir,而应以俟利或颉利代 el,又加原文不明之"发"也。① 又况利发颇难为 täbir 之对音欤。在极少见之例中,汉语固以 l-代突厥语之 d-(例如可汗名号中之 tângridä 以罗 lâ 代 dä),然余不知汉语之 l-可代突厥语之 t-也。由是观之,则以葛逻禄 qarluq 炽俟部落为 Čigil 似乎甚难。余在此处所言者,非希尔特 Nachworte,109 所言之颉斥,此名似仅在汉文阙特勤碑中见之,此名应读若颉斥,而不必读若俟(音奇)斥,又非沙畹《西突厥史料》中之饟斥,此名第一字不知作何读法,亦非《魏书》卷一一三之俟力伐,余意仅在引起世人所视为一种业已解决的难题之讨论而已。尚须附带言及者,俟(音奇)斥与 erkin,虽有种种比对之可能,然余以为此名之译法,殆为省略中间流音字之译法,如毗伽(bji̱-gia)与苾伽(biět-gia)。互译 bilgä 之例,则此事不致使俟字有一收声声母之读法矣。②

_____

① 1911 年在吐鲁番发现 575 年之碑文,其中高昌王号已漫漶不明,然希利发三字尚可辨识,可参照罗振玉《雪堂金石文字跋尾》。此名之发音虽为开喉音,可假定其为俟利发、颉利发等名之别译。王国维在《观堂集林》所辑此类名号不少,唯误引诃黎伐失毕一名,史文实作诃黎布失毕,其对音疑为 Haripuṣpi,即梵文之 Haripuṣpa,与俟利发等名毫无关系。此外尚有以伐或发字殿尾之名号。《新唐书》所载突厥官号中有吐屯,当然为 tudun 之对音。《太平广记》卷二五〇引有一文,谓突厥之吐屯即汉之御史。顾在唐代之前,据《周书》《隋书》所志,又有吐屯发,此名并见于吐鲁番之纪元 600 年时一抄本中。又在 575 年之吐鲁番碑文中作输屯发,则此官号必是用吐屯与发结合而成,而此发字与俟利发或颉利发字情形相同,疑为突厥假之于蠕蠕的官号之一种。而在中国史籍所载之蠕蠕官号中尚可见之,例如蠕蠕可汗名号中有邱豆伐,"邱豆"似为匈奴单于名号中之孤涂,而此伐字殆与吐屯发、颉利发等官号中之"发"意义同也。

② 《隋书》卷十四著录龟兹乐名俟利健,虽有古郎 Courant 撰中国古乐 Musique classiquedes Chinois,96 与烈维 S. Lévi(1913 年《亚洲报》2 册 352 页)之假定。此种乐名尚在未识之列,仅有般瞻可对波斯语之 panjum 及梵语之 pǎncama 而已。此外可参照伊嗣俟 Yazdgerd 一名之译法,与万俟一姓之读法。

六、汉文毗伽可汗碑

中国载籍记述毗伽可汗(Bilgä qaghan)殁于 734 年。① 玄宗诏宗正卿李佺吊祭,因立庙,诏史官李融文其碑(《新唐书》卷二一五下)。《旧唐书》(卷一九四上)则云诏宗正卿李佺往申吊祭,并册立伊然,为立碑庙,仍令史官起居舍人李融为其碑文。

李佺吊祭之事,并为突厥文毗伽可汗碑所著录,而名其人曰 Lisün②。今人对于李佺之说明,似又限于《新唐书》与突厥碑之文,然尚有他文可供考证也。

新、旧《唐书》皆谓宗正卿李佺,《册府元龟》(卷九六四、卷九七五)所志亦同。按宗正常以宗室为之,考《新唐书》卷七十上《宗室世系表》,著录有宗正卿佺,其人为李虎子李亮曾孙,亮在隋时(约六百年顷)为赵兴太守,

---

① 此非今本新、旧《唐书·突厥传》所志之年,《旧唐书》所志阙特勤与毗伽可汗之殁年概为 732 年。《新唐书》志阙特勤殁于 731 年,然于毗伽可汗之殁未著何年。新、旧《唐书》所志殁年皆误,盖突厥文毗伽可汗碑所志之殁年确为 734 年也。就事实言,今本《旧唐书》必有脱误,其所志之事,必依年代之先后,乃先既云二十年(732)阙特勤死,后又云二十年小杀(毗伽)为其大臣所毒死,两言二十年,其年必有一误。顾阙特勤殁于开元十九年,前一年代似误,然误十九为二十,又为字形所不许,但毗伽可汗之殁年确误无疑。考《太平寰宇记》(卷一九六)所志此事,与《旧唐书》之文几尽相同。然其志阙特勤之死,在开元二十年(732)。毗伽可汗之被毒,事在开元二十三年(735)。二十三必为二十二之讹,由是可能证明旧书二十下脱二字,则其古本所志毗伽可汗之死,应在 734 年。希尔特(Hirth)*Nachworte*,123 根据《册府元龟》(卷九七五)一文,以为毗伽可汗殁于开元二十二年十二月庚戌,质言之 735 年 1 月 21 日。此说大误,盖是日乃玄宗获知毗伽可汗身死之日,下诏命择日举哀;设若毗伽殁于 1 月 21 日,其讯不能于同日达于洛阳。《册府元龟》(卷九六四)又以毗伽之死事在开元二十年与《旧唐书》同,亦为一误,后别有说。《资治通鉴》(卷二一四)于 735 年 1 月 21 日下并志毗伽之死、伊然之立与卒、及其弟登利之立等事,此文后亦有说。其中国载籍最后著录毗伽可汗之年,一为《册府元龟》(卷九六二及卷九九九)苾伽表请画工六人之开元二十一年(733),一为《册府元龟》(卷九七九)所志之开元二十二年(原误三十二年)。

② 突厥语译汉语 ts-,声母,有时用 ts-,有时用 s-,然用 s-之译法较古,如译将军为 sängün 是已。

则其曾孙仕于 734 至 735 年间，毫无不合，名与官位既同，必为一人无疑。

李佺之奉使，并见汉文毗伽可汗碑文，此碑已残。德费利亚 (Devéria) 在《嘔昆古迹》(*Antiquités de l'Orkhon*) 中所考释者，错误最多。《灵鹣阁丛书》中《和林金石录》所考亦劣，至若沈曾植、王国维根据拉德罗夫 (Radlov) 地图之释文，余今未见。别有 1921 年署名释持者之考释，后再言之；拉德罗夫 *Atlas Alterthümer der Mongolei* 地图第二十一面所拓之本已不甚佳，设就原拓本考之，所得当不止此。

考此碑现存残本，撰文者之官号上阙四字，下云"散郎起居舍人内供奉兼史馆修撰"，下一字疑为臣字，再下为李融奉三字。融字仅存左半，奉字下空一字，其下应为敕撰二字。新、旧《唐书》皆谓其人为史官，《旧唐书》并言其人为起居舍人，与碑文合。其人不知为何许人，亦无假定其为宗室之理由。然汉文毗伽可汗碑文撰者之名，则确然不误矣。

至若碑文之内容，兹无原拓本，未便作全部之研究，仅言其有关系之若干部分而已。其第十五行著录开元二十二年，必关系毗伽可汗之死。第十六行"制叔父左金吾卫大将军李佺持节吊祭"，第十九行"（登）利可汗虔奉先训"，"因使佺立象于庙，纪功（于）石"，第二十三行"廿三"两字之上，元字尚可辨识，"元"字上必为"开"字，则此碑刻于开元二十三年 (735) 矣。

右录残文，两言李佺，并志有不见于新、旧《唐书》之事，碑文谓立象于庙，足证其与前者张去逸、吕向为阙特勤刻石造像之事相同。

碑文谓李佺为玄宗之叔父，此处叔父犹言从叔。顾玄宗实晚于李佺两代，而为其第十等亲。别有一文谓李佺为玄宗之从叔，则此名称与吾人所称五等亲之从叔不同矣。

复次，碑文所载李佺之官号非宗正卿，而为左金吾卫大将军，核以《旧唐书》本纪卷八，开元二十二年"六月乙未 (734 年 7 月 10 日)，遣左金吾将军李佺于赤岭，与吐蕃分界立碑"之文，与毗伽可汗碑文所志官号适合，赤岭在今西宁之西，734 年遣李佺赴赤岭事，《旧唐书·吐蕃传》、《册府元龟》卷九八一并见著录。

别有一证明毗伽可汗碑李佺官号之文，颇为重要，缘其引起若干难题

也。是为张九龄撰玄宗敕突厥登利可汗书,现无《曲江集》,兹据《全唐文》卷二八六录其文于左:

> 敕突厥登利可汗:日月流迈,将逼葬期,悲慕之心,何可堪处。朕以父子之义,情与年深,及闻宅兆,良以追悼。前哥利施颉斤①至,所请葬料,②事事不违。所以然者,将答忠孝,故丧纪之数,礼物有加,道之所存,地亦何远。今又遣从叔金吾大将军佺持节吊祭,兼营护葬事。佺宗室之长,③信行所推,欲达其情,必重其使,以将厚意,更敦前约。且以为保忠信者可以示子孙,息兵革者可以训疆场。故遣建碑立庙,贻范纪功,因命史官正辞,朕亦亲为篆写,以固终始。想体至怀,春初尚寒,④可汗及平章事部落并平安好。遣书指不多及。

---

① 哥利施颉斤一名之颉斤,应是突厥官号之 erkin,唯哥利施一名较难解决。《新唐书》卷二一五下,谓毗伽被毒以前,曾遣使臣名哥解栗必至长安(其人在 734 年 4 月曾入朝,事见《册府元龟》卷九七九,唯误作开元三十二年,使臣之名则作哥解粟必),书言请葬料,或即其人,则其名似有脱讹。又据《全唐文》同卷所载另一致毗伽可汗书,有使臣名哥解骨支,惜不知此书作于何年,唯知其作于夏末。《册府元龟》卷九七五志有 731 年 5 月 4 日之突厥使臣,名"哥解骨支比施颉斤";又卷九七一开元二十三年正月(735 年 1 月 29 至 2 月 26 日)使臣名"哥解骨支车鼻施颉斤";又同卷 737 年初使臣名同,唯脱施字,731 年、735 年、737 年之使臣显系一人,应以哥解骨支车鼻施颉斤一名为是(前一名比施上脱车字)。案车鼻施在突厥名号中颇常见之,盖为突厥官号 Čapiš 之对音,此名在 *Mahrnâmag*,p. 11 中见之。缪莱(Müller)假定此名为鄂斯曼(osmanli),突厥语中 čauš 一名所自出,由 čapiš 复转为 čauš,汉译车鼻施则为 capis 也。所余之哥解骨支,昔读若 qaghaiquč,或 qaghai,如 quč,设若 731 年及 735 年之使臣亦即 734 年《新唐书》之哥解栗必,与《册府元龟》之哥解粟必,其文既有脱讹,难为何种考订。设非一人,哥解得为哥系部落之同名异译。然"骨支"对音则无从索解。复次玄宗致毗伽书中之"哥利施"得为省写,仅留首尾一字,而讹其中间一字,则哥利施可以证《新唐书》哥解栗必之"栗"字非误矣。
② 所关系者必是突厥碑文中所载之檀香,参照 Thomsen, *Inscr. de l'Orkhon*, p.130。
③ 隐喻其为宗正卿。
④ 唐代公函中,大致殿以寒暄之辞,此处"春初尚寒"一语,颇为重要,足证其书作于是年正月,则在 735 年 1 月 29 至 2 月 26 日之间。李佺既在 734 年 7 月 10 日使于吐蕃,归朝之时必不甚久,复被派往突厥,盖据毗伽可汗突厥文碑文,李佺参与毗伽可汗葬仪之时,在 735 年之中也。

吾人之困难尚未完全解决也,玄宗致登利可汗(Tängri qaghan)书,事在 735 年 2 月,乃毗伽可汗与登利可汗之间,尚有别一可汗。《新唐书》卷二一五下,于李融文其碑语下云:"国人共立其子为伊然可汗。伊然可汗立八年卒,凡遣使三入朝,其弟嗣立,是为苾伽骨咄禄可汗(Bilgä qutlughqaghan),使右金吾卫将军李质持册为登利可汗。明年遣使伊难如①朝正月献方物,曰礼天可汗如礼天,今新岁献月,愿以万寿献天子云。"其后《新唐书》记述登利母之事,《旧唐书》关系此事之文见后。

李质册封之年,确无可疑,《册府元龟》卷九六四于 740 年下云:"是年遣右金吾将军李质赍玺书入突厥,册立登利为可汗。"同卷并将是年 4 月 26 日册文完全转录,册文谓李质为玄宗之从弟。

根据此种史文,似伊然可汗继承其父毗伽可汗,而立于 734 年,后至 740 年,其弟毗伽骨咄禄可汗一号登利可汗者,又继其兄伊然而为可汗,此登利可汗被杀于 741 年,是为沙畹《西突厥史料补》(1904 年刊《通报》)所志之年代。唯 734 至 740 年,与《新唐书》伊然可汗立八年卒之文不符。加之 740 年登利即位之说,又与其他史文不合。盖 735 年玄宗之致书,乃至登利可汗,而非致伊然可汗者也。且碑文中确著录有登利之名,然则此种难题如何解决欤?

据《资治通鉴》卷二一四之文,毗伽可汗之死讯,至 735 年 1 月 21 日始达洛阳。《册府元龟》卷九六四之文,与《旧唐书》之文,皆误以毗伽可汗被毒杀事在 732 年。《元龟》文并云:"国人立其子为伊然可汗,诏宗正卿李佺册立。"又注云:"伊然病卒,立其弟登利可汗。登利,华言果报也。"②

观其注文,伊然可汗在位之时似乎甚短。又考《旧唐书》卷一九四上所志此事较详,其志李佺吊祭李融为其碑文之后云:"无几,伊然病卒,又

---

① 案伊难如之对音必作 İnanǰu 或 İnanžu,中国载籍亦作伊难珠,《喝昆碑》文亦作 Inanču,《册府元龟》卷九八○又作伊斯难珠,考 Mahrnâmag 中有 Iznǎcu,殆即其对音也。

② 案登利(tängri),突厥语训为天或神,与果报之意甚远。

立其弟为登利可汗。登利者,犹华言果报也。登利年幼,其母即暾欲谷①之女,与其小臣饫斯达干②奸通,干预国政,不为蕃人所伏。登利从叔父二人分掌兵马,在东者号为左杀(ṣat,sad),在西者号为右杀,其精锐皆分在两杀之下。二十八年(740),上遣右金吾将军李质赍玺书,册立登利为可汗。俄而登利与其母诱斩西杀,尽并其众,而左杀惧祸及已,勒兵攻登利杀之,自立,号乌苏米施可汗(Ozmis qaghan)。左杀又不为国人所附,拔悉蜜(Basmžl)部落起兵击之,左杀大败,脱身遁走。"③

则此问题应提出如下文,《新唐书》谓"伊然可汗立八年卒",然在事实上,自734至740年实仅6年。740年伊然卒,李质往册封伊然之弟为登利可汗,登利之母不为国人所服,741年左杀攻登利杀之。然《旧唐书》乃云:"无几,伊然病卒。"然则与伊然在位数年之说不合矣。在此情况中,暾欲谷女之致左杀之叛,乃在6年之后,叛前不久,740年时,李质"又册立登

---

① 暾欲谷即著名之 Ton-uquq,亦即 Radlov 与 Thomsen 译写之 Tonjukuk。此名之两半,分见于汉文译写的数种突厥名号之中。初716年阙特勤尽杀默啜时用事诸臣,唯暾欲谷之女婆匐为毗伽可敦独免(《旧唐书》卷一九四上,《新唐书》卷二一五下)。婆匐之名,三见《新唐书·突厥传》,并见《新唐书》卷二一七下《葛逻禄(Qarluq)传》,为三族中一族之称。案匐字常用以译写突厥之 bäg 官号,婆娑二字,在中国载籍中时常不分,暾欲谷之女必名婆匐,即已见于嗢昆碑文之突厥名称 Säbäg 也。《册府元龟》卷一八六曾名之曰骨咄禄婆娑匐可敦(Qutlugh Säbäg qatun),可以证已。又如759年即位之回纥可汗(即输入摩尼教于回纥之可汗),其可敦在762或763年时经中国加册为婆墨光亲丽华毗伽可敦者,史文(《旧唐书》卷一九五,《册府元龟》卷一九六)谓婆墨华言得怜,是亦 Säbäg 之义,然则为婆墨之讹。《资治通鉴》即作娑墨,胡三省自已注其音也。复次回纥部落有名仆骨者,其酋亦有娑匐俟利发之号(《新唐书》卷二一七下,并参照《观堂集林》二〇,一四)。

② "饫斯达干"一名中之"达干",当然为 tarqan 之对音;饫斯,《新书》卷二一五下、《太平寰宇记》卷一九六,皆作饫斯,顾《寰宇记》从《旧唐书》之文,《旧唐书》原文必亦为饫斯,则其原名殆为 Uz-tarqan 矣。

③ 登利可汗被杀于741年,乌苏米施可汗确在744年为拔悉蜜部落所杀,传首京师。然741至744年事变之详情,与夫回纥代突厥初兴时之状况,史文所志不同。乌苏米施可汗不能必其为左杀,如《旧唐书》之文也。但在此处余不能详究其事,欲为此种讨论,须作一种全部论文,尤应裒辑散见于《册府元龟》中之史料。至关于此二问题所引起之难题,可参考《资治通鉴》741至744年下之注解。

利为可汗"，殆因伊然可汗未受册封，故仅名伊然，设若不死，或者自为登利可汗，735 年李佺之所册封者得为此人。顾其人已死，李佺遂以同一册封文册封其弟欽。

暂时余采此说，余未始不知此说之薄弱，盖欲持此说，须特重"又"字。且 740 年李质又以同一汗号册封之事，颇不可解。案 762 至 763 年有"加册"回纥可汗之例，此处或者亦为一种加册，欲调和记载不同诸文，只能作是解也。否则玄宗 735 年致登利可汗书，而碑文中又有登利可汗名，则不能不承认《旧唐书》误以伊然在位不久死，而伊然在 735 年、其弟又在 740 年皆受同名之册封，但此例在突厥诸可汗中未见有之也。

附说：阙特勤之丧

阙特勤之死，事在 731 年。《册府元龟》卷九七五尚保存玄宗致毗伽可汗吊丧之书。玄宗于 731 年 5 月 13 日闻阙特勤之死讯，是年十一月（731 年 12 月 4 日至 732 年 1 月 2 日）诏张去逸、吕向赍玺书往吊（并见《册府元龟》卷九七五）。《旧唐书》卷一九四上云："二十年（应作十九年或 731 年）阙特勤死，诏金吾将军张去逸、都官郎中吕向赍玺书入蕃吊祭，并为立碑，上自为碑文，仍立祠庙，刻石为像，四壁画其战陈之状。"《新唐书》卷二一五下所志较详，其文曰："十九年阙特勤死，使金吾将军张去逸、都官郎中吕向奉玺诏吊祭，帝为刻辞于碑，仍立庙像，四垣图战阵状，诏高手工六人往，绘写精肖，其国以为未尝有，默棘连①视之必悲梗。"

《册府元龟》（卷九六二及卷九九九）志有画工写真事，其文云："突厥

---

① Bang 及 Marquart，皆以为骨咄禄可汗之子毗伽可汗默棘连、与骨咄禄可汗之子默矩同为一人，此名首一字之对音似为 bäg，然全名今尚能还原。《亚洲学术杂志》(1921 年 11 月刊第 2 号)署名释持者，撰有《唐代嗢昆河三汉文碑之考证》一文，谓土人名阙特勤为"秋王"，而名毗伽可汗碑曰《莫纪邻王碑》，吾不知其何所本。今之蒙古人能直接获知突厥墓碑之传说，似尚无可能，殆闻诸中、俄人之口，而讹"阙"为"秋"也。

苾伽可汗开元二十一年十一月(733 年 12 月 11 日至 734 年 1 月 9 日)①遣其大臣葛阿默察之②来朝,献马五十匹,谢恩也。初苾伽之弟阙特勤死,苾伽表请巧匠写其真,诏遣画工六人往焉;既画,工妙绝伦,突厥国内未之见者。苾伽每观画处,歔欷如弟再生,悲涕不自胜,故遣察之谢恩,且送画人也。"

七、摩尼教之默奚悉德

摩尼教经前由沙畹及余在 1913 年《亚洲报》(上册 105 至 116 页)所刊布者,乃现藏巴黎之"伯希和残卷"。其卷首为斯坦因(Aurel Stein)所得,现在伦敦,余现预备将此"斯坦因残卷"译出。考此经汉本之译年为 731年。斯坦因残卷诸要文中,著录有摩尼教会五等阶级之称,其名如下:(一)十二慕阇(moza),译云承法教道者;(二)七十二萨波塞(ispasag),译云侍法者,亦号拂多诞(furstadan);(三)三百六十默奚悉德(maghistag),译云法堂主;(四)阿罗缓(ahlavan),译云一切纯善人;(五)耨沙喭(niyosagan),译云一切净信听者。此种名号吾人皆已识之,唯其等次与其仿宇宙之数目的组织,记载无如是之详耳。

伊兰语 maghistag 之号,在此残本中汉译名曰默奚悉德。考黑城子(Karabalgasun)九姓回纥可汗碑,所志输入摩尼教之文,其第八行傸悉德三字之上阙二字,前此考释皆未能悉其义(1913 年《亚洲报》上册 192 页、197 页)。兹乃悉所阙二字之下一字必为"默"字,又同一碑文第十行德字

---

① 《册府元龟》卷九六二仅言开元二十一年,未著何月。卷九九九则志其事在十一月,唯年号误作开元十九年,顾前条之文作十九年,后条作二十三年,此条不应再标十九年,其误显然,且其事实在二十一年也。

② 其人不知为何许人,其原名或为 Qara-bäg Čač,然葛阿古读若 kât-â 与 qara 之译写未合,此外若还原为 Qat-äbäg Čač 又不甚相类。

上阙数字,疑其阙文亦为同一名号。[①]

余在此处仅限于纠正 15 年前余与沙畹所释此碑中关系摩尼教文中之一错误。然颇希望同作此类研究者,取其全文再事考证。史莱格(Schlegel)之释文错误充满,今人所知之康居语(Sogdien)已不为少,应可取此碑康居文碑文寻究之,而补汉文碑文之阙云。

八、唐代之一蒙古字

前此未久,余曾主张吐谷浑似为操一种蒙古方言之种族(1921 年《通报》323 至 330 页),并假定具有蒙古语的复数之官号,若达干(tarqan 复数作 tarqat)、特勤(tegin 复数作 tegit)之类,殆由突厥(Turcs)假之于蠕蠕(Avar)者,而蠕蠕昔日所操者亦为蒙古语也。[②] 然前此检寻中国古籍,尚未见有证实此种名号特为蒙古语名而非突厥语名之文。[③] 兹余以为有一例可引:

813 至 814 年李吉甫所撰之《元和郡县图志》,于汉名之外,引证有若干土名。例如卷四十蒲类海下云:"俗名婆悉厥海。"此名显为近代 Bars-

---

① 慕阇,名号或者再见于碑尾,考嗢昆河碑文第三十一图所载碑文之第 22 行 25 字至 28 字,文曰"闻口阇名",其阙文应是慕字。惜余无此后数行之拓本,甚愿俄国僚友取拉德罗夫(Radlov)之拓本考之。

② 可参考《通报》1915 年刊 687 至 689 页,又 1927 年刊 151 页,余所撰"中国突厥名称之起源"一文。然在事实上说明突厥(Türk)之用蒙古语名复数之 Türküt 者,尚有马迦特(Marquart)君。海斯(J. J. Hess)君亦将其在 *Der Islam*, IX(1918),90—100 中所撰一文见示,亦自以为表示突厥即 Türküt 对音之第一人。并告余云,其文在 1914 年时已在印刷中,则吾三人之说不谋而合矣。虽不能保证其必为真理,要可加增其分量。

③ 兹将可汗(qaghan)、特勤(tegin)、达干(tarqan)等等官号略而不言者,盖余即因其为发源于蒙古语之名称。而突厥人采用甚早,致使有若干人尚视之为真正突厥官号也。

köl 及 Barköl 名称之所本。① 又卷十四云中县下云："纥真山在县东三十里，'虏'语纥真，汉言三十里。""虏"者，唐代以前南人呼北魏人之称，唐时以名吐谷浑，并常以之名吐蕃。案纥真之"纥"(-ghur)"，在唐代初年于同纥(Ouigours)(Uïghur)译名中用之，"真"字在同一时代常用以译为 čin 之音，则纥真在原则上代表 ghutčin，ghurčin 之对音，或因类似，代表 ghučin 之音，顾此 ghučin 即为蒙古字，此言"三十"，而突厥语中之三十，则为 otuz 也。准是观之，纥真山在唐时即作三十(里)山之解矣。此种成绩，不特应为蒙古语言史所当注意，且于古代操此语言诸部落方位之考订，亦不无关系云。

九、吐鲁番之数种文书

缪莱(F. W. K. Müller)与勒苛克(von Le Coq)二君在柏林研究院之"专著"*Abhandlungen* 及"记录"*Sitzung-sberichte* 中，已将吐鲁番(Tourfan)诸文书中所提出之问题阐明不少。然有若干不明之点，若辅以共同之努力，或可阐明其一部分。故余在此处所寻究者，非文书之全部，仅为若干片断考证而已。

(一)缪莱撰"吐鲁番发现之两种柱刻文"(F. W. K. Müller, *Zwei Pfahlinschriften aus den Turfanfunden*, Berlin 1915)，按此刻文一面为回纥文，一面为汉文。

回纥文中有一 sat 字，缪莱君谓其义未详，然此为建寺时所树之木柱也。刻文对于 s、š 二字母不为分别，疑应读若 šat，是即汉文刹字之对音。刹者原似为寺前所立之竿，设在此处即指刻文之柱，可以推想其名已由古竿改称短柱矣。格鲁特(De Groot：*Thupa*, p.7)曾谓"刹"字必为梵文支

---

① 此名在《旧唐书》卷四十作婆悉海，此 Barköl 一名所引起之难题，以及故高昌国唐代行政区域名称之混乱，余非不知之，然必须特撰一文，始能将此种极复杂之问题试为解决也。

提（caitya）之译音，其说非是。流行之解说（可参照 Chavannes, *Dix inscr. de l'Asie Centrale*, 235）则谓刹字为刺字之讹，而为 laṣṭi 字之省译（古梵语作 yaṣṭi，巴利 pāli 语作 laṭṭhi-yaṭṭhi，今印度语作 lat）。此说在字义方面固不失为充足，第谓佛教中常用之一字皆有字误，未免可异也。兹不论其语源为何，刻文中回纥文之 sât(šat) 似为汉文刹字之对音，而直接假之于汉文者也。则应说明者，缘何译写为 šat 而不作 čat，殆其所本之中国方言读刹作杀(ṣat)欤？抑因回纥语 š- 与 č- 之互用欤？此例在蒙古语中颇不少见。至在突厥语中，可参照：šatu 与 čatu，此言梯；šarvagh 与 čarbaq，此言宫，等例（Bang, *Manich. Hymnen*, 43—45）。其假用此字于汉语之时，似乎尚古。盖自唐代中叶以后，汉语有-t 之收声者，在回纥语中或作-r 也。

汉文刻文首题癸未年五月二十五日辛巳，缪莱君谓年号仅具干支，未能考订其年代；其实不乏考订之根据。盖癸未年每六十年仅有一次，而在数百年中此年不能有若干五月二十五日辛巳也。其困难乃在中国正式历书之中，无一与刻文年代相合者。然应知者，回纥自 8 世纪末年以后，即与中国隔绝。981 至 984 年王延德之使高昌，曾言其所用者为 719 年之唐历。此处姑不言其用 719 年唐历一事之出人意外，回纥人继续适用中国旧历，得与中国历日有一二字相差，亦意中必有之事。乃考诸癸未年之日数，相差甚远，只有 983 年一癸未年五月二十四日适为辛巳日，则碑文所志之年月日，大有为是年五月二十四日之可能，质言之，983 年 7 月 7 日是已。①

此年月日初视之似乎年代过晚，第观刻文字体，似与年代相符。以敦煌诸写本之字体证之，其书法似不能在唐末以前。有一事似可补助吾说，考唐人译 tegin 常作"特勤"（常误作特勒），而在此刻中文则作"特银"，用鼻音字写强音字，唐时固为例甚多；然在事实上 tegin 一字在 924 年时始

---

① 此例尚见有之，732 年阙特勤碑与史文所志之日亦相差一日。然此处之误则以前一日为后一日，而在阙特勤碑，则以后一日作前一日。

初见写作"狄银"（1913 年《亚洲报》第 1 册 304 页），则在 10 世纪矣。此外在边地之中，古写法之维持，为时颇久，观刻文中古闭口收声之尚存，又似不能考订此刻之在纪元一千年以后。准是以观，足证此刻文之题为 983 年。

（二）缪莱撰《回纥考》（*Uigurica* Ⅲ，Berlin. 1922）。

缪莱君在《回纥考》第三册中，曾言此本所辑诸民话，皆属一种大部著作，名《譬喻鬘》（Avadānamālā）者之作品，与《贤愚经》所辑诸缘相类。此《贤愚经》之西藏文本，早经史密德（Schmidt）译为德文（'Jans-blun, *Der Weise und der Thor*, 1845），世人久已知之。缪莱君之记述及此，吾人颇表欢迎，唯其所知者，似仅 1901 年《王家亚洲协会报》（*JRAS*.）中高楠顺次郎之文；其他更较明确之记述，若余在 1912 年《通报》355 页及 1914 年《亚洲报》下册 139 页所撰文，劳费（Laufer）君在 1916 年《通报》415 至 422 页所撰文，烈维（S. Lévi）君在 1925 年《亚洲报》下册 302 至 332 页所撰文（此文亦未引证余及劳费君之文），缪莱君似皆不知之。关于蒙古译本者，可参考（Vladimircov, Pañcatantra, p.15），复次尚有 Avanovskii 关于汉译《本生鬘》Jātakamālā（*ZVOIRAO*. Ⅶ, 265-292）之俄文记载，此文已在 1903 年五六月刊《宗教史杂志》（*Rev. d'hist. des relig.*）中转为法文。关于此经沿革之最善的说明，则见僧祐《出三藏记集》卷九之中。烈维君虽将其翻译大半，顾《贤愚经》因有回纥、吐火罗等文译本，自是以后，将必在吾人之研究中大有功用，是以特将僧祐所记完全录出。

《出三藏记集》卷二著录"《贤愚经》十三卷，宋元嘉二十二年（445）出，右一部凡十三卷，宋文帝时（424 至 453）凉州沙门（sramana）释昙学①，威德于于阗国（Khotan），得此经胡本②于高昌郡（Qarakhočo）译出，天安寺

---

① 案《贤愚经》首题元魏沙门慧觉等于高昌郡出，烈维君谓僧祐以"慧觉"作"昙觉"，误也。僧祐常作"昙学"，名虽不同，显系一人，"学"、"觉"字形相类，致有误用，既无他证可引，不知何名为是。若为"慧觉"，其梵名应是 Prajñābodhi。若为"昙学"，其梵名则为 Dharmásikṣa。南条目录妄改"昙学"为"昙觉"，亦误。

② 高丽本作胡本，宋、元、明本作梵本，然僧祐对于胡（中亚语）梵不分，皆作胡本。

弘宗①传。"

《出三藏记集》卷九《贤愚经记》云:"十二部典,盖区别法门,旷劫因缘,既事照于本生,智者得解,亦理资于譬喻,《贤愚经》者,可谓兼此二义矣。② 河西沙门释昙学、威德③等,凡有八僧,结志游方,远寻经典,于于阗(Khotan)大寺④遇般遮于瑟之会⑤。般遮于瑟者,汉言五年一切大众集也。三藏诸学,各弘法宝,说经请律,依业而教。学等八僧,随缘分听,于是竞习胡音,析以汉义。精思通译,各书所闻。还至高昌,乃集为一部。既而喻越流沙,赍到凉州,于时沙门释慧朗,河西宗匠,道业渊博,总持方等,以为此经所记,源在譬喻;譬喻所明,兼载善恶,善恶相翻,则贤愚之分也。前代传经已多譬喻,故因是改名,号曰贤愚矣。元嘉二十二年(445)岁在乙酉,始集此经,京师天安寺沙门释弘宗者,戒力坚净,志业纯白,此经初至,随师河西,时为沙弥,年始十四,亲预斯集,躬睹其事。洎梁天监四年(505),春秋八十有四,凡六十四腊,京师之第一上座也。唯经至中国

―――――――――

① 高丽本作"弘守",余作"弘宗",应以"弘宗"为是。

② 别言之,包含本生(jātaka)、譬喻(avadāna),是为十二部典之二部。

③ 高丽本作"威德",余本并作"成德",证以经序,应以"威德"为是。

④ 似即于阗之瞿摩帝大寺(Gomatimahavihara)。

⑤ 即梵文之 pañcavarṣapariṣad 或 pañcavārṣikapariṣad。唯汉语译名似根据梵文俗语 prakrit,盖"般遮"固为正例的译写,然"于瑟"之对音,在原则上应假定为 ušat (ušar)。案 9 世纪大食旅行家所称印度雨季之名,今人思及 varsa 一字(其名曰 yasāra 或应改为 basāra),然其互用之例与此同也(1922 年刊《通报》411 至 412 页)。但同一名辞在中国译写之中,尚有较正确详明之译名,而在缪莱本书之中,并提供有一回纥语译名 pančvrsik[读若 pančv(a)ršik?]。此外中国载籍尚著录有无遮大全,此会之制设,始于 6 世纪初梁武帝时。日玉连(《西域记》译文 1 册 38 页又 3 册 459 页)、沙畹、烈维(1916 年《亚洲报》下册 42 页)及余,(见 Hackin 撰《梵延那之佛教古迹》*Les antiquités bouddhniques de Bamiyan*,p.80)昔皆以其为梵文 mokṣa 之一种译写。顾此种译写之可能,必须根据 mokṣa 转为梵文俗语之 moccha,乃"遮"字又非习用译写 kṣ 转为 cch 声母之字也。故玄奘译写为木又。然玄奘同时言及无遮大会,而又未言其"伪",考无遮在梁武帝时亦称无碍(应出 apratigha,可参考 1911 年《亚洲报》下册 527 页),至吾人以此种大会为 mokṣapariṣad 者,必非根据一种音之相类,乃根据一意之相同,则可证明无遮大会为 pañcavarṣapariṣad 之一种纯粹汉名矣。

则七十年矣,祐总集经藏,访迅遐迩,躬往咨问,面质其事。宗年耆德峻,心直据明,故标请为录,以示后学焉。"

余今全录其文者,盖因僧祐在此文中言及有人在七十年前于凉州亲见此经之编辑,序谓八僧在于阗五年大会随缘分听,集为一部,则非取一种胡本(印度本或印度化本)翻译。此经所集既系譬喻,乃不以譬喻经名之者,缘"前代传经已多譬喻,故因是改名,号曰贤愚"。则在此状况中,见有于阗语、吐火罗语、回纥语近类此经之本,而在吐鲁番所得之本上题譬喻(avadāna),亦无足异矣。然有别一结论必须提出者,则此经既非根据一种印度定本译出,必无与《贤愚经》相对之梵文标题。但西藏译本有一不可解的 Damamūka 标题,抑又何耶? 吾人今知此西藏本为藏名 Čhosgrub。

汉名法成者于 9 世纪上半叶所集,法成为当时甘肃译西藏文为汉文,并译汉文为藏文之一大译家,然其必未在汉本之中发现汉本所无之梵名,可断言也。则考订 Damamūka 为 Dharmat-muka 之说(Waddell, *JRAS*.,1914,673),或为 paṇḍitamūrkhau 之说(缪莱本书 91 页所引 Beckh 之说),皆成徒劳。盖此 Damamūka 乃为法成臆造之名,俾人知其书似出梵文原本,然则 Wintenitz 之《印度文学史注》(*Gesch. der indisch. Literatur*,Ⅱ,221),必须更正矣。

关于《贤愚经》中之人名地名,以及与有关系之文,劳费君及余搜集之材料不少,现尚无暇刊布,兹仅纠正缪莱本书(91 页)之一误。案汉本《贤愚经》卷有"摩诃令奴缘品",高楠顺次郎曾将摩诃令奴还原为 Mahāreṇu。缪莱君则改"令"为"合",而作 Mahāhanu。余以此种改正未见有何功用,案令奴(Reṇu)人名,在梵本中常见著录,而且合字在印度名称译写之中鲜见用之,此字古读成若 ghap(昔曾用以译写突厥古名中之 álp),而此字收声不能与 hanu 之 n 发声相应也。又况汉本中令奴之名数见,题曰摩诃令奴缘品。国王名曰令奴,Reṇu 最大夫人字提婆跋提(Devavatī),生子名曰提婆令奴(Devareṇu),别言之,合父母之名为名。证明此种习惯,尚有旁例可引。若著名译师鸠摩罗什(Kumārajīvá),其一例已。则余未见有不用汉本译名之何种理由,斯固不能完全保证其为 5 世纪时之译名,然可断言 9 世纪上叶汉本中即作摩诃令奴。盖法成所译西藏本名摩诃令奴曰 Me-loṅ-gdoṅ (*Schmidt*, p. 252), 此西藏语名意为"镜面", 乃梵文 Ādarśamukha 之寻常译名, 而此镜面缘曾以盲人与象身故事著名者也。蒙古帝蒙哥(Moṅka)在 13 世纪时尚在引用此种故事, 遂为 J̌alalu'd-Dīn Rūmi 之 Matnavī 所录①。然《贤愚经》及法成译本中之摩诃令奴缘, 与此镜面缘毫无关系, 则西藏语 Mel-lon-gdon 之名, 乃取其与汉本摩诃令奴音之相近而已。此种变化出于法成, 抑在其后, 现颇难言。考汉、藏两本字句相同, 唯开首之文见有修改之迹, 盖令奴名既与标题不符, 不能不加以删改。由是观之, 西藏本在一定限度中颇有裨于汉本之审定, 顾欲利用西藏本者, 不可仅恃史密德之译本, 而不参考《贤愚经》汉文原本也。

---

① 　参考沙畹集五百民话(*Cinq cents contes*, Ⅰ, 336; Ⅱ, 320)

冯承钧译事年表

1887 年

7 月 19 日,出生于湖北。

1902 年(15 岁)

考取湖北官费留学生,赴比利时读中学,后入法国巴黎大学学习。

1908—1910 年(21—23 岁)

从外报上翻译了许多资料,交由《商务官报》《东方杂志》等发表。

1912 年(25 岁)

回到国内,任湖北省民政公署外交室参事、黎元洪副总统府法文秘书。

1912—1914 年(25—27 岁)

先后在《东方杂志》《先法新闻》《中华杂志》上发表《英法政觉一斑》《宪法修正之研究》《世界议院组织最近调查一览表》《墨国内乱记》《英国政制考》《宪法及习惯》《记巴黎目下巨案》《艾尔兰自治问题》《奥匈并立国之现状》《东欧交涉》《丹麦宪法问题的解决》《瑞典选举》《西班牙选举》《义大利内阁成立》《俄人之思想及德皇之游历》《日本大隈内阁成立》《志土耳其新过会》《俄国议会之情形》《罗马利解散国会》《法国选举结果》《商提瓜郎塔城会议》等文,为中国的政治改革提供资料信息。

1921 年(34 岁)

译《政治心理》,法国勒朋著,1921 年 7 月由商务印书馆出版。

1922 年（35 岁）

译《意见及信仰》，法国黎朋著，1922 年 12 月由商务印书馆出版。

1926 年（39 岁）

译《中国之旅行家》，法国沙畹著，1926 年由商务印书馆出版。

1928 年（41 岁）

译《中国史乘中未译诸国考证》，法国希勒格著，1928 年 7 月由商务印书馆出版。

1930 年（43 岁）

译《昆仑及南海古代航行考》（法国费瑯著）、《东蒙古辽代旧城探考记》（法国牟里著）、《法住记及所记阿罗汉考》（法国莱维著）、《佛学研究》（法国普纪吕司基著）、《中国西部考古记》（法国色伽兰著），1930 年 9 月由商务印书馆出版。

1931 年（44 岁）

译《苏门答剌古国考》（法国费瑯著）、《大孔雀经药义名录舆地考》（法国列维著）、《摩尼教流行中国考》（法国沙畹著）以及其编译的《史地丛考》《史地丛考续编》由商务印书馆出版。

1933 年（46 岁）

译《占婆史》（法国马司培罗著）、《交广印度两道考》（法国伯希和著）、《世界之纷乱》（法国黎朋著）由商务印书馆出版。

1934 年（47 岁）

译《秦代初平南越考》（法国鄂卢校著）、《大庄严经论探源》（法国莱维著）、《帖木儿帝国》（法国布哇著）、《蒙古史略》（法国格鲁赛著），编译的《西域南海史地考证译从正编》《西域南海史地考证译丛续编》由商务印书馆出版。

1935 年（48 岁）

译《正法念处经间浮提洲地志勘校录》（法国莱维著）、《西突厥史料》（法国沙畹著）、《多桑蒙古史》（瑞典多桑著）、《郑和下西洋考》（法国伯希和著）由商务印书馆出版。

1936 年（49 岁）

译《马可波罗行纪》[（法）沙海昂注]和其编译的《西域南海史地考证译丛三编》由商务印书馆出版。

1938 年（51 岁）

译《入华耶稣会士列传》第一卷,法国费赖之著,由商务印书馆出版。

1940 年（53 岁）

编译《西域南海史地考证译丛四编》,由商务印书馆出版。

1941 年（54 岁）

译《卜弥格传》,法国沙不烈著,1941 年 4 月由商务印书馆出版。

1946 年（59 岁）

2 月 9 日逝世于北平。

1957 年

编译的《西域南海史地考证译丛》、《吐火罗语考》(法国伯希和等著)、《西域考古记举要》(法国色伽兰、郭鲁柏编著)由中华书局出版。

中華譯學館·中华翻译家代表性译文库

许　钧　郭国良／总主编

第一辑	第二辑
鸠摩罗什卷	徐光启卷
玄　奘卷	李之藻卷
林　纾卷	王　韬卷
严　复卷	伍光建卷
鲁　迅卷	梁启超卷
胡　适卷	王国维卷
林语堂卷	马君武卷
梁宗岱卷	冯承钧卷
冯　至卷	刘半农卷
傅　雷卷	傅东华卷
卞之琳卷	郑振铎卷
朱生豪卷	瞿秋白卷
叶君健卷	董秋斯卷
杨宪益　戴乃迭卷	

图书在版编目(CIP)数据

中华翻译家代表性译文库. 冯承钧卷 / 黎难秋编
. —杭州：浙江大学出版社,2024.1
ISBN 978-7-308-24489-3

Ⅰ. ①中… Ⅱ. ①黎… Ⅲ. ①社会科学—文集 ②冯承
钧(1887—1946)—译文—文集 Ⅳ. ①C53 ②I11

中国国家版本馆 CIP 数据核字(2023)第 229252 号

中华翻译家代表性译文库 · 冯承钧卷

黎难秋 编

出 品 人	褚超孚
丛书策划	张 琛 包灵灵
责任编辑	陆雅娟
责任校对	杨诗怡
封面设计	闰江文化
出版发行	浙江大学出版社
	(杭州市天目山路 148 号 邮政编码 310007)
	(网址:http://www.zjupress.com)
排 版	浙江大千时代文化传媒有限公司
印 刷	杭州高腾印务有限公司
开 本	710mm×1000mm 1/16
印 张	20.75
字 数	310 千
版 印 次	2024 年 1 月第 1 版 2024 年 1 月第 1 次印刷
书 号	ISBN 978-7-308-24489-3
定 价	98.00 元